"十四五"国家重点出版物出版规划项目·重大出版工程

中国学科及前沿领域2035发展战略丛书

学术引领系列

国家科学思想库

中国管理科学
2035发展战略

"中国学科及前沿领域发展战略研究(2021—2035)"项目组

科学出版社

北　京

内 容 简 介

进入新世纪以来,中国的管理科学蓬勃发展,积极服务国家发展战略和中国企业健康发展的重大需求,为推动全人类管理科学知识体系的发展做出了有力贡献。《中国管理科学2035发展战略》将为中国管理科学的中长期发展提供蓝图。本书全面总结了国内外管理科学的发展现状,客观分析了学科发展态势,从学科的发展规律和研究特点出发,前瞻性地思考了至2035年我国管理科学学科的总体思路和发展目标,提出了新一代信息技术下的管理科学、社会经济的数字化转型、中国社会经济发展中的管理科学、全球变局中的风险管理与全球治理四个重点优先领域集群,并给出了面向2035年推动中国管理科学发展的政策措施。

本书为相关领域战略与管理专家、科技工作者、企业研发人员及高校师生提供了研究指引,为科研管理部门提供了决策参考,也是社会公众了解管理科学发展现状及趋势的重要读本。

图书在版编目(CIP)数据

中国管理科学2035发展战略/"中国学科及前沿领域发展战略研究(2021—2035)"项目组编. —北京:科学出版社,2023.5
(中国学科及前沿领域2035发展战略丛书)
ISBN 978-7-03-075282-6

Ⅰ.①中⋯ Ⅱ.①中⋯ Ⅲ.①管理学－发展战略－研究－中国 Ⅳ.①C93

中国国家版本馆CIP数据核字(2023)第051235号

丛书策划:侯俊琳 朱萍萍
责任编辑:杨婵娟 姚培培 / 责任校对:韩 杨
责任印制:李 彤 / 封面设计:有道文化

科学出版社 出版
北京东黄城根北街16号
邮政编码:100717
http://www.sciencep.com

北京虎彩文化传播有限公司 印刷
科学出版社发行 各地新华书店经销

*

2023年5月第 一 版 开本:720×1000 1/16
2023年8月第二次印刷 印张:27
字数:456 000
定价:188.00元
(如有印装质量问题,我社负责调换)

"中国学科及前沿领域发展战略研究（2021—2035）"

联合领导小组

组　长　常　进　李静海

副组长　包信和　韩　宇

成　员　高鸿钧　张　涛　裴　钢　朱日祥　郭　雷

　　　　　杨　卫　王笃金　杨永峰　王　岩　姚玉鹏

　　　　　董国轩　杨俊林　徐岩英　于　晟　王岐东

　　　　　刘　克　刘作仪　孙瑞娟　陈拥军

联合工作组

组　长　杨永峰　姚玉鹏

成　员　范英杰　孙　粒　刘益宏　王佳佳　马　强

　　　　　马新勇　王　勇　缪　航　彭晴晴

《中国管理科学2035发展战略》

项 目 组

组　长　张　维

成　员（以姓氏拼音为序）

陈　彬　　陈晓红　　方　颖　　傅利平　　甘　犁

洪永淼　　黄丽华　　井润田　　李　磊　　李建平

梁　哲　　刘　钰　　刘大勇　　刘伟华　　潘静洲

曲　亮　　苏　竣　　万　静　　王兆华　　熊　熊

徐晓林　　杨翠红　　杨晓光　　余玉刚　　郁建兴

曾大军　　张　辉

工 作 组

组　长　刘作仪　苏荣辉

成　员　霍　红　吴　刚　任之光　李江涛　马新勇

张　维

总　序

党的二十大胜利召开，吹响了以中国式现代化全面推进中华民族伟大复兴的前进号角。习近平总书记强调"教育、科技、人才是全面建设社会主义现代化国家的基础性、战略性支撑"[①]，明确要求到2035年要建成教育强国、科技强国、人才强国。新时代新征程对科技界提出了更高的要求。当前，世界科学技术发展日新月异，不断开辟新的认知疆域，并成为带动经济社会发展的核心变量，新一轮科技革命和产业变革正处于蓄势跃迁、快速迭代的关键阶段。开展面向2035年的中国学科及前沿领域发展战略研究，紧扣国家战略需求，研判科技发展大势，擘画战略、锚定方向，找准学科发展路径与方向，找准科技创新的主攻方向和突破口，对于实现全面建成社会主义现代化"两步走"战略目标具有重要意义。

当前，应对全球性重大挑战和转变科学研究范式是当代科学的时代特征之一。为此，各国政府不断调整和完善科技创新战略与政策，强化战略科技力量部署，支持科技前沿态势研判，加强重点领域研发投入，并积极培育战略新兴产业，从而保证国际竞争实力。

擘画战略、锚定方向是抢抓科技革命先机的必然之策。当前，新一轮科技革命蓬勃兴起，科学发展呈现相互渗透和重新会聚的趋

---

① 习近平. 高举中国特色社会主义伟大旗帜 为全面建设社会主义现代化国家而团结奋斗——在中国共产党第二十次全国代表大会上的报告.北京：人民出版社，2022：33.

势，在科学逐渐分化与系统持续整合的反复过程中，新的学科增长点不断产生，并且衍生出一系列新兴交叉学科和前沿领域。随着知识生产的不断积累和新兴交叉学科的相继涌现，学科体系和布局也在动态调整，构建符合知识体系逻辑结构并促进知识与应用融通的协调可持续发展的学科体系尤为重要。

擘画战略、锚定方向是我国科技事业不断取得历史性成就的成功经验。科技创新一直是党和国家治国理政的核心内容。特别是党的十八大以来，以习近平同志为核心的党中央明确了我国建成世界科技强国的"三步走"路线图，实施了《国家创新驱动发展战略纲要》，持续加强原始创新，并将着力点放在解决关键核心技术背后的科学问题上。习近平总书记深刻指出："基础研究是整个科学体系的源头。要瞄准世界科技前沿，抓住大趋势，下好'先手棋'，打好基础、储备长远，甘于坐冷板凳，勇于做栽树人、挖井人，实现前瞻性基础研究、引领性原创成果重大突破，夯实世界科技强国建设的根基。"①

作为国家在科学技术方面最高咨询机构的中国科学院（简称中科院）和国家支持基础研究主渠道的国家自然科学基金委员会（简称自然科学基金委），在夯实学科基础、加强学科建设、引领科学研究发展方面担负着重要的责任。早在新中国成立初期，中科院学部即组织全国有关专家研究编制了《1956—1967年科学技术发展远景规划》。该规划的实施，实现了"两弹一星"研制等一系列重大突破，为新中国逐步形成科学技术研究体系奠定了基础。自然科学基金委自成立以来，通过学科发展战略研究，服务于科学基金的资助与管理，不断夯实国家知识基础，增进基础研究面向国家需求的能力。2009年，自然科学基金委和中科院联合启动了"2011—2020年中国学科发展

---

① 习近平. 努力成为世界主要科学中心和创新高地 [EB/OL]. (2021-03-15). http://www.qstheory.cn/dukan/qs/2021-03-15/c_1127209130.htm[2022-03-22].

战略研究"。2012 年，双方形成联合开展学科发展战略研究的常态化机制，持续研判科技发展态势，为我国科技创新领域的方向选择提供科学思想、路径选择和跨越的蓝图。

联合开展"中国学科及前沿领域发展战略研究（2021—2035）"，是中科院和自然科学基金委落实新时代"两步走"战略的具体实践。我们面向 2035 年国家发展目标，结合科技发展新特征，进行了系统设计，从三个方面组织研究工作：一是总论研究，对面向 2035 年的中国学科及前沿领域发展进行了概括和论述，内容包括学科的历史演进及其发展的驱动力、前沿领域的发展特征及其与社会的关联、学科与前沿领域的区别和联系、世界科学发展的整体态势，并汇总了各个学科及前沿领域的发展趋势、关键科学问题和重点方向；二是自然科学基础学科研究，主要针对科学基金资助体系中的重点学科开展战略研究，内容包括学科的科学意义与战略价值、发展规律与研究特点、发展现状与发展态势、发展思路与发展方向、资助机制与政策建议等；三是前沿领域研究，针对尚未形成学科规模、不具备明确学科属性的前沿交叉、新兴和关键核心技术领域开展战略研究，内容包括相关领域的战略价值、关键科学问题与核心技术问题、我国在相关领域的研究基础与条件、我国在相关领域的发展思路与政策建议等。

三年多来，400 多位院士、3000 多位专家，围绕总论、数学等 18 个学科和量子物质与应用等 19 个前沿领域问题，坚持突出前瞻布局、补齐发展短板、坚定创新自信、统筹分工协作的原则，开展了深入全面的战略研究工作，取得了一批重要成果，也形成了共识性结论。一是国家战略需求和技术要素成为当前学科及前沿领域发展的主要驱动力之一。有组织的科学研究及源于技术的广泛带动效应，实质化地推动了学科前沿的演进，夯实了科技发展的基础，促进了人才的培养，并衍生出更多新的学科生长点。二是学科及前沿领域的发展促进深层次交叉融通。学科及前沿领域的发展越来越呈现出多学科相互渗透的发展态势。某一类学科领域采用的研究策略和技术体系所产生的基础理论与方法论成果，可以作为共同的知识基础适用于不同学科领域的多个研究方向。三是科研范式正在经历深刻变革。解决系统性复杂问题成为当前科学发展的主要目标，导致相应的研究内容、方法和范畴等的改变，形成科学研究的多层次、多尺度、动态化的基本特征。数据驱动的科研模式有力地推动了新时代科研范式的变革。四是科学与社会的互动更加密切。发展学科及前沿领域愈加重要，与此同时，"互联网+"正在改变科学交流生态，并且重塑了科学的边界，开放获取、开放科学、公众科学等都使得越来越多的非专业人士有机会参与到科学活动中来。

"中国学科及前沿领域发展战略研究（2021—2035）"系列成果以"中国学科及前沿领域2035发展战略丛书"的形式出版，纳入"国家科学思想库－学术引领系列"陆续出版。希望本丛书的出版，能够为科技界、产业界的专家学者和技术人员提供研究指引，为科研管理部门提供决策参考，为科学基金深化改革、"十四五"发展规划实施、国家科学政策制定提供有力支撑。

在本丛书即将付梓之际，我们衷心感谢为学科及前沿领域发展战略研究付出心血的院士专家，感谢在咨询、审读和管理支撑服务方面付出辛劳的同志，感谢参与项目组织和管理工作的中科院学部的丁仲礼、秦大河、王恩哥、朱道本、陈宜瑜、傅伯杰、李树深、李婷、苏荣辉、石兵、李鹏飞、钱莹洁、薛淮、冯霞，自然科学基金委的王长锐、韩智勇、邹立尧、冯雪莲、黎明、张兆田、杨列勋、高阵雨。学科及前沿领域发展战略研究是一项长期、系统的工作，对学科及前沿领域发展趋势的研判，对关键科学问题的凝练，对发展思路及方向的把握，对战略布局的谋划等，都需要一个不断深化、积累、完善的过程。我们由衷地希望更多院士专家参与到未来的学科及前沿领域发展战略研究中来，汇聚专家智慧，不断提升凝练科学问题的能力，为推动科研范式变革，促进基础研究高质量发展，把科技的命脉牢牢掌握在自己手中，服务支撑我国高水平科技自立自强和建设世界科技强国夯实根基做出更大贡献。

"中国学科及前沿领域发展战略研究（2021—2035）"
联合领导小组
2023 年 3 月

前　言

根据国家自然科学基金委员会（National Natural Science Foundation of China，NSFC）- 中国科学院学科发展战略研究工作联合领导小组的工作部署和总体要求，以及国家自然科学基金2021～2035 年中长期发展规划研究工作方案要求，在中国科学院、国家自然科学基金委员会管理科学部（简称管理科学部）及其专家咨询委员会的指导下，在吸收和完善国家自然科学基金委员会党组会、管理科学部组织的先后四次专家咨询委员会会议的会议精神，以及项目组组织的多轮专家研讨会会议精神和以通信方式征询的专家意见与建议后，最终完成了《中国管理科学 2035 发展战略》研究报告的撰写工作。

项目组的研究和报告撰写过程始终在管理科学部的领导和指导下进行，努力体现国家的重大战略需求和战略意图，努力反映重大科学前沿。从研究之初到报告撰写全过程，项目负责人和研究团队成员代表参加了"中国学科及前沿领域发展战略研究（2021—2035）"工作启动会、管理科学部组织的先后四次专家咨询委员会会议，以及管理科学部内部的专题工作学习讨论会，认真领会各次会议的精神和要求；认真学习党中央和国务院的重要文件、党和国家领导人的重要讲话以及《中华人民共和国国民经济和社会发展第十四个五年规划和 2035 年远景目标纲要》等未来重要规划和部署；

深入分析国内外管理科学的知识发展前沿。以此为指导，项目组有序展开项目的研究工作以及后续的报告写作。

项目组的研究和报告撰写采取了包含内外部专家的项目团队形式来展开，以保障项目研究工作的规范性、研究成果的学术严谨性。除了内部专家，参加项目团队研究的外部专家还包括了海内外的会议咨询专家、专题咨询专家及其学术小组、通信咨询专家等类别的专家群体，具有广泛的学术代表性。项目研究期间，正值全球新冠疫情暴发，项目组克服种种困难，先后以线下或者线上方式组织了数十次各类专家咨询会议，包括两轮重点研讨会和一系列焦点小组会议；同时还运用各种通信形式广泛征询意见，邀请了海内外管理科学家进行深入交流。通过上述形式，项目组对管理科学学科的国内外发展态势、发展基础、发展目标和保障措施等进行了充分的讨论；分别对各个优先领域内容的名称与内涵进行了凝练和不断完善，对各个领域中的主要方向名称或方向的结构进行了优化调整，列举了各方向下部分可能的重要科学问题。

在项目组的研究和报告撰写过程中，始终坚定地依靠管理科学家的群体智慧，努力通过科学分析反映国际学科发展前沿动态。在学科的发展现状方面，项目组广泛、深度地吸取了管理科学领域专家（包括海外华人学者）的意见和建议，在管理科学部"十四五"发展战略研究成果的基础上，继续完善了2021年以来的文献资料［如国家社会科学基金/科学技术部（简称科技部）的项目和指南文本分析、新涌现的科学概念及重要行业发展报告等］，并开展了相应的文献计量分析和案例定性分析。

在此需要说明的是，第一，本报告在文献计量分析中主要使用了InCites数据库数据。InCites数据库中集合了近30年来科学网（Web of Science，WoS）核心合集七大索引数据库的数据，并且基于中华人民共和国国务院学位委员会和教育部颁布的《学位授予和人才培养学科目录（2018 年 4 月更新）》建立了 WoS 核心合集与中国国务院学位委员会学科分类的映射，映射了除军事学以外的剩余全部的 13 个学科门类的 97 个一级学科。其中，管理学门类包括管理科学与工程（1201）、工商管理（1202）、农林经济管理（1203）、公共管理（1204）以及图书情报与档案管理（1205）五个一级学科。为此，报告中使用的 InCites 数据及 WoS 数据均以对应一级学科为统计单位。同时，为更好地描述和分析我国管理科学学科发展趋势与现状，项目组根据国家自然科学基金管理委员会管理科学部现有的学科代码设置—管理科学与工程（G 01）、工商管理（G 02）、经济科学（G 03）、宏观管理与政策（G 04），将已有的 InCites 学科映射与学科代码进行了简要对应，以期得到各学科发展水平的趋势性结论。具体统计方式为将农林经济管理并入经济科学学科进行统计，将公共管理、图书情报与档案管理并入宏观管理与政策学科进行统计。第二，本报告分析中使用的其他文献数据主要是通过 WoS 文献数据平台中的科学引文索引扩展版（Science Citation Index Expanded，SCIE）及社会科学引文索引（Social Sciences Citation Index，SSCI）数据库对管理科学各学科进行的文献检索，文献类型包括原著类论文（article）、综述类论文（review）等全部类型，出版年（文献发表年）限定为 2002～2020 年。主要文献数据检索时间为 2021 年 2 月。在本报告的正文中，以上关于数据出处和分类的信息将不再赘述。

在优先领域的确定方面，项目组通过召开多轮次线下和线上的专家研讨会议并以通信方式征询相关的意见和建议，明确了研究内容与"十四五"发展战略研究的关系和差异，并完成优先领域初稿设计。经管理科学部专家咨询委员会讨论并由管理科学部向国家自然科学基金委员会党组会汇报后，根据专家意见及管理科学部指示，项目组对初设的优先领域内容重新进行概念内涵的理清工作，分各个领域专题分别组成了外部专家小组，并由这些小组组织了系列的研讨会，以不同的形式聚集众智；接下来，由项目组在各专题的外部专家小组建议的文本基础上重新归纳、整合，形成第二轮优先领域基础内容。2021年5~10月，项目组再次分领域分别聘请外部专家对优先领域内容开展了先后两轮的内容完善与修订，进一步优化了优先领域。领衔进行这些领域工作的项目外部专家主要包括以下几类战略科学家：国家自然科学基金委员会管理科学部咨询委员会成员、中国工程院院士、各个领域同行的资深科学家（包括海外华人学者），以及优秀青年和国家杰出青年科学基金获得者等；每个优先领域专题有1~2位领衔专家、5~6位核心专家，由领衔专家组织的学者团队参加多轮的讨论和报告修改及建议。最终，根据学科发展规律和发展态势的分析，通过多轮的文献分析、专家研讨，项目组归纳出了管理科学中长期发展总体思路与目标，并凝练出了18个优先领域及其发展方向和相应的科学问题举例。

总之，《中国管理科学2035发展战略》是凝聚了管理科学百余位战略科学家及其他各领域专家的智慧和心血的重要成果。在此，衷心感谢辛勤付出的全部专家学者，他们的工作终将塑造我国管理科学的未来。在此也衷心感谢在项目团队参与工作的全体青年学生们，相信他们从这段难得的经历中会亲身感悟到前辈学者的睿智并开阔自己的学术视野。

张 维

《中国管理科学2035发展战略》项目组组长

2022年10月

摘　　要

一、管理科学领域的科学意义与战略价值

管理科学是通过严谨的科学方法对不同层次人类社会经济组织中的管理和经济活动的客观规律进行探索的学科。无论是宏观的国民经济与社会发展战略，还是微观的企业或者社会组织的高效运行策略，在制定和实施决策、评估决策效果的过程中都离不开对相关管理和经济活动基本规律的认知和应用。

1. 科学意义

管理科学主要从探索客观规律的角度研究现实社会的管理和经济活动，具有交叉学科的学科属性。其使命在于认识管理和经济活动的客观规律、拓展管理科学的知识前沿和边界，并利用对于这些规律的新认知，主动服务于管理和经济活动效率和效果的提升，响应国家重大战略需求，提升企业综合竞争能力，支持社会组织健康发展。管理科学根据自身研究对象的特点，运用多源异构的"数据"刻画现实社会中各类管理和经济现象，并相应地采用严谨的、多元化的科学方法，在给定的情境假设下，认识管理和经济活动中的客观规律。

无论是在国家自然科学基金委员会的学部设置中，还是在我国人才培养的学科体系中，管理科学都占据着重要地位。在2021~2035年，管理科学将继续成为国家科学创新体系中的重要组成部分，其基础研究对落实和实现国家中长期科技发展战略的任务和目标有重要的意义。

2. 战略价值

（1）对现代科学体系发展起到推动作用。一是作为典型交叉学科推进科学体系的发展。管理科学在发展过程中体现出了很强的知识包容性与拓展性，这一特性必将进一步促进它与自然科学、工程科学、信息科学、数学，乃至于人文科学的交叉融合，不断以交叉学科的面貌推进现代科学体系的发展。二是提升了其他学科研究的工作效率。管理科学在创新管理、技术管理、项目组织理论等多个子学科方面的基础研究，对提高科学研究活动的效率和效益能够起到重要作用。三是为其他学科提出新的科学和技术问题，进而推动其他学科的发展。四是为其他学科发展提供可借鉴的研究方法。

（2）对实施国家科技发展规划及科技政策目标起到支撑作用，全面落实党的十九届五中全会对科技创新提出的"四个面向"新要求。在国家基础研究方面，管理科学在2021~2035年中将通过部署数字经济（digital economy）管理理论等若干领域回应面向世界科技前沿，通过部署低碳转型等领域回应面向国家重大需求，通过部署乡村振兴（rural revitalization）发展等领域回应面向经济主战场，通过部署公共危机管理等领域回应面向人民生命健康；在国家科技发展规划方面，管理科学的战略规划将进一步从全局性、战略性、前瞻性的高度进行总体设计和统筹安排。

（3）满足国民经济社会发展与提升国家综合国力的需要。《中华人民共和国国民经济和社会发展第十四个五年规划和2035年远景目标纲要》提出了十七项未来国民经济和社会发展将要完成的重大任务，对管理科学学科未来的发展提出了新的要求。管理科学通过对应的优先领域选择将新要求体现在学科的中长期发展规划之中。

二、管理科学领域的研究特点、发展规律和发展趋势

管理科学关注社会经济与管理模式的发展，强调实践性和情境依赖性。在本质上，它是对人类社会发展中的经济管理思想和管理活动规律的总结。管理科学的研究方法论、研究内容都在随时代的发展而不断演化，研究结论也具有更多情境依赖性，并且随着科学技术的进步和社会经济的变化而不断发展。因此，管理科学发展需要关注社会发展趋势，根植于国家发展重大需求，服务于国家发展长期规划与远景目标。

（一）发展规律

1. 管理科学学科发展规律的总体特点

管理科学的研究范式在不断发展，越来越体现出交叉学科研究的方法论特点，整体论逐渐成为经济与管理学科研究的指导思想；管理科学研究对象和分析技术不断丰富，越来越倾向于"数据驱动"；管理科学的发展与社会经济活动所处情境密切相关，因此其发展具有一定的情境依赖性，并且在当今时代背景下，其情景依赖性会不断加强，但管理科学的不同专业或方向在情境依赖性方面会存在一定差异。与此同时，各学科的人才培养模式日渐丰富和完善。

2. 中国管理科学分学科的发展规律特点

管理科学涉及管理科学与工程、工商管理、经济科学、宏观管理与政策 4 个学科领域。各学科领域除遵循上述一般性的学科发

展规律之外，也有一些各自学科发展的特点。管理科学与工程学科的交叉性特征日益突出，内涵和外延越来越丰富，理论研究与实践结合日趋紧密；工商管理学科研究具有全球化和本土化并行的趋势，新一代信息技术的影响已经广泛地渗透到工商管理领域的研究中，创新已经在工商管理研究中成为突出的研究内容和视角；经济科学学科的基础性地位得到加强，其研究范式的科学化程度提升，中国经济科学研究的国际影响力不断增强，经济科学理论、政策与实践的融合需求更加迫切；宏观管理与政策学科是一个具有综合性、多领域交叉融合性的学科，宏观管理的内涵随着社会经济的发展而延伸，新一代信息技术带来了学科研究问题和方法手段的创新。

（二）发展趋势

1. 国际上管理科学的发展状况与趋势

通过计量分析，本报告刻画出了各学科的聚焦领域。其中，管理科学与工程学科聚焦决策理论、对策理论、风险管理、供应链管理、信息管理和交通运输管理等领域；工商管理学科聚焦会计与审计、市场营销、项目管理、创新管理等领域；经济科学学科聚焦产业经济学、国际贸易、金融学等主流学术领域；宏观管理与政策学科聚焦国家战略、"三农"相关问题、资源与可持续发展、公共卫生与公共安全等领域。

在发展趋势方面，在国际上管理科学继续受到关注的领域有决策理论、对策理论与供应链管理、物流与供应链、市场营销、产业经济、国际贸易、金融等；大数据及其分析技术、实证经济学研究城镇与区域发展、资源与可持续发展、经济调控与政策等领域将成为未来的学术发展趋势。

2. 国内管理科学发展状况与趋势

总体来看，通过计量分析可知，我国管理科学在 2014～2018 年研究关注较多的 6 个研究领域分别是公司治理、供应链、货币政策、政府治理、经济增长、对外直接投资。管理科学与工程学科主要聚焦决策、信息、共识、网络、供应链、大数据等领域；工商管理学科主要聚焦信息、创新、服务、可持续等领域；经济科学学科主要聚焦二氧化碳排放、能源、经济、中国特色问题等领域；宏观管理与政策学科主要以能源、气候、经济、可持续为学术发展热点。

在发展趋势方面，中国（不含港澳台数据）管理科学学术研究成果的国际发表已经全面进入全球前列，近十年来在国际学术期刊上的论文发表数量快速提升，在管理科学各领域已经名列前茅；研究成果的影响力和国际学术话语权提升明显。一方面，管理科学学者的论文质量提升明显，已经形成了一定的国际影响力并获得了一定的话语权；另一方面，经济与管理学者的论文被引频次也呈现出显著增长趋势。中国问题的研究日益受到国际学者的广泛关注；中国与其他国家在管理科学领域的国际合作程度逐步加深；问题导向研究将逐步成为主流，多学科融合交叉趋势凸显。

三、学科发展思路和发展方向

在 2021～2035 年，中国管理科学要致力于促进新的学科生长点形成以及服务于国家战略需求的发展目标。

学科的总体发展思路是：聚焦中国特色管理实践，面向国家战略需求，前瞻部署和重点支持前沿探索方向和对管理实践产生革命性作用的基础理论研究，特别是基于中国特色的、具有方向引领作用和重要国际影响力的原创性管理理论研究；构建基于中国管理实践的理论体系，提升服务国家战略和经济管理实践的能力；加强与数学、信息科学等多个学科的融合发展和集成创新，推进学科研究范式变革；促进国际合作与新兴领域的发展。

学科的发展目标将定位于：力争到 2035 年，我国管理科学研究整体水平和学术创新能力获得显著提升，突破制约我国经济和管理实践的若干理论瓶颈，产出一批具有国际重大影响力的原创性科研成果；形成与管理科学发展规律相适应、突出交叉学科特点的学科布局和研究绩效管理体系；一大批优秀学者活跃在国际学术舞台，形成若干具有国际学术引领地位、具有深度参与全球科技治理能力的研究群体。

在 2021～2035 年，管理科学学科将在四个优先领域集群中，稳定地支持我国管理科学家的基础研究工作。

（一）新一代信息技术下的管理科学

1. 复杂系统管理的基础理论

管理科学意义下的复杂系统管理，是指人类与自然交互系统以及人类本身交互系统的管理，包括生产制造系统、人与环境系统、社会经济系统等。复杂系统管理应当也必须是管理科学中长期发展战略中的一个非常重要甚至是居于重要性首位的议题。该领域主要研究方向如下：网络演化的数学刻画、复杂生态环境系统/复杂工程系统的管理、复杂智能系统的建模与管控、人机融合系统的认知和调控机制、自叙事社会和谐管理的机制设计、全球化新形势下中国经济金融安全保障。

2. 复杂管理系统智能计算和优化

复杂管理系统智能计算和优化是在新一代信息技术情景下实现复杂系统管理决策计算的重要工具和基础，通过结合领域知识、运筹学理论和人工智能（artificial intelligence，AI）、量子计算等新一代信息技术，提高复杂系统的管理水平与商业化实践能力。该领域主要研究方向如下：人工智能与运筹学的融合——智能运筹学、复杂管理系统的在线算法研究、复杂管理系统中的量子计算理论及应用、复杂管理系统高阶依赖建模与时变特征分析、复杂管理系统智能优化与决策技术。

3. 混合智能系统中的行为与合作

混合智能系统主要是指为实现特定的管理目标，而由人和智能机器（系统）共同构成的、在数字智能技术支持下进行人机互动的智能（辅助）决策和运行的管理组织。在混合智能系统中，人机互动的过程是人、数据及算法相互融合和相互作用的过程。该领域主要研究方向如下：智能机器行为与人机互动机理、混合智能管理组织形态涌现、混合智能驱动的人机合作机制设计、混合智能管理中的模型方法创新与信息系统改造。

4. 决策智能

决策智能（decision intelligence）将人工智能技术体系化地嵌入决策制定、分析、实施和反馈流程中，采用更加主动和全面的视角，面向未来可能发生的场景和情境进行积极的推演预测和前瞻性分析。该领域主要研究方向如下：认知决策、知识决策、系统决策、想定决策。

（二）社会经济的数字化转型

1. 数字生态下的企业

数字技术是一切现代信息技术、计算技术、通信技术和连接技术的组合。对现代产业和企业而言，数字连接和数字化以及由此驱动形成的新的商业规则和商业逻辑，把原本不属于同一个行业的企业组织、产品与服务等连接在一起，形成了数字生态（digital ecology）。数字经济、数字生态平台逐渐成为主导产业变革的主要力量之一，成为世界各国数字经济发展的重要承载体。该领域主要研究方向如下：数字生态的复杂社会技术系统理论、数字商业生态系统的基础理论、数字生态产业组织理论与企业理论、数字生态下的企业管理与组织体系、赋能数字生态的新技术新方法。

2. 数字经济与数字金融的基础理论

数字经济是以数字化的知识和信息作为关键生产要素、以数字技术为核心驱动力、以现代信息网络为重要载体，通过数字技术与实体经济深度融合，加速重构经济发展与治理模式的新型经济形态。数字金融则可以定义为由数字技术驱动的金融活动，旨在提高金融活动的效率。该领域主要研究方向如下：数据要素价值实现的基础理论、数字技术与实体经济深度融合理论、数字金融与数字货币的基础理论、数字经济治理理论。

3. 城市的数字孪生与平行管理

"数字孪生城市"是物理城市在数字世界的"克隆体"，"数字孪生城市平行管理"指基于物理城市与数字孪生城市间的交互，平行调整二者的管控方式，以实现协同进化。该领域主要研究方向如下：数字孪生城市平行管理理论基础、数字孪生城市数据资源的共享和使用研究、数字孪生城市公共服务智能化供给研究、数字孪生城市平行管理体制机制研究。

4. 智慧型健康医疗整合管理

智慧型健康医疗整合管理是指以面向未来健康医疗的全生命周期的大健康、大医疗、个性化、按需医疗等新需求为导向，以协同化、平台化等运营新模式为核心，对涉及健康医疗的资源配置、运行机制、运行过程等进行实时性、适应性、前瞻性的整合管理，实施全周期、全方位、全产业、全生态的协同化决策，提高健康医疗的效能、效率及精准性。该领域主要研究方向如下：全周期智慧健康医疗整合管理、全方位智慧健康医疗整合管理、全产业智慧健康医疗整合管理的基础理论与方法、智慧健康医疗全生态系统管理、数智化赋能的大健康管理体制整合与创新。

（三）中国社会经济发展中的管理科学

1. 中国企业与全球化新常态

该优先领域在总结中国企业全球化实践的基础上，探索未来国际秩序演化下的全球格局及其对中国企业的影响，为中国企业更好地拓展国际市场、优化资源配置与运作体系、获取战略资源提供政策建议，进而构建出以新兴经济体为研究重点的国际商务和跨国公司理论。该领域主要研究方向如下：双循环格局下中国企业全球合作生态管理、国际秩序演进环境下的中国企业平台治理与组织转型、全球化新常态环境下的中国企业全球创新战略重构、中国企业全球化的合规风险和社会责任。

2. 中国的政府治理和政策过程

政府治理是以政府为主体开展的治理活动，是我国当前国家治理的主要内容与核心形态，是国家治理的重要组成部分，承担着按照党和国家决策部署推动经济社会发展、管理社会事务、服务人民群众的重大职责，在不同国家的实践中呈现出不同的演变规律。政策过程是政策主体、政策客体及其与政策环境的相互联系和相互作用，使得政策系统呈现动态运行的过程，包括政策制定、政策执行、政策评估、政策终结、政策监督等环节。该领域主要研究方向如下：基于中国治理实践的政策科学与政府管理基础理论研究、面向未来智能社会治理的公共政策与技术社会转型、面向复杂系统问题的中国政府治理与政策科学研究、人类命运共同体中的公共管理与政策体系研究、中国政府治理与政策过程的微观行为基础与规律。

3. 乡村振兴与发展的战略转型规律

城镇化（urbanization）是确立合理反贫困路径的一个重要维度，中国正经历着快速的城市化，经济发展格局和环境都面临着深刻变化，减贫战略也处于转型过渡时期，需要制度和政策调整。以乡村振兴战略为引领，及时发现当下影响农村改革与农业现代化的重要因素，总结对比乡村治理的模式，探索城乡融合发展的有效路径等研究工作具有重要的科学价值和实践意义。该领域主要研究方向如下：中国减贫理论与共同富裕实现路径、农村改革与农业现代化、乡村治理体系和治理能力现代化、城乡融合发展。

4. 区域协调与可持续发展

区域协调与可持续发展，将从传统的经济视角拓展到经济、社会、环境等多维视角，建立和完善统筹有力、竞争有序、绿色协调、共享共赢、永续发展的区域协调与可持续发展新政策体系和新机制，改变传统研究视角的局限性，甚至系统性地突破传统研究理论与方法的局限性，进而推进区域科学的前沿发展。区域协调与可持续发展为碳达峰、碳中和以及经济高质量发展提供了强大的推力。该领域主要研究方向如下：区域社会经济-资源环境韧性系统的演进与发展、区域绿色发展与协调创新发展机制、产业-人口-资源的空间多维协同发展规律。

5. 经济高质量发展规律

目前，中国经济已经从高速增长阶段转向高质量发展阶段，迫切需要从研究中国经济发展规律出发，将中国经济问题研究上升到学科理论层次；从创新理论范畴和研究范式出发，提炼一套可实证、可拓展、可推广的科学理论体系；从完善社会主义市场经济理论体系出发，构建原创性、可借鉴的中国特色社会主义市场经济理论。该领域主要研究方向如下：中国经济发展历史事实和数据的系统性梳理和总结，创新驱动型增长模式，国家治理框架下的经济协调发展理论与规律，"双碳"目标下的绿色经济发展体系建设理论，中国经济与全球经济的关系及其演变规律，共同富裕目标下经济发展与分配、消费关系的演变规律。

（四）全球变局中的风险管理与全球治理

1. 全球化新常态与战略性风险管理

风险管理指的是通过对风险的认识、衡量和分析，选择最有效的方式，主动地、有目的地、有计划地处理风险，以最小成本争取最大安全保证的管理方法。全球化新常态的进一步强化无论对于宏观的国家经济安全、中观的产业格局，还是对于微观企业的供应链和创新，都构成了系统性重大风险和挑战，产生了探索战略性风险管理规律的新需求。该领域主要研究方向如下：全球变局下的经济金融安全与供应链风险管理、非合作全球竞争下产业关键技术创新变革与管理、不确定国际环境下国家科技安全与信息安全管理、全球化新常态下的能源矿产安全与风险管理。

2. 全球治理的转型和机制重构

全球治理（global governance）是以人类整体论和共同利益论为价值导向的，多元行为主体平等对话、协商合作，共同应对全球变革和全球问题挑战的一种新的管理人类公共事务的规则、机制、方法和活动（蔡拓，2004）。全球治理研究突破国际关系研究框架，基于人类社会近几十年发生的显著变化，形成了多元全球治理主体理念，充分关注各类主体在全球事务中扮演的角色及其相互关系，极大地改变了对国际关系的传统认知，改变了其基础性的研究假设，形成了理念和知识上的突破，是未来全球事务管理的理论发展方向。该领域主要研究方向如下：全球治理体系的转型，关键领域全球治理范式的形成和演变规律，全球治理参与机制的基础理论，全球治理的规则、技术与工具体系，中国国家治理与全球治理的互动。

3. 全球性公共危机管理

全球性公共危机（global public crisis）一般指危及全球大多数国家公共安全或公共利益、冲击经济社会运行秩序的突发性灾难事件或危急状态。探究全球性公共危机的形成机理、演化规律、治理策略，谋求我国经济迈上更高质量、更有效率、更加公平、更为安全的发展道路，实现国家经济实力、科技实力、综合国力跃上新台阶等具有重要理论意义和应用价值。该领域主要研究方向如下：全球性公共危机的影响因素、形成机理及演化规律，全球性公共危机下应急资源供应与分配管理，全球性公共危机治理中的多元主体参与机制与行为规律，全球性公共危机对经济与社会的影响机理与后危机时代的企业管理变革。

4. 社会–经济–资源–生态系统的复杂性

"社会–经济–资源–生态系统"是指在一定条件下，社会系统、经济系统、资源系统与生态系统之间形成的功能互补、要素共享、相互促进和协调发展的复合系统，旨在实现社会和谐发展、经济持续增长、资源永续利用和生态良性循环。该领域主要研究方向如下：能源系统可持续转型与碳中和实现路径的管理理论与方法、社会–经济–资源–生态系统协同耦合机制与可持续运行规律、重大突发事件与战略性资源安全。

5. 人口与社会经济发展

人口是影响社会经济发展的最关键因素之一。对中国来说，目前和未来几十年，由于人口结构转变进程过快，人口问题将成为中国经济发展与转型的重要制约因素。该领域主要研究方向如下：人口数量和结构的影响因素及演化机理、人口负增长与人口结构演变对经济增长的影响机制、人口老龄化背景下的公共政策和公共治理、人口流动与城市化和区域经济发展的影响机制。

四、政策建议

应主要从优化顶层设计、更新评价观念、推动平台建设等三个方面入手，形成推动中国管理科学在2021～2035年持续健康发展的关键战略举措。

1. 完善学科发展的资助格局

新时代的中国管理科学研究需要紧跟世界科学前沿，不断提升基础研究水平，要促进新兴领域与管理科学的交融发展；同时也要立足中国社会经济发展中的经济管理实践服务国家需求，解决本土问题。在以上优先领域的框架下，依靠专家群体智慧并根据时代背景特点，选择相应的具体领域形成各阶段的发展指南，通过鼓励大跨度、多学科的交叉融合和科学范式的变革，推动管理科学新知识的创造，满足国民经济与社会发展的战略需求，为我国应对全球挑战提供有力支撑。在这个过程中，须努力贯彻国家对持续深化改革的要求，促进知识层次和应用领域的统一。

优化协调学科发展资助组合格局，通过优先资助领域集群的规划，形成针对每个领域（及其下属方向）的主要科学问题属性识别，并在此基础上形成符合管理科学特点、更加优化协调的资助格局。总的来说，在基础研究现行的"项目""人才/团队""工具"三大类型资助工具设计格局下，建议在稳定发展自由探索类项目、问题导向性重大重点类项目的基础上，更好地拓展管理科学领域的人才/团队类、工具类项目。

2. 建立多维、长效影响力评价机制

着眼于国家战略发展需求，国家自然科学基金应当在国家创新

体系建设中更充分地发挥基础性和导向性作用。在目前已经建立的"负责任、讲信誉、计贡献"评审机制基础上，建议进一步完善符合管理科学特点的多元化项目评价和绩效管理机制，推动形成不断净化的科研生态环境。具体措施包括加强立项环节的评审机制改革、探索项目过程中检查的评审范式改进、推动结项验收环节的评审标准优化。

3. 持续完善管理科学研究的平台建设

管理科学的发展与其他科学发展的途径相似，除需要科学家进行思考、推导、计算、实验等严谨研究活动之外，还需要研究问题来源、学术思想交流和学术资源的支撑。为此，除基础研究的发展在资助研究项目本身之外，还需要对上述相关的学术研究基础设施平台方面给予高度的关注和资助。具体措施包括加强管理科学数据与软件平台建设，推动管理科学学者面向实践展开基础理论研究，通过加强智库建设增强管理科学的实践服务功能，构建新型管理科学国际（地区）研究网络。

Abstract

This report analyzes the changing landscape of global competition, disruptions brought by emerging technologies, the frontiers of management studies, and the footprint of institutional reform in China during the past four decades. Based on this analysis and the basic laws of the disciplines, this report identifies the emerging major scientific issues in management science amid the changes unseen in the past century, and proposes an analytical framework and the priority areas for management science by 2035. This report is divided into five parts. Firstly explaining the scientific significance and strategic value of management science. Secondly, discussing research characteristics and development laws, trends of management science by the methods of bibliometric analysis and case study. Future directions and the four integrated priority areas are proposed in the third and fourth parts. The remainder of the report is proposals for policies.

Other than the curiosity of researchers to understand nature and the human world, a major driving force of the advancement of management science also originates from the demands of economic and social development. Management science should focuses on the strategic issues of national and human development. By 2035, it is necessary to put forward development goals that can lead to emerging new frontiers of the discipline and serve the national strategic demands.

The overall development guidelines for management science are the followings. Firstly, being forward-looking is of crucially important. We should focus on and support the research with forefront explorations or directions, the basic theoretical research which has a revolutionary role in changing management practice. Especially those original, direction-leading theoretical management research with Chinese characteristics and significant global influence should be addressed. Secondly, it is important to root the theoretical foundation in Chinese management and economic practice. The third is to strengthen the transformative research jointly with mathematics science, information science, and other related disciplines. The fourth is to further promote international cooperation and the development of emerging fields.

The development goals of the discipline are to strive to achieve a significant improvement in the overall level of management science research and the capacity of knowledge contribution in China by 2035, to break through several theoretical bottlenecks restricting China's management and economic practice, and to produce a batch of original knowledge in management science with international influence. A further goal is to have a group of outstanding scholars significantly active in the international academic arena and to form several research teams with a leading role in the international community of management science.

In order to ensure the academic rigor and representativeness of the study, in addition to the members of the research project team from Tianjin University, many leading scientists from management science, domestic and abroad, are also involved in the needed research and discussion, and in the drafting and revising of this report. This taskforce includes but is not limited to: the members of the Advisory Committee of Department of Management Sciences of the National Natural Science Foundation of China, academicians of the Chinese Academy of

Engineering, senior and strategic scientists in various fields (including overseas Chinese scholars), as well as the principal investigators of the projects funded by National Outstanding Youth Science Fund, Science Fund for Creative Research Groups, Basic Science Centers in Management Science.

目　　录

第一章

科学意义与战略价值

　　管理科学是通过严谨的科学方法对不同层次人类社会经济组织中的经济和管理活动的客观规律进行探索的学科。无论是宏观的国民经济与社会发展战略，还是微观的企业或者社会组织的高效运行管理，在制定和实施决策、评估决策效果的过程中都离不开对相关经济和管理活动基本规律的认知和应用。

第一节　学科的科学意义

一、经济学科与管理学科在科学体系中的地位

　　一般而言，对于科学体系中的所有门类，其主要使命在于运用科学方法探索各自研究对象的基础性规律。各个学科门类均遵循相同的科学方法论，具有"认识世界（发现现象、解释现象）和改造世界（适应世界）"的相同科

学使命。根据研究对象的不同，科学形成了不同的学科门类及其在特定阶段普遍采用的特定科学研究范式和相应的研究方法。如果从大的类别划分，科学的研究对象可以是自然世界（如物理、化学、气象、生命等），可以是人类社会（如经济、管理、行为等），可以是人造世界（如工程、计算、元宇宙等），也可以是更抽象的世界（如哲学、数学等）。

在完整的科学体系中，管理科学的研究对象是人类社会中的经济和管理活动；其使命主要在于认识经济和管理活动的客观规律、拓展管理科学的知识前沿和边界，并利用对于这些规律的新认知，主动服务于经济和管理活动效率和效果的提升，响应国家重大战略需求，提升企业综合竞争能力，支持社会组织健康发展。管理科学根据自身研究对象的特点，运用多源异构的"数据"（如数字、文本、声像等）刻画现实社会中各类经济和管理现象，并相应地采用严谨的、多元化的科学方法（如数理、实证、实验、计算等），在给定的情境[①]假设下，认识经济和管理活动中的客观规律。

二、管理科学的内涵

1. 主要从探索客观规律的角度研究现实社会的经济和管理活动

人类社会的经济和管理活动是指在不同层次的社会经济组织（如宏观经济体系、产业、行政机构、企业、社会非营利组织等）中，集中或者分散的决策者（群体）通过组织计划、协调控制、策略引导、适应响应等方式，有效地配置和利用各种经济资源，以实现各类组织目标（如货币政策的经济增长目标、企业的绿色发展目标、慈善基金的扶困目标等）的活动。因此，处于复杂现实世界的经济和管理活动具有客观和主观两重属性。其客观属性是指经济和管理活动的基本规律在给定的社会制度发展阶段、历史、文化等复杂要素构成的情境下，是客观存在的；其主观属性则是指由于经济和管理活动反映了社会中人与人、人与组织之间关系，因而体现了不同的行为主体由个性化主观认知差异所导致的多样化判断和异质行为。作为投入资源，各种

---

① 管理研究中的"情境"（context）可以看作是理解一个管理活动之所以存在的复杂背景条件，它一般是由管理活动的历史文化积淀、社会制度约定、科学技术阶段等要素扭结而成的。

生产要素只有通过企业管理者与公共管理者的决策行为及其与其他异质参与者的互动,才可能有效地转化为财富和社会进步。因此,对经济和管理活动的研究,同时具有科学性和艺术性。经济和管理研究的科学性表现在:尽管经济和管理活动的规律在一定程度上受到由历史文化积淀、社会制度约定、科学技术阶段等要素扭结而成的"情境"的影响,但它的确存在着,具有一定普适性的、不以经济和管理活动参与者或者研究者个人意志为转移的客观规律。因此,从科学性的角度来看,人类关于经济和管理活动的这类客观规律的知识及其获取方法已经逐步形成了具有逻辑性和系统性的知识框架体系,使管理科学成为科学体系中的独立学科,成为社会科学中的基础性学科。

2. 定位于交叉学科的学科属性

管理科学着重研究人类社会组织经济和管理活动客观规律,研究对象涉及人类行为及其交互活动,因而具有多面性和高度的复杂性。因此,没有单一的理论和方法能有效地理解和研究管理科学面临的问题,需要通过跨自然科学、工程科学、技术科学及社会科学的视角、知识和手段来综合地认识研究对象,进行研究活动,从而自然地成为一门以数学、行为科学、心理学、信息科学、系统科学等为主要基础的交叉学科。自然科学、工程科学、行为科学及社会科学领域的知识与方法的发展为管理科学的建立、发展与完善提供了可资借鉴的理论、方法与技术。现代数学的发展为研究复杂系统的经济和管理问题提供了理论与方法基础,现代信息科学的发展及其技术的广泛应用拓展了管理科学的研究领域,现代心理学的发展为人因工程、基于行为的经济理论的研究提供了技术手段。新的数学分析工具与优化技术、新的信息处理手段与技术方法均为管理科学的研究提供了新的研究方法和研究工具。例如,在管理科学基础研究中,应用数学或者计算科学的知识和技术工具可以分析具体的经济和管理活动中蕴藏的基本规律;应用心理学和组织行为学的知识可以解释组织中个人与组织的动机和行为;应用资源与环境科学的基本原理可以构成社会 - 经济 - 资源环境可持续发展管理的科学基础。又如,信息科学与技术的发展为组织的运作提供了沟通手段和分析工具,非线性统计物理学的方法在揭示复杂金融资产价格波动背后的持续和反转效应方面具有重要的作用，系统科学的原理解释了复杂宏观经济现象背后的复杂系统逻辑。

根据国务院学位委员会、教育部的《学位授予和人才培养学科目录（2011 年）》，管理学、经济学占据 13 个学科门类中的 2 个，管理学下设管理科学与工程、工商管理、农林经济管理、公共管理以及图书情报与档案管理 5 个一级学科；经济学下设理论经济学和应用经济学 2 个一级学科。在国家自然科学基金委员会的学部设置中，管理科学部为九大学部之一，主要负责对管理科学与工程学科、工商管理学科、经济科学学科以及宏观管理与政策学科的基础研究进行资助。

综上，无论是在国家自然科学基金委员会的学部设置中，还是在我国人才培养的学科体系中，管理科学都占据着重要地位。在 2021～2035 年，管理科学将继续成为国家科学创新体系中的重要组成部分，管理科学的基础研究对落实和实现国家中长期科技发展战略的任务和目标有重要的意义。在实现我国国民经济和社会发展 2035 年远景目标的过程中，将会出现新的经济和管理问题，需要管理科学的新探索，也会产生新的经济和管理理论及方法，为实现国家战略目标做出创新性的贡献。

第二节　学科的战略价值

一、对现代科学体系发展起到推动作用

1. 作为典型交叉学科推进科学体系的发展

现代科学体系之源，可以追溯到欧洲在中世纪之后所继承的古希腊学科分支雏形，后来经过世界各国现代科学家的不懈努力，科学体系不断丰富、完善，形成了当今的科学体系形态，并且这样的科学体系依旧在不断地动态演化和蓬勃发展。由于现实世界的复杂性和人类认知能力的局限性之间的内

在矛盾，在传统的科学发展过程中，人们不得不限定于复杂研究对象的某个特定侧面来深入探索其规律性，进而形成了特定的学科。然而，随着科学知识的积累和技术的进步，人类探索世界的范围不断扩大，认知能力和工具也不断提升，进而需要并也能够逐步从多个侧面和维度来深入地认识现实世界的复杂现象。因此，在现代科学体系发展的过程中我们看到：一方面，形成的学科门类越来越多、越来越专、越来越细；另一方面，随着人类社会实践的不断深入，人们面对的现实问题越来越复杂，科学研究的内容和方式也越来越需要多学科的交叉、融合、变革。自20世纪下半叶，特别是进入21世纪以来，科学技术发展中各学科领域、各技术领域相互渗透、交叉与融合的趋势更加明显，多学科和跨学科的研究、学科之间的相互渗透而形成的变革性（transformative）研究已经渐渐成为科学体系发展的重要特征和动力。依赖于自然科学、工程科学和应用数学等学科发展起来的管理科学自诞生之日起，就呈现出典型的学科交叉与知识融合的特征。事实上，在"十三五"国家基础研究专项规划"基础学科、综合学科、交叉学科、应用基础学科"的四大类学科布局中，管理科学与其他一些新兴学科（如认知科学、数据科学等）一道，被共同定位于"交叉学科"。可见，管理科学在其发展过程中体现出很强的知识包容性与拓展性。在此意义上，管理科学的这种特性必将进一步促进它与自然科学、工程科学、信息科学、数学，乃至于人文学科的相关交叉融合，不断以交叉学科的面貌推进现代科学体系的发展。

2. 提升了其他学科研究的工作效率

随着人类科学认知的丰富和深入，现代科学研究活动面对的问题越来越复杂，大到国际合作的大科学计划、国家科技重大专项及国家重点研发计划，小到自由探索的基础研究项目、企业技术创新项目，都需要多学科、多层级研究力量的共同投入才能成功地完成。如何有效地管理和组织这些复杂的科学研究活动，进而达成预计的科学目标，其中有待探索的规律正是属于一类特殊的人类组织管理活动的规律，属于管理科学的研究对象。由此，管理科学在创新管理、技术管理、项目组织理论等多个子学科方面的基础研究，对提高科学研究活动的效率和效益能够起到重要作用。

3. 对相关学科发展提出新的要求

21 世纪以来，人类社会发展面临很多新的挑战，比如全球变暖、能源低碳转型、新冠病毒感染、金融风险防范、地缘政治冲突等。研究应对这些危机问题的科学决策和有效机制需要管理科学的知识和方法来支撑。但是，仅仅靠管理学科和经济学科已有知识并不总是能够解决这些重大现实问题。因此，管理科学需要吸收其他学科的理论与方法来发展新的知识；而这种新知识的需求也会对其他相关学科提出新的科学问题，进而促进这些学科自身的发展。比如航空运输优化调度中的大系统优化问题、非凸函数优化问题、超大规模计算问题，就促进了全局优化技术、大系统分解、元启发式方法等数学技术的发展。20 世纪末以来迅速发展的金融工程研究促进了应用数学新的分支学科——金融数学的产生与发展；反过来，金融数学学科的发展又丰富了金融市场的理论和实践。金融工程定价中涉及大量的倒向随机微分方程问题，而根据未来的可能状态倒算现在的金融衍生品定价的需求，催生了数学上随机分析领域的 g-期望以及条件 g-期望等新概念的提出，进而建立了数学上动态非线性数学期望理论。再如，电子商务、金融科技实践和研究的蓬勃发展，提出了与加密计算、大数据分析、文本分析、区块链技术等理论和方法相关的新需求，从而推动了信息科学、数学学科在相关领域的新发展。可见这种不同学科之间的相互促进，不仅推动了各自学科的发展，也对相关学科的发展提出了新的要求。

4. 为其他学科发展提供参考研究方法

管理科学积累了大量有关组织中人的行为与组织的整体之间关系等方面的知识和研究方法，这些知识能够为其他学科在进行与人类活动有关的研究时提供帮助。环境科学、工程科学、心理学、信息科学与技术、系统科学，乃至于社会学、法学、政治科学等学科的研究都在一定程度上涉及组织与人的行为领域。由此，这些学科经常利用管理科学领域的研究成果，利用管理科学的知识和方法解决本学科遇到的问题，并且与管理科学在很多领域进行交叉。在一些自然科学领域中，如地球科学、公共卫生等，其研究对象所受的人类活动的影响越来越大，一些科学问题的研究要考虑到人的因素，需要借助经济和管理研究的方法、结论、经验。例如，生物学的分支之一——系统生物学，最初诞生于贝塔朗菲的一般系统理论与超循环理论的结合，并发展出了细胞、生物化学与分子层次的系统论。生态学家从动植物进化的研究中发现，动植物进化结果在多数情况下都可以用博弈论的纳什均衡概念来解释。也就是说，尽管博弈论是在研究完全理性的人类互动行为时提出来的，却可以被生态学家用来解释并非完全理性的动植物的进化现象。在20世纪70年代，生态学家结合生物进化论与经典博弈理论在研究生态演化现象的基础上，提出了进化博弈理论的基本均衡概念——进化稳定策略（evolutionarily stable strategy，ESS）。目前学术界普遍认为，进化稳定策略概念的提出标志着进化博弈理论的诞生。在分析人类活动影响地理、气候等领域中，相关的学者也借鉴了管理科学中的系统论、调查研究、实证、实验等方面的成果及方法。因此，管理科学发展在科学问题构造、研究方法、数据获取等方面，为其他自然科学进行包含人类活动内容的相关研究提供了理论方法和经验借鉴。

二、对实施国家科技发展规划及科技政策目标起到支撑作用

当前，新一轮科技革命和产业变革蓬勃兴起，国际竞争明显地向基础研究前移，对未知世界的科学知识探索不断地向宏观拓展，向微观深入；同时，不同学科的交叉融合不断加速，一些基本科学问题孕育着重大突破，可望催生新的重大科学思想和科学理论，产生颠覆性技术。因此，2021～2035年将是我国科学技术发展的重大战略机遇期。作为科学体系中的组成部分，管理科学也必将进入一个崭新的发展阶段。

在国家基础研究方面，为深入贯彻落实2018年发布的《国务院关于全面加强基础科学研究的若干意见》，科技部等五部委在2020年发布了《加强"从0到1"基础研究工作方案》，以充分发挥基础研究对科技创新的源头供给和引领作用，解决我国基础研究缺少"从0到1"原创性成果的问题。在该工作方案的指导思想中提出，基础科学研究要面向世界科技前沿、面向国家战略需求、面向国民经济主战场，以及面向人民生命健康，围绕重大科学问题和关键核心技术突破。为此，管理科学在2021～2035，将

通过部署数字经济管理理论等若干领域回应世界科技前沿发展需求；通过部署低碳转型等领域回应国家战略需求；通过部署乡村振兴发展等领域回应国民经济主战场需求；通过部署公共危机管理等领域回应人民生命健康需求。

在国家科技发展规划方面，在部署制定《国家中长期科学和技术发展规划（2021—2035年）》的工作中，科技部提出规划战略研究要强调把握世界发展特征、中国特色和新时代的阶段特点；要服务国家战略需求、体现国家意志，注重解决新时代社会主要矛盾，满足经济社会发展重大需求，有效应对风险挑战；要突出科技创新对现代化经济体系的战略支撑，体现科技创新与实体经济、现代金融、人力资源的协同发展。同时，国家中长期科技发展规划战略高层次专家座谈会也指出，交叉科学已经成为今后科技发展的大趋势，无论是量子计算、纳米材料、生物医药、无人驾驶，还是金融科技的发展，都有赖于多学科的紧密结合，交叉科学在国家中长期科技发展中应得到重视。此外，在面向"十四五"的国家科技规划中，提出了构建支撑引领现代产业的技术体系、实施乡村振兴科技支撑行动、发展面向人民生命健康的关键技术、实施碳达峰碳中和科技支撑行动，以及提升企业技术创新能力等若干与管理科学研究密切相关的中心任务。在国家整合形成的新五类科技计划中，部署了面向2030年的煤炭清洁高效利用、大数据、智能制造和机器人、环境综合治理、健康保障等重点方向。国家中长期科技战略发展领域和方向中，除了一部分本身就是管理科学的内容，还有较大一部分需要运用管理科学的理论和方法。比如，煤炭清洁高效利用是国家优先发展的战略领域，需要从关键技术角度加快煤炭绿色开发、煤炭清洁转化、煤炭污染控制，实现重大突破，将过去高投入、高消耗、高污染的经济增长模式转变为资源节约型、环境友好型绿色经济发展模式，而这一转变过程需要综合应用管理科学的研究成果，以此来推动能源低碳转型、社会经济－资源生态系统协调。因此，在《国家中长期科学和技术发展规划（2021—2035年）》指导思想和重点任务构建的指导下，管理科学的战略规划将进一步从全局性、战略性、前瞻性的高度进行总体设计和统筹安排，通过部署新一代信息技术驱动的管理科学前沿、21世纪面临的重大可持续发展挑战、中国社会经济发展中的管理科学新理论以及全球变局下的安全和风险管理等若干优先领域集群，全面落实党的十九届五中全会对科技创新提出的"四个面向"新要求。

三、满足国民经济社会发展与提升国家综合国力的需要

经过改革开放 40 多年的发展，我国在全面建成小康社会之后，开启了全面建设社会主义现代化国家的新征程。2021 年 3 月，我国政府正式发布了《中华人民共和国国民经济和社会发展第十四个五年规划和 2035 年远景目标纲要》。该纲要提出了十七项未来国民经济和社会发展将要完成的重大任务。这些都对管理科学未来的发展提出了新的要求。管理科学将通过如下对应的优先领域选择，将新要求体现在学科的中长期发展规划之中。

在"坚持创新驱动发展 全面塑造发展新优势"的任务中，强调了提升企业技术创新能力的要求。这需要通过管理科学中企业的数字化和智慧管理、中国特色企业管理理论等领域加以支撑。在"形成强大国内市场 构建新发展格局"的任务中，中国企业的全球化治理与发展等领域将推动促进国内国际双循环的经济新格局的实现。在"加快数字化发展 建设数字中国"的任务中，数字经济管理理论等领域将助力打造数字经济新优势，提高数字政府建设的新水平。在"全面深化改革 构建高水平社会主义市场经济体制"的任务中，治理能力现代化等领域将进一步服务于提升政府经济治理能力的需要。在"坚持农业农村优先发展 全面推进乡村振兴"的任务中，乡村振兴发展等领域将支撑健全城乡融合发展体制机制，服务于巩固脱贫攻坚成果与乡村振兴的有效衔接。在"完善新型城镇化战略 提升城镇化发展质量"任务中，数字城市的管理等领域，将有助于全面提升城市品质、完善城镇化空间布局。在"优化区域经济布局 促进区域协调发展"的任务中，区域协调、可持续发展等领域将助力深入实施区域协调发展战略。在"推动绿色发展 促进人与自然和谐共生"的任务中，能源低碳转型等领域将服务于我国经济和社会发展方式的绿色转型。在"实行高水平对外开放 开拓合作共赢新局面"的任务中，全球治理等领域将推动共建"一带一路"高质量发展、积极参与全球治

理体系的改革和建设。在"提升国民素质 促进人的全面发展"的任务中，人口结构与发展等领域将有助于实施积极应对人口老龄化国家战略。在"增进民生福祉 提升共建共治共享水平"的任务中，经济高质量发展理论等领域对实施就业优先战略、优化收入分配结构具有重要意义。在"统筹发展和安全，建设更高水平的平安中国"的任务中，重大公共危机管理等领域将服务于国家安全体系和能力的建设，服务于公共安全保障能力的提升。

第二章

发展规律与研究特点

第一节　管理科学的定义与内涵

一、研究对象

人类社会经济组织可以看作是由不同的能动主体（包括社会组织、自然人、机器人、下层单元组织）通过（演化）规则和（动态）结构相互连接、为达成特定目标而形成的复杂系统。经济和管理活动是上述复杂系统中的一类重要活动。这些活动构成了经济和管理研究的对象，它们一方面具有在给定假设条件下具备一定普适性客观规律的特点（这折射为经济和管理研究的科学属性）；另一方面又存在依赖活动的实践参与者以及研究者个人经验和主观价值的不可重现特征（即经济和管理研究的艺术价值属性）。现实中的经济和管理活动往往兼具这两种属性。

二、学科定义

国家自然科学基金委员会主要从科学属性的视角，将管理科学定义为：研究人类社会发展过程中不同层次社会经济组织的经济和管理活动之客观规律的学科，是一门跨自然科学、工程科学和社会科学的综合性交叉学科。国家自然科学基金委员会强调，管理科学应该努力通过符合科学规范的研究方法，在特定时空中的情境假设下，将经济和管理活动中的实践问题抽象为可求解的科学问题，进而探索这类活动在一定条件下的普适性客观规律。

三、学科使命

如前所述，管理科学的基础研究与其他学科具有共同的使命，即"发现现象、解释现象""认识世界、改造（适应）世界"。本学科试图通过科学方法的知识创造，探索存在于人类生产（服务）、分配和消费等经济和管理活动中的特性、关系及其背后隐藏的规律和影响因素，并通过对这些规律和因素的掌握和运用来寻求有效的经济和管理决策。

四、驱动因素

管理科学的发展主要由经济和管理实践驱动。在人类的实践过程中，随着情境的变化，活动内容、方式和目标的演进，会不断涌现出困扰实践者的新实践问题。这些新问题的凝练形成了管理科学研究中新的科学问题；而对这些科学新问题之答案的探究，最终推动了管理科学理论的发展。

五、理论普适性

由于研究结论可能依赖于管理活动的历史文化积淀、社会制度约定、科学技术阶段扭结而成的复杂前提假设（"情境"），一些管理科学的理论可能具有有限的"普适性"。这种特点与其研究对象中的人类行为密切相关。人类的决策行为除了受到人类本身复杂的心理因素影响，还受到动态变化的情境因素影响。由于组织的差异、组织成员的不同，经济和管理实践中所遇到的问题不完全一样，组织运行的环境也存在无穷的变化，因而在经济和管理的具体工作中不一定都存在绝对的统一模式和方法、唯一的结论。当然，不同的经济和管理活动也具有不同程度的情境依赖性。有些活动可以近似地看成"情境独立的"（context-independent），相关的管理科学结论具有较高的普适性；有些则是"情境依赖的"（context-dependent），相对应的研究结论普适范围会相应地收缩；还有一类则是"情境嵌入的"（context-embedded），这类情况下的研究结论则相对地高度与情境扭结，其普适性进一步受到约束。本质上，在科学哲学意义上，真理总是被逐步逼近的。在条件与约束变化的情况下，自然科学其他学科的研究结论也常常会随之发生变化，理论的普适性也会受影响。因此，与数学、物理学等自然科学分支学科相似，管理科学的基础研究成果的普适性也是建立在一类具体的制度、文化、心理等情境因素假设条件之上的。在这些假设条件被满足或者基本满足的情形下，管理科学的知识可以作为方法层面的理论基础，直接应用于解决实践问题；当经济和管理实践与上述假设条件相差较远时，虽然管理科学的知识不一定能直接得到应用，但这些理论所蕴含的经济和管理思想，仍然可能帮助人类开拓思路，提高经济和管理活动的效率、效益和效果。

六、学科分布

依据国家自然科学基金的功能定位，管理科学部资助的管理科学范围包括管理科学与工程、工商管理、经济科学、宏观管理与政策四个学科。管理科学与工程主要聚焦于管理科学的理论、方法与技术的基础研究，是综合应用科学知识和方法对不同社会经济组织的各类资源进行组织和配置，对各种管理问题进行设计、评价、决策、实施和控制，进而实现其经济和管理目标的学科。工商管理主要覆盖以微观组织（包括各行业、各类企事业单位）为研究对象的管理理论和管理新技术与新方法的基础研究和应用基础研究。经济科学主要是通过实证研究、数量研究、行为研究等科学研究方法揭示经济活动发展规律、解释经济发展现象、提炼经济理论的基础科学理论与方法的研究。宏观管理与政策是研究政府及相关公共部门为实现经济和社会发展目标而制定宏观政策和实施综合管理行为的规律的综合学科群。

第二节 学科发展规律与特点

管理科学关注社会经济与管理模式的发展，强调实践性和情境依赖性。在本质上，它是对人类社会发展中的经济管理思想和管理活动规律认知的总结。由于研究对象的这种特殊属性，相比更为基础性的自然科学学科，管理科学的研究方法论和手段、研究内容都在随时代的发展而不断演化，研究结论也具有更多情境依赖性，并且随着科学技术的进步和社会经济的变化而不断发展。因此，其学科发展需要关注社会发展趋势，根植于国家发展重大需求，服务于国家发展长期规划与远景目标。

一、管理科学发展规律的总体特点

1. 管理科学研究的范式不断发展

随着自然科学研究方法论的演进和人类管理活动中环境的变化，管理科学研究的范式也在演化，并且越来越体现出交叉学科研究的方法论特点。据还原论，近代科学的发展研究"简单"系统的思维模式，用分析、分解、还原的方法，不断把整体分解为部分，把高层级还原到低层级，揭示了大自然的许多奥秘，取得了巨大成就。回顾管理科学的发展历程，可以发现相似的路径。比如，以科学管理理论问世为标志的现代管理科学，发轫之始即采取了典型还原论的方法论，即通过实验研究和工作研究方法，发现影响工作效率的各个因素并提出改进方法，以实现提高个体工作效率的目的。迄今，还原论在管理科学研究过程中仍然处于主导地位。

然而，随着科技的发展和社会的进步，人们对管理活动客观规律研究的进一步加深以及社会环境的不断变化，管理科学研究发现：从事经济管理活动的个体效率之和并不等于总体效率，考虑到复杂的作用机制的存在，许多内容无法从原来的要素分拆－还原中获得解释。同时，人类社会生产方式发生变革，生产关系进行再造，经济结构出现重组，研究方法论中考虑复杂性因素及其作用机理的整体论指导思想开始凸现。整体论认为：自然界的事物由各部分或各种要素组成，各部分或各种要素不是孤立存在的，而是所有要素作为一个有机整体发挥作用。整体论表达了系统由其异质的组成单元之相互作用而产生规律的思想，并逐渐成为管理科学研究的指导思想。

展望未来，新一代颠覆性科学技术快速发展，国际政治经济格局发生重大变化，全球治理体系呈现出新形式，我国在经济上逐渐形成以国内大循环为主体、国内国际双循环相互促进的新发展格局。随着经济全球化深入发展和数字经济时代到来，管理科学研究的复杂性范式也在不断丰富和创新。

2. 管理科学研究对象和分析技术不断丰富

随着人类社会经济活动的发展，管理科学呈现出研究对象越来越丰富的特征。目前，国内外社会和经济形势正经历着前所未见的深刻调整和剧烈变化，新问题、新矛盾甚至新危机为中国管理科学的发展提出新挑战、创造新机遇和提出新要求（任之光等，2021）。同时，新一代信息技术（物联网、大数据、云计算、人工智能、5G等）的迅速发展重塑了企业经营模式和人们的生活方式，对经济和管理活动的内容、时空变化、规模和外部性都产生了巨大影响。在这样的时代背景和学科发展趋势下，管理科学的研究对象和研究方式都在不断丰富和发展。比如，在管理科学预测与评价方面，评价方法从基于数理统计的评价与决策，发展为基于模糊数学的模糊评价与决策理论；由于国际政治经济格局的巨大变动和新冠疫情的冲击，在供应链布局和运营安全、企业的全面风险管理等方面涌现出很多新的研究内容；新一代信息技术带来的变化，使得诸如平台型企业、会计数字化分析等成为热点；新科技助力金融服务实体经济，使得普惠金融和金融科技的研究浮出水面；在经济科学方面，数字经济的统计计量、乡村振兴、人口结构的经济效应、中国企业与全球化新常态等，也呈现出愈加贴近经济发展现实需求的丰富研究内容；在宏观管理与政策学科，数字技术为宏观管理与政策学科带来了智慧城市管理、数字健康管理、韧性公共服务系统等新的研究问题。

从学科发展的趋势来看，管理科学越来越"数据驱动"。具体而言，管理学科可以利用强大的信息技术来高效收集、整理和分析数据，进而在更微观、更细致的层面分析个人与社会组织的管理行为，以及两者在互相影响下呈现的复杂性和不确定性。同样，经济学研究也不再主要根据理论模型推测经济行为和解释经济现象，而是通过计量经济学和实验等方法与工具，从观测数据和实验数据中寻找经济变量之间的复杂逻辑关系与经济运行规律（洪永淼和汪寿阳，2020）。Angrist 等（2017）研究发现：在经济学国际代表性期刊发表的论文中，实证研究占比从 20 世纪 80 年代的 30% 上升到 50% 以上（截至2015 年）。可见，在面向未来的学科发展过程中，管理科学的数据驱动趋势越来越明显。

3. 管理科学的"情境依赖性"与"普适性"的平衡

管理科学的发展与社会经济活动所处情境密切相关，因此其发展具有一定的情境依赖性。也就是说，管理科学的研究方向、内容、方式会随着社会经济生活的发展而改变，反映了国家的战略发展方向和长远规划。近年来，国际力量对比深刻调整，以中国为代表的新兴经济体的崛起正在改变当前世界格局。中国社会经济的实践也给基于西方经济管理实践和制度文化发展起来的管理科学理论带来挑战，中国以及其他新兴经济体的实践反映出不同于这些理论预期的"管理异象"。在这样的时代背景下，管理科学的情境依赖性会不断加强。

管理科学的不同专业或方向在情境的依赖性上会存在一定差异。具体而言，可以大致分成三类情形（Tsui，2006）。第一类是基本上"不依赖于情境的"，典型的如管理科学与工程学科中的一些外国理论和方法，在中国的情境下，其理论或方法的结论也是成立或者基本上成立的；第二类是"弱情境依赖的"，典型的如工商经济和管理科学中的一些内容，在其他经济体的情境下加以适当修正，也是可以适用的；第三类则是"强情境依赖的"，这些理论所依赖的"特定情境"往往是隐含的，因此其所产生的理论常常具有与在其他经济体的经济和管理实践活动相违背的"异象"。特别地，中国经济发展规律具有一般性与特殊性的双重特征（洪永淼，2020）。中国改革开放的巨大发展现实，逐步揭开了现有主流经济与管理理论背后隐藏着"情境假设"的现实，进而推动了基于"中国情境"的经济与管理理论研究。随着中国国际地位显著提升，以及中国学者的国际学术对话能力增强，具有中国特色的研究问题引起全球学者的广泛关注。因此，在未来的人才培养、成果转化、研究组织形式及资助管理模式等方面，都需要充分考虑情境依赖性及其差异。

近年来，各学科还从人才培养和社会需求两个角度出发，通过遵循人才成长的规律，整合优化资源，建立了多方协商、共同负责的培养机制，为人才培养模式创新奠定了基础。以管理科学工程学科为例，得益于学科间交叉融合的优势，学生除掌握了基本的管理学知识之外，还具备了相当水平的数学、经济学、计算机、心理学，甚至是生物学、医学等方面的知识。越来越多国内培养的学生在国外高水平院校中取得了教职，其学术成果发表于国际顶级期刊。工商管理、宏观管理与政策等学科，不断摸索学科人才培养质量保障体系并深化人才发展体制机制改革，在不断培养出大批聚焦国家重大战略需求、掌握系统理论和分析方法的复合型人才的同时，充分发挥人才第一资源的作用，为学术界和企业界的发展提供了原动力。

二、中国管理科学分学科的发展规律特点

具体而言，管理科学涉及的 4 个学科领域，除遵循上述一般性的学科发展规律之外，也有一些各自学科发展的特点。

1. 管理科学与工程学科

管理科学与工程是综合运用系统科学、管理科学、数学、行为和经济科学及工程方法，结合信息技术研究，解决社会、经济、工程等方面的管理问题的学科。近年来，管理科学与工程学科的发展规律主要呈现以下特点。第一，学科的交叉性特征日益突出。在管理科学内部，管理科学与工程学科在

研究问题和研究方法上与工商管理、宏观管理与政策、经济科学、金融学等学科的交叉已经变得很普遍。同时,其与管理学科之外的其他学科(如心理学、计算机科学、生物科学等)的互动和交叉也在不断增加。第二,学科的内涵和外延越来越丰富。随着管理科学与工程学科界限的明晰度降低,学科内研究分支和领域增多,出现了电子医疗与健康、大数据分析、人工智能协同等崭新领域。以国家自然科学基金委员会资助项目为例,以新兴领域为研究内容的资助项目呈不断增加趋势。同时,已有的传统领域(如供应链管理、工业工程、工程管理、运筹与管理等)的研究方向也在发生变化。例如,供应链管理领域出现了数据及商业分析驱动的供应链运营管理、循环经济下的逆向供应链管理等。第三,学科的理论研究与实践结合日趋紧密。以往的管理科学与工程学科具有明显的应用数学的特征,所考虑的问题情境、提出的研究方法与实现路径相比管理实际来说较为抽象和简化,进而可能对实践指导产生一定的偏差。目前,在社会实践对管理科学与工程学科研究问题和研究方法存在巨大需求的情形下,这种现象已经得到明显改善。从文献调研可以看出,在管理科学与工程领域的科学引文索引(SCI)期刊中,基于案例研究的论文数量逐渐增多,而采用实证研究方法揭示社会现象并给出管理决策建议的研究也成为学科内较快发展的方向,得到广泛关注和应用。

2. 工商管理学科

工商管理学科是研究各类组织经营活动规律以及企业管理的理论、方法与技术的学科。近年来,工商管理学科的发展规律主要呈现以下特点。第一,工商管理学科研究具有全球化和本土化并行的趋势。改革开放 40 多年来,受益于加入世界贸易组织(World Trade Organization,WTO)等一系列对外开放的重大国家战略决策和中国特色的体制改革的不断推进,我国经济得以快速发展,驱动了我国工商企业不断主动融入和积极影响世界的全球化进程,引发了国内外学者和业界的广泛关注。这不仅为中国企业带来了新的发展机遇和实践空间,也推动形成了中国工商管理研究内容的全球化趋势和逐渐强化的本土化意识,并带动了工商管理研究学术合作的全球化。第二,新一代信息技术的影响已经广泛地渗透到工商管理领域的研究中。随着互联网、大数据、云计算、人工智能、区块链等技术手段与组织管理全过程的深入融合，参与组织管理活动的主体不断丰富，管理主体的行为方式也在发生显著变化。不同管理主体之间持续融合并协同合作，使得管理活动更加系统化、数据化和智能化。企业组织的微观环境，特别是与消费者的关系、行业间竞合关系以及商业网络都发生着深刻的变化。这些技术驱动的变化不仅形成了工商管理研究的新问题，而且其技术本身也成为工商管理研究的新工具。第三，创新已经在工商管理研究中成为突出的研究内容和视角。《中华人民共和国国民经济和社会发展第十四个五年规划和2035年远景目标纲要》指出：完善技术创新市场导向机制，强化企业创新主体地位，促进各类创新要素向企业集聚，形成以企业为主体、市场为导向、产学研用深度融合的技术创新体系。在创新驱动的国家发展战略背景下，我们应该合力挖掘创新增长潜力，在充分参与、形成广泛共识的基础上制定规则，为创新驱动发展营造良好生态。作为创新主体的企业需要持续进行制度创新、技术创新、管理创新、商业模式创新等活动。此外，由创新引发的企业组织生态化、学科边界模糊化的趋势，形成的商业模式和逻辑的演化，为工商管理原创性理论的产生提供了机遇。

3. 经济科学学科

随着中国经济的持续发展，国内经济科学的学科规模不断扩大，教学研究水平逐步提高，学科自身的发展规律也呈现出如下特点。第一，经济科学学科的基础性地位得到加强。与管理科学之外的国内其他社会科学学科相比，中国经济科学学科在师资规模、国际化水平、学术团队建设等方面已经形成全面创新突破的人才和技术储备，经济科学已逐渐成为所有社会科学中的基础性学科之一。第二，经济科学研究范式的科学化程度提升。经济科学研究者运用自然科学中的抽样调查、计量回归、计算机模拟和行为实验等多种研究方法，注重将逻辑分析与量化技术相结合，力图利用更加精练的方式阐述深刻的经济学思想和理念。人才培养模式也随之日益科学化和规范化。第三，中国经济科学研究的国际影响力不断增强。新中国成立以来，特别是改革开放以来，中国经济所呈现出的高速和韧性增长引发世界瞩目，中国原创性理论逐渐获得国际经济学界越来越多的关注和接受，"讲好中国故事"的高水平经济科学研究成果层出不穷，受到国内外学术界的肯定。特别是随着改革开放的深入，我国经济科学不断完善和发展当代中国马克思主义政治经济学，许多重要理论成果在国际学术界引发了广泛讨论。第四，经济科学理论、政策与实践的融合需求更加迫切。当今中国正面临中华民族伟大复兴和世界百年未有之大变局。国内经济进入高质量发展阶段，需要以提高发展质量和效益为中心，以支撑供给侧结构性改革为主线，把提高供给质量作为主攻方向，推动经济发展质量变革、效率变革、动力变革，显著增强我国经济质量优势；新冠疫情、贸易保护主义、单边主义、国际政治安全等不确定因素加剧了国际经济的动荡。这些现实需求促使我国经济科学学科从我国国情出发，运用科学的经济分析方法，从短期波动中探究中国经济乃至人类经济的长期趋势，使理论和政策创新充分体现先进性和科学性。这些都使经济科学学科在国家决策支持、政策制定等方面发挥着越来越大的作用。

4. 宏观管理与政策学科

宏观管理与政策学科在长期发展演化过程中，逐渐形成了自身的学科特点。第一，宏观管理与政策是一个具有综合性、多领域交叉性的学科。与其他三个学科相比，宏观管理与政策学科在教育部的当前学科设置中并没有相对应的独立学科，而是综合对应着公共管理、教育管理、公共卫生、图书情报档案管理等一系列学科，以及目前还没有被划分到任何具体学科的一些特定研究领域（如科技政策、创新管理、区域发展等）。其学科优势体现在具有综合的视角，以问题为导向开展大幅度跨学科的研究活动，有利于形成学科交叉融合创新，有利于回应国家重大战略需求；而其劣势则在于缺少作为学科共同基础的理论硬核，缺少学术评价的共识。第二，宏观管理的内涵随着社会经济发展而延伸。随着宏观管理事务类型的增加，宏观管理主体更加多元化，除了关注传统主题，宏观管理与政策学科还重点关注了国家治理体系和治理能力现代化、政府－社会－企业合作、全球治理等新问题，并在宏观管理实践中提炼和总结出新的规律和理论。全面建设社会主义现代化国家的新征程也将为宏观管理提供更多的研究内容和空间。第三，新一代信息技术带来了学科研究问题和方法手段的更新。以计算机、微电子技术、现代通信技术和互联网为代表的信息技术革命席卷全球，对宏观管理领域的实践应用和理论研究产生了深远影响。例如,由于信息共享方便和交流通畅,公共服务的效率大大提高,政府及公共组织内部发生了流程再造。近年来,大数据等信息技术作为颠覆性技术革命,同样为宏观管理研究理论、方法与实践应用提供了新的发展机遇。在理论方面,大数据治理与应对策略以及大数据技术应用等成为新的探索方向;在研究方法方面,出现了以数据挖掘为代表的"数据密集型科学发现"的研究范式;在实践方面,大数据平台的建立,有利于形成以政府为主导、多主体参与的治理形态。

第三章

发展现状与发展趋势

进入 21 世纪以来，中国管理科学发展迅速，成果斐然，前景广阔。中国在管理科学领域的研究成果取得了更大的国际影响力，并基于中国[①]的管理实践与经济发展，开展了丰富的理论探索，在管理科学与工程、工商管理、经济科学、宏观管理与政策领域都形成了很好的学科发展态势。

第一节　管理科学的发展现状

在管理科学领域，国家自然科学基金作为中国管理科学研究最为重要的资助来源一直发挥着主导作用，始终坚持"四个面向"，为管理科学领域的重点、热点、前沿问题提供资助与支持。管理科学坚持面向世界科技前沿和经济主战场，在融合中国丰富实践的同时通过"中国情境"和"中国议题"凝练生成全新科学问题，不断发展新的经济和管理理论，在多个领域成功实现

---

① 由于数据可获取性问题，本章所统计的中国数据均不包含香港、澳门、台湾地区数据。

应用，服务国内高质量发展；在交叉学科领域积极开展探索，管理科学领域的研究平台建设取得明显成效，原始创新能力不断增强，管理科学在学科创新发展上发挥了重要作用。管理科学还坚持面向国家重大需求和人民生命健康，不断培育战略科技力量，使作为创新主体的人才队伍力量日益雄厚、持续稳定且充满活力，为未来管理科学发展提供了重要的人才支撑。但学科研究仍存在薄弱环节，需进一步改善和加强。

一、总体经费投入与平台建设情况

如今，在基础研究的整体资助布局中，除国际组织、地方政府、企事业单位与社会组织横向课题等提供的少部分研究经费外，我国管理科学基础研究主要资助来源包括国家自然科学基金、国家社会科学基金、教育部人文社会科学研究项目，以及科技部的其他相关研究计划等。在这个整体布局中，国家自然科学基金委员会对管理科学基础研究的资助历史最长、支持数量最多。根据国家自然科学基金委员会公布的数据，2020 年管理科学部面向管理科学领域资助面上项目 806 项，资助总金额为 3.878 亿元，资助率为 15.39%；资助青年科学基金项目 921 项，资助总金额为 2.202 亿元，资助率为 14.91%；资助地区科学基金项目 145 项，资助总金额为 4060 万元，资助率为 14.11%；资助重点项目 34 项，资助总金额为 7140 万元，资助率为 19.65%。2020 年，国家社会科学基金面向管理学领域资助一般项目 312 项、青年科学基金项目 66 项、西部项目 31 项、重点项目 36 项；教育部人文社会科学研究项目面向管理学领域资助规划项目 101 项、青年科学基金项目 245 项、西部项目 16 项。由此可见，国家自然科学基金是中国管理科学基础研究最为重要的资助来源，在国家管理科学基础研究的整体布局上，国家自然科学基金一直发挥着主导性作用。

（一）总体经费投入

1. 国家自然科学基金是管理科学研究最重要的资助来源

国家自然科学基金对中国管理科学基础研究的资助始于 20 世纪 80 年代。根据《中国科学基金》的相关记录，1986 年国家自然科学基金委员会成立时即设立了管理科学组，面向全国接受管理学研究资助申请。1996 年 7 月 31 日，管理科学部由管理科学组正式升级而成，发展至今，形成了面向管理科学与工程、工商管理、经济科学、宏观管理与政策等四个学科领域的全面支撑。

进入 21 世纪后，管理科学部的资助工作发展迅速、成果斐然，项目申请和资助的数量都有着显著提升，管理科学已成为国家自然科学基金资助的重要学科。2000～2006 年，管理科学部三类典型项目（面上项目、青年科学基金项目、地区科学基金项目）的总计申请量经历了每年不低于 12.55% 的高速增长，申请由 1227 项增长到 4239 项，平均每年增长 502 项（图 3-1）。经过 2007 年与 2008 年两年的相对稳定期后，管理科学部三类典型项目申请在2009～2012 年进入了第二个高速增长期，2009 年跃升至 5170 项，到 2012 年提高到 8799 项。其后，国家自然科学基金委员会实施了面上项目连续申报两年停报一年的限项政策，因而 2013 年与 2014 年出现了一定程度的申请量回调，2013 年申请量下降到 8223 项，比 2012 年降低了 6.55%，2014 年进一步下降到 7175 项，比 2013 年下降 12.74%。但随着学界对政策理解的加深，2015～2020 年，管理科学部三类典型项目申请又进入了第三个高速增长阶段，2015 年以来申请量逐渐上升，到 2018 年三类典型项目申请量首次突破 10 000项，2020 年增加到 12 442 项。

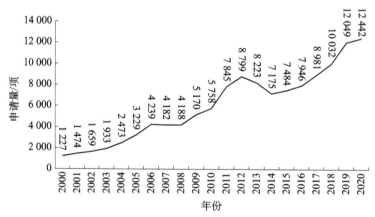

图 3-1　2000～2020 年管理科学部三类典型项目总计申请量
资料来源：具体数据由管理科学部提供

因此，从 2000～2020 年总的发展趋势来看，管理科学部项目申请量保持着增长态势，平均年增长率达 12.28%，2018～2020 年三类典型项目的总计年

申请量都超过了 10 000 项。这一申请规模足见中国管理科学领域学者对国家
自然科学基金的高度认可。

2000~2020 年，国家自然科学基金面向管理科学研究的项目资助数量、
资助金额和资助强度总体都在增加。如图 3-2 和图 3-3 所示，国家自然科学基
金委员会对管理科学部三类典型项目的资助数量，由 2000 年的 170 项增加至
2020 年的 1872 项，资助率保持在 15% 左右，资助金额由 2000 年的 2028 万
元增加到 2020 年的 64 868 万元，资助强度由 2000 年的 11.93 万元 / 项增加至
2020 年的 34.65 万元 / 项。

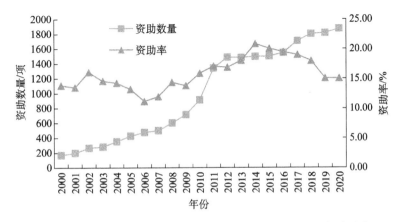

图 3-2　2000~2020 年管理科学部三类典型项目资助数量与资助率

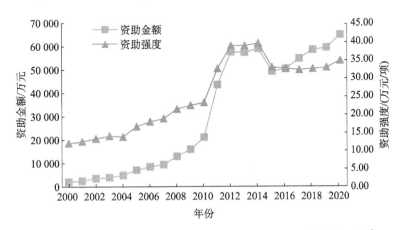

图 3-3　2000~2020 年管理科学部三类典型项目资助金额与资助强度①

---

① 2015年起，资助金额统计数据为科学基金项目直接费用。

总的来看，管理科学部已形成了多类型、多层次、鼓励科学探索与扶持人才培养并重的资助格局（表3-1）。其中，面上项目、重点项目、重大项目重点着眼于对管理科学规律的研究，支持经济与管理学研究人员围绕经济与管理领域中的科学问题开展自由探索和创新研究的总体资助导向和原则。青年科学基金项目、地区科学基金项目、优秀青年科学基金项目和国家杰出青年科学基金项目、创新研究群体项目、基础科学中心项目坚持"有利于培养青年科学技术人才"的资助原则，着重支撑管理学各层次人才和科研团队的培养。各类国际（地区）合作研究项目则体现出科学探索、国际合作与人才培养三者并重的特点。

2. 管理科学部的分学科资助导向[①]

管理科学与工程、工商管理、经济科学、宏观管理与政策是管理科学部主要资助的四个学科领域。目前，四个学科领域的资助工作都呈现出比较鲜明的资助导向，始终面向管理科学领域的重点、热点、前沿问题提供资助与支持。

1）面向管理科学与工程学科的资助

面向管理科学与工程学科的资助主要关注管理科学基础理论及管理科学工具方法的相关研究，细分领域涵盖复杂系统管理、运筹与管理、决策与博弈、预测与评价、管理统计理论与方法、管理心理与行为、管理系统工程、工业工程与质量管理、物流与供应链管理、服务科学与工程、数据科学与管理、信息系统与管理、风险管理、金融工程、工程管理和项目管理、交通运输管理、数字化平台管理理论、智慧管理与人工智能、新技术驱动的管理理论与方法等19个子领域。2016～2020年，管理科学部面向管理科学与工程学科共资助各类项目2671项。

2）面向工商管理学科的资助

面向工商管理学科的资助主要关注以微观组织为研究对象的管理学研究，共资助15个子领域，包括战略管理、企业理论、企业技术创新管理、人力资源管理、财务管理、会计与审计、市场营销、组织行为、商务智能与数

---

① 学科分类根据国家自然科学基金委员会2020年学科分类标准进行统计，具体数据由管理科学部提供。

表 3-1　2016～2020 年管理科学部各类项目申请量比较

项目类型	2016 年			2017 年			2018 年			2019 年			2020 年		
	项目申请量/项	典型项目占比/%	同比增长率/%	项目申请量/项	典型项目占比/%	同比增长率/%	项目申请量/项	典型项目占比/%	同比增长率/%	项目申请量/项	典型项目占比/%	同比增长率/%	项目申请量/项	典型项目占比/%	同比增长率/%
面上项目	3 676	44.51	3.17	4 072	43.17	10.77	4 519	42.90	10.98	5 258	41.83	16.35	5 237	40.14	-0.40
青年科学基金项目	3 605	43.65	10.14	4 127	43.76	14.48	4 575	43.43	10.86	5 817	46.27	27.15	6 177	47.34	6.19
地区科学基金项目	665	8.05	2.62	782	8.29	17.59	938	8.90	19.95	974	7.75	3.84	1 028	7.88	5, 54
三类典型项目小计	7 946	96.21	6.17	8 981	95.22	13.03	10 032	95.23	11.70	12 049	95.85	20.11	12 442	95.36	3.26
重点项目	87	1.05		108	1.15	24.14	138	1.31	27.78	143	1.14	3.62	173	1.33	20.98
国家杰出青年科学基金项目	56	0.68		92	0.98	64.29	109	1.03	18.48	111	0.88	1.83	138	1.06	24.32
重点国际（地区）合作研究项目	14	0.17		18	0.19	28.57	21	0.20	16.67	20	0.16	-4.76	25	0.19	25.00

续表

项目类型	2016 年			2017 年			2018 年			2019 年			2020 年		
	项目申请量/项	典型项目占比/%	同比增长率/%	项目申请量/项	典型项目占比/%	同比增长率/%	项目申请量/项	典型项目占比/%	同比增长率/%	项目申请量/项	典型项目占比/%	同比增长率/%	项目申请量/项	典型项目占比/%	同比增长率/%
海外及港澳学者合作研究基金项目	28	0.34		31	0.33	10.71	25	0.24	−19.35	5	0.04	−80.00	0	0.00	−100.00
创新研究群体项目	14	0.17		14	0.15	0.00	5	0.05	−64.29	12	0.10	140.00	12	0.09	0.00
重大项目	4	0.05		4	0.04	0.00	5	0.05	25.00	8	0.06	60.00	13	0.10	62.50
优秀青年科学基金项目	109	1.32		183	1.94	67.89	189	1.79	3.28	192	1.53	1.59	228	1.75	18.75
联合基金项目	0	0.00		0	0.00	0.00	10	0.09		27	0.21	170.00	11	0.08	−59.26
基础科学中心项目	1	0.01		1	0.01	0.00	1	0.01	0.00	4	0.03	300.00	6	0.05	50.00
总计	8 259	100		9 432	100	14.20	10 535	100	11.69	12 571	100	19.33	13 048	100	3.79

字商务、公司金融、企业运营管理、公司治理、创业管理、国际商务管理、旅游管理等。2016～2020 年,管理科学部资助工商管理学科各类项目共2411 项。其中,获得 250 项以上资助的子领域是市场营销、财务管理、企业运营管理和会计与审计,这 4 个领域共获得了 1214 项资助,占工商管理学科在 2016～2020 年资助数量的一半以上,体现了工商管理学科的发展热点所在。

3）面向经济科学学科的资助

2017 年之前,面向经济科学学科的资助分散在管理科学与工程、工商管理、宏观管理与政策等 3 个学科中,经济科学还没有形成独立的体系。基于我国经济社会发展对经济科学理论研究的现实需求,以及经济科学与管理科学及自然科学其他学科分支交叉融合的发展趋势,2017 年通过学科目录的论证和调整,开始设立独立的经济科学学科。面向经济科学学科的资助主要针对通过科学研究方法揭示经济活动规律、解释经济现象、提炼经济理论的基础研究,从 14 个子领域开展资助工作,包括计量经济与经济统计、行为经济与实验经济、数理经济与计算经济、微观经济、宏观经济管理、国际经济与贸易、金融经济、财政与公共经济、产业经济、经济发展与经济制度、农林经济管理、区域经济、人口劳动与健康经济、资源与环境经济等。经济科学学科这一资助方向设立后,其申请数量与资助金额都快速提升。其中,经济科学学科三类典型项目在 2018 年总申请量达到 2316 项,比 2017 年的 2081项增加 11.29%;2019 年更是达到 3004 项,比 2018 年增加了 29.71%;2020年达到 2941 项。与此同时,经济科学学科三类典型项目资助的经费总额也不断增加,从 2017 年的 11 687 万元增加到 2018 年的 12 163 万元,增加了 4.07%,2019 年增加到 12 844 万元,环比增长了 5.60%,2020 年增加到 13 471 万元,环比增长了 4.88%[①]。

4）面向宏观管理与政策学科的资助

紧密响应中央提出的全面深化改革总目标,以推进国家治理体系和治理能力现代化为总的指导原则,在各子领域内开展资助工作,包括公共管理与公共政策、政策科学理论与方法、科技管理与方法、创新管理与政策、健康

---

① 因四舍五入原因,计算所得数值有时与实际数值有些微出入,特此说明。

管理与政策、医药管理与政策、教育管理与政策、文化管理与政策、公共安全与应急管理、社会治理与社会保障、环境与生态管理、资源管理与政策、区域发展与城市治理、数字治理与信息资源管理、全球治理与可持续发展等15个子领域。2020年，国家自然科学基金面向宏观管理与政策学科资助面上项目240项，资助金额1.1581亿元；青年科学基金项目245项，资助金额5824万元；地区科学基金项目44项，资助金额1232万元。相关受资助项目围绕数字治理、合作治理、政府绩效管理、创新激励等前沿科学问题开展深入研究。

（二）平台建设情况

"十三五"期间，在创新驱动发展这一重大国家战略的引导下，国家自然科学基金委员会、中国科学院、科技部和教育部等部门积极探索借助科学基金等方式支持管理科学研究基础设施平台建设的新方式和新机制。具体而言，我国在管理科学领域新建或加大力度支持了一批研究平台建设，包括基础科学中心、国家重点/教育部重点实验室（包括人文学科）、科研数据平台及国际期刊等，力促科研条件改善。对这些平台建设过程和所取得成果的追踪观察与评估，发现平台建设已经取得明显成效，在学科创新发展上发挥了重要作用（表3-2）。

1. 基础科学中心建设

管理科学部已批准三个基础科学中心，分别为：厦门大学洪永淼教授牵头，和中国科学院汪寿阳教授共同申请的计量建模与经济政策研究基础科学中心；中南大学陈晓红院士牵头的数字经济时代的资源环境管理理论与应用基础科学中心；合肥工业大学梁樑教授牵头的智能互联系统的系统工程理论及应用基础科学中心。国家自然科学基金委员会对获批的基础科学中心给以直接经费资助6000万元，资助期限为期5年。基础科学中心是国家自然科学基金委员会为建设创新型国家和科技强国，进一步贯彻落实创新驱动发展战略推出的一项重要举措，旨在集中和整合国内优势科研资源，瞄准国际科学前沿，着力推动学科深度交叉融合，致力于科学前沿突破，产出具有国际领先水平的原创成果，形成具有重要国际影响的学术高地，

表 3-2　国家资助管理科学研究平台建设典型选例

平台主题（名称）	年份	类别	资助机构	依托单位	负责人
计量建模与经济政策研究	2019	基础科学中心	国家自然科学基金委员会	厦门大学	洪永淼、汪寿阳
数字经济时代的资源环境管理理论与应用	2020	基础科学中心	国家自然科学基金委员会	中南大学	陈晓红
智能互联系统的系统工程理论及应用	2021	基础科学中心	国家自然科学基金委员会	合肥工业大学	梁樑
复杂系统管理与控制国家重点实验室	1994	国家重点实验室	科技部、中国科学院	中国科学院自动化研究所	曾大军
轨道交通控制与安全国家重点实验室	2006	国家重点实验室	科技部	北京交通大学	高自友
复杂系统智能控制与决策国家重点实验室	2013	国家重点实验室	科技部	北京理工大学	陈杰
国家数学与交叉科学中心	2010	国家层面高水平研究平台	中国科学院	中国科学院数学与系统科学研究院	郭雷
中国科学院管理、决策与信息系统重点实验室	1988	中国科学院重点实验室	中国科学院	中国科学院数学与系统科学研究院	杨晓光
中国科学院大数据挖掘与知识管理重点实验室	2015	中国科学院重点实验室	中国科学院	中国科学院数学与系统科学研究院	石勇
中国科学院区域可持续发展分析与模拟重点实验室	2009	中国科学院重点实验室	中国科学院	中国科学院地理科学与资源研究所	刘彦随
中国科学院系统控制重点实验室	1994	中国科学院重点实验室	中国科学院	中国科学院数学与系统科学研究院	刘志新
中国科学院农业政策研究中心	1995	国家自然科学基金委员会创新研究群体；中国科学院设置平台	中国科学院	中国科学院地理科学与资源研究所	黄季焜

续表

平台主题（名称）	年份	类别	资助机构	依托单位	负责人
中国科学院预测科学研究中心	2006	中国科学院设立平台	中国科学院	中国科学院数学与系统科学研究院	汪寿阳
中国科学院虚拟经济与数据科学研究中心	2007	中国科学院设立平台	中国科学院	中国科学院大学	石勇
北京航空航天大学复杂系统分析与管理决策实验室	2011	教育部重点实验室	教育部	北京航空航天大学	黄海军
过程优化与智能决策教育部重点实验室*	2007	教育部重点实验室	教育部	合肥工业大学	杨善林
北京大学数量经济与数理金融教育部重点实验室	2012	教育部重点实验室	教育部	北京大学	蔡洪滨
数理经济学教育部重点实验室（上海财经大学）	2012	教育部重点实验室	教育部	上海财经大学	田国强
计量经济学教育部重点实验室（厦门大学）**	2009	教育部重点实验室	教育部	厦门大学	洪永淼
北京邮电大学信息管理与信息经济学教育部重点实验室	2002	教育部重点实验室	教育部	北京邮电大学	舒华英
东北师范大学应用统计教育部重点实验室	2006	教育部重点实验室	教育部	东北师范大学	郭建华
中国人民大学数据工程与知识工程教育部重点实验室	2005	教育部重点实验室	教育部	中国人民大学	杜小勇
华东师范大学统计与数据科学前沿理论及应用教育部重点实验室	2017	教育部重点实验室	教育部	华东师范大学	张日权
中央财经大学国家金融安全教育部工程研究中心	2019	教育部工程研究中心	教育部	中央财经大学	李建军
山东大学卫生经济与政策研究重点实验室	2002	国家卫生健康委员会重点实验室	国家卫生健康委员会	山东大学	吴群红

续表

平台主题（名称）	年份	类别	资助机构	依托单位	负责人
北京理工大学能源与环境政策研究中心	2009	国家自然科学基金委员会创新研究群体、北京市重点实验室	国家自然科学基金委员会、北京市政府	北京理工大学	魏一鸣
中国社会科学院国家金融与发展实验室	2015	国家级金融智库	中国社会科学院	中国社会科学院	李扬
国家自然科学基金北京大学管理科学数据中心	2014	数据平台	国家自然科学基金委员会	北京大学	李强
中国人民大学调查与数据中心	2009	数据平台	国家自然科学基金委员会	中国人民大学	袁卫
中国调查数据库建设	2011	数据库	国家自然科学基金委员会	中国人民大学	袁卫
中国居民收入分配数据库	2011	数据库	国家自然科学基金委员会	北京师范大学	李实
中国健康与养老追踪调查	2011	数据库	国家自然科学基金委员会	北京大学	赵耀辉
《管理科学学报（英文版）》（Journal of Management Science and Engineering）	2016	国际期刊	国家自然科学基金委员会	管理科学部	吴启迪
《工程管理前沿》（Frontiers of Engineering Management）	2014	国际期刊	中国工程院	中国工程院、清华大学、高等教育出版社	何继善
清华大学社会计算科学与国家治理实验室（试点）	2021	教育部哲学社会科学实验室（试点）	教育部	清华大学	张小劲/孟天广
南开大学经济行为与政策模拟实验室（试点）	2021	教育部哲学社会科学实验室（试点）	教育部	南开大学	贺京同
合肥工业大学数据科学与智慧社会治理实验室（试点）	2021	教育部哲学社会科学实验室（试点）	教育部	合肥工业大学	杨善林
中国人民大学数字政府与国家治理实验室（培育）	2021	教育部哲学社会科学实验室（培育）	教育部	中国人民大学	杨开峰
天津大学复杂系统管理实验室（培育）	2021	教育部哲学社会科学实验室（培育）	教育部	天津大学	张维

续表

平台主题（名称）	年份	类别	资助机构	依托单位	负责人
复旦大学国家发展与智能治理综合实验室	2021	教育部哲学社会科学实验室（培育）	教育部	复旦大学	吴力波
上海交通大学数字化管理决策实验室	2021	教育部哲学社会科学实验室（培育）	教育部	上海交通大学	陈方若
上海财经大学会计与财务研究院	2021	教育部哲学社会科学实验室（培育）	教育部	上海财经大学	靳庆鲁
中山大学大数据管理行为与决策实验室	2021	教育部哲学社会科学实验室（培育）	教育部	中山大学	王帆
西南财经大学金融安全与行为大数据实验室	2021	教育部哲学社会科学实验室（培育）	教育部	西南财经大学	卓志/寇纲
西安交通大学系统行为与管理实验室	2021	教育部哲学社会科学实验室（培育）	教育部	西安交通大学	冯耕中
中国科学院大学数字经济监测预测预警与政策仿真实验室	2021	教育部哲学社会科学实验室（培育）	教育部	中国科学院大学	汪寿阳

* 过程优化与智能决策教育部重点实验室是经教育部实验室主管批准，2008年6月28日召开建设方案专家论证会，形成了《过程优化与智能决策教育部重点实验室建设计划任务书》，并开始实施教育部重点实验室建设。该实验室于2011年建成并顺利通过验收（http://som.hfut.edu.cn/sys/info/1002/1052.htm）。

** 计量经济学教育部重点实验室（厦门大学）是2009年教育部立项，2013年正式获批的首批文理文理交叉教育部重点实验室（https://kle.xmu.edu.cn/gyywm1/sysjj.htm）。

是国家自然科学基金委员会迄今定位最高的科学基金项目，在我国创新驱动战略的推进中居于重要地位。尽管三个基础科学中心获批组建时间还很短，但基于前期研究基础，已经取得了良好的进展。以计量建模与经济政策研究基础科学中心为例，自 2019 年获批以来，该研究团队不仅在国际国内高水平期刊持续发表论文，积极为国家经济发展建言献策，还努力推动建设期刊平台，创办了《计量经济学报》期刊，以此推动中国经济学基础理论的创新。目前，有多个在管理科学领域处于国际国内领先水平的机构与研究团队正在积极申报基础科学中心，有望进一步推动我国在管理科学各领域的基础理论创新。

2. 重点实验室和平台建设

中国科学院、科技部、教育部等国家相关部委、事业单位和各级地方政府发挥了重要的作用。中国科学院资助设立的重点实验室及平台包括复杂系统管理与控制国家重点实验室，中国科学院管理、决策与信息系统重点实验室，中国科学院预测科学研究中心，以及中国科学院农业政策研究中心等。科技部批准资助的管理科学相关重点实验室有北京交通大学牵头的轨道交通控制与安全国家重点实验室和北京理工大学复杂系统智能控制与决策实验室，其中，轨道交通控制与安全国家重点实验室围绕轨道交通运输组织、运行控制等问题开展了大量具有创新性的应用基础理论研究和基础性工作，为我国轨道交通控制与安全领域的原始创新、集成创新、引进消化吸收再创新及高水平人才培养提供了重要平台。教育部批准设立的管理科学领域相关重点实验室包括北京航空航天大学复杂系统分析与管理决策实验室、过程优化与智能决策教育部重点实验室、北京大学数量经济与数理金融教育部重点实验室、数理经济学教育部重点实验室（上海财经大学）、北京邮电大学信息管理与信息经济学教育部重点实验室、中国人民大学数据工程与知识工程教育部重点实验室等。2021 年，教育部启动了首批哲学社会科学实验室，包括清华大学社会计算科学与国家治理实验室（试点）、南开大学经济行为与政策模拟实验室（试点）、合肥工业大学数据科学与智慧社会治理实验室（试点）等 3 家试点单位，以及中国人民大学数字政府与国家治理实验室、天津大学复杂管理系统实验室等9家培育单位。此外，各省级政府还对相关实验室和科研平台进行了资助，比如由魏一鸣教授牵头成立的北京理工大学能源与环境政策研究中心不仅获得了国家自然科学基金委员会的持续资助，还被批准为北京市重点实验室，得到了北京市政府的相应财政支持。

3. 数据平台建设

以北京大学、中国人民大学数据中心为代表建设的一批管理科学数据平台已经开始取得显著影响。2014年10月，在国家自然科学基金委员会的资助下，北京大学成立国家自然科学基金北京大学管理科学数据中心。该中心资助为期5年，金额共计6000万元。资助期间，该中心收集了以中国家庭追踪调查（China Family Panel Studies，CFPS）和中国健康与养老追踪调查（China Health and Retirement Longitudinal Study，CHARLS）为代表的高质量微观数据并无偿向公众开放，用户遍布海内外，数据影响力持续提升；依托这些数据，国内外学者不仅开展了大量严谨的学术研究，还进行了大量政策量化研究，在特色新型智库发展方面取得了显著成果。中国人民大学调查与数据中心在2010年获得了国家自然科学基金委员会设立的唯一关于调查数据库建设的重点项目——中国国家调查数据库（Chinese National Survey Data Archive，CNSDA），该数据库存储了中国范围内所有采集过的调查数据，在数据采集与开放共享平台建设方面发挥了重要作用。此外，国家自然科学基金委员会资助的具体数据搜集项目还包括北京师范大学李实教授组织建立的中国居民收入分配数据库、北京大学赵耀辉教授组织实施的中国健康与养老追踪调查等，为我国管理科学开展实证研究提供了一手调研微观数据基础。

4. 学术期刊平台建设

以 *Journal of Management Science and Engineering*，*Frontiers of Engineering Management* 等为代表、具有完全的中国自主知识产权、由中国管理科学家主编的一批国际期刊方阵已经开始产生影响。通过国家自然科学基金委员会资助的学术期刊，充分展示中国管理科学研究的原创成果，及时传播我国的最新研究进展。经过努力，已经基本实现了"十三五"规划关于"拥有中国知识产权的、由中国管理科学家主编的、在特色领域中具有显著国际学术影响力的高水平国际期刊"的目标。但与领先国家相比，我国主办的国际期刊在数量和质量上差距仍然非常显著。因此，在未来很长一段时期，建设高水平的学术期刊将是中国管理科学界面临的一项重要任务。

二、人才队伍情况

在过去 40 年的时间里，尤其是"十三五"期间，中国管理科学的教学队伍与科研队伍均获得了快速发展，作为创新主体的人才队伍已经具有相当规模，中国管理科学规模扩大、已经具备理论自主创新的基础。例如，高校及科研院所管理学和经济学 2020 年博士毕业生共 5660 人（管理学 3467 人、经济学 2193 人）。

改革开放以来，中国管理学科已培养了相当规模的管理科学科研究与教学人才，管理科学人才队伍无论是在数量上还是在质量上都取得了令人瞩目的长足进步，为中国未来管理科学理论与实践创新奠定了基础。

2000～2020 年，国内管理科学人才队伍以硕士与博士研究生在读学生和中高级职称研究人员为主，且年龄结构呈现年轻化特点（图 3-4）。在此期间，国家自然科学基金委员会共支持管理科学与经济科学的研究项目 23 000 余项，获资助人员从 2000 年的 1787 人增加到 2020 年的 11 153 人，主持和主要参与研究的科技人员累计达到 17 万余人次。在获批的管理科学部面上项目中，56 岁及以上申请者的比例从 2000 年的 15.34% 降至 2020 年的 8.15%，51 岁及以上申请者的比例从 2000 年的 28.41% 降至 2020 年的 18.21%；与此同时，中青年研究人员获批的项目逐步增加，45 岁及以下获批者比例从 2000 年的 61.17% 升至 2020 年的 65.03%，35 岁及以下获批者的比例从 2000 年的 6.34% 增加至 2020 年的 8.47%（图 3-5）。

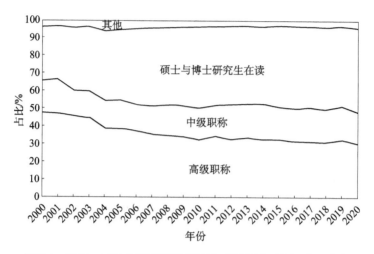

图 3-4 2000～2020 年管理科学部面上项目资助项目组成员分布
资料来源：国家自然科学基金委员会统计资料

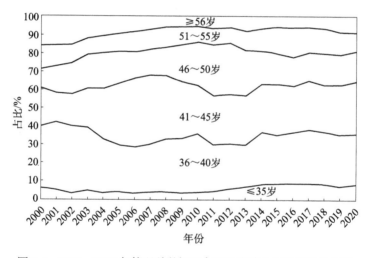

图 3-5 2000～2020 年管理科学部面上项目申请人年龄结构分布图

近年来，国家自然科学基金委员会在国家自然科学基金委员会章程中明确提出了"有利于培养青年科学技术人才"的资助原则。依据该原则，管理科学部加大了对青年研究人员的资助力度，从 2012 年起，在管理科学部资助的面上项目中，40 岁以下的主持人比例一直在 40% 以上，2020 年 40 岁以下主持人的比例达到了 45.16%。经过多年对青年人员的政策倾斜，目前管理科学部已经形成了结构稳定且年轻化的管理科学基础研究队伍（图3-6）。

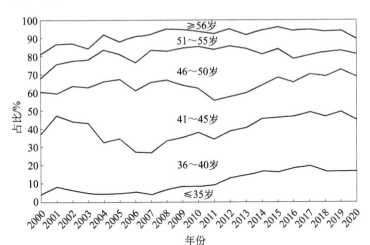

图 3-6 2000～2020 年管理科学部面上项目主持人年龄结构分布图

此外，国家自然科学基金委员会还通过资助合作研究、学术会议、人员交流等多种形式，支持我国科研人员广泛参与国际合作与竞争，积极开发和利用海外人才资源，吸引并凝聚海外优秀人才参与国内基础研究，为发展中国管理科学服务，促进我国科学技术事业发展。例如，海外及港澳学者合作研究基金项目资助多名海外学者与国内学者开展合作研究，这不仅开拓了中国学者管理科学的研究视野，也使更多的国外优秀科学家更加了解中国管理科学实践问题。

研究生教育是造就未来高层次人才的最高国民教育形式。从各高校与科研机构正在培养的研究生数量可以看出，中国管理科学人才存在巨大潜力。从 2013 年至 2020 年，国内管理科学研究生的招生数、在校学生数和毕业生数均呈递增态势（表3-3）。据不完全统计，2020 年中国高校管理学博士毕业生达到 3411 人，经济学博士毕业生达到 2120 人；管理科学的博士毕业人数仅次于工学、理学和医学，这反映了中国管理科学已具备雄厚的人才基础，可为未来的经济管理实践做出更大贡献，并有望为创造原创性的中国经济管理理论奠定人才基础。

表 3-3 2013～2020 年管理科学的研究生培养情况

（单位：人）

年份	项目	类型	招生数			在校学生数			毕业生数		
			总数	博士	硕士	总数	博士	硕士	总数	博士	硕士
2013	普通高校	管理学	80 422	4 606	75 816	236 827	23 694	213 133	65 337	3 626	61 711
		经济学	27 280	2 668	24 612	75 437	11 740	63 697	22 790	2 124	20 666
	科研机构	管理学	891	95	796	2 007	288	1 719	454	72	382
		经济学	727	251	476	2 111	872	1 239	436	204	232
	小计		109 320	7 620	101 700	316 382	36 594	279 788	89 017	6 026	82 991
2014	普通高校	管理学	80 752	4 393	76 359	244 537	23 642	220 895	69 083	3 415	65 668
		经济学	27 341	2 663	24 678	76 788	12 120	64 668	25 606	2 054	23 552
	科研机构	管理学	889	96	793	2 309	334	1 975	589	51	538
		经济学	723	254	469	2 121	889	1 232	677	208	469
	小计		109 705	7 406	102 299	325 755	36 985	288 770	95 955	5 728	90 227
2015	普通高校	管理学	83 050	4 338	78 712	254 435	24 309	230 126	71 127	3 360	67 767
		经济学	29 216	2 605	26 611	78 904	12 412	66 492	25 673	1 995	23 678
	科研机构	管理学	902	97	805	2 484	384	2 100	704	51	653
		经济学	803	256	547	2 223	939	1 284	671	189	482
	小计		113 971	7 296	106 675	338 046	38 044	300 002	98 175	5 595	92 580

续表

年份	项目	类型	招生数			在校学生数			毕业生数		
			总数	博士	硕士	总数	博士	硕士	总数	博士	硕士
2016	普通高校	管理学	84 016	4 273	79 743	263 156	24 541	238 615	71 217	3 182	68 035
		经济学	29 591	2 555	27 036	80 625	12 583	68 042	26 336	1 881	24 455
	科研机构	管理学	1 031	96	935	2 715	413	2 302	781	55	726
		经济学	805	254	551	2 345	1 017	1 328	642	165	477
	小计		115 443	7 178	108 265	348 841	38 554	310 287	98 976	5 283	93 693
2017	普通高校	管理学	119 271	4 567	114 704	357 905	25 241	332 664	75 293	3 071	72 222
		经济学	33 849	2 731	31 118	86 662	13 011	73 651	27 079	1 959	25 120
	科研机构	管理学	1 623	102	1 521	4 663	440	4 223	854	69	785
		经济学	883	249	634	2 585	1 062	1 523	709	193	516
	小计		155 626	7 749	147 977	451 815	39 754	412 061	103 935	5 292	98 643
2018	普通高校	管理学	125 781	4 827	120 954	391 337	25 773	365 564	78 979	3 189	75 790
		经济学	34 942	3 044	31 898	92 644	14 269	78 375	29 317	2 080	27 237
	科研机构	管理学	1 187	83	1 104	3 727	382	3 345	661	38	623
		经济学	551	90	461	1 637	520	1 117	471	62	409
	小计		162 461	8 044	154 417	489 345	40 944	448 401	109 428	5 369	104 059

续表

年份	项目	类型	招生数			在校学生数			毕业生数		
			总数	博士	硕士	总数	博士	硕士	总数	博士	硕士
2019	普通高校	管理学	129 021	5 017	124 004	414 429	26 699	387 730	84 979	3 146	81 833
		经济学	41 045	3 201	37 844	101 183	14 906	86 277	31 152	1 994	29 158
	科研机构	管理学	1 037	67	970	3 416	395	3 021	1 020	51	969
		经济学	721	87	634	1 871	539	1 332	473	66	407
	小计		171 824	8 372	163 452	520 899	42 539	478 360	117 624	5 257	112 367
2020	普通高校	管理学	149 077	5 273	143 804	444 395	27 473	416 922	103 759	3 411	100 348
		经济学	47 235	3 212	44 023	113 941	15 643	98 298	33 373	2 120	31 253
	科研机构	管理学	1 069	70	999	3 503	407	3 096	1 010	56	954
		经济学	755	99	656	2 057	557	1 500	528	73	455
	总计		198 136	8 654	189 482	563 896	44 080	519 816	138 670	5 660	133 010

资料来源：中华人民共和国教育部（http://www.moe.gov.cn/jyb_sjzl/moe_560/2020/）

从各学科人才队伍情况来看，管理科学与工程在人才培养和体系建设方面取得了较为突出的成绩。首先，人才体系较为完善，管理科学与工程形成了一批以院士为核心且年龄结构分布合理的研究团队，有一批以国家杰出青年科学基金项目获得者为学术带头人的骨干研究力量。其次，人才队伍有活力，2014～2019 年，管理科学与工程研究人员申请国家自然科学基金面上项目年增长率高于 9.99%，部分领域出现在国际上已逐渐显现出影响力的科学家群体。最后，管理科学与工程已建成一批有影响力的重点实验室与研究中心。这些都表明中国管理科学与工程已具有力量雄厚、持续稳定的人才队伍，为未来中国管理科学的发展提供了重要的人才支撑。从该研究领域科研人员发文情况来看，2016～2020 年，中国管理科学与工程学科学者发文量达 26 552 篇，居世界第 2 位，2016～2020 年的基本科学指标数据库（Essential Science Indicators，ESI）高被引论文数达 515 篇，仅次于美国。

我国工商管理学科的研究队伍也在逐步壮大。从该研究领域科研人员发文情况来看，2016～2020 年，中国工商管理学科学者发文量达 14 062 篇，居世界第 4 位；工商管理领域论文年度数量从 2019 年开始超越澳大利亚居世界第 3 位，目前对世界该领域论文贡献率超过 14%，与贡献率第 2 位的英国的差距在逐步缩小；工商管理领域国际代表性期刊[①]研究论文数量，中国也在稳步上升，与加拿大的差距在逐步缩小，到 2015 年排名第四，2016～2020 年的 ESI 高被引论文数达 238 篇，仅次于美国和英国。[②]

尽管我国经济科学学科影响力与欧美发达国家相比还存在较大差距，但学科人才队伍规模已在逐步壮大，并已具备理论自主创新的基础。中国近年在经济科学领域发表研究论文数量越来越多，2014 年开始，每年发表论文数量超过澳大利亚，2019 年开始又超过德国，2020 年已超过英国而列世界第 2 位，2016～2020 年，中国经济科学学者发文量达 10 052 篇，仅次于美国和英国；在经济科学国际代表性期刊上发表的研究论文数量也在稳步提高，中国从 2018 年开始在 55 种国际代表性期刊上发表的经济学领域（涉及 11 种期刊）的论文数量占全球论文数量的份额超过 5%，在 2020 年为 6.65%；2018 年之

[①] 国际代表性期刊涵盖了英国商学院协会（*Association of Business Schools*，ABS）高质量学术期刊列表中等级为 4⁺的期刊，以及 UT/DALLAS 24 种期刊、金融时报 50 种期刊内的期刊，共计 55 种期刊（有交叉）。

[②] InCites 数据库统计的文献数据。

后中国的增长速度加快，与加拿大的增长速度基本持平，并接近英国的增长速度①，2016～2020年ESI高被引论文数为212篇，仅次于美国；其间中国在55种国际代表性期刊上发表的经济科学研究论文被引频次排名已经达到世界第三，2017年之后引文影响力基本在1.2以上，高于世界平均被引水平，在2020年，影响力在主要国家（地区）中已排名第一。

对于宏观管理与政策学科而言，随着我国改革开放和市场经济体制的逐步完善，政府管理活动愈发深入和精细，一系列诸如扶贫、社区管理、土地和住房改革等具有中国特色社会主义的管理活动吸引了众多学者的关注。"十三五"时期，高等院校的管理学院以及包括中国科学院等在内的研究机构为宏观管理与政策学科研究队伍不断注入新活力，是推动我国宏观管理与政策学科发展的主要研究力量。以InCites中划分的公共管理领域为例，中国整体的论文数量占世界份额呈现上升趋势，2020年中国研究论文数占全球论文数份额约为7.25%，2016～2020年中国在公共管理领域的研究论文数达到7087篇，ESI高被引论文数为40篇，与其他国家相比，中国是所占份额唯一出现明显增长的国家。

三、优势学科、薄弱学科和交叉学科的发展状况

1. 经济与管理领域优势学科

我国学者在国家自然科学基金委员会的稳定支持下，借鉴和学习西方的理论基础，融合我国丰富的实践，不断发展新的经济和管理理论，在多个领域实现了成功应用，形成了我国在经济与管理领域的优势学科方向。每个优势学科方向均有代表性的学者、标志性的成果。例如，在经济领域，我国学者提出了"新结构经济学""投入占用产出分析理论"，建立了动态非线性数学期望理论和以区间计量经济方法为代表的系列创新；在管理领域，我国学者提出了"和谐管理理论"、应对非常规突发事件的理论和方法体系并构建了具有中国特色和普适性的重大工程管理基础理论体系。围绕上述领域，我国学者开展了一系列深入的研究，产生了一大批在经济与管理领域有深远影响

---

① WoS中检索的55种顶级期刊文献数据的InCites统计。

的研究成果，支撑了我国在经济与管理领域优势学科的形成。

在经济科学领域，我国学者近年来基于西方经济学中的"结构经济学""新古典经济学"等理论，提出了"新结构经济学"用于解释我国在生产过程中产业结构的变化。新结构经济学主张以历史唯物主义为指导，采用新古典经济学的方法，以一个经济体在每一个时点给定、随着时间可变的要素禀赋及其结构为切入点，来研究决定此经济体生产力水平的产业和技术以及交易费用的基础设施和制度安排等经济结构及其变迁的决定因素和影响。"新结构经济学"设计了"增长甄别与因势利导框架"，获得了国内外学者的一致好评，并有效地应用于指导实践，如华坚鞋业集团有限公司据此在埃塞俄比亚快速发展并取得成功。

在管理科学与工程领域，我国学者在 1989 年就提出和建立了"投入占用产出分析理论"，成功解决了利用投入产出技术来研究占用与投入、占用与产出之间的关系问题。国际上一些知名科学家，如美国国家科学院院士伊萨德（W. Isard）、诺贝尔奖获得者里昂惕夫（W. Leontief）等曾给以很高评价。投入占用产出分析理论主要研究者还编制了 1995 年中国对外贸易投入占用产出表，为国际贸易谈判提供了理论依据。目前，投入占用产出分析理论在研究全国粮食谷物预测中得到了精度很高的 20 个非线性粮食产量预测方程、10 个非线性棉花产量预测方程和 15 个非线性油料产量预测方程，预测平均误差为 1.15%，精度和预测提前期都远远超过发达国家平均水平，为我国相关部门制定有关的农业和粮食政策提供了科学依据。相关研究团队的工作多次得到中央领导的重要批示和好评。

在金融数学领域，我国学者在国家自然科学基金委员会重大项目的支持下，基于西方学者提出的概率论公理体系、静态非线性期望——肖凯期望（Choquet 期望），开创性地建立了动态非线性数学期望理论——g-期望理论，并进一步发展成为 G-期望理论，将其应用于分析和计算具有高度动态复杂特性的金融风险。相关学者提出的理论对经济、金融量化分析技术与方法具有变革性意义，成功应用到相应的金融风险管理实践中，推动了金融工程学科理论的进一步发展，促进我国金融市场的成熟。2020 年，相关学者获得未来科学大奖。

同样在经济科学领域，我国学者在"计量建模与经济政策研究"基础科学中心等项目的持续支持下，提出了以区间计量经济方法为代表的系列创新。区间计量经济方法拓展了现代计量经济分析中基于点序列的模型估计思考方式，提出了基于区间序列的模型估计与推断理论体系，使计量模型能够处理更丰富、更贴近真实经济运行的数据输入，进而获得更精确合理的模型参数估计与预测效果。运用该系列方法，有关团队在经济金融、能源环境、疫情防控等领域的预测与政策研究方面取得了丰硕的成果，在《科学》（*Science*）等期刊上发表学术论文，多次获中国中央电视台（现中央广播电视总台）、英国广播公司（British Broadcasting Corporation，BBC）、《华盛顿邮报》、《纽约时报》等国内外主流媒体报道。

我国工商管理领域学者在 1987 年即初次提出了和谐管理的思想，并在包括国家杰出青年科学基金项目、创新研究群体项目、重点项目等一系列研究基金的资助下，逐步将其扩展成和谐管理理论。和谐管理理论以人与物的互动以及人与系统的自治性和能动性为前提，以"和则"与"谐则"的耦合互动来应对管理问题，以提高组织绩效为目标。相关学者以和谐管理理论为基础，基于系统、动态和整体的视角构建了一种整合商业模式的概念框架，强调了领导在其中的核心作用，界定了战略与商业模式的关系，突出了商业模式实施与变革的过程与机理，改进了对商业模式绩效的测量方法。

在管理科学与工程领域，基于"非常规突发事件应急管理"重大研究计划，我国学者提出了应对非常规突发事件的较为完整的理论和方法体系，帮助完成北京市重大突发事件（巨灾）情景构建工作，在青海玉树地震救灾工作中发挥了重要的决策支持作用。研究成果得到了国家领导人的高度赞誉，这个重大研究计划还催生了安全科学与工程一级学科，推动了学科建设和人才培养工作。该计划的综合成果还为世界卫生组织（World Health Organization，WHO）提供了应急平台方案，牵头制定的应急能力评估国际标准在厄瓜多尔、特立尼达和多巴哥、巴西等国家公共安全一体化平台中得到应用，得到了党中央的高度赞扬，极大地提升了中国在应急管理领域的国际话语权。

同样在管理科学与工程领域，受到国家自然科学基金重大项目的支持，我国学者以复杂系统科学为理论指导，以我国重大工程管理实践为研究起点，构建了具有中国特色和一般普适性的重大工程管理基础理论体系。该理论包括以管理主体行为复杂性与管理问题情景复杂性相互适应与耦合为核心的复杂性降解、适应性选择、多尺度管理、"迭代式"生成与递阶式委托代理等5个基本原理，并提出了全景式质性分析、情景耕耘与联邦式建模等基于复杂系统视角的重大工程管理研究方法。有关学者的研究成果提高了我国重大工程管理研究的国际话语权，并在我国港珠澳大桥等重大工程中得到系统、深入的应用。该成果既是我国重大工程理论与实践的结合，也是我国重大工程管理学术界与工程界密切协同促进重大工程管理科技进步的成功范例。

此外，在包括国家杰出青年科学基金在内的各项目支持下，我国学者提出了针对多维度大规模时空网络的弧路由问题的求解模型和算法，突破了分步决策方式可能导致的次优性，解决了反复校正等瓶颈问题。研究成果在我国多个航空公司落地应用并产生了显著的经济效益，打破了高端运控决策系统长期被欧美垄断的格局。有关研究团队在国家自然科学基金重点项目的支持下持续聚焦企业管理理论方面的研究，提出了具有中国特色的企业管理"合"理论，构建了中国特色企业管理的上升螺旋模型及其理论逻辑与动态机制，受到国际学术同行的广泛关注。过去20多年，中国科学院农业政策研究中心（Center for Chinese Agricultural Policy，CCAP）在国家自然科学基金委员会等资助下，在农村发展与政策领域提出了一系列原创性研究成果。清华大学企业运营管理团队结合中国石油天然气集团有限公司供应链运营管理实践，突破实时求解优化算法的难点和瓶颈，建立了一套智慧供应链决策的整体解决方案，突破了企业运营管理的诸多瓶颈。

在过去几十年，我国管理科学取得了巨大的进步，并在部分领域逐渐走在了世界前列，取得了一系列令人瞩目的成就。近年来，国际经济格局和国内经济形势发生了很大变化，政府管理和企业管理以及其他组织管理面临着更多新的机遇和挑战，也为我国经济学和管理学发展创造了新的条件。在未来一段时间，我国学者会提出更多的经济和管理理论、方法与技术，在经济与管理领域的优势学科中逐渐形成中国学派，在国际上产生更加重要的影响。

2. 管理科学发展的薄弱环节

改革开放以来，我国管理科学发展迅速，尤其在"十三五"期间取得了巨大成就。然而，面向未来十到二十年的新发展，我国管理科学仍存在一些弱势学科方向。例如，在经济科学领域，我国在经济学理论（如博弈论）、劳动经济学、公共经济学、宏观经济学等学科不具备显著优势，特别是中国原创性经济理论的相关成果较少出现，这主要体现在我国学者在世界五大代表性经济学期刊上的发表情况；在管理科学领域，我国在工商管理学科中相关的原创性理论（如创业管理、企业理论等）、资源环境管理等需大跨度学科交叉融合的学科还存在一定的弱势，与国际先进水平相比仍然有较大差距。多种制约因素导致了上述薄弱学科的存在，这些制约因素主要体现在服务重大需求、贴近管理实践、引领国际前沿、推进交叉变革等几个方面（表3-4）。

表3-4 学科薄弱环节和关键制约因素

学科薄弱环节	关键制约因素					
	评价机制	项目类型	数据资源	学科认知	全球视角	研究方法
服务重大需求	☑		☑	☑		
贴近管理实践	☑	☑	☑	☑		☑
引领国际前沿	☑			☑	☑	☑
推进交叉变革	☑	☑	☑	☑	☑	☑

1）服务重大需求

服务重大需求方面，能够影响国家经济与管理领域重大战略决策的学术群体和学术成果的质量和数量，与这些战略需求的紧迫性不平衡、不匹配。

管理科学是"实践"的科学，相对于理论发展，"实践需求"更多地驱动了其学科发展：针对实践中遇到的困难，形成研究问题，通过研究寻找其中的特征和规律，进而依据这些特征和规律提出解决实践问题的方法和路径，最终形成管理决策支持，指导实践，创造价值。

改革开放初期，管理科学的研究工作都是紧紧围绕着我国社会经济发展的重大现实问题，通过深入实践来开展的，如刘源张的企业质量管理研究、宋健的人口结构动力学研究、汪应洛的教育管理研究、王众托的信息系统管理研究等。世纪之交，我国管理科学发展逐步受到国际先进经济与管理研究范式的影响，在推动我国管理科学研究实现国际化和提高严谨性的同时，也逐步出现了脱离现实需求的倾向。为此，管理科学部从21世纪之初就一直强调管理科学的研究要"顶天立地"，近二十多年来我国管理科学家也在积极回应这个问题，并取得了前述的可喜成就。

尽管如此，我们在服务国家重大需求方面的前瞻性布局仍有不足，面对国家、行业、企业的重大战略决策和实践的迫切需求，面对全球治理瓶颈和我国"卡脖子"难题等重大需求，具有重大理论指导意义的研究仍然缺乏；尚未形成完整的针对我国经济社会发展实践巨大成功及面临挑战的系统性总结，尚未构建针对我国社会经济发展规律内在特征、差异特性的系统性管理理论。

2）贴近管理实践

贴近管理实践方面，对于中国管理实践的深度融合仍存在不足，尚未形成具有重大国际影响力的中国特色的原创性管理理论。

尽管"十三五"期间我国学界已经开始逐步重视将研究贴近管理实践，但当前对经济与管理实践的深度融合还远远不够，"从论文到论文"与"从实践中提炼问题"的两类研究选题之间依然没能实现合理的平衡，这一问题尤其体现在青年学者的研究中，成为我国管理科学学者进行理论创新的重要瓶颈，也由此削弱了我国管理科学学者研究成果的原创性和国际影响力。

因此，近些年来虽然中国问题研究及本土学者成果已在国际学术研究中大量出现，但这些工作仍主要基于西方理论框架开展研究。尽管也出现了基于中国管理实践特色的原创性工作，如"投入－占用－产出理论""新结构主义经济理论"等，但是这类工作还处于发展的早期阶段，能够提出原创性新理论框架的典型性成果仍较为缺乏，且现有的新理论框架还需要更多技术性工作的支撑来扩大其在国际上的话语权和影响力。

3）引领国际前沿

引领国际前沿方面，在推进深度国际化、形成经济与管理国际前沿学术成果方面，还有待进一步加强。

在中国的经济发展成就和管理实践越来越受到国际学者关注的背景下，我国国家科学基金不断努力，推动了近十年来中国管理科学研究的国际交流与学术发表，国际合作从早期简单提供数据、劳动力的形式，逐步向平等进行学术智力合作的形式过渡。

在我国管理科学的当前发展中，深层次、大范围、跨学科的国际合作仍较为缺乏；管理科学研究还没有完全反映出中国作为一个负责任大国在世界上的担当，引领性和主导型的国际合作项目还很缺乏；尚未完全建立站在世界整体格局上看中国的管理创新实践及其规律的全球视角。特别地，面临国际贸易冲突、科技竞争以及新冠疫情带来的冲击和可能的未来变革性效应，我国管理科学学者在未来的国际合作领域、合作模式的选择方面都面临新的挑战。

4）推进交叉变革

推进交叉变革方面，具有多学科深度交叉融合特征的"变革性"管理科学研究有待进一步加强。

管理科学研究对象的复杂性、实践性、情境依赖性等特殊性质，决定了研究中需要考虑其研究对象的多元属性以及从事经济管理活动的个体性质和互联性质，同时结合经济、社会、政治、心理、环境、健康等背景，在学术思想和研究手段上汲取诸如信息科学、数学、生命科学、社会学、政治学、环境科学等不同学科的理论方法。这就要求管理科学的研究需要进行大尺度、跨学科的深度交叉融合，尽管目前中国管理科学研究的学科交叉特征已经比较明显，但具有"变革性"特点的深度交叉融合仍然缺乏。

美国国家科学基金会早在 2007 年就提出了变革性研究（transformative research）的思想以及相应的项目评价措施。变革性研究要求研究者掌握非本学科的跨学科理论方法，同时要求研究者能够使用非本学科的学术语言和思维方式与其他学科学者进行沟通、合作。这一要求不仅需要研究者付出额外努力，而且需要他们承担较大的职业风险，成为推进交叉变革的巨大障碍。因此，应该采取积极有效的措施，以管理科学为切入点，鼓励大胆的探索式创新，否则可能会较为严重地影响我国管理科学基础研究的原始创新能力。

3. 经济与管理领域交叉学科

中国学者在不断学习西方现有理论体系的基础上，通过结合中国经济与管理的实践和情境特色，创造性探索，实现了理论突破，并基于此进一步解决重大现实问题。但经济与管理领域的前沿科学问题越来越复杂，仅依靠单一学科的知识和方法已无法实现重大突破。通过大跨度的学科交叉，形成新的科研范式，进而做出重要的学术成果，是经济与管理领域未来发展的必然选择。2020 年，国家自然科学基金委员会成立了交叉科学部，启动了促进重点重大交叉科学问题的研究探索。近年来，我国学者也在交叉学科领域做出了一定的探索和成绩，例如，我国学者综合数学、计算科学和经济科学所提出的复杂系统管理 TEI@I 方法论在复杂系统管理领域取得了广泛的成功应用；中国健康与养老追踪调查从宏观管理与政策、经济学、医学、社会学、金融投资学等多学科维度反映了我国中老年人的健康和生活状况；有关学者通过管理科学、经济科学和环境科学等多学科交叉，对我国绿色低碳发展转型中的关键科学问题进行了深入研究，并获得了国际学术界广泛关注；通过将智能计算、决策支持理论和技术应用到产业规划、能源规划、环境治理等领域，有关研究团队推动了管理科学、智能与计算科学、环境科学、能源科学、社会学等多学科交叉融合。

我国学者在国家科学基金的长期支持下，提出了复杂系统管理 TEI@I 方法论，通过计量经济模型或随机微分方程（E）刻画复杂管理系统的长期趋势，通过人工智能（I）来捕捉短期波动特征，利用事件分析/文本分析/专家判断（T）把握政策影响和/或重大事件冲击效应，最后通过统计/优化模型或专家系统来实行综合集成（I）。相比单一模型（体系），TEI@I 方法论能够更好地刻画复杂系统的管理规律，已经在复杂系统管理领域取得了广泛的应用，如国民经济计划制订、全球价值链设计、国家应急管理、水资源管理、国土资源规划等。

北京大学相关研究团队开展的大型微观数据调查——中国健康与养老追踪调查旨在收集一套代表中国 45 岁及以上中老年人家庭和个人的高质量微观数据，用以分析我国人口老龄化问题，推动老龄化问题的跨学科研究。中国健康与养老追踪调查全国基线调查于 2011 年开展，覆盖 150 个县级单位、450 个村级单位、约 1 万户家庭中的 1.7 万人，随后这些样本每两到三年追踪一次。中国健康与养老追踪调查数据具有高质量、跨学科的特点，包括宏观管理与政策、经济学、医学、社会学、金融投资学等方面信息，全面反映了我国中老年人的健康和生活状况，为世界卫生组织、国家卫生健康委员会和中国老龄协会等研究老龄问题提供数据支持，在跨学科研究和政策制定方面发挥了重要作用，已成为国际上研究中国老龄化问题最有影响力的数据库。

我国有关研究团队在国家自然科学基金重大项目的支持下，围绕绿色低碳发展转型过程中涉及的经济转型、产业升级、个人和组织行为改变、能源系统变革及国际气候治理体系创新等问题开展深入研究，充分体现了学科交叉在解决我国可持续发展领域面临的问题方面的重要价值。例如，通过耦合宏观经济模型、大气化学传输模型、大气污染与健康暴露反应关系，我国学者建立了跨学科的能源环境政策模拟仿真平台，能够实现从不同维度对我国环境政策进行综合评估。通过多学科交叉对我国绿色低碳发展转型中的关键科学问题进行深入研究，研究成果发表在国际代表性期刊上，获得国际学术界的广泛关注，为国家绿色低碳发展转型决策和管理实践提供了重要支撑。

"集成动态智能量化"工程管理理论和方法体系是由我国学者创立的，他们还构建出了"两型"标准等系列绿色工程标准，提出绿色工程协同管理新模式，研制出环境大数据分析决策技术与平台，为区域管理与决策科学发展、资源高效绿色开发与环境精准治理做出了杰出贡献。有关学者将智能计算、决策支持理论和技术应用到产业规划、能源规划、环境治理、社会发展规划等多个领域，不断推动管理科学、智能与计算科学、环境科学、能源科学、社会学等多学科交叉融合，为国民经济和社会发展主要领域提供持续性的支撑和引领，其相关学术成果在国际学术界获得了广泛引用与关注。

我国学者已经在经济与管理交叉学科领域取得了一系列有影响力的研究成果，为推动经济与管理领域的发展做出了重要的贡献。但是，正如前面分析学科发展的薄弱环节时所指出的，交叉学科的发展还需要进一步成熟，如何深入推进不同学科之间的交叉融合——特别是大跨度的，自然科学、社会科学甚至人文学科的交叉融合，仍然是经济与管理领域面临的一个重要挑战，也应该是推动我国管理科学知识发展的重要生长点。

第二节 管理科学的发展趋势

一、国际上管理科学发展状况与趋势

（一）聚焦领域

1. 管理科学与工程学科聚焦决策理论、对策理论、风险管理、供应链管理、信息管理和交通运输管理等领域

基于管理科学与工程学科在美国工程索引（The Engineering Index，EI）数据库检索 2011～2020 年发表的学术论文及其所关注的研究领域（图 3-7），我们发现决策理论领域的论文发表数量最多，2019 年的发表论文总数超过 17 000 篇。此外，对策理论、风险管理、供应链管理、信息管理、交通运输管理等都是国际上研究较多的领域。同时，我们归纳出了 2011～2020 年管理科学与工程学科主要研究领域的研究热点，如表 3-5 所示。

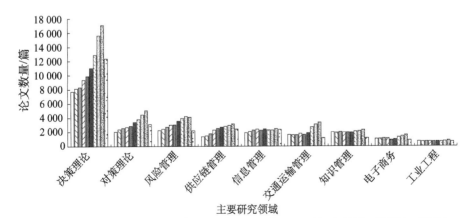

图 3-7 2011～2020 年管理科学与工程学科主要研究领域
年度发表论文数量情况

表 3-5 2011～2020 年管理科学与工程学科主要研究领域的研究热点

排序	领域	论文数量 / 篇	研究热点
1	决策理论	112 335	不确定性决策、多目标决策等
2	对策理论	32 428	博弈论、拍卖机制等
3	风险管理	31 519	突发事件的风险管理、金融风险管理、企业风险管理等
4	供应链管理	23 473	绿色供应链、闭环供应链管理等
5	信息管理	22 729	信息系统、信息技术、社交媒体、信息检索等
6	交通运输管理	20 385	智能交通、共享交通、自动驾驶等
7	知识管理	19 553	知识共享、知识的传播与扩散等
8	电子商务	11 321	电子商务的理论与应用、电子服务质量、客户满意度等
9	工业工程	6 877	人因工程、质量管理、生产计划管理等

2. 工商管理学科聚焦会计与审计、市场营销、项目管理、创新管理等领域

从工商管理学科主要研究领域看，如图 3-8 所示，2011 ～ 2020 年在 EI 数据库中发表论文数量最多的领域为会计与审计，其 2012 年的发表论文总数一度接近 14 000 篇。此外，市场营销、项目管理、创新管理、人力资源管理等都是国际上研究较多的领域。各主要研究领域的研究热点详见表 3-6。

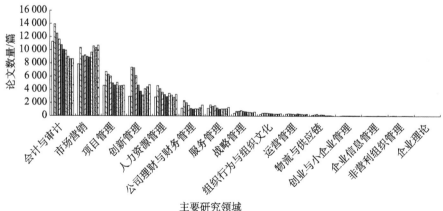

图 3-8 2011～2020 年工商管理学科主要研究领域年度发表论文数量情况

表 3-6　2011～2020 年工商管理学科主要研究领域的研究热点

排序	领域	论文数量 / 篇	研究热点
1	会计与审计	106 312	会计与审计理论、模式创新、收益管理等
2	市场营销	95 670	电子商务和在线营销、企业定价问题等
3	项目管理	52 260	利用信息化手段进行项目管理、项目管理模式与政策等
4	创新管理	48 633	开放式创新、商业模式创新生态创新等
5	人力资源管理	34 108	人力资源与绩效间的关系、绿色人力资源管理等
6	公司理财与财务管理	14 288	融资行为、投资行为、股利分配研究等
7	服务管理	12 740	服务质量、服务创新、网络服务、云计算等
8	战略管理	6 340	竞争战略、绩效管理等
9	组织行为与组织文化	3 727	组织行为、领导力等
10	运营管理	3 159	互联网与共享经济下的运作管理、能源管理等
11	物流与供应链	1 676	绿色供应链管理、可持续供应链等
12	创业与小企业管理	717	创业金融、创业战略、可持续发展创新等
13	企业信息管理	541	数字化转型、物联网、区块链
14	非营利组织管理	526	福利评估、平等等
15	企业理论	25	公司治理、企业社会责任等

3. 经济科学学科聚焦产业经济学、国际贸易、金融学等主流学术领域

基于 EI 数据库检索的 2011 ～ 2020 年经济科学学科主要研究领域的发表论文数量情况（图 3-9）反映了经济科学学科主要研究领域的发展情况。从主要研究领域发表论文数量来看，产业经济学领域发表论文数量最多，产业经济学的各方面理论得到了巨大的发展。此外，国际贸易、金融学等都是国际上研究较多的领域。各个研究领域的研究热点详见表 3-7。

4. 宏观管理与政策学科聚焦国家战略、"三农"相关问题、资源与可持续发展、公共卫生与公共安全等领域

基于宏观管理与政策学科在 EI 数据库检索的 2011～2020 年发表的学术论文及其所关注的主要研究领域（图 3-10），我们发现国家战略领域的论文发表数量最多，并且每年在国家战略领域发表的论文数量都在上涨，从 2011 年的 2274 篇上涨到了 2020 年 5433 篇。此外，"三农"相关问题、资源与可持续发展、公共卫生与公共安全、劳动就业与社会保障、城镇与区域发展、公共管理理论与方法、教育与人力资源、创新系统与科技政策、经济调控与政

策等都是国际上研究较多的领域。表3-8归纳了2011～2020年宏观管理与政策学科主要研究领域的研究热点。

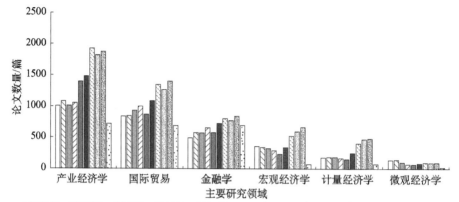

图3-9　2011～2020年经济科学学科主要研究领域年度发表论文数量情况

表3-7　2011～2020年经济科学学科主要研究领域的研究热点

排序	领域	论文数量/篇	研究热点
1	产业经济学	13 370	产业集群、产业结构、产业组织等
2	国际贸易	10 258	国际分工、全球价值链等
3	金融学	6 694	国际资本流动、金融风险管理、金融工程等
4	宏观经济学	3 731	宏观经济形势、能源经济环境问题等
5	计量经济学	2 535	模型、空间计量经济学、时间序列、回归等
6	微观经济学	907	行为经济学、政治经济学等

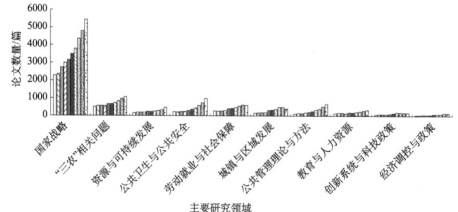

图3-10　2011～2020年宏观管理与政策学科主要研究领域年度发表论文数量情况

表 3-8　2011～2020 年宏观管理与政策学科主要研究领域的研究热点

序号	领域	论文数量 / 篇	研究热点
1	国家战略	35 350	可持续发展、社会化媒体、流行病学等
2	"三农"相关问题	7 115	中国农村土地资源与管理及政策创新等
3	资源与可持续发展	4 270	能源、气候变化、城市治理等
4	公共卫生与公共安全	4 104	粮食安全、心理健康、新型冠状病毒肺炎等
5	劳动就业与社会保障	3 040	循环经济、社会保障制度、社会保障与社会公平等
6	城镇与区域发展	2 893	城市土地利用、城市转型等
7	公共管理理论与方法	2 512	公共服务、公共价值理论等
8	教育与人力资源	2 029	培训、组织的变革与发展、人力资源开发战略等
9	创新系统与科技政策	1 275	技术创新体系
10	经济调控与政策	800	货币政策、支付意愿、溢出效应等

（二）资助现状

世界上许多国家根据自身经济发展需要，结合本国经济与管理领域实践，提出了各自的基金项目。接下来将从国内外典型的几个基金资助机构[①]及其对各学科的资助进行统计分析。部分图表中的数据来自万方科慧（Sci-Fund）数据库[②]（http://scifund.wanfangdata.com.cn/）及全球科研项目数据库[③]（http://project.llas.ac.cn/）中收录的数据。前者收录美国、中国、英国、德国、法国、日本、澳大利亚、加拿大等国家的国家级科研基金资助机构所资助的科研项目 7 136 170 项，后者收录美国、中国、英国、德国、法国、澳大利亚、加拿大、日本、欧盟、俄罗斯等国家或机构组织基金资助科研项目 5 089 776 项（截至 2020 年末）。

---

① 本小节所述"机构"包括部门、组织，其资助包括计划、专项、基金等。
② 万方科慧数据库是由北京万方数据股份有限公司建立的综合科研数据库，动态收录美国、中国、英国、德国、法国、日本、澳大利亚、加拿大等近20个国家的230余个国家级科研基金资助机构所资助的科研项目。在此基础上，平台依托万方数据知识服务平台的各类科技成果资源，逐步实现科研项目与科技成果的关联，拓展科研数据链条，支撑更广泛、深入的科研创新服务。截至2022年4月底，数据库已经收录近700万项科研项目数据。2020年7月21日，万方科慧加入中国教育和科研计算机网联邦认证与资源共享基础设施（CERNET Authentication and Resource Sharing Infrastructure，CARSI）。
③ 全球科研项目数据库是由中国科学院兰州文献情报中心于2017～2018年建立的综合型科研数据库，意在为系统了解全球主要国家科技部署和科研项目信息提供信息支持和决策支持。该数据库融会项目信息集成检索发现与即时统计分析功能，有效补充了科技信息保障体系中项目信息缺失与快速分析难等问题，并且在数量上具备优势，收录了美国、中国、英国、德国、法国、澳大利亚、加拿大、日本、欧盟、俄罗斯等19个国家或区域组织基金资助科研项目。截至2022年4月底，该数据库已经收录超过500万项科研项目数据。同时，全球科研项目数据库也加入了CARSI，进一步奠定了其国内权威数据库的地位。

1. 从国内外典型的基金资助机构及其资助情况进行分析

1）美国国家科学基金会

美国国家科学基金会（National Science Foundation, NSF）是一个独立的联邦机构，由美国国会于1950年设立。NSF资助大部分学科和工程领域的研究及教育，它通过向全美2000多所学院、大学、K-12学校系统、企业、非正式科学组织和其他研究组织提供赠款和合作协议来实现这一目标。该基金会的资助金额约占联邦政府对基础研究学术机构支持的1/4。以2020年为财政年，NSF年度预算为85亿美元，约占美国高校基础研究总预算的27%。在数学、计算机科学和社会科学等许多领域，NSF是联邦政府支持研究的主要阵地。

2002~2020年，NSF在管理科学领域资助的项目数量达9820项。由图3-11可以看出，2002~2010年NSF在管理科学领域的资助呈现波动发展趋势，而从2010年开始在管理科学领域的项目资助力度总体呈下降趋势，2020年降到最低，为308项。NSF在管理科学领域的资助经费趋势如图3-12所示。

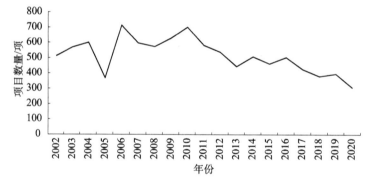

图 3-11　2002~2020 年 NSF 在管理科学领域资助的项目数量

图 3-12　2002~2020 年 NSF 在管理科学领域的资助经费

2002～2020 年 NSF 对各学科领域资助的项目数量如图 3-13 所示，其中对管理科学的资助项目数量排在第 9 位。

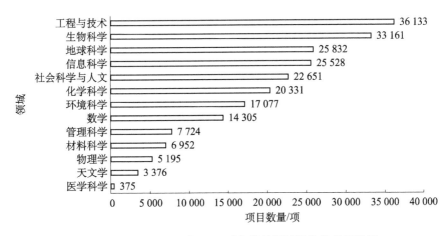

图 3-13 2002～2020 年 NSF 对各学科领域资助的项目数量

2002～2020 年 NSF 对管理科学领域的资助金额及其所占的百分比如表 3-9 所示，可以发现 NSF 对管理科学领域的资助经费占比在 5% 左右。

表 3-9 2002～2020 年 NSF 对管理科学领域的资助经费及其占比

序号	项目开始年份	项目数量 / 项	资助经费 / 万美元	总资助经费 / 万美元	资助经费占比 /%
1	2002	512	211 210.02	3 727 299.72	5.67
2	2003	569	176 737.71	4 546 665.05	3.89
3	2004	601	198 424.68	3 496 739.76	5.67
4	2005	369	209 736.58	3 556 499.28	5.90
5	2006	714	264 532.63	4 836 408.34	5.47
6	2007	597	257 727.31	4 627 453.12	5.57
7	2008	574	265 749.42	4 811 869.05	5.52
8	2009	630	252 212.52	5 562 950.84	4.53
9	2010	702	411 327.57	4 928 700.62	8.35
10	2011	682	193 581.59	4 189 382.12	4.62
11	2012	538	182 868.54	3 570 302.31	5.12
12	2013	445	137 307.74	2 963 284.09	4.63
13	2014	509	155 157.55	2 811 961.57	5.52
14	2015	462	97 855.46	2 830 151.13	3.46

序号	项目开始年份	项目数量/项	资助经费/万美元	总资助经费/万美元	资助经费占比/%
15	2016	504	143 534.99	3 324 150.10	4.32
16	2017	426	137 407.08	4 395 608.46	3.13
17	2018	381	184 661.91	3 325 735.91	5.55
18	2019	397	185 258.04	3 228 844.95	5.74
19	2020	308	132 310.22	2 339 432.65	5.66

2）中国香港研究资助局

中国香港研究资助局（Hong Kong Research Grants Council，RGC）于1991年成立，是大学教育资助委员会所辖机构。在大学教育资助委员会的组织架构内，香港研究资助局属于一个非法定咨询组织。香港研究资助局通过大学教育资助委员会向中国香港特别行政区政府提出香港高等教育机构在学术研究上的需要，以及向获大学教育资助委员会资助的院校分配拨款，为院校内的学术界人士提供经费以进行学术研究。香港研究资助局及其小组委员会/学科小组均由大学教育资助委员会秘书处的职员提供支援服务，香港研究资助局被广泛认为是学术机构内研究的主要资助者。香港研究资助局自1991年以来一直向学术界拨款。在此期间，香港研究资助局拨款资助研究项目的总金额由1991～1992年的1亿港元增加至2015～2016年的11.3亿港元，如图3-14所示。

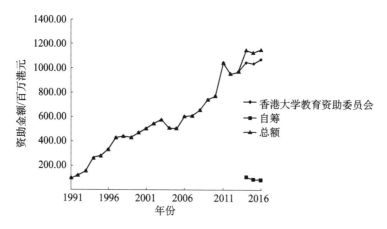

图 3-14　1991～2016 年香港研究资助局的拨款额

资料来源：《香港研究资助局回顾》（"A review of the Hong Kong Research Grants Council"）

2019 年度，国家自然科学基金委员会与香港研究资助局联合科研资助基金（National Nature Science Foundation of China-Research Grants Council，NSFC-RGC）项目指出，该项目资助由中国内地和香港地区科研人员联合提出自然科学领域的研究计划，重点资助领域为信息科学、生物科学、新材料科学、海洋与环境科学、医学科学、管理科学。该项目的资助年限为 4 年，起止日期为 2020 年 1 月 1 日至 2023 年 12 月 31 日，申请资助强度上限为 100 万元 / 项（直接费用）。拟资助的项目数量为 23 项左右。2018～2019 学年拨出 5.92 亿港元资助 989 个研究项目，平均每个项目获得拨款 60 万港元，整体成功率为 34%。如图 3-15 所示，通过 2018～2019 年度各学科所获得香港研究资助局研究基金的占比，可以发现工程学所获资助占比最大，其次是生物学及医学，人文学及社会科学所获资助排名第三，自然科学排名第四，商学领域所获资助占比最少，为 8%。

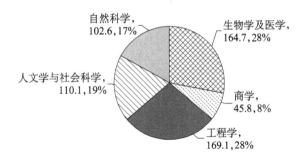

图 3-15　2018～2019 年度各学科所获得香港研究资助局研究基金的占比（单位：百万港元）

资料来源：《香港研究资助局 2018—2019 年度报告》（"Research Grants Council of Hong Kong annual report 2018-2019"）

3）加拿大社会科学和人文科学研究理事会

加拿大社会科学和人文科学研究理事会（Social Sciences and Humanities Research Council，SSHRC）是加拿大促进和支持中学后教育的研究和培训机构，也是人文和社会科学的联邦研究资助机构。它是三大联邦资助机构之一（其他两个分别是加拿大自然科学与工程研究理事会和加拿大卫生研究院）。SSHRC 于 1977 年通过加拿大议会的一项法案创建，由产业部大臣向议会报告。2012～2017 年，SSHRC 在管理科学领域资助的项目数量及资助金额如表 3-10 所示。可以看出，SSHRC 从 2012 年开始到 2016 年资助的项目数量呈现较稳定的上升趋势，2017年稍有下降。其中，2015年在管理科学的资助经费较少，并且资助经费占总资助经费的比例也最低。此外，2016年在管理科学资助的项目数量最多，但在各项目上的平均资助经费偏低，并且该年度在管理科学的资助经费占总资助经费的比例也偏低，仅高于2015年的占比。

表3-10　2012～2017年SSHRC在管理科学领域的项目资助情况

年份	项目数量 /项	资助经费 /万美元	平均资助经费 /万美元	总资助经费 /万美元	资助经费占比 /%
2012	7	253.89	36.27	32 330.39	0.79
2013	6	217.98	36.33	35 444.09	0.61
2014	11	416.42	37.86	25 291.23	1.65
2015	12	69.09	5.75	23 026.08	0.30
2016	27	106.09	3.93	19 391.79	0.55
2017	21	102.07	4.86	9 467.02	1.08

图3-16展示了2012～2017年SSHRC在人类社会研究，语言、传播文化，心理学与认知科学，商业、管理、旅游和服务，经济学五个学科领域资助的项目数量，可以看出商业、管理、旅游和服务方面的资助高于经济学的资助，但远低于前三大学科的资助。

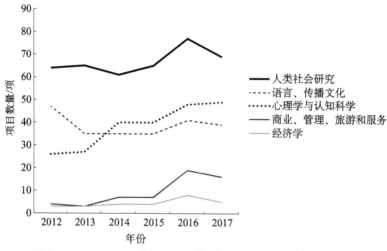

图3-16　2012～2017年SSHRC在不同学科领域资助的项目数量

4）加拿大自然科学与工程研究理事会

加拿大自然科学与工程研究理事会（Natural Sciences and Engineering Research Council of Canada，NSERC）创建于 1978 年 5 月 1 日，是一个为全加拿大科学和技术的发展进行战略性投入的国家机构。它通过研究基金的形式资助大学的基础研究，通过建立产学联合来支持项目研究，同时也资助为培养这两个领域中高水平人才而进行的培训。NSERC 通过工业部向国会报告。其资助的类型有合作研究机会基金（Cooperative Research Opportunity Fund，CROF）及国际机遇基金（International Opportunity Fund，IOF）。

表 3-11 展示了 2010～2016 年 NSERC 在管理科学领域的资助情况，可以发现，NSERC 从 2010 年开始在管理科学领域对项目的资助情况呈现出较不稳定、不连续的趋势，2012 年达到最低点，为 1 项，从 2015 年开始回升，2016 年为 16 项。

表 3-11　2010～2016 年 NSERC 在管理科学领域的资助情况

年份	项目数量 /项	资助经费 /万美元	平均资助经费 /万美元	总资助经费 /万美元	资助经费占比 /%
2010	2	3.95	1.98	98 695.72	0.00
2012	1	1.51	1.51	93 286.29	0.00
2015	11	61.37	5.58	41 725.80	0.15
2016	16	32.93	2.06	27 349.11	0.12

由图 3-17 可知，NSERC 在管理科学领域（商业、管理旅游和服务，经济学）资助的项目数量是极少的，远低于前三大科学即工程学、信息和计算机科学、生物科学。NSERC 在管理科学领域的资助所占比例较小。

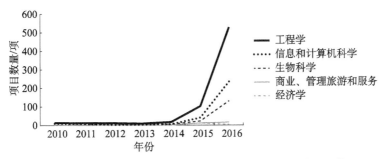

图 3-17　2010～2016 年 NSERC 在不同学科领域资助的项目数量

5）德国科学基金会

德国科学基金会（Deutsche Forschungsgemeinschaft，DFG）是德国一家独立的全国性科学资助机构，负责资助德国高等院校和公共性研究机构的科学研究，总部位于波恩。DFG 每年为各个科学领域的研究项目提供约 13 亿欧元的经费，并促进科学家之间的合作，是欧洲最大的科研促进机构之一。

对于 DFG 对管理科学领域的支持，从 2009 年到 2020 年检索到的项目总量有 797 项，并在 2016 年对管理科学领域资助的项目数量达到顶峰，为 115 项，从 2017 年开始有一个较大的下降趋势，2020 年对管理科学领域资助的项目数量稍有回升，为 43 项，如图 3-18 所示。

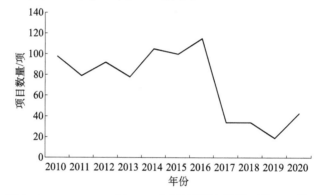

图 3-18　2010～2020 年 DFG 在管理科学领域资助的项目数量

由图 3-19 可知，2010～2020 年 DFG 的主要资助领域为生物科学、医学科学以及社会科学与人文等，在管理科学领域资助的项目数量较少。

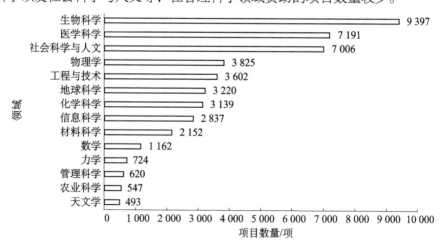

图 3-19　2010～2020 年 DFG 在各个学科领域资助的项目数量

6）英国经济与社会研究理事会

英国经济与社会研究理事会（Economic and Social Research Council，ESRC）成立于1964年，1988年从伦敦搬迁到英国西南部城市斯温顿（Swindon）新楼办公，自1984年调整以来，ESRC的重要资助研究领域有英国的管理和工业、技术社会、环境。管理科学中的许多重要研究内容，如技术创新、科技政策、企业管理、技术环境条件研究等，均属于ESRC的主要资助范围。ESRC资助项目有三种，即研究中心项目、综合创新项目、自由申请项目，其方针是逐步增加研究中心和自由申请项目的比例，减少综合创新项目比例。由表3-12可以看出，2001～2021年ESRC资助的项目数量从2011年后开始呈现下降趋势，而在2017年资助的项目数量呈现增长趋势，2017～2020年资助的项目数量较为稳定，稳定在1100项左右。

表 3-12　2001～2021 年 ESRC 的资助情况

年份	项目数量 / 项	资助经费 / 万美元	平均资助经费 / 万美元
2001	407	9 383.79	23.06
2002	336	7 092.18	21.11
2003	357	7 171.82	20.09
2004	377	11 044.27	29.30
2005	607	13 509.69	22.26
2006	864	34 554.75	39.99
2007	1 221	51 731.38	42.37
2008	1 173	64 009.66	54.57
2009	1 025	34 258.24	33.42
2010	895	39 009.33	43.59
2011	1 060	79 293.56	74.81
2012	523	24 004.42	45.90
2013	469	35 955.23	76.66
2014	350	34 210.18	97.74
2015	298	23 352.33	78.36
2016	357	17 289.48	48.43
2017	1 141	44 748.46	39.22
2018	1 183	23 552.12	19.91

年份	项目数量 / 项	资助经费 / 万美元	平均资助经费 / 万美元
2019	1 210	38 900.91	32.15
2020	1 144	37 844.97	33.08
2021	110	3 171.92	28.84

7）美国国防部

美国国防部（United States Department of Defense，DOD）是美国政府下属的一个部门，总部位于五角大楼。按照美国法律，部长为文官。美国国防部成立于 1947 年 9 月 18 日，前身为美国战争部。国防部是总统领导与指挥全军的办事机构，又是向各联合司令部发布总统和国防部部长命令的军事指挥机关。表 3-13 给出了 2000～2019 年美国国防部资助的项目数量变化情况，可以看出，2015 年之后其呈现下降趋势。

表 3-13　2000～2019 年美国国防部的资助情况

年份	项目数量 / 项	资助经费 / 万美元	平均资助经费 / 万美元
2000	28	555.56	19.84
2001	42	597.93	14.24
2002	38	954.38	25.12
2003	71	3 808.15	53.64
2004	31	908.58	29.31
2005	72	5 245.98	72.86
2006	36	1 524.06	42.34
2007	45	1 858.38	41.30
2008	61	1 594.67	26.14
2009	72	4 087.34	56.77
2010	164	5 757.13	35.10
2011	112	4 821.58	43.05
2012	117	3 789.14	32.39
2013	102	5 256.36	51.53
2014	108	5 861.51	54.27
2015	251	16 108.77	64.18
2016	247	16 823.23	68.11
2017	179	12 599.99	70.39

续表

年份	项目数量 / 项	资助经费 / 万美元	平均资助经费 / 万美元
2018	18	1 427.60	79.31
2019	39	3993.67	102.40

在知领·全球科研项目库（https://gsp.ckcest.cn/）中收集美国国防部近年来资助的科研项目，并经过关键词检索筛选出该资助机构在管理科学领域的资助项目，由表 3-14 可以看出美国国防部近年来在管理科学领域资助的项目数量较少，其中 2016 年相对较多，此后该资助机构在管理科学领域的资助项目数量呈下降趋势。

表 3-14 2015～2019 年美国国防部在管理科学领域的资助情况

年份	项目数量 / 项	资助经费 / 万美元
2015	8	799.24
2016	19	1745.53
2017	10	2332.56
2018	2	494.43
2019	2	512.52

由图 3-20 可以看出，2015～2019 年美国国防部的资助主要集中在基础科学领域，此外，在经济、信息电子领域的项目资助数量居中，超过四十项，这与在管理科学领域资助的项目数量相当，而在冶金材料和农业领域的资助较少。

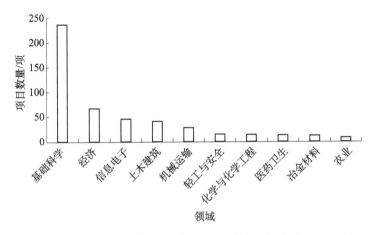

图 3-20 2015～2019 年美国国防部在不同学科领域资助的项目数量

8）欧洲研究理事会

欧洲研究理事会（European Research Council，ERC）是一个公共机构，主要负责资助在欧盟内开展的科学技术研究。ERC 由欧洲委员会于 2007 年成立，有一个独立的科学理事会，其理事机构由杰出的研究人员以及一个负责实施的执行机构组成。它是致力于研究与创新的联盟框架计划"地平线 2020"（Horizon 2020）以及第七研究框架计划（7th Framework Programme，FP7）的一部分。2014～2020 年，科学研究资助经费总预算超过 130 亿欧元，来自 Horizon 2020 计划，该计划是欧盟预算的一部分。根据 Horizon 2020 计划，ERC 预计将资助约 7000 名 ERC 受助人，并支持 42 000 名团队成员，其中包括 11 000 名博士研究生和近 16 000 名博士后研究人员。任何领域的研究人员都可以争夺支持开拓性项目的赠款。ERC 也向欧盟外部的顶尖研究人员开放。申请的平均成功率约为 12％。卓越是其选择的唯一标准；ERC 既没有主题优先事项，也没有地理配额，目的是认可最佳想法，为欧洲最佳研究赋予地位和知名度，同时也吸引来自欧盟国家以外的人才。ERC 与国家资助机构一起，致力于改善欧洲前沿研究。

由表 3-15 可以看出 2008～2020 年 ERC 资助的项目数量呈波动趋势，2017 年达到波峰，为 1186 项，此后又呈现出波动下降的趋势。资助经费呈现波动变化，2013 年达到最多，为 536 143.90 万美元，平均资助经费在 2013 年达到最高，为 632.99 万美元，之后开始下降。

表 3-15　2008～2020 年 ERC 的资助情况

年份	项目数量 / 项	资助经费 / 万美元	平均资助经费 / 万美元
2008	326	57 803.44	177.31
2009	392	93 731.33	239.11
2010	550	137 325.57	249.68
2011	721	204 206.60	283.23
2012	876	441 797.35	504.33
2013	847	536 143.90	632.99
2014	846	331 484.91	391.83

续表

年份	项目数量 / 项	资助经费 / 万美元	平均资助经费 / 万美元
2015	982	295 643.40	301.06
2016	1 141	369 038.14	323.43
2017	1 186	266 644.22	224.83
2018	765	142 972.49	186.89
2019	900	187 844.68	208.72
2020	760	156 699.01	206.18

9）美国空军科学研究处

美国空军科学研究处（Air Force Office of Scientific Research，AFOSR）位于弗吉尼亚州阿灵顿（Arlington，Virginia），为空军调研提供支持，投资基础科研，与私营企业、科研机构、国防部其他组织和空军研究实验室（Air Force Research Laboratory，AFRL）各技术局进行合作。根据官网的最新信息，2008～2020 年 AFOSR 的研究集中在四个部门，分别为工程与复杂系统、信息与网络、物理科学和化学与生物科学。每一个部门领导各自的基金资助研究领域，如表 3-16 所示。

表 3-16　2008～2020 年 AFOSR 的各部门资助领域

部门	部门缩写	主要研究领域
工程与复杂系统（Engineering and Complex Systems）	AFOSR/RTA1	• 动态材料与交互（Dynamic Materials and Interactions） • Ghz-THz 电子与材料（Ghz-THz Electronics and Materials） • 能源、燃烧和非平衡态热力学（Energy，Combustion，and Non-Equilibrium Thermodynamics） • 非定常空气动力学和湍流（Unsteady Aerodynamics and Turbulent Flows） • 高速空气动力学（High-Speed Aerodynamics） • 低密度材料（Low Density Materials） • 多尺度结构力学与预后（Multi-Scale Structural Mechanics and Prognosis） • 空间推进与储能（Space Propulsion and Energy Storage） • 用于测试和评估的测试科学（Test Science for Test and Evaluation）

续表

部门	部门缩写	主要研究领域
信息与网络 （Information and Networks）	AFOSR/RTA2	• 计算认知与机器智能（Computational Cognition and Machine Intelligence） • 计算数学（Computational Mathematics） • 动力学与控制（Dynamics and Control） • 动态数据驱动的应用系统（Dynamic Data Driven Applications Systems，DDDAS） • 信息保障与网络安全（Information Assurance and Cybersecurity） • 最优化与离散数学（Optimization and Discrete Mathematics） • 信息、计算、学习和融合科学（Science of Information, Computation, Learning, and Fusion） • 系统与软件（Systems and Software） • 信任与影响力（Trust and Influence）
物理科学 （Physical Sciences）	AFOSR/RTB1	• 极端环境下的航空航天材料（Aerospace Materials for Extreme Environments） • 原子和分子物理学（Atomic and Molecular Physics） • 电磁学（Electromagnetics） • 激光源和材料（Laser Sources and Materials） • 光电子学与光子学（Optoelectronics and Photonics） • 等离子体与电能物理（Plasma and Electro-Energetic Physics） • 量子电子固体（Quantum Electronic Solids） • 量子信息科学（Quantum Information Sciences） • 遥感（Remote Sensing） • 空间科学（Space Science） • 超短脉冲激光物质交互（Ultrashort Pulse Laser-Matter Interactions）
化学与生物科学 （Chemistry and Biological Sciences）	AFOSR/RTB2	• 生物物理学（Biophysics） • 人因绩效与生物系统（Human Performance and Biosystems） • 多功能材料力学与微系统（Mechanics of Multifunctional Materials and Microsystems） • 分子动力学与理论化学（Molecular Dynamics and Theoretical Chemistry） • 天然材料、系统和极端微生物（Natural Materials, Systems, and Extremophiles） • 有机材料化学（Organic Materials Chemistry）

AFOSR 还拥有三个位于国外的技术办公室，分别位于英国伦敦（欧洲航空航天研究与发展办公室）、日本东京和智利圣地亚哥。这些海外办事处负责协调美国空军人员与国际科学和工程界之间的沟通。AFOSR 基础研究计划的投资被分配到约 300 个学术机构、145 个企业和 150 多个空军研究实验室。其

中学术界和工业界完成了约80%，剩下的约20%由空军研究实验室内部完成。

10）瑞士国家科学基金会

瑞士国家科学基金会（Swiss National Science Foundation，SNSF）由联邦政府授权，在历史、医学、工程科学等所有学科领域为基础科学提供支持。SNSF是瑞士最重要的研究资助组织，每年为大约8500名研究人员提供支持。为了确保其独立性，SNSF于1952年作为私人基金会成立。其核心任务是评估研究计划。SNSF每年向杰出的研究人员资助约7.5亿瑞士法郎。通过基于竞争性系统的公共研究资助，SNSF为瑞士高质量的研究做出了贡献。

SNSF与高等教育机构和其他合作伙伴紧密合作，致力于为瑞士研究的发展和国际整合创造最佳条件。它特别注意促进年轻研究人员的发展。此外，它接受评估任务以确保由第三方资助的大型瑞士研究计划能够提供最高的科学质量。

由表3-17可知，2002～2020年SNSF在管理科学领域的资助项目数量呈现出一种先上升后下降的趋势，在2012年达到峰值，为67项，此后有所下降，但在管理科学领域的平均资助经费及在总资助经费中的占比（资助经费占比）整体呈上升趋势。

表 3-17　2002～2020 年 SNSF 在管理科学领域的资助情况

年份	项目数量/项	资助经费/万元	平均资助经费/万元	总资助经费/万元	资助经费占比/%
2002	15	417.83	27.86	223 492.21	0.19
2003	15	533.04	35.54	229 195.93	0.23
2004	28	441.76	15.78	223 606.39	0.20
2005	47	2 103.88	44.76	310 014.89	0.68
2006	34	1 162.47	34.19	270 249.73	0.43
2007	39	1 242.26	31.85	275 332.01	0.45
2008	41	2 514.71	61.33	306 243.84	0.82
2009	52	2 573.59	49.49	507 498.76	0.51
2010	58	3 273.05	56.43	496 803.03	0.66
2011	50	1 696.77	33.94	396 587.00	0.43

续表

年份	项目数量 /项	资助经费 /万元	平均资助经费 /万元	总资助经费 /万元	资助经费占比 /%
2012	67	5 347.04	79.81	456 211.62	1.17
2013	45	3 020.89	67.13	478 152.16	0.63
2014	44	5 105.06	116.02	672 586.81	0.76
2015	46	2 770.91	60.24	549 809.82	0.50
2016	28	2 531.88	90.42	489 679.54	0.52
2017	48	5 464.88	113.85	628 570.29	0.87
2018	48	6 868.52	143.09	773 822.67	0.89
2019	31	3 520.36	113.56	656 305.48	0.54
2020	43	8 158.95	189.74	602 455.01	1.35

图 3-21 为 2002～2020 年 SNSF 在管理科学领域资助的项目数量，由图可知在 2012 年在管理科学领域资助的项目数量最多，为 67 项。总体来看在管理领域资助项目数量波动较多，但均在 100 个以内，数量相对较少。

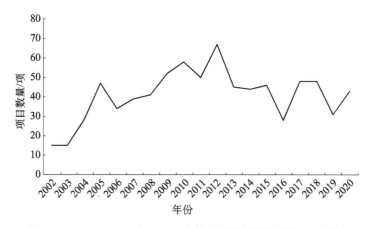

图 3-21　2002～2020 年 SNSF 在管理科学领域资助的项目数量

图 3-22 为 SNSF 2002～2020 年在各个学科领域资助的项目数量，由图可知，SNSF 在社会科学与人文、生物科学、医学科学、化学科学、地球科学五个学科领域资助的项目数量较多，而在管理科学领域资助的项目数量相对较少，排在了后五位中。

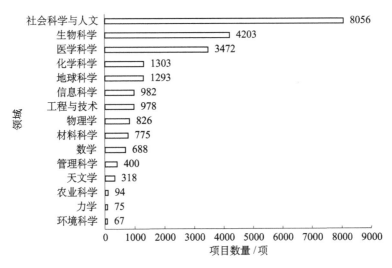

图 3-22　2002～2020 年 SNSF 各个学科领域资助的项目数量

11）荷兰研究理事会

荷兰研究理事会（Netherlands Organization for Scientific Research，NWO）是荷兰最重要的科学资助机构之一，致力于实现科学的质量和创新。每年，NWO 都会在由好奇心驱动的研究、与社会挑战相关的研究和研究基础设施方面投资近 10 亿欧元。NWO 鼓励国内外合作，对大型研究设施进行投资，促进知识利用并管理研究机构。NWO 为大学和知识机构的 7200 多个研究项目提供资金。

表 3-18 展示了 2002～2020 年 NWO 资助的项目数量变化趋势，2011 年以来其资助的项目数量呈现下降趋势，2017 年开始稍有回升，但 2019 年、2020 年又呈现出较陡的下降趋势。2020 年其资助的项目数量下降到 363 项。

表 3-18　2002～2020 年 NWO 资助的项目数量

年份	项目数量 / 项
2002	652
2003	742
2004	1061
2005	1370
2006	1465

续表

年份	项目数量 / 项
2007	1125
2008	1030
2009	948
2010	1401
2011	1337
2012	1301
2013	1120
2014	926
2015	939
2016	647
2017	1048
2018	1027
2019	876
2020	363

12）美国卫生与公共服务部

美国卫生与公共服务部（United States Department of Health and Human Services，HHS），也称为卫生部，是美国联邦政府的内阁级行政部门，旨在保护所有美国人的健康并提供基本的公共服务，即提高美国人的整体健康水平，提高国家安全和改善民生福祉。在 1979 年成立独立的联邦教育部之前，它被称为卫生、教育和福利部（The Department of Health，Education，and Welfare，HEW）。

HHS 由卫生与公共服务部部长管理，该部长由总统在参议院的建议和同意下任命。美国公共卫生署（United States Public Health Service，PHS）是 HHS 的主要部门，由卫生部长助理领导。

13）美国国立卫生研究院

美国国立卫生研究院（National Institutes of Health，NIH）是美国政府负责生物医学和公共卫生研究的主要机构。它成立于 19 世纪 80 年代后期，现隶属于 HHS。NIH 的大多数设施位于马里兰州的贝塞斯达及华盛顿都会区附近的郊区，北卡罗来纳州的三角研究园则设有其他主要设施，而美国各地则有较小的卫星设施。NIH 通过其壁内研究计划（The Intramural Research Program，IRP）进行自己的科学研究，并通过其壁外研究计划向非 NIH 研究机构提供主要的生物医学研究资金。

NIH 由 27 个不同的生物医学学科的独立研究所和中心组成，并取得许多科学成就，包括发现氟化物可以防止蛀牙，使用锂治疗双相情感障碍以及研制抗肝炎、流感嗜血杆菌（*Haemophilus influenzae*）和人乳头瘤病毒（Human Papilloma Virus，HPV）的疫苗。在 2019 年，NIH 的自然医学指数在生物医学科学领域排名世界第二，仅次于哈佛大学。该指数衡量了 2015～2018 年在一些领先期刊中发表论文的最大贡献。

图 3-23 为 2002～2020 年 NIH 资助的项目数量变化趋势，由图可以看出在 2008 年的时候出现一个波峰，项目数量达到最高，为 79 887 个，此后又呈现出整体下降趋势。NIH 主要资助医学科学和生物科学两个领域。

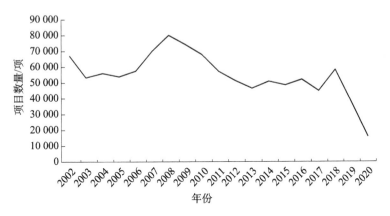

图 3-23　2002～2020 年 NIH 资助的项目数量

14）澳大利亚研究委员会

澳大利亚研究委员会（Australian Research Council，ARC）是澳大利亚政府的两个主要机构之一，用于竞争性地向澳大利亚大学的学者和研究人员分配研究经费。另一个主要机构是国家卫生与医学研究委员会（National Health and Medical Research Council，NHMRC）。ARC 的使命是提供政策和计划，以促进澳大利亚在全球范围内的研究和创新，并使社区受益。它通过临床、其他医学和牙科研究以外的所有学科的国家竞争来支持基础和应用研究以及研究培训，而 NHMRC 主要负责本领域的研究。ARC 是根据 2001 年《澳大利亚研究委员会法》成立的独立机构，向澳大利亚政府部长（现为教育和培训部长）报告。ARC 是政府投资国家研究工作的主要建议来源。

由表 3-19 可以看出 ARC 年度资助的项目数量变化趋势，2012～2019 年有一个缓慢的下降趋势，在 2019 年呈现出最低值，之后在 2020 年稍有增加；资助经费呈现波动变化趋势。图 3-24 给出了 2002～2020 年 ARC 在管理科学领域的资助项目数量变化趋势。

表 3-19　2002～2020 年 ARC 在管理科学的资助情况

年份	项目数量 /项	资助经费 /万美元	平均资助经费 /万美元	总资助经费 /万美元	资助经费占比 /%
2002	21	1 030.27	49.06	142 937.92	0.72
2003	24	1 231.32	51.31	403 214.83	0.31
2004	33	2 220.08	67.27	184 679.73	1.20
2005	22	1 573.39	71.52	279 310.27	0.56
2006	17	1 210.79	71.22	188 675.41	0.64
2007	21	2 600.42	123.83	188 196.59	1.38
2008	11	773.18	70.29	202 192.57	0.38
2009	22	3 242.17	147.37	261 354.91	1.24
2010	20	2 423.32	121.17	298 641.25	0.81
2011	25	2 346.71	93.87	376 898.38	0.62
2012	22	3 000.76	136.40	371 225.37	0.81
2013	15	1 561.53	104.10	285 692.07	0.55
2014	12	2 606.92	217.24	413 011.48	0.63
2015	4	499.40	124.85	224 885.79	0.22
2016	13	2 485.19	191.17	237 428.48	1.05
2017	7	938.58	134.08	299 486.38	0.31
2018	4	392.84	98.21	227 768.63	0.17

续表

年份	项目数量 /项	资助经费 /万美元	平均资助经费 /万美元	总资助经费 /万美元	资助经费占比 /%
2019	1	132.01	132.01	257 116.86	0.05
2020	4	602.40	150.60	288 870.63	0.21

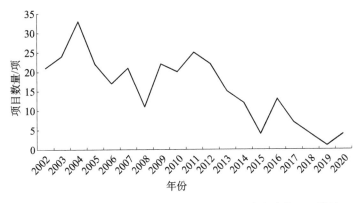

图 3-24　2002～2020 年 ARC 在管理科学领域资助的项目数量

图 3-25 给出了 2002～2020 年 ARC 在各学科领域资助的项目数量，可以发现其资助主要集中在社会科学与人文、医学科学、生物科学、信息科学等领域，管理科学领域排在了最后。

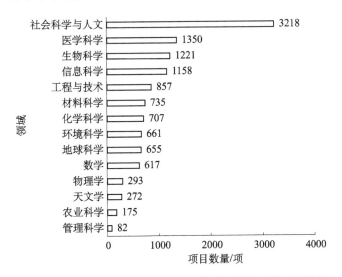

图 3-25　2002～2020 年 ARC 在各个学科领域资助的项目数量

15）以色列科学基金会

以色列科学基金会（Israel Science Foundation，ISF）是一个非营利性组织，为以色列的科学研究提供金钱资助。它类似于美国国家科学基金会或加拿大自然科学与工程研究理事会等科学资助机构，由以色列科学院和以色列人文学院管理。其年度预算为 1.42 亿美元。ISF 的大部分资金来自以色列政府。该基金会于 1972 年作为基础研究分支成立，并于 1991 年更名。

表 3-20 为 2002～2019 年 ISF 资助的项目数量。由表 3-20 可以看出，ISF 资助的项目数量总体呈现平稳的上升趋势，2018～2019 年稍有下降趋势。图 3-26 为 2002～2019 年 ISF 在各学科领域资助的项目数量，可以看出其资助主要集中在社会科学与人文、生物科学、医学科学等领域。

表 3-20　2002～2019 年 ISF 资助的项目数量

年份	项目数量 / 项
2002	404
2003	393
2004	447
2005	458
2006	455
2007	510
2008	585
2009	543
2010	556
2011	555
2012	623
2013	618
2014	696
2015	788
2016	816
2017	824
2018	781
2019	744

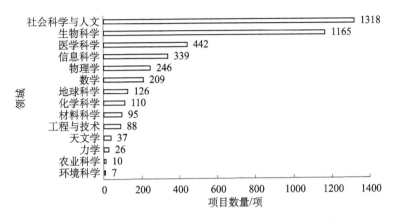

图 3-26 2002～2019 年 ISF 在各个学科领域资助的项目数量

16）法国国家科研署

法国国家科研署（Agence Nationale de la Recherche，ANR）是法国高等教育研究与创新部授权的公共行政机构。该机构成立于 2005 年，旨在促进法国基于项目的研究，包括多学科协作性项目的开展，并鼓励公共部门与私营部门之间的协作创新，以加强法国研究在欧洲和全球范围内的地位。其主要任务是加强对重点科研项目的高强度资金投入，支持基础研究和应用研究的发展，开展创新活动，促进公共科技部门与私立科技部门之间的合作伙伴关系，为公共科技研究成果进行技术转化和推向经济市场努力。此外，该机构与法国研究机构和公共高等教育机构的监督部长协商后，执行法国研究部长批准的工作计划；管理高等教育和研究领域的主要政府投资计划并监督其实施；通过使其工作计划与欧洲和国际倡议相一致来加强在欧洲乃至全球的科学合作；分析研究提供的趋势并评估其分配的资金对法国科学产出的影响。因此，ANR 的活动旨在支持法国在各种技术就绪水平（technology readiness level）方面的卓越研究，支持基础研究，鼓励学术和公私合作伙伴关系以及促进欧洲和国际合作。为了实现这些目标，它组织竞争性的提案征集活动，在同行评议的基础上进行严格的筛选，并遵循国际标准：公正、平等对待、保密、道德、科学诚信和透明。

由表 3-21 可知，2008～2018 年，ANR 资助的项目数量保持波动，2015 年最低，为 889 项，2017 年上升到 1208 项，平均资助经费在 2008 年之后呈现下降的趋势。

表 3-21   2006~2018 年 ANR 的资助情况

年份	项目数量 / 项	资助经费 / 万美元	平均资助经费 / 万美元
2006	1 495	70 560.85	47.20
2007	1 278	73 048.10	57.16
2008	996	67 182.68	67.45
2009	1 033	64 428.21	62.37
2010	1 245	75 992.98	61.04
2011	1 218	73 167.00	60.07
2012	1 241	68 073.12	54.85
2013	1 018	54 501.63	53.54
2014	929	50 011.99	53.83
2015	889	39 478.31	44.41
2016	1 087	47 214.56	43.44
2017	1 208	53 905.40	44.62
2018	1 088	10 846.94	9.97

由图 3-27 可知，2016~2020 年 ANR 在管理学领域资助的项目数量呈现出波动发展趋势，5 年内资助项目最多为 152 项，此后在管理科学领域资助的项目数量又呈现出大的下降趋势。整体来看，ANR 在管理科学领域的资助每年相差较大，较不稳定。

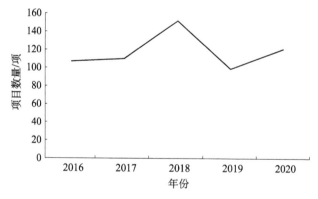

图 3-27   2016~2020 年 ANR 在管理学领域资助的项目数量

图 3-28 为 2006~2018 年 ANR 在各个学科领域资助的项目数量，ANR的资助主要在医学科学、工程与技术、生物科学等领域，在管理科学领域的

资助项目数量排在了第 6 位，整体资助项目数量较少。

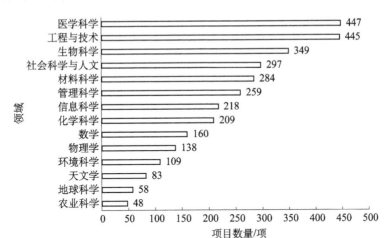

图 3-28　2006~2018 年 ANR 在各个学科领域资助的项目数量

17）日本学术振兴会

1932 年，日本学术振兴会（Japan Society for the Promotion of Science，JSPS）通过日本天皇的赞助资金而创立，当时是日本唯一的独立科研经费支持机构。基于公平公正的审查、评价体系，JSPS 资助以大学为主体的学术研究以及国际交流活动。该机构设置有日本学术振兴会奖。

JSPS 近年来在管理科学领域的资助情况如表 3-22 所示。由表 3-22 可以看出，2002~2017 年项目数量呈现出波动上升趋势。同期，该领域的资助经费占比也总体呈现出上升趋势。

表 3-22　2002~2020 年 JSPS 在管理科学领域的资助情况

年份	项目数量 /项	资助经费 /万元	平均资助经费 /万元	总资助经费 /万元	资助经费占比 /%
2002	220	8 361.15	38.01	960 752.72	0.87
2003	265	7 334.28	27.68	907 836.69	0.81
2004	307	10 315.99	33.60	938 829.99	1.10
2005	306	9 913.80	32.40	1 190 069.07	0.83
2006	355	11 306.46	31.85	1 074 736.70	1.05
2007	317	8 436.62	26.61	652 584.23	1.29

续表

年份	项目数量/项	资助经费/万元	平均资助经费/万元	总资助经费/万元	资助经费占比/%
2008	368	12 934.48	35.15	1 098 917.94	1.18
2009	388	12 237.07	31.54	913 681.62	1.34
2010	512	18 789.59	36.70	1 225 833.82	1.53
2011	621	21 899.28	35.26	1 362 579.68	1.61
2012	607	23 248.35	38.30	1 335 697.97	1.74
2013	568	19 475.34	34.29	1 310 481.83	1.49
2014	571	17 782.38	31.14	1 164 407.12	1.53
2015	631	18 111.90	28.70	1 053 348.59	1.72
2016	626	19 708.32	31.48	1 335 107.53	1.48
2017	643	25 366.44	39.45	1 375 999.65	1.84
2018	6	82.20	13.70	1 315 129.25	0.01
2019	0	0.00	0.00	1 080 108.06	0.00
2020	275	139 171.50	506.08	1 442 460.00	9.65

资料来源：全球科研项目数据库（http://project.llas.ac.cn/）

图 3-29 为 2002～2020 年 JSPS 在管理科学领域资助的项目数量，其中 2002～2017 年项目数量总体呈现上升趋势，在 2017 年达到最多，为 643 项，此后其资助的项目数量有一个大的下降。

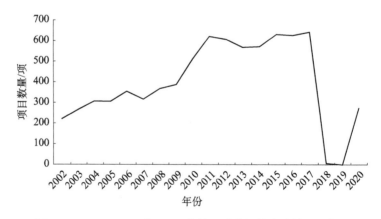

图 3-29 2002～2020 年 JSPS 在管理科学领域资助的项目数量

图 3-30 为 2002～2020 年 JSPS 在各学科领域资助的项目数量。由图 3-30

可以看出，JSPS 在管理科学领域资助的项目数量较少，排在第 13 位，仅高于天文学、力学领域资助的项目数量，由此可见，其在管理科学领域的资助力度相对较小。

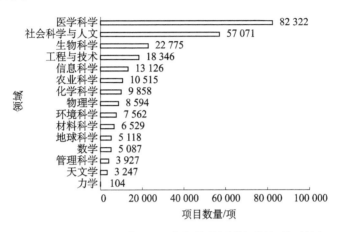

图 3-30　2002～2020 年 JSPS 在各学科领域资助的项目数量

上文分析了国际上几个典型的基金资助机构及其资助情况，综合分析得出以下结论。

图 3-31 为部分国家和组织在管理科学领域资助的项目数量。由图 3-31 可知，2001～2020 年在管理科学领域，资助项目较多的国家和组织为中国、欧盟和美国，其资助的项目数量均在 10 000 项以上，而日本和英国两个国家资助管理科学领域项目数量相对较少，在 1000～10 000 项，德国、瑞士、芬兰、法国与澳大利亚等国家在管理科学领域资助的项目数量均在 1000 项以下，排在了后五位。

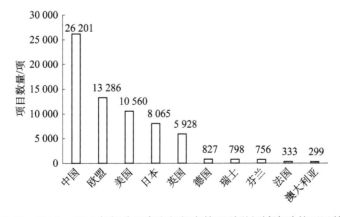

图 3-31　2001～2020 年部分国家和组织在管理科学领域资助的项目数量

图 3-32 为 2001～2020 年在管理科学领域资助项目较多的机构排名情况。由图可以看出，中国国家自然科学基金委员会、2001～2020 年在管理科学领域资助项目数量较多，均在 1 万项以上，而欧盟第七框架计划在管理科学领域资助项目数量排在第三位。此外，整体来看，在管理科学领域资助较多的为中国的研究资助机构。

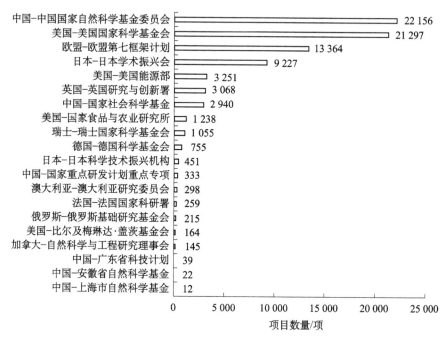

图 3-32　2001～2020 年管理学领域资助项目较多的机构排名

2. 从国际基金组织对各学科资助情况进行统计分析

1）管理科学与工程学科

基于 WoS 平台检索数据，本小节分析了管理科学与工程学科 2016～2020 年发表的 SCIE 和 SSCI 论文的资助情况（表 3-23），主要的资助机构（来源）是中国国家自然科学基金委员会、美国国家科学基金会和美国卫生与公共服务部。2016～2020 年，中国国家自然科学基金委员会资助的管理科学与工程学科发表论文数量达到 4982 篇，占比超过该学科同期发表论文总数的 10%。美国国家科学基金会和美国卫生与公共服务部在该学科分别资助了 1235 篇和 921 篇论文。其余机构资助的该学科发表论文数量不超过 900 篇，占比均低于 2%。

表 3-23 2016～2020 年管理科学与工程学科论文受资助情况

基金资助机构	数量 / 篇	占 SCIE 和 SSCI 论文的百分比 /%
中国国家自然科学基金委员会	4982	11.58
美国国家科学基金会	1235	2.87
美国卫生与公共服务部	921	2.14
美国国立卫生研究院	843	1.96
欧盟	764	1.78
中国国家重点研发计划	733	1.70
中国中央高校基本科研业务费专项资金	721	1.68
英国研究与创新署	661	1.54
加拿大自然科学与工程研究理事会	417	0.97
美国能源部	361	0.84
中国博士后科学基金会	351	0.82
英国工程与物理科学基金会	329	0.77
巴西国家科学技术发展委员会	326	0.76
澳大利亚研究委员会	296	0.69
德国科学基金会	295	0.69
日本文部科学省	284	0.66
中国国家留学基金管理委员会	245	0.57
日本学术振兴会	244	0.57
巴西高等教育人才促进协调会	236	0.55

注：以发表的 SCIE 和 SSCI 论文的资助情况为例（统计口径）

　　同样，基于 WoS 平台数据检索中的资助机构内容的数据分析，图 3-33 描述了 2016～2020 年管理科学与工程学科资助论文数量的趋势变化。从发表论文数量增长的角度来看，中国国家自然科学基金委员会资助数量呈显著增长的趋势，2016～2020 年每年在该学科发文总数的增量均接近 200 篇，资助效果显著。同时，欧盟资助的发表论文数量也在稳步增加，从 2016 年的 101 篇增长到 2020 年的 213 篇。但是，美国国家科学基金会、美国卫生与公共服务部和美国国立卫生研究院的年发表论文数量保持稳定，没有明显增长。

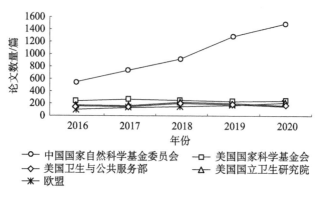

图 3-33　2016~2020 年管理科学与工程学科资助论文数量增长情况

2）工商管理学科

基于 WoS 平台检索数据，分析 2016~2020 年工商管理学科发表的 SCIE 和 SSCI 论文的受资助情况（表 3-24），主要的资助机构有中国国家自然科学基金委员会、欧盟和英国研究与创新署（UK Research and Innovation，UKRI）。中国国家自然科学基金委员会资助的论文数量达到 3314 篇，接近该学科同期发表论文总数的 6%。欧盟和英国研究与创新署分别资助了 846 篇、731 篇论文。除了上述三个机构与美国国家科学基金会，其余机构资助的论文数量在学科内占比不超过 1%。

表 3-24　2016~2020 年工商管理学科论文受资助情况

基金资助机构	数量 / 篇	占 SCIE 和 SSCI 论文的百分比 /%
中国国家自然科学基金委员会	3314	5.77
欧盟	846	1.47
英国研究与创新署	731	1.27
美国国家科学基金会	675	1.18
中国中央高校基本科研业务费专项资金	494	0.86
美国卫生与公共服务部	493	0.86
日本文部科学省	409	0.71
英国经济与社会研究理事会	400	0.70
美国国立卫生研究院	398	0.69
澳大利亚研究委员会	374	0.65
日本学术振兴会	368	0.64
英国工程与物理科学基金会	331	0.58
中国台湾科技主管部门	331	0.58

续表

基金资助机构	数量/篇	占 SCIE 和 SSCI 论文的百分比/%
加拿大社会科学和人文科学研究理事会	303	0.53
日本科学研究费补助金项目	277	0.48
德国科学基金会	271	0.47
西班牙政府	266	0.46
葡萄牙科学技术基金会	253	0.44
巴西国家科学技术发展委员会	227	0.40
巴西高等教育人才促进协调会	216	0.38

注：以发表的 SCIE 和 SSCI 论文的资助情况为例（统计口径）

基于 WoS 的平台数据检索信息中的部分资助机构的分析，图 3-34 显示了 2016～2020 年工商管理学科资助论文数量的趋势变化。首先，中国国家自然科学基金委员会不仅在学科内资助论文数量最多，同时五年内的年发表论文数量也增长了一倍多，相对增速与欧盟相当，但是欧盟资助的工商管理学科的发表论文总数仅是国家自然科学基金委员会的 1/4。中国中央高校基本科研业务费专项资金所资助的工商管理学科发表论文数量虽然相对于国家自然科学基金委员会有较大差距，但是也保持了高速增长，五年内年发表论文数量从 2016 年的 63 篇增长到 2020 年的 165 篇。除了中国的资助机构，美国国家科学基金会和英国研究与创新署的在学科内资助效果保持稳定，年发表论文数量没有显著增加。

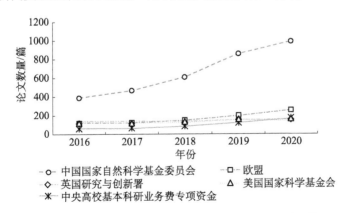

图 3-34 2016～2020 年工商管理学科资助论文数量增长情况

3）经济科学学科

基于 WoS 平台检索数据，分析 2016～2020 年经济科学学科发表的 SCIE

和 SSCI 论文的受资助情况（表 3-25），主要的资助机构有中国国家自然科学基金委员会、美国国家科学基金会和美国卫生与公共服务部。中国国家自然科学基金委员会资助经济科学学科的发表论文数量达到 1414 篇，超过该学科同期发表论文总数的 5%。美国国家科学基金会和美国卫生与公共服务部分别资助了 797 篇和 757 篇论文。除了上述三个机构与美国国立卫生研究院，其余机构资助的发表论文数量不超过 500 篇，且在学科内占比均不超过 2%。

表 3-25　2016～2020 年经济科学学科论文受资助情况

基金资助机构	数量 / 篇	占 SCIE 和 SSCI 论文的百分比 /%
中国国家自然科学基金委员会	1414	5.45
美国国家科学基金会	797	3.07
美国卫生与公共服务部	757	2.92
美国国立卫生研究院	705	2.72
英国研究与创新署	488	1.88
欧盟	396	1.53
美国能源部	266	1.03
中国中央高校基本科研业务费专项资金	254	0.98
日本文部科学省	232	0.90
英国经济与社会研究理事会	219	0.85
日本学术振兴会	210	0.81
德国科学基金会	209	0.81
英国工程与物理科学基金会	191	0.74
澳大利亚研究委员会	188	0.73
美国农业部	185	0.71
欧洲研究理事会	170	0.66
法国国家科研署	154	0.59
日本科学研究费补助金项目	154	0.59
加拿大自然科学与工程研究理事会	154	0.59
巴西国家科学技术发展委员会	152	0.59

注：以发表的 SCIE 和 SSCI 论文的资助情况为例（统计口径）

同样，基于 WoS 平台检索数据结果中的资助机构信息分析，图 3-35 显示了 2016～2020 年各资助机构资助论文数量的变化趋势。首先，从发表论文数量增长的角度，美国国家科学基金会、美国卫生与公共服务部和美国国立卫生研究院五年来所资助的经济科学学科的年发表论文数量无明显增加，资助效果保持稳定。中国国家自然科学基金委员会在该学科的资助效果增长显著，年发表论文数量从 2016 年的 162 篇增长到 2020 年的 448 篇，自 2017 年开始就一直是该学科资助发表论文数量最多的机构。反而英国研究与创新署资助效果却在逐年明显下降，学科内发表论文数量从 2016 年的 124 篇下降到 2020 年 75 篇。

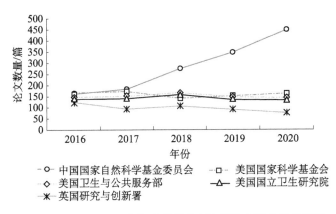

图 3-35　2016～2020 年经济科学学科资助论文数量增长情况

4）宏观管理与政策学科

基于 WoS 平台检索数据，分析 2016～2020 年宏观管理与政策学科发表的 SCIE 和 SSCI 论文的受资助情况（表 3-26），主要的资助机构有美国卫生与公共服务部、美国国立卫生研究院和中国国家自然科学基金委员会。2016～2020 年，美国卫生与公共服务部资助了宏观管理与政策学科的发表论文数量达到 2364 篇，接近该学科五年发表论文总数的 5%。美国国立卫生研究院和中国国家自然科学基金委员会分别资助了 2055 篇、1517 篇发表论文。除了上述三个机构与英国研究与创新署，其余机构资助的发表论文数量在学科内占比不超过 2%。

表 3-26　2016～2020 年宏观管理与政策学科论文受资助情况

基金资助机构	数量 / 篇	占 SCIE 和 SSCI 论文的百分比 /%
美国卫生与公共服务部	2364	4.84
美国国立卫生研究院	2055	4.21
中国国家自然科学基金委员会	1517	3.10

续表

基金资助机构	数量/篇	占 SCIE 和 SSCI 论文的百分比/%
英国研究与创新署	1035	2.12
美国国家科学基金会	801	1.64
欧盟	692	1.42
英国经济与社会研究理事会	610	1.25
巴西国家科学技术发展委员会	471	0.96
澳大利亚研究委员会	411	0.84
加拿大卫生研究院	404	0.83
英国医学研究理事会	398	0.81
美国国家癌症研究所	396	0.81
澳大利亚国家卫生和医学研究委员会	385	0.79
加拿大社会科学和人文科学研究理事会	329	0.67
美国国家药物滥用研究所	326	0.67
巴西高等教育人才促进协调会	323	0.66
尤尼斯·肯尼迪·施莱弗国家儿童健康与人类发展研究所	305	0.62
日本文部科学省	295	0.60
维康信托基金会	292	0.60
美国疾病控制和预防中心	281	0.60

注：以发表的 SCIE 和 SSCI 论文的资助情况为例（统计口径）

基于 WoS 平台数据检索功能中的资助机构相关信息的数据分析，图 3-36 显示了 2016～2020 年各资助机构在宏观管理与政策学科资助情况的变化趋势。从发表论文数量增长的角度，美国卫生与公共服务部、美国国立卫生研究院、英国研究与创新署和美国国家科学基金会五年来所资助的宏观管理与

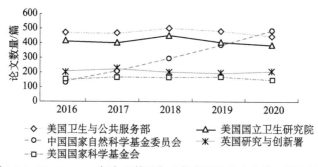

图 3-36　2016～2020 年宏观管理与政策学科资助文章数量增长情况

政策学科的年发表论文数量无明显增加，资助效果保持稳定。但中国国家自然科学基金委员会在该学科的资助效果增长显著，年发表论文数量从 2016 年的 140 篇增长到 2020 年的 486 篇，成为 2020 年学科内资助发表论文数量最多的机构。

（三）发展趋势

1. 管理科学与工程学科中，决策理论、对策理论与供应链管理等领域发表论文数量迅速增加

基于 EI 数据库平台 2011～2020 年管理科学与工程学科受控词列表，可以详细地了解管理科学与工程学科的研究热点的发展趋势。从图 3-37 可以看出，决策、风险评估、成本、供应链、预测、信息管理、效率、农业机器人、随机系统、博弈论、可持续发展等在发表论文数量上处于领先地位，预计未来一段时间内，这些领域仍然将受到国际上学术界的关注。

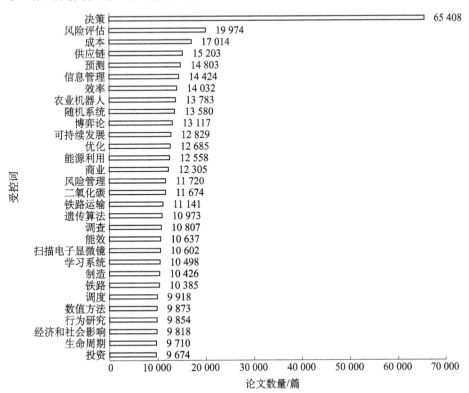

图 3-37　2011～2020 年管理科学与工程学科受控词检索论文数量排名

从纵向的发展变化来看（表 3-27），决策理论发表论文数量增加最快，其次是对策理论、供应链管理、交通运输管理领域。决策理论领域在2016~2020 年发表论文数量相对于前五年增长了 59.02%，该领域不仅仅发表论文数量最多并且其前后五年增长也十分迅猛。供应链管理领域的前后五年增长速度排名远远超过自身的论文数量排名，前后五年增长率接近 50%，远超风险管理与电子商务等领域。这说明供应链管理领域不仅论文数量增加很多，而且相对来说其前进步伐越来越快。

表 3-27 2011~2020 年管理科学与工程学科主要研究领域
发表论文数量的增长情况

研究领域	2011~2015 年		2016~2020 年		前后五年增长率 /%	增速排名 / 位
	论文数量 / 篇	排名 / 位	论文数量 / 篇	排名 / 位		
决策理论	43 369	1	68 966	1	59.02	1
对策理论	12 538	3	19 890	2	58.64	2
供应链管理	9 390	6	14 083	4	49.98	3
交通运输管理	8 219	7	12 166	5	48.02	4
风险管理	13 457	2	18 062	3	34.22	5
电子商务	5 194	8	6 127	8	17.96	6
信息管理	10 891	4	11 838	6	8.70	7
工业工程	3 346	9	3 531	9	5.53	8
知识管理	9 875	5	9 678	7	-1.99	9

2. 工商管理学科中，会计与审计、市场营销领域发表论文总量高，物流与供应链、创新管理领域发表论文数量增幅大

从受控词检索论文数量排名（图 3-38）来看，2011~2020 年工商管理学科的研究主要围绕决策、商业、信息管理、项目管理、人力资源管理、成本、可持续发展等方面开展，此外，销售、调查、供应链、服务质量、风险评估等也是研究的重点。在方法层面，回归分析等统计方法的使用比较多。大数据及其分析技术的发展可能是统计分析发展迅猛的原因。

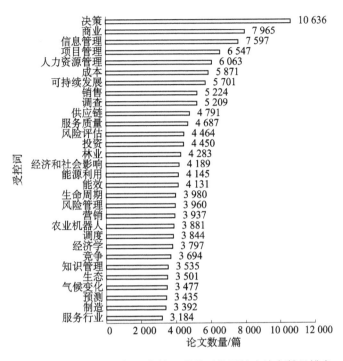

图 3-38　2011~2020 年工商管理学科受控词检索论文数量排名

从纵向的发展变化看，物流与供应链发表论文数量增长最快，前后五年增长率达到 86.99%，其次是创新管理、公司金融与财务管理等领域，这三个领域在 2016~2020 年发表论文数量相对于前五年增长迅猛；会计与审计领域不仅发表论文数量最多，并且其前后五年增长也十分迅猛，详见表 3-28。

表 3-28　2011~2020 年工商管理学科主要研究领域发表论文数量增长情况

研究领域	2011~2015 年		2016~2020 年		前后五年增长率 /%	增速排名 / 位
	论文数量 / 篇	排名 / 位	论文数量 / 篇	排名 / 位		
物流与供应链	584	11	1 092	11	86.99	1
创新管理	20 180	4	28 453	4	41.00	2
公司金融与财务管理	6 067	6	8 221	6	35.50	3
会计与审计	46 215	2	60 097	1	30.04	4
服务管理	5 629	7	7 111	7	26.33	5
项目管理	23 564	3	28 696	3	21.78	6
组织行为与组织文化	1 711	9	2 016	9	17.83	7
人力资源管理	15 669	5	18 439	5	17.68	8

续表

研究领域	2011~2015 年		2016~2020 年		前后五年增长率 /%	增速排名 / 位
	论文数量 / 篇	排名 / 位	论文数量 / 篇	排名 / 位		
战略管理	2 932	8	3 408	8	16.23	9
运作管理	1 556	10	1 603	10	3.02	10
非营利组织管理	266	14	260	13	-2.26	11
企业理论	13	15	12	15	-7.69	12
市场营销	50 149	1	45 521	2	-9.23	13
企业信息管理	295	13	246	14	-16.61	14
创业与小企业管理	391	12	326	12	-16.62	15

3. 经济科学学科中，产业经济学、国际贸易、金融学领域发表论文总量高，计量经济学领域发表论文数量增幅大

从 2011~2020 年经济科学学科受控词检索论文数量排名（图 3-39）看，经济与社会影响、经济学、金融、商业、国际贸易、成本、投资、决策、产

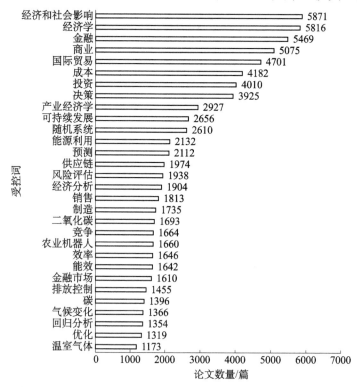

图 3-39　2011~2020 年经济科学学科受控词检索论文数量排名

业经济学、可持续发展等是该学科领域论文发表的热点方向。此外，在经济科学学科受控词中也包含与环境相关的研究热点，如二氧化碳、排放控制、碳、温室气体等，说明经济研究领域中环境保护的相关研究也是重中之重。

从2011～2020年经济科学学科主要研究领域纵向的历史变化（表3-29）来看，除了微观经济学，其他领域发表论文数量在后五年都有不同程度的增加，其中计量经济学的发展速度十分快，前后五年增长了95.11%。这说明经济科学学科通过近几十年的发展变得更加"实证"，实证经济科学研究在经济科学学科中的整体重要性和对其他学科中的影响力均在稳步提升。

表3-29 2011～2020年经济科学学科主要研究领域发表论文数量增长情况

研究领域	2011～2015年		2016～2020年		前后五年增长率/%	增速排名/位
	论文数量/篇	排名/位	论文数量/篇	排名/位		
计量经济学	859	5	1676	5	95.11	1
宏观经济学	1543	4	2188	4	41.80	2
产业经济学	5549	1	7821	1	40.94	3
金融学	2868	3	3826	3	33.40	4
国际贸易	4475	2	5783	2	29.23	5
微观经济学	521	6	386	6	-25.91	6

4. 宏观管理与政策学科中，城镇与区域发展、资源与可持续发展、经济调控与政策领域发表论文数量增幅大

根据2011～2020年宏观管理与政策学科受控词检索论文数量排名（图3-40）可以看出，在宏观管理与政策研究中，可持续发展是研究最多的热点，远远超过宏观管理与政策学科中的其他研究热点。由图3-40可知，在宏观管理与政策学科研究中，环境问题是其中研究的热点问题之一，具体有气候变化、生态、二氧化碳等受控词，可见资源与环境可持续管理在国家发展中越来越受到重视。同时，资源利用及新型能源开发等也得到了较多的关注，在创新能源与技术等方面进行了相当多的研究。此外，土地利用、城市增长等政策在国际宏观管理与政策研究中占据重要地位，是一直以来的研究热点问题。

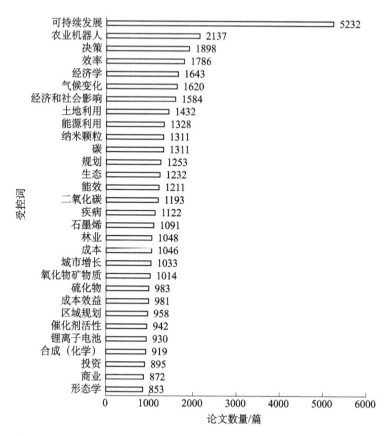

图 3-40　2011～2020 年宏观管理与政策学科受控词检索论文数量排名

从宏观管理与政策学科主要研究领域的纵向变化来看（表 3-30），城镇和区域发展发表论文数量增加最快，其次是资源与可持续发展、经济调控与政策。相较于其他领域，经济调控与政策领域发表论文数量并不多但增长速度排名靠前。同样情况的还有创新系统与科技政策研究领域，2016～2020 年其发表论文数量相对于前五年增长了 100.71%，增长速度排名远远超过自身的论文总量排名。国家战略领域不仅仅论文总数最多并且近年来的增长也十分迅猛，前后五年增长超过 60%，超过了"三农"相关问题、教育与人力资源等领域的增速。资源与可持续研究领域，不仅论文增加很多，而且相对前进步伐越来越快，说明资源与可持续发展的问题得到越来越多学者的关注。总体来看，宏观管理与政策学科的各研究领域发表论文数量都呈现出较快的上涨趋势，且前后五年增长幅度都在 40% 以上。

表 3-30　2011～2020 年宏观管理与政策学科主要研究领域发表论文数量增长情况

研究领域	2011～2015 年		2016～2020 年		前后五年增长率 /%	增速排名 / 位
	论文数量 / 篇	排名 / 位	论文数量 / 篇	排名 / 位		
城镇与区域发展	781	8	2 112	5	170.42	1
资源与可持续发展	1 188	4	3 082	3	159.42	2
经济调控与政策	244	10	556	10	127.87	3
劳动就业与社会保障	982	5	2 058	6	109.57	4
创新系统与科技政策	424	9	851	9	100.71	5
公共卫生与公共安全	1 485	3	2 619	4	76.36	6
国家战略	13 501	1	21 849	1	61.83	7
公共管理理论与方法	947	6	1 565	7	65.26	8
教育与人力资源	787	7	1 242	8	57.81	9
"三农"相关问题	2 849	2	4 266	2	49.73	10

二、国内管理科学发展状况与趋势

（一）聚焦领域

通过梳理近年我国管理科学研究成果，可以看到受关注较多的研究领域。中国科学院科技战略咨询研究课题组的《中国管理科学研究态势分析报告》[①]指出：2014～2018 年我国管理科学领域高水平中文论文中出现次数最多的 4 个关键词分别是经济增长、货币政策、全要素生产率和技术创新，其出现次数均在 300 次以上。这说明在我国管理科学领域高水平中文论文中，经济增长的影响因素、货币政策、全要素生产率、技术创新等是热点的研究主题。2014～2018 年，63 种管理科学高水平中文论文的关键词聚类如图 3-41 所示。可见我国管理科学研究关注较多的 6 个研究领域分别是公司治理、供应链、货币政策、政府治理、经济增长、对外直接投资。与国际上该学科相比，我国管理科学在发展态势上，部分领域如供应链等也同样显示出较快的发展势头，但其他领域如货币政策、政府治理、经济增长等方面的研究，则明显体

---

① 中国科学院科技战略咨询研究课题组通过在我国经济学和管理学学科评估前20%的高校中收集部分期刊列表，确定我国管理科学领域重要中文期刊列表范畴，共收集到管理科学领域期刊219种。按照出现次数20%的阈值，在31份期刊列表中出现次数超过6次的期刊共63种，形成管理科学领域重要中文期刊列表。进而统计2014～2018五年间63种管理科学高水平中文论文的关键词，得出聚类图，分析我国管理科学领域高水平中文论文的研究热点，该报告成文于2020年。

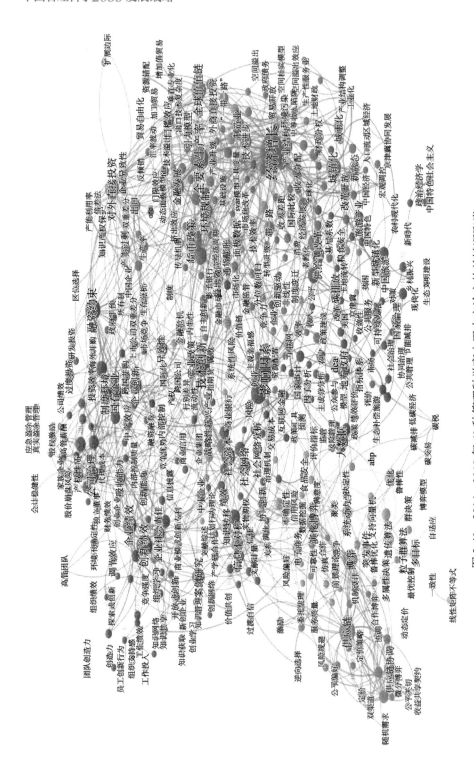

图 3-41 2014~2018 年 63 种管理科学高水平中文论文的关键词聚类

资料来源：引自中国科学院科技战略咨询研究院组《中国管理科学研究态势分析报告》。词频 >30 次，连线阈值 >3

现出国内发展与管理的特色, 体现出明显的时代特征。

1. 管理科学与工程学科主要聚焦在决策、信息、共识、网络、供应链、大数据等领域

在管理科学与工程学科领域, 以 2020 年 4 月 10 日课题组筛选得到的 2017~2020 年发表的 ESI 高被引、热点、前沿论文作为分析对象, 以新颖性、创造性 (主要依据颠覆性指数)、跨学科领域广泛的影响力、知识基础、发展势头等方面因素作为计量分析的综合指标, 筛选出管理科学与工程学科领域的热点前沿论文[①]。在管理科学与工程学科领域, 其热点前沿论文的关键词主要包括模型、决策、信息等, 具体的关键词如表 3-31 所示。

表 3-31 2017~2020 年管理科学与工程学科领域相关论文关键词

关键词	词频 / 次	论文数量 / 篇
模型	34	32
决策	16	15
信息	12	12
共识	5	12
神经网络	11	11
设计	11	11
管理	11	11
算法	4	11
网络	10	10
供应链	18	9
大数据	9	8

---

① 数据分析对象是基于课题组于2020年4月10日完成的《管理学、经济学领域研究前沿分析报告》筛选的热点前沿文献。数据中关键词为文献中原有的作者关键词及WoS数据库对文献标引的补充关键词。在这次分析中, 我们对关键词进行了人工阅读判断, 对某些认为是同义词或近义词的关键词进行了归并及一定的数据清洗工作。表3-31中所列关键词及统计的词频、涉及的论文数量系对原文献中的关键词进行适当的人工归类和标引 (但未对原关键词进行改写, 而是保持了原关键词的表达形式) 及对归类标引后的关键词进行统计所形成的。人工标引后的某些关键词存在一定程度的层级关系, 如Supply Chain (供应链) 包括Supply Chain Design (供应链设计), Supply Chain Design是Supply Chain下更具体的下一级关键词; 以及存在一定程度的共属关系 (一个关键词可能被归类到两个上级关键词), 如Building Information Modeling (建筑信息建模) 被归类到Model (模型) 和Information (信息) 两个上级关键词中, Consensus Model (共识模型) 被归类到Model (模型) 和Consensus (共识) 两个上级关键词中。

关键词	词频 / 次	论文数量 / 篇
可持续性	8	8
选择	8	8
服务	8	8
系统	8	8
旅游	7	7
集合算子	7	7
预测	7	7
偏好	7	7
框架	6	6

注：对原文献中的关键词进行人工归类标引时，仅根据个人对关键词涉及的相关概念的理解，考虑到词频较低的关键词一般不会对我们这次需要的高频词信息统计结果产生太大影响，故主要是对原文献中词频相对比较高的关键词进行了归类标引。本报告中关于管理科学与工程、工商管理、经济科学、宏观管理与政策四个学科领域的关键词统计，都是基于上述的方式。

2. 工商管理学科主要聚焦在信息、创新、服务、可持续性等领域

在工商管理学科领域，以 2020 年 4 月 10 日课题组筛选得到的 2017～2020 年发表的 ESI 高被引、热点、前沿论文作为分析对象，以新颖性、创造性（主要依据颠覆性指数）、跨学科领域广泛的影响力、知识基础、发展势头等方面因素作为计量分析综合指标，筛选工商管理学科领域的热点前沿论文，在工商管理学科领域，其热点前沿论文的研究关键词主要包括模型、信息、创新等，具体的关键词如表 3-32 所示。

表 3-32　2017～2020 年工商管理学科领域相关论文的关键词

关键词	词频 / 次	论文数量 / 篇
模型	18	17
信息	12	11
创新	15	11
服务	11	9
可持续性	10	9
旅游	9	8

关键词	词频 / 次	论文数量 / 篇
影响	8	8
技术	9	8
顾客	8	7
偏好	7	7
大数据	8	6
社交媒体	8	6
行为	7	6
知识管理	8	6
供应链	7	6
感知	6	6
绿色	10	5
环境	6	5
策略 / 战略	6	5

3. 经济科学学科主要聚焦在二氧化碳排放、能源、经济、中国特色问题等领域

在经济科学学科领域，以 2020 年 4 月 10 日项目组筛选得到的 2017～2020 年发表的 ESI 高被引、热点、前沿论文作为分析对象，以新颖性、创造性（主要依据颠覆性指数）、跨学科领域广泛的影响力、知识基础、发展势头等方面因素作为计量分析综合指标，筛选经济科学学科领域的热点前沿论文，在经济科学学科领域，热点前沿论文主要包括二氧化碳排放、能源、模型等具体的关键词，如表 3-33 所示。

表 3-33　2017～2020 年经济科学学科领域相关论文的关键词

关键词	词频 / 次	论文数量 / 篇
二氧化碳排放	26	15
能源	19	14
模型	15	13

关键词	词频 / 次	论文数量 / 篇
经济	13	11
中国	9	8
政策	8	8
影响	7	7
经济增长	7	6
增长	6	6
区域	6	6
原油	7	5
气候变化	6	5
面板数据	5	5
比特币	5	4
不确定性	5	4
准确性	4	4
驱动因素	4	4
创新	4	4
强度	4	4
波动性	4	4

4. 宏观管理与政策学科主要以二氧化碳排放、能源、气候、经济、可持续性为学术发展热点

在宏观管理与政策学科领域,以 2020 年 4 月 10 日课题组筛选得到的 2017～2020 年发表的 ESI 高被引、热点、前沿论文作为分析对象,以新颖性、创造性(主要依据颠覆性指数)、跨学科领域广泛的影响力、知识基础、发展势头等方面因素作为计量分析综合指标,筛选宏观管理与政策学科领域的热点前沿论文。在宏观管理与政策学科领域,其热点前沿论文的关键词主要包括模型、影响、二氧化碳排放、能源、气候、经济、可持续性等,具体的关键词如表 3-34 所示。

表 3-34　2017～2020 年宏观管理与政策学科领域相关论文的关键词

关键词	词频 / 次	论文数量 / 篇
模型	28	24
影响	20	20
二氧化碳排放	37	19
能源	23	18
气候	15	15
经济	14	14
可持续性	15	11
环境	13	11
绩效	13	11
政策	11	11
中国	11	10
管理	12	10
信息	9	9
创新	11	9
增长	10	9
行为	6	6
面板数据	6	6
美国	6	6
区域	6	6
决策	7	6

（二）中国学者发表论文的国家自然科学基金资助情况

通过对 2011～2020 年在国际期刊上发表论文标注的基金资助情况[①]进行统计，发现国家自然科学基金对四大领域的资助比例整体上呈现增长的趋势（图 3-42），其中 2020 年有所下降。其中，资助最多的领域为管理科

---

① 以SCIE和SSCI收录的"管理科学与工程""工商管理""经济学""农林经济管理""公共管理""图书情报与档案管理"领域2011～2020年的article和review作为统计样本。

学与工程领域，资助最少的领域为宏观管理与政策。在管理科学与工程领域，2011～2020年中国学者发表的35 146篇论文中有64.38%的论文受到国家自然科学基金的资助，且资助比例从2011年的53.05%增加到2020年的62.02%。同期，在宏观管理与政策领域，中国学者在国际期刊发表的6976篇论文中有32.11%的论文受到国家自然科学基金的资助，且资助的论文比例从2011年的23.85%上升到2020年的29.50%。在工商管理领域，通过对2016～2020年在国内核心期刊发表论文标注的基金资助情况进行统计发现，国家自然科学基金是工商管理领域论文发表最主要的资助来源。在经济科学领域，"十三五"期间国家自然科学基金资助的论文数量及其占论文总数的比重较"十二五"期间都有明显的提高。

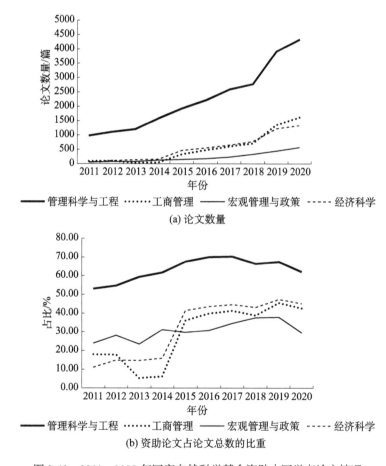

图3-42　2011～2020年国家自然科学基金资助中国学者论文情况

1. WoS 研究论文

国家自然科学基金资助管理科学领域论文的数量在"十三五"期间较在"十二五"期间有明显的提高，资助论文数量逐年上升。2020 年资助数量最多的是管理科学与工程领域，其次是工商管理领域、经济学领域，资助农林经济管理领域[①]的论文数量很少（图 3-43）。

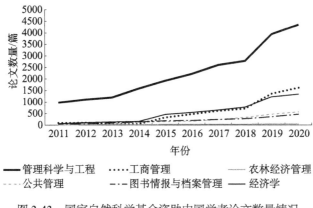

图 3-43　国家自然科学基金资助中国学者论文数量情况

在管理科学领域，如图 3-44 所示，国家自然科学基金资助论文数量占论文总数的比重在"十三五"期间比"十二五"期间有较明显提高。在管理科学与工程、工商管理、农林经济管理、公共管理、图书情报与档案管理、经济学领域，国家自然科学基金资助论文数量占论文总数的比重均基本呈上升趋势。2020 年，在管理科学与工程领域，国家自然科学基金资助论文数量占论文总数的比重已超过 60%，图书情报与档案管理领域超过 50%，经济学领域超过 45%，工商管理领域接近 40%，农林经济管理、公共管理接近 30%。

2. ESI 高被引论文

ESI 高被引论文指的是科睿唯安 Essential Science Indicators 数据库对全球高校及科研机构在期刊上发表的研究和综述论文数据进行统计，确定的 ESI 划分的 22 个领域每年发表的论文中按照被引频次的高低排在前 1% 的论文。一般入选 ESI 高被引论文的次数越多，说明该地区的学术影响力越大。国家

---

① 该领域划分是根据WoS数据库提供的领域分类，与管理科学部的学科分类不同。结合实际情况，本报告将WoS数据库中农林经济管理归入经济科学；公共管理及图书情报与档案管理归入宏观管理与政策。

自然科学基金资助管理科学领域中国学者 ESI 高被引论文的数量在"十三五"期间比在"十二五"期间有明显提高,资助成果数量呈上升趋势。如图 3-45 所示,资助 ESI 高被引论文数量最多的是管理科学与工程领域,其次是经济学领域和工商管理领域,图书情报与档案管理领域有少量国家自然科学基金资助的 ESI 高被引论文,公共管理领域仅在 2014 年、2017~2020 年有 1~3 篇国家自然科学基金资助的 ESI 高被引论文 ①。

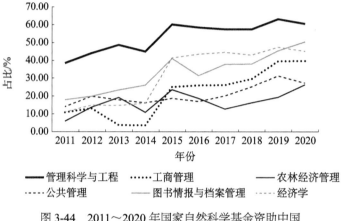

图 3-44　2011~2020 年国家自然科学基金资助中国
学者论文数量占中国学者论文总数的比重情况

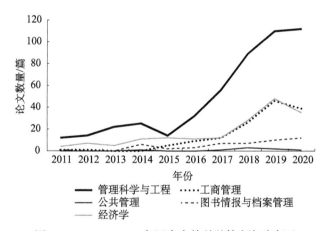

图 3-45　2011~2020 年国家自然科学基金资助中国
学者 ESI 高被引论文数量情况

---

① 此处公共管理领域指WoS学科分类中公共管理（Public Administration），保健学与保健服务（Health Care Sciences & Services）和卫生政策与服务（Health Policy & Services）三类。

在管理科学领域，国家自然科学基金资助中国学者 ESI 论文数量占中国学者论文总数的比重在"十三五"期间比"十二五"期间更趋于稳定，多具有较高比重。如图 3-46 所示，近期管理科学与工程领域的国家自然科学基金资助中国学者 ESI 论文数量占中国学者 ESI 论文总数在 80% 左右，经济学领域在60% 左右，工商管理和公共管理领域极不稳定，图书情报与档案管理领域在60% 左右上下波动。

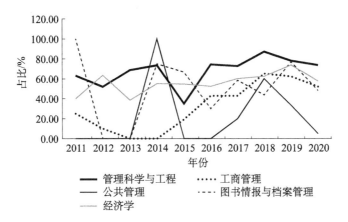

图 3-46　2011～2020 年国家自然科学基金资助中国
学者 ESI 论文数量占中国学者论文总数的比重情况

3. 国际代表性期刊论文

国家自然科学基金资助管理科学领域中国学者发表的国际代表性期刊论文的数量在"十三五"期间比在"十二五"期间有明显的提高，呈上升趋势。如图 3-47 所示，资助论文数量最多的是管理科学与工程领域，其次是工商管理领域，经济学领域、图书情报与档案管理领域有少量国家自然科学基金资助的国际代表性期刊论文，农林经济管理领域、公共管理领域没有国家自然科学基金资助的国际代表性期刊论文。

如图 3-48 所示，2020 年管理科学与工程领域的国家自然科学基金资助中国学者国际代表性期刊论文数量占中国学者该领域国际代表性期刊论文总数的比重已接近 60%，工商管理领域接近 50%，经济学领域超过 35%，图书情报与档案管理领域达到 82.61%。这显示了国家自然科学基金在完成使中国管理科学研究引领世界管理科学研究方向这一目标中所发挥的核心作用。

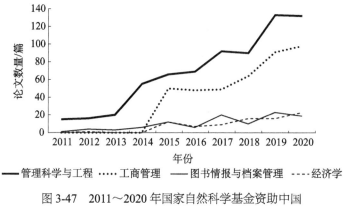

图 3-47　2011～2020 年国家自然科学基金资助中国
学者国际代表性期刊论文数量情况

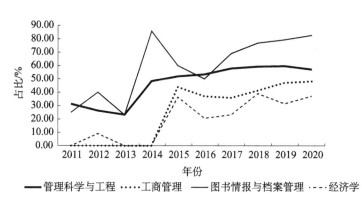

图 3-48　2011～2020 年国家自然科学基金资助中国学者国际代表性期刊论文数量占中国学
者国际代表性期刊论文总数的比重情况

（三）发展趋势

1. 学术研究成果的国际发表已经全面进入全球前列

中国管理科学家 2010～2020 年在国际学术期刊上发表论文数量快速提升，在管理科学领域已经名列国际前茅。以 SCIE 及 SSCI 收录的管理科学与工程、工商管理、经济学、农林经济管理、公共管理、图书情报与档案管理学科领域 2016～2020 年的 article 和 review 作为统计样本，可以看出：世界范围内发表管理科学领域重要期刊论文总数排前20位的国家中,美国高居首位,中国居第2位(图3-49)。在该时间段,我国在管理科学领域的重要期刊发文量已超越英国、澳大利亚、德国、加拿大、法国、荷兰、日本等传统科技强国,并高于韩国、印度等科技新兴国家。同时,中国学者在此期间发表的管理科学学术论文数量的平均年增长率为25.56%,在世界领先;其中,工商管理、公共管理两个学科的平均年增长率最高,分别达到30.52%和24.73%。此外,2020年,管理科学与工程、经济学、农林经济管理、图书情报与档案管理的国际期刊论文数量均居世界第2位,工商管理论文数量居世界第3位,公共管理论文数量居世界第5位。

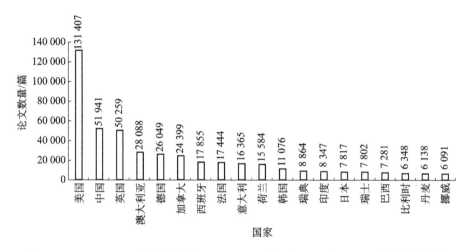

图 3-49　2016~2020 年管理科学 SCIE 及 SSCI 期刊 article 和 review 论文世界排序

取 2011~2020 年在管理科学与工程、工商管理、经济科学、宏观管理与政策学科领域中 SCIE 及 SSCI 收录的 article 和 review 最多的国家,统计这些国家 2011~2020 年发表论文数量及其在世界论文总数中的份额,分述如下。

1)管理科学与工程

如图 3-50 所示,中国近年在管理科学与工程领域发表研究论文数量和份额不断上升,且"十三五"时期以来增长速度超过其他国家,2020 年对全球论文数量的贡献率已超过 22%,并且正在逐步缩小与排名第一的美国的差距;同时期,美国占比缓慢下降,英国占比保持平稳。

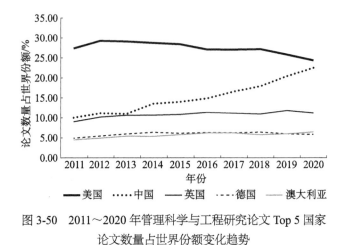

图 3-50　2011~2020 年管理科学与工程研究论文 Top 5 国家
论文数量占世界份额变化趋势

2）工商管理

如图 3-51 所示，中国工商管理研究论文数量从 2018 年开始超越澳大利亚位居世界第三，2020 年对世界份额贡献率超过 14%，与贡献率第二的英国的差距在逐步缩小。同时期，美国工商管理研究论文数量占世界份额在持续下降，英国则保持平稳。

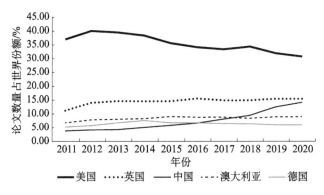

图 3-51　2011~2020 年工商管理研究论文 Top 5 国家
论文数量占世界份额变化趋势

3）经济科学

如图 3-52 所示，中国近年在经济科学领域发表研究论文数量越来越多，2014 年开始超过澳大利亚，2018 年之后又超过德国，2020 年已略超英国而位列世界第二。从 2015 年开始，中国论文数量占世界份额开始出现较大的提升，并保持这一态势不断增长。

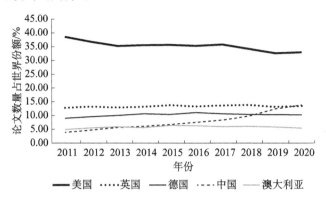

图 3-52　2011～2020 年经济科学研究论文 Top 5 国家
论文数量占世界份额变化趋势

4）宏观管理与政策

以 InCites 中划分的公共管理学科领域为例，从论文 Top 6 国家论文数量占世界份额来看，美国所占份额呈现下降趋势，英国、加拿大、澳大利亚、荷兰所占份额存在较小的波动，而中国整体的份额变化趋势呈现上升态势。2020 年中国论文数量占世界份额约为 8%，且已赶超荷兰。与其他国家相比，中国是所占份额唯一出现明显增长的国家（图 3-53）。

图 3-53　2011～2020 年公共管理研究论文 Top 6 国家
论文数量占世界份额变化趋势

2. 研究成果的影响力和国际学术话语权提升明显

《国家自然科学基金"十三五"发展规划》中明确提出，"培养全球视野和全球科技活动参与能力。强化国际合作的人才培养与合作网络建设功能。依托优势学科和机构，加强与全球优势和特色研究团队合作"。在此战略指引下，我国的管理科学领域的研究取得了明显进步，研究水平和研究成果都呈现出加速增长的态势。这主要体现在发表论文的水平和论文影响力两个方面。

一方面，中国管理科学学者的论文质量水平进步明显，已经形成了一定的国际影响力和话语权。以管理科学中最先发展的学科"管理科学与工程"为例，中国管理科学与工程学科2016~2020年WoS高被引论文份额增长速度居于全球第1位，从2011~2015年的152篇增长到2016~2020年的515篇，仅次于美国（611篇），排名第二；2016~2020年工商管理论文238篇，排名第三。除此以外，我国管理科学领域的自主知识产权期刊（如 *Journal of Management Science and Engineering*，*Frontiers of Engineering Management* 等）已经开始产生国际影响，部分期刊已经进入国际重要数据库以供检索。在国际代表性期刊发表论文数量方面，2016~2020年中国学者在管理科学与工程领域和工商管理领域发表的研究论文数量在全球排名第四；在经济科学领域发表的研究论文数量在全球排名第五；在宏观管理与政策领域发表论文数量占全球论文数量的份额约为7%。这些数据显示出中国管理科学学者的论文质量进步明显。

另外通过对中国管理学会联合会（Federation of Management Societies of China，FMS）的管理科学高质量国际期刊在WoS系统中检索的统计数据来看，2009年中国重要期刊论文量为2753篇，排在世界第6位，2011年提升到3596篇，跃升至第3位，仅次于美国、英国，2017年超过英国跃升至第2位，2020年（截止到2020年10月），与第1位的美国发表量的差距缩小至7992篇（图3-54）。

另一方面，中国管理科学学者的论文被引频次也呈现出显著的增长趋势，在管理科学与工程、工商管理、经济科学和宏观管理与政策四大学科领域中都有增长的态势。从表3-35可以看出：2016~2020年，中国管理科学与工程领域的论文数量共26 552篇，居世界第2位，被引频次为264 732次，居世界第2位；在工商管理领域，中国发表论文数量14 062篇，居世界第4位，被引频次为94 668次，居世界第3位；经济科学的论文数量和被引频次均

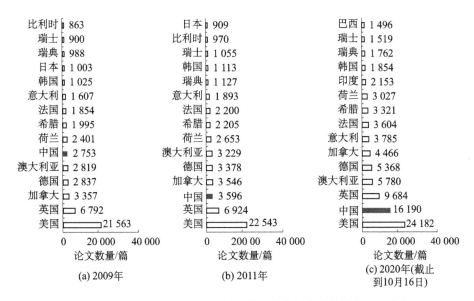

图 3-54　FMS 管理科学高质量国际期刊中各国发表的论文总量排序

排名世界第三；宏观管理与政策的论文数量和被引频次分别排名世界第六和第七。

分别取管理科学与工程、工商管理、农林经济管理、公共管理、图书情报与档案管理、经济学领域 2016～2020 年发表的研究论文、ESI 高被引论文、国际代表性期刊论文被引频次最高的 5 个国家，分析这些国家研究论文被引频次、学科规范化的引文影响力（Category Normalized Citation Impact，CNCI）、前向引文施引文献的学科分布、国家、机构分布等数据，对比分析中国学者在管理学、经济学领域研究成果的学术影响力。

1）管理科学与工程

近年来，国内管理科学与工程研究已经出现许多重要成果并发表在国际代表性期刊上，55 种高水平管理科学国际代表性期刊中的 53 种期刊上都有中国学者发表的论文。2011～2020 年，中国学者在管理科学与工程部分国际代表性期刊上的发文情况如表 3-36 所示。2016～2020 年较 2011～2015 年的论文发表在大多数国际代表性期刊上都呈现出了显著增长，*Operations Research* 期刊除外，该刊收录的管理科学与工程论文数量在后五年与前五年持平。此外，管理科学与工程国际代表性期刊发文量在各国际代表性期刊中所占的比重在 5%～18%，其中在 *Journal of Operations Management* 期刊上

表3-35 2016~2020年四大学科领域主要国家研究论文被引频次及ESI高被引论文的前向引文分布情况

国家	管理科学与工程				工商管理				经济科学				宏观管理与政策			
	研究论文数/篇	研究论文被引频次/次	ESI高被引论文数/篇	ESI高被引论文前向引文数/篇	研究论文数/篇	研究论文被引频次/次	ESI高被引论文数/篇	ESI高被引论文前向引文数/篇	研究论文数/篇	研究论文被引频次/次	ESI高被引论文数/篇	ESI高被引论文前向引文数/篇	研究论文数/篇	研究论文被引频次/次	ESI高被引论文数/篇	ESI高被引论文前向引文数/篇
美国	44 393	375 699	611	57 496	50 738	348 746	646	52 771	32 208	255 477	395	39 558	51 851	336 787	463	43 782
中国	26 552	264 732	515	39 758	14 062	94 668	238	14 874	10 052	70 449	212	10 492	7 087	31 845	40	3 790
英国	21 359	178 250	337	31 401	27 864	170 721	379	31 327	12 737	103 960	178	17 757	20 394	128 100	191	22 124
德国	11 091	83 752	125	13 981	10 455	66 846	109	10 633	9 921	65 976	73	7 321	7 217	41 346	63	5 684
加拿大	9 149	76 856	120	12 760	9 491	60 130	97	9 423					10 273	74 789	107	13 029
澳大利亚					14 290	87 323	189	15 367					11 143	66 894	86	10 618
荷兰													6 869	55 759	91	11 149
西班牙													4 248	23 816	35	3 628
瑞士													3 225	19 872	31	3 020
法国									5 555	36 965	61	5 172				

发表的管理科学与工程的论文数量占比最低，为 5.54%，而在 *Production and Operations Management* 期刊上发表的管理科学与工程的论文数量占比最高，为 17.63%。总的来说，管理科学与工程在国际代表性期刊中的发文情况呈现出上升的态势，管理科学与工程领域的研究与论文成果发表受到越来越多的重视。

表 3-36　2011～2020 年中国在管理科学与工程国际代表性期刊上的发文情况

排序	期刊名称	论文数量 / 篇			占该刊论文比重 /%
		2011～2015 年	2016～2020 年	合计	
1	《信息系统研究》(*Information Systems Research*)	19	40	59	10.54
2	《计算杂志》(*Informs Journal on Computing*)	22	42	64	12.12
3	《管理信息系统杂志》(*Journal of Management Information Systems*)	26	34	60	14.67
4	《运营管理杂志》(*Journal of Operations Management*)	10	12	22	5.54
5	《制造业与服务业的运营管理》(*Manufacturing & Service Operations Management*)	18	27	45	9.59
6	《管理科学》(*Management Science*)	49	109	158	7.46
7	《管理信息系统季刊》(*MIS Quarterly*)	9	32	41	7.43
8	《运筹学研究》(*Operations Research*)	46	46	92	9.09
9	《生产与运营管理》(*Production and Operations Management*)	58	164	222	17.63

如图 3-55 所示，在国际比较方面，中国在管理科学与工程国际代表性期刊上发表的论文数量占世界份额持续增长，从 2017 年开始超过加拿大和英国位居第二，目前已超过 14%，同时期，美国占比缓慢上升，英国占比缓慢下降。2020 年中国排名第二，已超过英国和加拿大，但与排名第一的美国则仍有巨大差距。

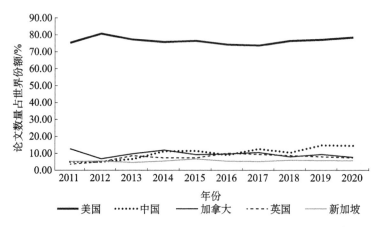

图 3-55 2011～2020 年管理科学与工程国际代表性期刊研究论文 Top 5 国家
论文数量占世界份额变化趋势

中国从 2014 年之后开始发表的管理科学与工程领域的研究论文的被引频次已超过英国而位列世界第二。从论文被引频次计量指标看，中国发表的管理科学与工程领域的研究论文的学术影响力在不断提高，目前已处于世界领先地位。

如表 3-37 所示，从 2016～2020 年管理科学与工程领域研究论文数、研究论文被引频次、ESI 高被引论文数，以及 ESI 高被引论文前向引文涉及的数量、WoS 分类数、国家数及研究机构数看，中国与美国均有一定差距，说明中国在管理科学与工程领域的研究成果影响力与美国相比，具有一定差距。美国发表的 ESI 高被引研究论文所影响的学科领域更广，影响的地区和研究机构也更广、更多。

表 3-37 2016～2020 年管理科学与工程领域主要国家
研究论文被引频次及 ESI 高被引论文的前向引文分布情况

国家	研究论文数/篇	研究论文被引频次/次	ESI 高被引论文数/篇	ESI 高被引论文前向引文数/篇	ESI 高被引论文前向引文涉及 WoS 分类数/类	ESI 高被引论文前向引文涉及国家数/个	ESI 高被引论文前向引文涉及研究机构数/个
美国	44 393	375 699	611	57 496	230	163	16 227
中国	26 552	264 732	515	39 758	218	147	11 993
英国	21 359	178 250	337	31 401	213	153	10 977

国家	研究论文数/篇	研究论文被引频次/次	ESI高被引论文数/篇	ESI高被引论文前向引文数/篇	ESI高被引论文前向引文涉及WoS分类数/类	ESI高被引论文前向引文涉及国家数/个	ESI高被引论文前向引文涉及研究机构数/个
德国	11 091	83 752	125	13 981	198	136	6 804
加拿大	9 149	76 856	120	12 760	191	123	6 097

进一步地，我们对学科规范化的引文影响力进行分析。学科规范化的引文影响力是对文献类型、出版年、学科领域进行归一化了的评价指标，若该值等于1，则说明该地区/机构的文献被引表现与全球水平相当；若小于1，则低于全球平均水平。图3-56表明，近年来，从管理科学与工程领域主要国家研究论文被引频次整体来看，多个国家都呈下降趋势，尤其加拿大和美国的下降幅度最大。"十三五"期间，中国在管理科学与工程领域发表的研究论文的学科规范化的引文影响力进步很快，从2011年的第5位迅速提升到2015年的第1位，虽然在2018年后引文影响力有所下降，但目前仍然保持在首位，显示出中国论文在全球具有很大的影响力。

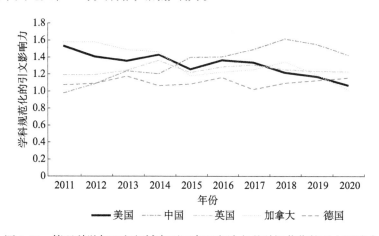

图3-56 管理科学与工程领域主要国家研究论文学科规范化的引文影响力

2）工商管理

在工商管理领域国际代表性期刊研究论文数量方面，中国也在稳步上升。2015～2019年，中国学者在13种工商管理领域国际代表性期刊上发表的论文总数总体在增长，如表 3-38 所示。具体来说，除了 2018 年有小幅回落以外，其他年份都保持较高速度的增长。2017 年及 2019 年，中国学者发文量占总发文量的比重超过 6%。

表 3-38　2015～2019 年中国学者在工商管理领域国际代表性期刊上的发文量统计

项目	序号	期刊名称	2015 年	2016 年	2017 年	2018 年	2019 年
中国发文量 / 世界发文量 / 篇	1	《管理学院学报》（*Academy of Management Journal*）	7/72	5/88	4/90	5/87	5/73
	2	《管理学院评论》（*Academy of Management Review*）	0/26	0/29	0/28	1/35	1/34
	3	《会计评论》（*Accounting Review*）	4/85	3/70	3/60	4/85	6/88
	4	《管理科学季刊》（*Administrative Science Quarterly*）	0/21	0/20	1/21	1/25	1/34
	5	《会计与经济学杂志》（*Journal of Accounting & Economics*）	1/33	3/45	1/40	3/43	4/39
	6	《会计研究杂志》（*Journal of Accounting Research*）	1/27	2/32	0/32	0/34	1/35
	7	《消费者研究杂志》（*Journal of Consumer Research*）	1/55	3/59	3/68	1/67	2/68
	8	《国际商业研究杂志》（*Journal of International Business Studies*）	4/53	7/48	6/50	8/51	10/89
	9	《市场营销杂志》（*Journal of Marketing*）	5/37	2/37	4/47	3/47	1/44
	10	《市场研究杂志》（*Journal of Marketing Research*）	6/56	6/67	6/63	4/60	6/60
	11	《营销科学》（*Marketing Science*）	4/50	4/52	7/52	5/52	4/50
	12	《组织科学》（*Organization Science*）	1/99	5/83	0/61	1/63	0/64
	13	《战略管理杂志》（*Strategic Management Journal*）	7/121	6/153	11/139	6/133	7/121
		总计	41/735	46/783	46/751	42/782	48/799
占世界发文量比重 /%			5.58	5.87	6.13	5.37	6.01

在国际比较方面，中国与加拿大的差距在逐步缩小，且到 2020 年排名第四。从工商管理领域国际代表性期刊研究论文数量占世界份额情况来看，各国所占份额保持平稳，并且中国与英国的差距在逐步缩小，但是与美国仍有巨大差距（图 3-57）。

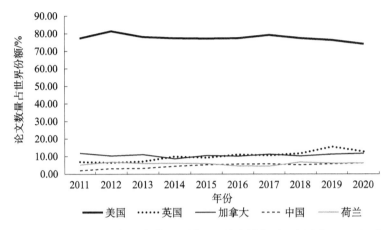

图 3-57　2011～2020 年工商管理领域国际代表性期刊研究论文 Top 5 国家
论文数量占世界份额变化趋势

如表 3-39 所示，从 2016～2020 年研究论文数、研究论文被引频次、ESI 高被引论文数，以及 ESI 高被引论文前向引文涉及的数量、WoS 分类数、国家数及研究机构数看，中国与美国、英国均有一定差距，说明中国在工商管理领域的研究成果影响力尚有较大的提升空间，与澳大利亚基本持平，总体水平超过加拿大和德国。这说明，美国、英国发表的 ESI 高被引研究论文影响的学科领域更广，影响的地区和研究机构也更广、更多。

表 3-39　2016～2020 年工商管理领域主要国家
研究论文被引频次及 ESI 高被引论文的前向引文分布情况

国家	研究论文数/篇	研究论文被引频次/次	ESI 高被引论文数/篇	ESI 高被引论文前向引文数/篇	ESI 高被引论文前向引文涉及 WoS 分类数/类	ESI 高被引论文前向引文涉及国家数/个	ESI 高被引论文前向引文涉及研究机构数/个
美国	50 738	348 746	646	52 771	230	172	14 782
英国	27 864	170 721	379	31 327	222	161	10 955
澳大利亚	14 290	87 323	189	15 367	190	144	6 845

续表

国家	研究论文数/篇	研究论文被引频次/次	ESI 高被引论文数/篇	ESI 高被引论文前向引文数/篇	ESI 高被引论文前向引文涉及 WoS 分类数/类	ESI 高被引论文前向引文涉及国家数/个	ESI 高被引论文前向引文涉及研究机构数/个
加拿大	9 491	60 130	97	9 423	175	130	5 067
德国	10 455	66 846	109	10 633	202	127	5 671

2016～2020 年，如图 3-58 所示，中国在工商管理领域研究论文的学科规范化的引文影响力呈现出先增长后下降的趋势。2011 年，中国研究论文学科规范化的引文影响力在 6 个主要国家中处于最低位置，但之后，在工商管理领域主要国家中的排名呈上升趋势，2015 年超越加拿大和美国达到第 1 位，2018 年达到最高，接近 1.7，2019 年和 2020 年有些下降，但仍处于全球第 1 位。

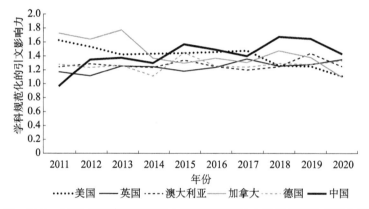

图 3-58　2011～2020 年工商管理领域主要国家研究论文学科规范化的引文影响力

3）经济科学

中国学者在国际五大经济科学期刊（*American Economic Review*、*Econometrica*、*Journal of Political Economy*、*Quarterly Journal of Economics*、*Review of Economic Studies*）和经济科学各大领域国际代表性期刊的论文发表中均有斩获。2016～2020 年，中国学者在经济科学各大领域国际代表性期刊发表的论文情况如下：在《公司金融杂志》（*Journal of Corporate Finance*）上发表的论文是最多的，达到了 120 篇；其次在《计量经济学杂志》（*Journal of Econometrics*）期刊上发表了 116 篇，在《美国统计协会杂志》（*Journal of the American*

Statistical Association）期刊上发表了 103 篇；发表 30 篇及以上的国际代表性期刊还有《商业与经济统计杂志》（*Journal of Business & Economic Statistics*）、《统计年鉴》（*Annals of Statistics*）、《金融经济学杂志》（*Journal of Financial Economics*）、《金融与数量分析杂志》（*Journal of Financial and Quantitative Analysis*）、《国际经济学杂志》（*Journal of International Economics*）、《生物计量学》（*Biometrika*）、《经济理论杂志》（*Journal of Economic Theory*）、《金融研究评论》（*Review of Financial Studies*）、《国际经济评论》（*International Economic Review*）。

在国际比较方面，如图 3-59 所示，2016～2020 年中国发表论文数量在全球排名第四，2018 年开始已超过加拿大和德国，但目前距排名第二的英国仍有一定差距，与排名第一的美国则有巨大差距。目前中国每年在经济科学国际代表性期刊的研究论文数量占全球论文数份额已超过 9%，2016 年之后增长速度加快，增长速度明显高于加拿大和德国，与英国的增长速度基本持平。

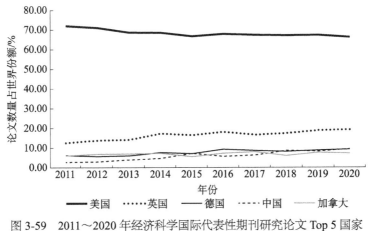

图 3-59　2011～2020 年经济科学国际代表性期刊研究论文 Top 5 国家
论文数量占世界份额变化趋势

中国在经济科学领域的研究发展较快，不过总体上与美国、英国相比仍有较大差距。如表 3-40 所示，从 2016～2020 年研究论文数、研究论文被引频次、ESI 高被引论文数，以及 ESI 高被引论文前向引文涉及的数量、WoS 分类数、国家数及研究机构数看，中国的研究论文数、研究论文被引频次、ESI 高被引论文数都居于世界第 3 位，我国经济科学领域的研究水平呈现出快速提升的趋势。

表 3-40 2016～2020 年经济科学领域主要国家
研究论文被引频次及 ESI 高被引论文的前向引文分布情况

国家	研究论文数/篇	研究论文被引频次/次	ESI 高被引论文数/篇	ESI 高被引论文前向引文数/篇	ESI 高被引论文前向引文涉及 WoS 分类数/类	ESI 高被引论文前向引文涉及国家数/个	ESI 高被引论文前向引文涉及研究机构数/个
美国	32 208	255 477	395	39 558	231	179	15 179
英国	12 737	103 960	178	17 757	215	166	9 615
中国	10 052	70 449	212	10 492	182	124	5 082
德国	9 921	65 976	73	7 321	197	134	5 278
法国	5 555	36 965	61	5 172	164	120	3 890

如图 3-60 所示，2017 年之后，中国发表的经济科学领域研究论文的学科规范化的引文影响力基本在 1.2 以上，高于世界平均水平，2017 年在主要国家中已仅次于美国和英国位居第三，在世界上处于领先水平。虽然2011～2013 年中国发表论文的学科规范化的引文影响力呈现出下降的趋势，但之后呈上升趋势，到2020 年，中国的引文影响力在主要国家中已排名第一。

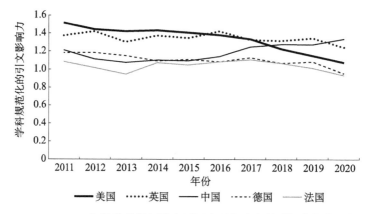

图 3-60 2011～2020 年经济科学领域主要国家研究论文学科规范化的引文影响力

4）宏观管理与政策

2015～2020 年，中国在宏观管理与政策 10 种 A+ 期刊上的发文情况如表 3-41 所示。从中国学者发表在宏观管理与政策 10 种 A+ 期刊上的论文数量占宏观管理与政策 10 种 A+ 期刊论文总数的比例上可以看出，中国学者在A+ 期刊上发表的活跃程度很高，从单个 A+ 期刊来看，中国宏观管理与政策领域论文占比最高达到 10.89%，占据了一定的比重。2015～2020 年，宏观管理与政策领域中，中国学者发表在 10 种 A+ 期刊的论文数量达到 99 篇，占到期刊论文总数的 2.44%。

表 3-41 2015～2020 年中国在宏观管理与政策 10 种 A+ 期刊上的发文情况

项目	序号	期刊名称	2015 年	2016 年	2017 年	2018 年	2019 年	2020 年
中国发文量 / 世界发文量 / 篇	1	《国际行政科学评论》（ *International Review of Administrative Sciences* ）	1/47	0/45	1/54	4/48	4/61	11/101
	2	《政策分析与管理杂志》（ *Journal of Policy Analysis and Management* ）	0/59	1/63	0/61	2/53	2/83	0/85
	3	《公共行政研究与理论杂志》（ *Journal of Public Administration Research and Theory* ）	1/61	2/67	0/57	1/55	1/61	0/54
	4	《社会政策杂志》（ *Journal of Social Policy* ）	0/84	0/83	1/74	0/75	2/74	1/76
	5	《政策与政治》（ *Policy and Politics* ）	0/34	2/36	0/37	2/36	0/32	1/32
	6	《政策科学》（ *Policy Sciences* ）	1/23	0/26	0/43	0/28	1/31	0/46
	7	《政策研究杂志》（ *Policy Studies Journal* ）	0/26	0/32	0/37	0/46	0/67	4/74
	8	《公共管理》（ *Public Administration* ）	1/92	2/87	1/78	1/61	0/85	4/85
	9	《公共管理评论》（ *Public Administration Review* ）	3/133	3/184	2/165	4/108	6/127	12/162
	10	《治理：国际政策管理与制度杂志》（ *Governance-An International Journal of Policy Administration and Institutions* ）	2/57	0/58	3/67	3/61	3/74	3/110
		总和	9/616	10/681	8/673	17/571	19/695	36/825
中国发文量占世界发文量比重 /%			1.46	1.47	1.19	2.98	2.73	4.36

如表 3-42 所示，从 2016～2020 年研究论文数、研究论文被引频次、ESI 高被引论文数，以及 ESI 高被引论文前向引文涉及的数量、WoS 分类数、国家数及研究机构数来看，中国与美国、英国、加拿大、澳大利亚、荷兰、德国等有一定差距，说明中国在宏观管理与政策领域的研究成果影响力与全球主要

发达国家（如美国、英国、加拿大等）的差距较大，需要进一步加快提升。

表 3-42　2016～2020 年宏观管理与政策领域主要国家研究论文被引频次及 ESI 高被引论文的前向引文分布情况

国家	研究论文数/篇	研究论文被引频次/次	ESI 高被引论文数/篇	ESI 高被引论文前向引文数/篇	ESI 高被引论文前向引文涉及 WoS 分类数/类	ESI 高被引论文前向引文涉及国家数/个	ESI 高被引论文前向引文涉及研究机构数/个
美国	51 851	336 787	463	43 782	227	194	27 143
英国	20 394	128 100	191	22 124	223	181	17 824
加拿大	10 273	74 789	107	13 029	205	149	11 786
澳大利业	11 143	66 894	86	10 618	201	156	10 296
荷兰	6 869	55 759	91	11 149	198	150	10 258
德国	7 217	41 346	63	5 684	185	151	7 347
西班牙	4 248	23 816	35	3 628	165	126	5 780
瑞士	3 225	19 872	31	3 020	161	147	4 471
中国	7 087	31 845	40	3 790	199	133	5 502

2011～2020 年，中国在宏观管理与政策领域研究论文的学科规范化的引文影响力排名相对靠后。2014 年后，中国学科规范化的引文影响力呈上升趋势，与各国的差距逐渐变小，到 2020 年已经大于 1，超过了全球平均水平（图 3-61）。

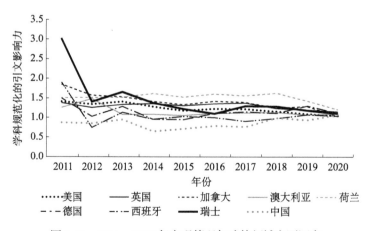

图 3-61　2011～2020 年宏观管理与政策领域主要国家
研究论文的学科规范化的引文影响力

3. 中国问题的研究日益受到国际学者的广泛关注

近年来，中国经济快速发展，特别是 2020 年全年国内生产总值（gross domestic product，GDP）首次突破 100 万亿元大关，逆势增长 2.3%，吸引了全球学者的关注。中国是 2020 年全球唯一实现正增长的主要经济体，中国经济复苏正带来积极的溢出效应。随着中国经济增长更多转向由国内消费驱动，同时继续扩大开放，中国将为全球经济复苏注入更多增长动能。为推进中国管理科学研究与国际接轨，中国学者以"中国问题"为灵感，拓宽管理科学研究边界，形成创新源头，同时吸引国外学者关注中国问题，展开进一步的探讨和对话，促成"中国议题"在国际管理科学中逐渐占据重要位置。在中国学者的带动下，2015～2019 年，以"中国"为主题的相关学术论文数量一直保持稳定且强劲的增长态势，由哈佛商学院主导开发的中国企业案例截止到 2019 年上半年达到 147 项。同时，以"大数据驱动的管理与决策研究""非常规突发事件应急管理研究"等国家自然科学基金重大研究计划为代表的管理科学研究项目，积极响应国家治理现代化、突发事件应急管理、新技术发展与产业革新等国家重大需求，助力于满足国家迫切需要，助力于中国问题的研究。

此外，近年来我国不断加大基金交流，即便在近年来的逆全球化背景下，也吸引了国际学者对中国问题的关注。例如，在习近平总书记重要讲话的指引下，我国学者坚持"持之以恒加强基础研究""加强国际科技合作"（习近平，2020g）。在中国国家自然科学基金委员会第 259 期双清论坛上，专家们指出，面临国际形势的巨大变化，越是面临以美国为首的西方在贸易、经济、科技等诸多方面的打压，中国就越要坚持开放合作，通过发挥科学基金的独特优势，选择包括管理科学在内的恰当的科学领域、恰当的国际合作伙伴来组合，进一步推进科学前沿，提升国家的原始创新能力。在此背景下，国际学者日益关注中国科学问题，推动了中国管理科学研究能力的进一步提升。

中国议题的管理科学研究已开始受到国际学者的关注，越来越多有特色的中国议题进入全球学者的研究视野。通过以"主题：（China or Chinese）AND 出版年：（2011—2020）AND 文献类型：（Article or Review）"为检索策略，在 SCIE 和 SSCI 数据库中检索 2011～2020 年发表的"中国"主题研究论文可发现，在管理科学与工程学科、工商管理、经济科学、宏观管理与政策等四大领域中，有关"中国"主题研究论文数量在"十三五"期间呈逐年上升趋势（图 3-62）。

从分领域来看，如图 3-63 所示，"中国"主题研究论文在经济科学和工商管理领域所占份额最高，2020 年已超过 9%，且近年提高较快；在管理科学与工程领域，2016~2020 年"中国"主题研究论文所占份额基本为 4%~6%；在宏观管理与政策领域，2020 年"中国"主题研究论文所占份额超过 5%，除中国以外，其他国家的"中国"主题研究论文数量也呈现出不断增长的趋势。

4. 中国与其他国家在管理学领域的国际合作逐步加深

在中国经济和学术研究发展势头的推动下，我国学者与其他国家和地区 /组织的学者将保持更加密切的学术合作。通过梳理 2011~2015 年、2016~2020 年发表的管理科学与工程、工商管理、经济科学，以及宏观管理与政策领域的

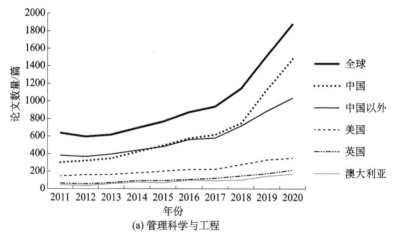

(a) 管理科学与工程

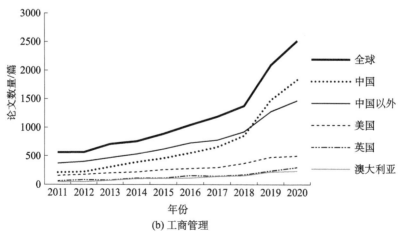

(b) 工商管理

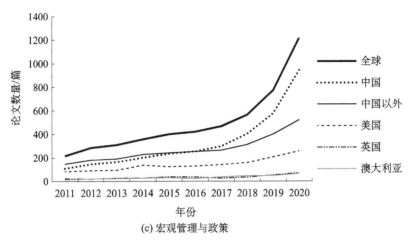

(c) 宏观管理与政策

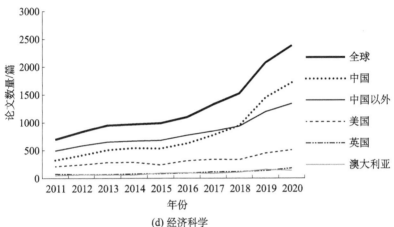

(d) 经济科学

图 3-62　2011～2020 年四大领域"中国"主题研究论文数 Top 5 国家
全球及中国以外国家论文数量变化趋势

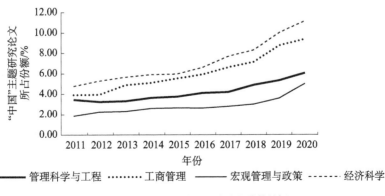

(a) "中国"主题研究论文占论文总数份额

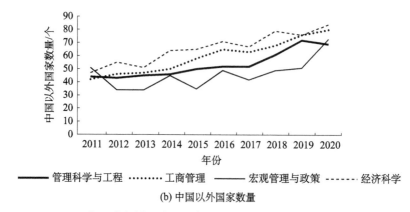

(b) 中国以外国家数量

图 3-63　2011～2020 年四大领域"中国"主题研究论文在相应学科论文中所占份额和发表"中国"主题研究论文的中国以外国家数量变化趋势

ESI 高被引论文分析国际合作情况，可发现（图 3-64、图 3-65）：在管理科学与工程、工商管理和经济科学领域，2011～2015 年美国在国际合作中起主导作用；相比于 2011～2015 年，2016～2020 年美国仍在国际合作中起主导作用的同时，中国在国际合作中的地位有所上升。这与中国国家自然科学基金委员会切实实施营造有利于国际科学合作的开放创新环境，促进中国科学更好地融入全球科学体系，推进新型国际化发展，全面提升科学基金资助与管理的国际化水平等一系列举措密切相关。

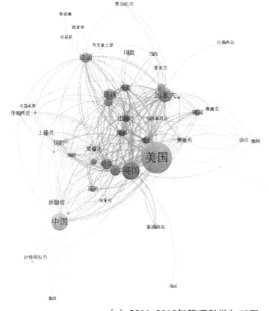

(a) 2011~2015年管理科学与工程

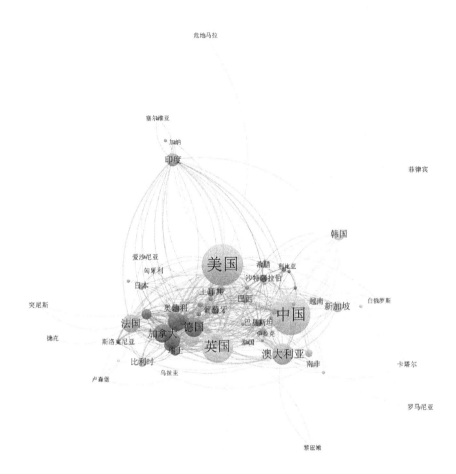

（b）2016~2020年管理科学与工程

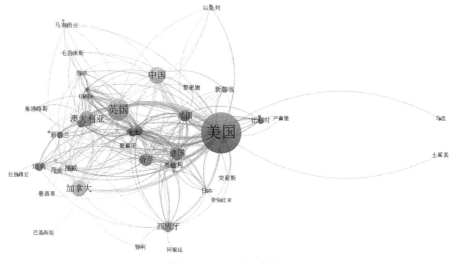

(c) 2011~2015年工商管理

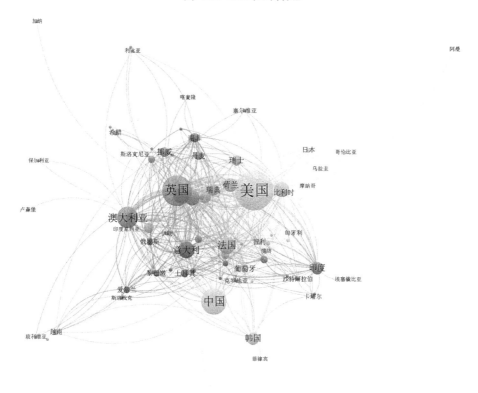

(d) 2016~2020年工商管理

图 3-64 2011～2020 年管理科学与工程和工商管理领域 ESI 高被引论文国家合作网络

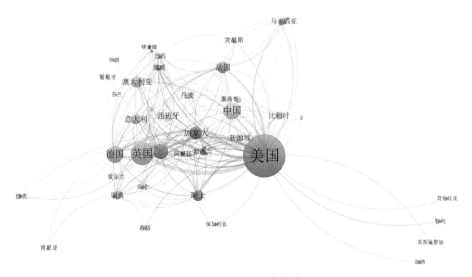

(a) 2011~2015年经济科学

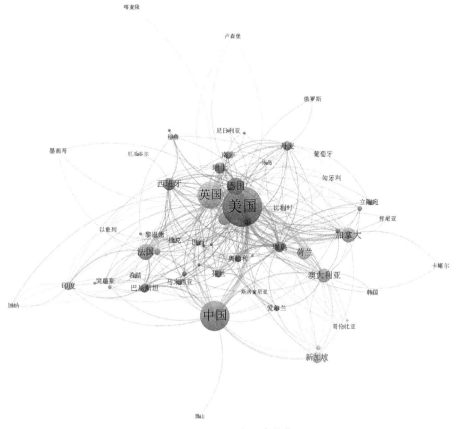

(b) 2016~2020年经济科学

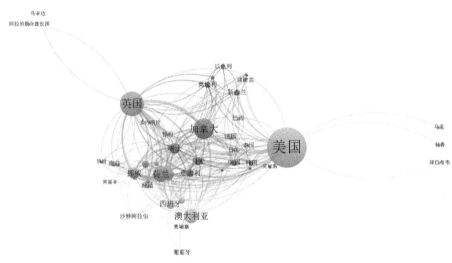

(c) 2011~2015年宏观管理与政策

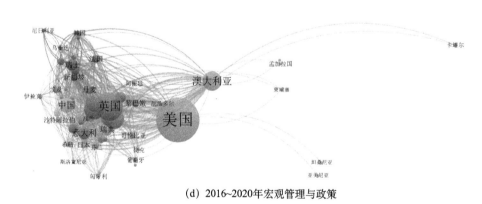

(d) 2016~2020年宏观管理与政策

图 3-65　2011～2020 年经济科学和宏观管理与政策领域 ESI 高被引论文国家合作网络

在宏观管理与政策领域，中国 2011～2020 年在国际合作中处于相对较落后位置。2011～2015 年，在国际合作中处于领先地位的国家为美国、英国、加拿大、荷兰、澳大利亚，其中美国与加拿大、美国与英国、英国与澳大利亚、英国与加拿大、美国与荷兰合作最为密切，中国与美国、韩国、加拿大、荷兰、新加坡等国家合作相对较多，但与领先国家之间的合作密切度相比相距甚大。2016～2020 年，在国际合作中处于领先地位的国家仍然为美国、英国、加拿大、荷兰、澳大利亚，中国与美国、英国、澳大利亚、加拿大、伊朗等国家合作相对较多。

5. 问题导向研究将逐步成为主流，多学科融合交叉趋势突显

无论是在中国还是在国际上，管理科学主要不是依靠科学家的个人兴趣，而是更多地由管理现实中的实际问题所驱动。习近平（2020a）指出，"实践是理论的源泉"，"我国经济发展进程波澜壮阔、成就举世瞩目，蕴藏着理论创造的巨大动力、活力、潜力"，要"深入研究世界经济和我国经济面临的新情况新问题"。因此，"问题导向"本应一直是管理科学发展的重要特点。不过，回顾过去，1959 年两份影响世界管理教育的报告——卡内基报告和福特基金报告发布，曾经在全球管理教育中引发了纯粹追求"学术化"的浪潮（客观地讲，那是对 20 世纪 50 年代之前的管理教育过度"职业培训化"的一种"矫正"），随之而来的是在对"严谨性"的盲目追求下，"商学院只是偶尔提及社会问题，也很少讨论重要的公共政策问题。看上去，全球数以千计的经济和金融研究员好像都被一只无形的手所牵引，追随自我限制的主流，针对同样的商业问题无休止地发表越来越窄的研究成果"[1]。近十多年来，包括中国管理科学家在内的全球经济与管理学者对这种管理科学发展历史上的现象进行了深刻的反思，提出了"服务社会的管理教育"等理念，强调经济与管理研究的学术"严谨性"和实践"相关性"的平衡[2]，突出管理科学研究的问题导向。此外，随着中国国际地位和国际事务参与度的显著提升，以及随着中国学者的国际学术对话能力不断增强，具有中国特色的研究问题已经越来

---

[1] 商学院要做社会看护人. https://www.yicai.com/news/4007925.html[2022-08-25].
[2] 参考北京大学光华管理学院等十所中国的商学院2019年12月12日联合发起的"服务社会的管理研究"首届峰会之"行动宣言"。

越多地纳入全球学者的研究范围。中国的管理科学研究需要更加紧密地与中国科技、经济、社会发展相结合，提高管理科学研究为中国宏观和微观管理实践的服务能力，推进"顶天立地"的管理科学研究。这对管理科学的研究者带来了极大挑战，同时也给我们提供了提高原始创新能力的难逢机遇。因此，开展以中国管理实践为基础的问题导向的研究既是对中国特色管理实践的发掘，也是面向国际的学科发展趋势。

随着新一代信息技术的发展，互联网、物联网、区块链等新的技术及其应用平台的商业化扩张不仅使得人类经济和管理活动的结果被更多地记录下来，更重要的是，这些活动的过程也被以各种形式的数据（数字、文本、图像、视频、音频等）记录下来，进而迎来了可用于管理科学研究的数据资源的飞速增长。与此同时，高能芯片、海量存储、云计算、人工智能等又使得深度加工处理、快速计算分析上述"大数据"，进而更深刻地认识人类经济和管理活动成为可能。同时，"大数据"的独特性使得管理科学家在处理这样的数据时发展出新的管理理论研究方法的方式也在发生变化，除梳理模型的方法之外，不仅常规的、基于数据的实证分析方法得到进一步加强，更重要的是，基于"计算"的方法（如数据挖掘、深度学习、计算实验等）得到长足发展。此外，管理科学研究中一直比较受限的"实验"方法，也因互联网的广泛触达能力、平台型经济形态的涌现等所提供的实验设计和数据收集方法带来的新机遇，而成为管理研究方法的新锐。中国国家自然科学基金在"十三五"期间设立的"大数据驱动的管理与决策研究"重大研究计划、美国国家科学基金会自2016年开始设立的"美国国家科学基金会的十大创新建议"（NSF's 10 Big Ideas）中的"数据治理革命"（Harnessing the Data Revolution）等，都从不同的侧面反映了这个重要的学科发展趋势。

面对动态变化的环境和复杂的管理实践问题，跨越学科边界的研究一直是引领科学发展的重要方面。特别地，进入21世纪以来，管理科学研究活动中的这种趋势越来越明显。中国企业在经济全球化中的跨国实践，不仅需要在管理科学内部子学科之间的交叉研究（如企业的物流供应链需要与战略管理相联通，跨文化以及外国政商关系的考虑等），而且在管理科学与其他自然科学、社会科学的交叉研究中也快速发展（如生理甚至基因对投资者的风险认知和金融决策的影响、混合智能管理系统中的机器行为、全球气候变化的经济影响等）。中国国家自然科学基金委员会新建立的交叉科学部、各个学部正在调整的申请代码中的相互渗透部分，以及美国国家科学基金会 NSF's 10 Big Ideas 中设立的"美国国家科学基金 2026"（NSF 2026）及其下属的社会、行为及经济学部专门推动该学部与 NSF 其他学部之间的跨界研究之"社会、行为及经济学部多学科活动"（SBE Office of Multidisciplinary Activities, SMA）项目等，都是对这种学科发展趋势的一些回应。

第三节　学科发展挑战与机遇

一、学科发展的挑战

虽然我国管理科学已取得了一系列的成绩，但是目前在发展中仍然存在的一些薄弱环节和问题，这与相应的主要制约因素有密切关系。如前所述，这些因素可以分为经济与管理环境变化所带来的挑战、营造创新环境挑战（研究者外部的体制机制性制约）和人才队伍建设挑战（研究者自身的内因性制约）三大类型，并亟待解决和突破。

（一）经济与管理环境变化所带来的挑战

当前，中国和世界都处于百年未有之大变局。我们正面临新一轮科技革命和产业变革的深入发展期、全球科技创新版图的深刻调整期、科技与经济发展的深度融通期、国民经济高质量发展的动力转换期、增强源头创新能力的重要攻坚期。这些变化因素都对中国管理科学的未来发展提出了挑战。

1. 新时代正在经历的百年未有之大变局所带来的挑战

当今世界，科技进步影响深远并伴随众多不确定性，国际政治经济格局发生了重大的变化，多边体系瓦解与重构，全球治理的结构和动能体现出全新的形式，不同民族的文化和价值观正在重新对比和估量，人类的可持续发展也正面临着新的机遇和挑战（张宇燕，2019）。国际上，经济问题政治化倾向加深，各国经济复苏步伐分化，外部环境不确定因素增多。中国作为新兴经济体代表，正在以负责任的大国形象出现在国际舞台，在体现制度优势的同时，也面临着经济下行压力增大、部分地区经历转型阵痛、改革进入深水区的挑战。中国正处在转向高质量发展的关键时期。回顾管理科学的发展历史，管理理论和方法的创新往往伴随着经济社会政治环境的巨大变革（如在20世纪50～80年代发展起来的一大批主流管理理论，正是源于欧美在那个年代风起云涌的新型工业化浪潮）。因此，在当前百年未有之大变局背景下，经济与管理活动规律正在发生新的变化，与现有理论冲突的"经济与管理异象"频现，为了能够准确识变、科学应变，迫切需要新的、颠覆性的和交叉性的管理科学研究。

2. 数字技术发展凸显经济与管理系统复杂性特征带来的挑战

经典管理科学理论的基础假设建立在"简单系统"理念之上，学者关于经济与管理活动规律的研究以及所取得的科学理论成就，大多是在这个基础框架下进行的或者基于这个框架做的补充性调整。然而，社会经济组织形成的经济与管理系统本质上是由不同的能动主体通过一定规则相互连接、为达成特定目标而形成的复杂系统。特别地，2020年中央经济工作会议重点强调，要大力发展数字经济。如今，数字技术（如物联网、互联网、大数据、云计算、人工智能、5G等）的迅速发展更凸显出社会经济活动主体间复杂的关联和交互，整个社会经济体系变革和动态演化日趋加速，必将对经济与管理决策带来深刻的影响。数字技术下经济与管理系统的复杂性特征更加明显，进而使经典管理理论与管理现实之间出现脱离，使得管理科学研究亟须开辟新的道路。

3. 中国特色社会主义市场经济建设所引发的迫切需求

回顾历史，在中国共产党领导下，中国人民经过艰苦卓绝的奋斗，不仅迎来了一个伟大复兴的新时代，还取得了一系列举世瞩目的辉煌成就，成为世界百年未有之大变局中的关键见证者、参与者和推动者。同时，基于政治经济体制、传统历史文化、人口规模和结构等优势要素的中国特色社会主义市场经济，中国在发展过程中也凝聚了大量成功经验。面向未来，中国的社会经济发展将会面临更加复杂的国际环境和多变的管理情境，很多"卡脖子"技术与全球治理的瓶颈将逐渐暴露在国际竞争与合作中，也会遇到管理科学理论前所未见的新问题。中国特色社会主义市场经济发展成功实践和机遇挑战尚缺乏深刻的科学总结，容纳内在特征和差异的系统性管理科学理论尚未形成。

4. 回应重大经济与管理实践需求所引发的管理科学挑战

管理科学最重要的发展动力之一是经济与管理实践。当前，新经济的发展、新技术的进步等给中国经济与管理实践带来了更多的机会，党的十九大报告早已明确提出要推动经济的高质量发展，这些都为管理科学的科学理论研究提供了更好的契机。然而，一方面，中国经济与管理研究发展起步较晚，理论创新跟不上实践发展的速度，导致实践与理论创新两者存在严重的脱节现象。另一方面，经济与管理的科学家与实践者的基本任务是不同的。前者需要对经济与管理活动的规律进行"科学探索"，发现经济与管理活动中的新现象、创新经济与管理理论以及发展经济与管理体系对新的（或者已有）现象进行新的（或更好的）解释；这样的工作需要从不同学科的侧面出发，花费较长的时间、运用多种假设和严谨的方法，目的是获得事物间的因果关系。经济与管理实践者的主要任务是解决现实问题、"迈过眼前这道坎"，因而在解决现实问题时需要用试错性动态应对的方式快速地把握主要因素，综合考虑多个角度而非单一侧面。上述差别使得经济与管理理论回归经济与管理实践有一个漫长的过程，进而导致理论脱离实践的错觉，使得管理科学家在回应现实中的重大问题时面临巨大挑战，尤其在当今巨大的变革时代，这种挑战更为明显。

5. 全球化转型所引发的管理科学挑战

自改革开放以来，中国一直顺应着经济全球化趋势，在平等互利原则的基础上积极主动地与世界各国开展投资合作。2000 年，中国第一次正式提出实施"走出去"战略，鼓励国内有条件的企业"走出去"参与国际经济合作与竞争。2012 年，中国共产党第十八次全国代表大会提出了统筹国内国际两个大局，高度重视对外投资工作，鼓励企业利用国际国内两个市场、两种资源，发展更高层次的开放型经济。2013 年，中国提出"一带一路"倡议，鼓励资本、技术、产品、服务和文化"走出去"，对外投资进入全新的发展阶段。截至 2019 年 10 月底，中国已与五大洲 137 个国家和 30 个国际组织签署共建"一带一路"文件 197 份（孟玮，2019）。参与共建"一带一路"国家的项目合作为中国企业提供了重要的市场，为加强我国与这些国家之间的政治、经济、文化交流提供了新的机遇与良好的国际环境。2020 年以来，针对中美多领域冲突加剧、国际局势风云变幻、全球化进程受阻的新局面，党中央提出并正在实施"构建以国内大循环为主体、国内国际双循环相互促进的新发展格局"的战略构想，对资源和市场的全球与国内的均衡配置都提出了新的战略需求，由此将形成管理科学研究的新热点。全球化进程深刻的传播、扩散、冲刷作用，使得当今的世界正在形成新的政治、经济、社会、文化生态，对多边经济合作、全球经济治理、中国产业链升级发展、中国安全战略管理等带来了巨大的挑战（Colantone and Stanig，2018）。

6. 可持续发展战略给政府治理与企业管理带来的挑战

历史上，人类生产制造活动破坏环境的例子比比皆是，伦敦烟雾事件、日本水俣病事件、切尔诺贝利核事故、我国近年来的雾霾天气问题等都反映出了人类社会在经济发展过程中面临的环境威胁。面对这些威胁，我国采取了一系列强有力的措施，使得污染物排放总量减少的目标超额完成，资源利用效率显著提升，生态环境明显改善。2020 年 9 月 22 日，国家主席习近平在第七十五届联合国大会上代表我国郑重承诺："中国将提高国家自主贡献力度，采取更加有力的政策和措施，二氧化碳排放力争于 2030 年前达到峰值，努力争取 2060 年前实现碳中和。"（习近平，2020c）进入 2021 年，我国又进一步提出了"减污降碳"协同治理。然而，在我国治理体系和治理能力现代化加快推进的进程中，如何处理好保护生态与经济发展的关系、如何有效应对新冠疫情这种重大公共卫生事件对社会经济所造成的持续冲击、如何有效实现碳排放达峰后稳中有降、如何实现减污降碳协同推进、如何处理好中央与地方的协同关系、如何处理好中国与全球的关系等问题对政府治理与企业管理提出了更高的要求，也是管理科学的发展所面临的巨大挑战。

（二）营造创新环境挑战

学科发展离不开创新的学术环境。目前关于学术创新环境的挑战主要体现在：第一，学术绩效考核机制、学术影响力评价机制僵化；第二，项目评审机制过于单一；第三，项目类型设置和协调性方面存在缺陷；第四，公共研究数据资源的建设、开放和共享机制薄弱。

1. 学术绩效考核机制、学术影响力评价机制僵化

科学研究的成效和影响力评价是塑造科学研究活动过程和科学成果价值的重要因素，但也是长期以来困扰学术研究者和学术管理者的问题。尽管管理科学部一直倡导"顶天立地"，但由于现存整体科学研究大的环境使然，无论是学术研究者自身，还是学术评价者的行为和价值取向，都不自觉地存在某些"偏颇"，一些评价主体实施的短期科学评价行为导致原创性有影响的成果较少，使得学术研究者不敢也不愿意"坐冷板凳""啃硬骨头"，进而在前述各个方面都导致我国管理科学在当下发展中表现出不足。

2. 项目评审机制过于单一

遴选出对科学研究有重大创新的项目是促进学科发展的关键。现有的基金项目评审采用的是"网评＋会评"机制，按单一学科划分，选派一级／二级学科专家定性定量评价。这种评价机制可能会导致原本有着原始创新的项目不予立项，一方面，由于评价者自身知识的局限性，真正有原始创新的研究会涉及多个学科的融合，评价者往往是某一领域的专家，对于涉及多学科的研究缺少判断标准；另一方面，评价者基于对研究可行性的判断，拒绝该项目的立项，而真正原始创新的研究更像是一个风投项目，对于是否能够真正研究出来不能给出确定答案。因此，如果现有的项目评审机制不进行多元设计，会对遴选出对科学研究有重大创新的项目产生重大的阻碍。

3. 项目类型设置和协调性方面存在缺陷

科学研究离不开学术资助的支持。由于我国现行的学术资助体系与发达国家有所不同，在基础研究方面也更多地采用了相对短期的"竞争性项目"形式，因而形成了研究人员对于各类科学基金项目资助渠道的依赖，进而

"塑造"了他们依据现存项目类型进行研究的行为。因此，如果各类基金的资助定位不明确、项目类型彼此之间协调性不好、类型设置存在缺陷等，就会影响到管理科学研究者在研究的"相关性"（relevance）和"严谨性"（rigour）之间的平衡、对基础条件建设的放弃，以及对多元（交叉学科、多元文化）合作的退缩。

4. 公共研究数据资源的建设、开放和共享机制薄弱

数据和案例等资源是形成管理科学基础研究和理论创新的基本元素。从目前的情况来看，尽管有一些商业性的数据资源可供使用，但从资源质量和对学术性需求满足程度的角度看，还存在不少缺陷；而由学者主导、从公共产品提供角度的系统性学术研究数据、案例等资源建设工作的资助渠道还十分缺乏。这些问题对管理科学家深入贴近企业管理实践和国家重大战略需求以形成更多的"相关性"研究工作，形成了阻碍，也不利于借助于不同类型的"数据"来推动交叉学科的管理科学研究。

（三）人才队伍建设挑战

当前，全世界正在面临百年未有之大变局，结合世界经济发展的变革趋势和管理科学现实发展规律，认识该变局中复杂经济管理活动的新规律变得极为重要。为此，对人才队伍的建设提出了更高的要求。目前，人才队伍建设面临的挑战体现在：第一，研究者对于学科特点的认知存在差异；第二，研究者对自己的职业风险有所顾虑；第三，研究者的学术视野和研究手段有一定的局限性；第四，人才发现与甄别机制不够完善。

1. 研究者对于学科特点的认知存在差异

与国家自然科学基金委员会资助的一些更加基础性的学科相比，管理科学更加受到实践需求的驱动，因而更加具有情境依赖性、研究者的学科背景更加多元化。为此，无论是在学者中，还是在学术评价者、管理者中，其对学科特点的认知仍然存在较大差异，对管理科学的"顶天－立地""严谨性－相关性""普适性－本土化""科学属性－人文属性"等一系列理念的不同认知，导致了不同的学术行为和评价标准的冲突。

2. 研究者对自己的职业风险有所顾虑

当今的科学研究工作不仅仅是学者的兴趣、实践的需要，同时也是一种社会分工的职业。在大的环境形势下，研究者常常也会顾及职业风险，对需要长期探索、结果不确定性很高的研究问题不太愿意触碰。对于那些需要长期深入实践并密切关注国家和企业重大战略需求的强"相关性"研究，对于需要更多地与其他学科和文化中的学者交流及合作的变革性交叉学科研究，以及在某种意义上"为他人作嫁衣"的学科基础条件建设工作等，研究者还缺少足够的职业热情。

3. 研究者的学术视野和研究手段有一定的局限性

由于管理科学涉及的经济与管理活动性质特殊，随着科学技术的进步和人类对客观世界认知能力的进步，在严谨前提下，管理科学研究方法的多元化还需要加强。与自然界相比，管理科学研究的对象——社会经济系统具有规律的普适性相对弱、因素关联扭结且多变、研究假设复杂且不易清晰表达、发展目标受到不同价值观的影响等特殊性，并且这些特点随着百年未有之大变局和新一代科技革命的到来愈显突出。除了外部的学术评价多元化还不足，研究者从多学科的视角审视复杂现实问题的能力、熟练驾驭多元方法（如综合地采用实证/案例分析、理论模型、实验手段、数据驱动的计算，以及诸如人类学方法、规范定性分析等）的能力、与不同学科和不同文化背景的学者进行深度学术交流的能力等都还有所欠缺。同时，站在全球视角看待中国管理实践中的本质性规律，还没有成为一种学术习惯。诸如此类的因素，常常既削弱了我们处理多因素扭结的复杂现实所提出的问题之能力，也不利于促进具有主导性的国际合作以及形成有全球引领性的成果。

4. 人才发现与甄别机制不够完善

能够有效地发现和甄别出真正优秀的人才是保证学科健康发展的关键。虽然目前管理科学建立了一些人才能力评价标准以及人才发现与甄别机制，识别出了很多对学科发展有重要推动作用的人才，但是这些机制还不够完善，甚至导致小部分识别出的所谓人才存在学术造假等学术不端行为和师德师风等问题。如果不完善人才发现与甄别机制，研究者会对所识别出的人才的可信度存在质疑，不利于学术共同体的建立。

二、学科发展的机遇

虽然学科发展面临一定的挑战，但百年未有之大变局也为管理科学的进一步发展提供了前所未有的机遇，并且机遇大于挑战。这些机遇包括中国经济 2035 年赶超的战略机遇、中国科技支撑体系改革的机遇和认知经济与管理活动新规律的研究机遇。管理科学要顺势而为，准确把握住机遇，确保学科快速、持续、创新发展。

（一）中国经济 2035 年赶超的战略机遇

党的十九大报告就新中国经济的发展提出了两阶段战略部署。2020 年到 2035 年是第一个奋斗阶段，提出在全面建成小康社会的基础上，再奋斗十五年，基本实现社会主义现代化。到那时，我国的经济、科技、治理能力、文化、教育、人才、体育、健康、生态、居民收入、安全等各方面水平将有明显提升。到 21 世纪中叶，把我国建成富强民主文明和谐美丽的社会主义现代化强国。《中华人民共和国国民经济和社会发展第十四个五年规划和 2035 年远景目标纲要》进一步强调，到 2035 年，我国经济实力、科技实力、综合国力将大幅跃升，经济总量和城乡居民人均收入将再迈上新的大台阶，基本实现社会主义现代化。同时，国务院发展研究中心课题组在 2018 年 12 月发表的《未来国际经济格局变化和中国战略选择》课题报告中预测，到 2035 年发展中国家的 GDP 将超过发达经济体，在世界经济中的比重将达到 60%，全球经济增长的重心将从欧美转移到亚洲，并外溢到其他发展中国家和地区。这一重大战略规划为我国管理科学的发展提供了全新的机遇，在全面建成小康社会、基本实现社会主义现代化的过程中必将出现全新的经济与管理问题，需要新的理论和方法的指导与支撑。

（二）中国科技支撑体系改革的机遇

与此同时，我国的科技支撑体系也处于改革的关键期。1978 年的全国科学大会作出科学技术是生产力、四个现代化的关键是科学技术的现代化等重大论断，开始了科研院所管理体制改革的探索。40 多年来，我国科学技术发展水平不断攀升，科技体制改革起到了至关重要的作用。如今，我国科技体制改革迈入了新阶段，改革的"四梁八柱"主体架构已经确立，重要领域和关键环节改革取得实质性突破。科技体制改革必将充分调动科技人员的积极性、创造性，促进科技和经济深度融合，营造公平合理的科研环境，为我国管理科学的发展提供新的动力。

（三）认知经济与管理活动新规律的研究机遇

未来，经济与管理前沿在于认识百年未有之大变局中复杂经济与管理活动的新规律。通过理论前沿研究，将立足中国独特实践，推动形成具有全球影响力的原创性管理科学理论体系；体现全球责任担当，在人类普适性管理规律探索的前沿方向取得引领性成果；回应重大现实挑战，显著提升管理科学服务国家战略需求的能力；夯实学科发展基础，形成具有国际影响力的学术中心和管理科学家群体。

1. 全球治理格局的变化所带来的研究机遇

中国在全球价值链上扮演着重要的角色，但全球价值链和全球供应链正面临贸易保护主义和逆全球化风潮的严重冲击，跨国公司管理风险增加。在党中央提出的"逐步形成以国内大循环为主体、国内国际双循环相互促进的新发展格局"（习近平，2020a）的新战略思路下，中国如何从推进技术链－产业链－价值链的重大变革，如何在新时代从价值链低端迈向高端将是重要的研究内容。另外，全球治理多级化趋势下全球价值链和全球供应链的发展、世界经济治理与国际话语权、全球资源配置管理也是非常重要的研究新内容。此外，逆全球化背景下全球治理格局变革管理理论以及国家治理能力构建、国家安全战略管理与全球治理参与机制、全球产业链与价值链的演化及其风险、面向高度不确定性的复杂系统韧性管理理论与方法、国际竞合环境下的管理理论等也将是产生新的管理理论的前沿。

2. 颠覆性技术所带来的研究机遇

伴随新一轮科技革命的兴起，科学技术的快速发展如大数据、人工智能、区块链技术、5G、新能源技术、新材料技术、生命科学等深刻地影响着管理实践的变革，深刻改变着产业发展理念和方式，不断催生诸如智能化管理与决策、个性化定制、全球化协同、数字化创新等新的模式和需求，也产生新的管理前沿。例如，新一代信息技术环境下的人机协同与智慧管理变革，人机协创趋势下的创新型社会管理与发展；新技术革命下的管理变革与创新；金融科技、金融体系变革与系统性风险管理；创新战略引领下的数字经济发展规律，产业升级与企业数字化转型的管理创新等都是重要的研究问题。

3. 中国最佳实践和新兴经济体的崛起所带来的研究机遇

随着改革开放的进一步深化，中国经济正处于从高速发展到高质量发展的转型时期，特别是中国情境背景下的最佳实践方法，如面向美好生活、新型医疗健康、新社区管理等领域都迫切需要新兴的管理方法与技术，需要新的管理理论的支撑。源于中国情境但将对世界管理学产生影响的新课题，如数字经济、智能商务（如新零售）、金融创新（如金融科技）等同样迫切需要新的管理思想、理论与方法的指导。因此，我国社会经济高质量发展的理论与实现路径、改革开放与中国经济发展的规律与理论、"一带一路"倡议下的中国企业国际化发展模式、区域与城市群协同发展管理、绿色治理与可持续发展理论也将是新的经济与管理研究前沿。

4. 人类发展共同面临的挑战所带来的研究机遇

人类的社会管理与组织方式正在迈入全新的时代，随着自动化和机器人的发展，未来越来越多的工作岗位将会被机器人占领，可能会造成工人失业等现象，形成对社会伦理的冲击①。5G时代与人工智能社会管理范式研究②、基于平台的管理战略与平台管控方式、全球性公共危机（如恐怖主义袭击、公共卫生危机）对社会经济发展的短期冲击和长期影响等都将是重要的经济与管理研究问题。

---

① 《2016—2045年新兴科技趋势报告》《2019年世界发展报告》。
② 德国人工智能国家战略。

第四章

发展思路与发展方向

    管理科学发展的内生动力源自经济社会发展趋势中产生的科学问题。管理科学应对国家发展中的重大问题的深层科学问题加以理论分析，服务于国家发展长期规划与远景目标。

    在我国管理科学迅速发展、成果斐然、国际影响力不断扩展的学科态势下，需要基于中国的管理实践与经济发展铺陈出较为长期的学科发展蓝图。学科发展蓝图需要明确管理科学的发展思路、目标与发展方向，需要基于学科发展的规律和已有研究基础，在顶层发展思路下，通过基本科学问题与科学意义的分析，考虑国家发展的战略需求等，进一步结合国际发展态势和我国发展优势，提出具体的研究方向，并以相应的科学问题阐释。根据学科发展规律和发展态势的分析，通过多轮的文献分析、专家研讨，本章提出了管理科学的发展总体思路与目标，并提出了 18 个发展方向和相应的科学问题举例。

第一节　发展总体思路与目标

党的十九大报告指出，要瞄准世界科技前沿，强化基础研究，实现前瞻性基础研究、引领性原创成果的重大突破，要加强应用基础研究，要培养造就一大批具有国际水平的战略科技人才、科技领军人才、青年科技人才和高水平创新团队。习近平总书记在 2020 年主持召开的经济社会领域专家座谈会上强调，"我国将进入新发展阶段"，强调社会经济领域的学者要"着眼长远、把握大势，开门问策、集思广益，研究新情况、作出新规划"（习近平，2020d）。2020 年，李克强总理主持召开国家科技领导小组会议，强调要切实强化基础研究、持续推动应用创新，需要贯彻新发展理念，构建新发展格局，着力加强基础研究和应用基础研究，着力以改革更大激发创新创造活力，着力推动科技与经济深度融合，促进科技实力大幅跃升，形成推动高质量发展的有力支撑；注重重大科学问题研究，特别是原创性、颠覆性创新（李克强，2020）。科技部、国家发展和改革委员会（简称国家发展改革委）、教育部、中国科学院和国家自然科学基金委员会也在 2020 年联合制定了《加强"从 0 到 1"基础研究工作方案》，再次强调提高研究质量，要求加强基础研究，"开辟新领域、提出新理论、发展新方法，取得重大开创性的原始创新成果"。这些都要求我国的管理科学要致力于提出促进新的学科生长点形成以及服务于国家战略需求的发展目标。

为此，管理科学学科的发展总体思路是：聚焦中国特色管理实践，面向国家战略需求，前瞻部署和重点支持前沿探索方向及对管理实践产生革命性作用的基础理论研究，特别是基于中国特色的、具有方向引领作用和重要国际影响力的原创性管理理论研究；构建基于中国管理实践的理论体系，提升服务国家战略和经济管理实践的能力；加强与数学科学、信息科学等多个学科的融合发展和集成创新，推进学科研究范式变革；促进国际合作与新兴领域的发展。

管理科学学科的发展目标将定位于：力争到 2035 年，我国管理科学研究整体水平和学术创新能力获得显著提升，突破制约我国经济和管理实践的若干理论瓶颈，产出一批具有国际重大影响的原创性科研成果；形成与管理科学发展规律相适应、突出交叉学科特点的学科布局和研究绩效管理体系；一大批优秀学者活跃在国际学术舞台，形成若干具有国际学术引领地位、具有深度参与全球科技治理能力的研究群体。

第二节　重点支持领域概述

在 21 世纪上半叶，可能驱动经济和管理实践活动规律产生重要变化的主要影响因素，将包括科学技术发展、全球竞争和治理格局的演化、人类发展面临的挑战，以及中国社会经济发展的战略需求等几大类型。以这个认识为基础，根据国家科学发展遵循"四个面向"的要求，在 2021~2035 年，管理科学将在四个优先领域集群中，稳定地支持我国管理科学家的基础研究工作。①支持新一代信息技术下的管理科学研究，包括复杂系统管理的基础理论、复杂管理系统智能计算和优化、混合智能系统中的行为与合作、决策智能。②支持社会经济的数字化转型研究，包括数字生态下的企业、数字经济与数字金融的基础理论、城市的数字孪生与平行管理、智慧型健康医疗整合管理。③支持中国社会经济发展中的管理科学研究，包括中国企业与全球化新常态、中国的政府治理和政策过程、乡村振兴与发展的战略转型规律、区域协调与可持续发展、经济高质量发展规律。④支持全球变局中的风险管理与全球治理研究，包括全球化新常态与战略性风险管理、全球治理的转型和机制重构、全球性公共危机管理、社会－经济－资源－生态系统的复杂性、人口与社会经济发展。

同时，这些具体的优先领域还可以根据服务对象的不同，对应到"四个面向"之上：①通过对比分析，面向世界科技前沿，即复杂系统管理的基础理论、复杂管理系统智能计算和优化、混合智能系统中的行为与合作以及决策智能；②面向经济主战场，即数字生态下的企业、数字经济与数字金融的基础理论、中国企业与全球化新常态和经济高质量发展规律；③面向国家重大需求，该对应最多，共涉及九项优先领域，包括城市的数字孪生与平行管理、中国的政府治理和政策过程、乡村振兴与发展的战略转型规律、区域协调与可持续发展、全球化新常态与战略性风险管理、全球治理的转型和机制重构、全球性公共危机管理、社会－经济－资源－生态系统的复杂性和人口与社会经济发展；④智慧型健康医疗整合管理则主要面向人民生命健康。

第三节　重点支持领域集群一：新一代信息技术下的管理科学

一、复杂系统管理的基础理论

（一）基本概念与科学意义

与哲学、数学等横断学科一样，复杂系统尽管是一门被社会公众广泛知晓的学科，但没有一个统一明确的定义。然而对其基本属性的认识，学术界是统一的，那就是复杂系统由众多异质组元组成，组元之间存在着各种各样的动态关联和反馈，组元或者组元群之间随时间变化而相互作用并且协同演化，非线性、不确定性使得系统整体或者局部的运动呈现复杂乃至混沌特征。

管理学意义下的复杂系统管理，是指人类与自然交互系统以及人类本身交互系统的管理，包括生产制造系统、人与环境系统、社会经济系统等。复杂系统管理的实践活动，在人类社会中可谓历史悠久。例如，面对庞大帝国的复杂社会管理，中国古人产生了"书同文，车同轨"、台谏制、科举制、行省制等一系列管理制度，做出了长城、大运河、都江堰等伟大而复杂的工程成就。在世界历史上更是涌现出一大批像《汉谟拉比法典》、七大文明奇迹这类熠熠生辉、彪炳千古的成就。但是有意识地从科学高度将复杂系统管理作为一门学科，却是近代才有的事情。1978 年 9 月 27 日，《文汇报》刊登了钱学森、许国志、王寿云撰写的万余字长文《组织管理的技术——系统工程》，开创了系统工程中国学派，标志着在中国明确以复杂系统为对象的管理学学科的兴起。在系统工程这面旗帜之下，建立在系统思想之下的复杂系统管理的理念在中国大地生根开花，不仅学界针对不同的复杂系统进行了广泛的研究，提出了很多具体的理论与方法，而且在实践中从航天航空、先进制造到社会综合治理，取得了大量成功的经验，为中国社会稳定高速地发展为世界上第二大经济体做出了重大的贡献。以中国各省市抗击新冠疫情的工作为例，每一次抗击疫情的工作都涉及大大小小各个环节，从中央到地方各级基层组织、从企业到民众的各类参与者，无论是方舱医院的快速建设、疫情的追踪调查、"内防反弹，外防输入"、"应急保供"等防疫措施，还是重启和保障经济发展、保障民生的一系列举措，都需要用到复杂系统管理的思维和方法。

纵观历史，复杂系统管理尽管历来为人类所实践着，但直到近代才被人们有意识地作为一个学科来发展，其主要原因是人类社会发展进程中各阶段发展速度和涉及的系统复杂性不同。现代社会之前，作为个体的人类活动时空相对窄小，如一次进京赶考可能需要耗时数月甚至数年，而且尽管人类社会一直加速度发展，但是在信息时代到来之前，社会变化的速度相对要慢一些，人类对复杂系统的认知相对从容，社会经济管理的措施有效性相对较长；计算机出现之前，人类对于复杂系统的信息处理能力和计算能力都相对薄弱。复杂系统管理作为一个学科的诞生，在一定意义上是与人类社会有关的各种复杂系统复杂性变大，演化速度加快，并且计算机的发展带来的计算能力为处理复杂系统提供了便利的结果。展望不远的未来，随着大数据和人工智能的蓬勃发展，智能设备甚至可以将每个人分分秒秒所在位置、各种生理特征、脑眼关注什么、花销每一分钱在什么之上都连接在一起，涉及人类社会的复杂系统变得更加复杂，演化速度更快，而计算机的算力又在突飞猛进地增长，因此人类社会对于复杂系统管理的需求更为强烈，这一方向的学术研究是管理学领域的"量子计算机研发"，代表着管理学领域最高的境界。

事实上，与历史相比，当前人类社会的竞争，更大程度上是体系（系统）之间的竞争。从芯片的制造到供应链、产业链、价值链的竞争，到国家创新能力的竞争，到两国之间国力和制度的竞争，再到国家之间热战的比拼，都是复杂系统之间的对抗，复杂系统管理可以说是国与国竞争的关键所在。在涉及国民经济与社会发展的诸多国内事务上（如经济的高质量发展、重大建设和制造工程、社会和经济的数字化转型、企业的创新、人的全面发展等），也都是具有不同属性的复杂系统管理问题。复杂系统管理已经成为中国社会经济管理和治理的核心需求。党和国家领导人在各种场合反复强调复杂系统管理的重要性。习近平总书记指出，"全面深化改革是一个复杂系统工程"（习近平，2013），国家治理体系是由众多子系统构成的复杂系统[①]。党的十九届三中全会强调，深化党和国家机构改革是一个系统工程。李克强总理答记者问时指出，城镇化是一个复杂的系统工程（李克强，2013）。2017 年国务院印发的《新一代人工智能发展规划》中提出，发展人工智能是一项事关全局的复杂系统工程，要实现对城市复杂系统运行的深度认知，构建复杂场景下突发事件的解决方案。2018 年，工业和信息化部印发的《工业互联网 APP 培育工程实施方案（2018—2020 年）》明确提出推进复杂系统建模。中央的政策文件中也多次提及复杂系统的相关概念，如《国家重大科技基础设施建设中长期规划（2012—2030 年）》《关于城市公立医院综合改革试点的指导意见》等。2019 年中央经济工作会议明确要求"必须从系统论出发优化经济治理方式，加强全局观念，在多重目标中寻求动态平衡"[②]。复杂系统管理的思想也在跨部门、跨学科、跨行业、跨地域等方面发挥着顶层设计和组织协调的作用，为国家重大工程的完成提供了保障，如北斗卫星导航系统、港珠澳跨海大桥、"中国天眼"（500 米口径球面射电望远镜）等。

综上所述，复杂系统管理应当也必须是管理科学中长期发展战略的一个非常重要，甚至是居于重要性首位的议题。需要针对未来一二十年社会经济可能的发展形态，凝练其中涉及的复杂系统管理的重要科学问题，集中国内的优势科研力量，进行大力度的攻关，在发展管理科学的同时，为国家在新时代成为引领人类发展和进步的重要力量提供理论、方法和决策支撑。

---

① 新时代的关键抉择：确保党始终总揽全局、协调各方 . https://baijiahao.baidu.com/s?id=1715188108542670985&wfr=spider&for=pc[2022-11-20].
② 中央经济工作会议在北京举行 习近平李克强作重要讲话 . http://jhsjk.people.cn/article/31503906[2022-11-20].

（二）相应的国家战略需求

对于复杂系统管理的研究，以钱学森为代表的系统工程学家提出了很多很好的理念，如"开放的复杂大系统""综合研讨厅""人机结合，以人为主"等，从哲学层面上很好地指导了人们在各个领域的复杂系统管理工作。但是在科学层面上，抽象的复杂系统管理基础理论的发展进展不大。究其原因，我们认为这是由于后继者在科学范式上存在认知偏差。物理学、化学、生物学等自然科学的研究范式是向微观层次的一步步深入，从分子到原子再到夸克，试图去从源头来刻画微观、中观到宏观的规律；而复杂系统的研究对象是系统，是直接以宏观层面的系统及其组成的相互作用为研究对象，对于其微观组成具体是什么，反而不关注。后者认为，即使把忒修斯之船的木板全部换完，忒修斯之船还是那条船，与其是哪块木板组成无关。复杂系统的研究重点在于系统内外组元的关联及其演化对系统功能的影响。因此对于复杂系统及复杂系统管理的研究，其科学范式与传统学科有很大的差异。如果说其他学科的研究更关心世界的"根部"，那么复杂性科学研究更关心世界的"头部"。由于复杂系统涉及领域非常广泛[①]，此系统与彼系统"根部"的运行规律千差万别，难以有一个统一的"根部"运行规律适用于所有的系统，而且从哥德尔不完全性定理和量子物理的微观世界不确定性来看，似乎不存在能够刻画所有系统的统一规律。进一步，考虑到管理科学研究的根本在于效率，而效率的提高需要有针对性。如此，在承认不同系统内在运行规律差距很大的前提之下，复杂系统管理的研究需要以具体的复杂系统为对象，才有可能获得深刻的结果，而不流于理念层面的徘徊。事实上，我们看到复杂系统管理取得的成就，不论是古代的都江堰还是现在的从港珠澳大桥建设中提炼出来的重大工程管理理论，都是以具体一类系统为支撑，而不是抽象地讨论复杂系统管理。

基于以上的认识，对于复杂系统管理领域的中长期战略规划重点，需要针对中国社会未来一段时间的核心需求，选择那些对国家发展至关重要的复杂系统，开展针对性的复杂系统管理研究。以下将从国家战略需求的角度分析哪些系统更为重要。

---

① 从自然到社会，从菌落到地球，都可以涵盖在复杂系统的概念下。

第一，中国的崛起以及中国在当今世界的竞争力，来自于中国完整的工业体系和强大的制造业。中国竞争力的进一步提升，需要中国制造由大到强，高端工程系统的优化与管理是中国当前重大需求之一。同时，中国经济经过过去40多年的快速增长，其与环境的和谐发展是未来一段时间的重要任务，对生态环境系统的管理，亦是中国社会的重大需求之一。

第二，大数据和人工智能正在以超出人类预期的速度快速发展着，不久的将来，全自主生产、自主无人机、人形机器人等智能机器可能在很大程度上替代人类来工作，大量的生产制造单元甚至作战战场有可能被智能机器所占领。如何对复杂智能系统进行有效管理，将是彼时重要的研究需求。

第三，人工智能的发展，不仅渗透到物质生产与战争等场景，而且渗透到为人服务之中，形成众多的人机融合复杂系统场景，如自动驾驶以及各种虚拟现实、增强现实的服务场景，对人机融合系统的管理将是一个很大挑战。

第四，脸书、推特、微信、抖音、博客等社交媒体的蓬勃兴起和智能手机等智能设备的应用，从根本上改变了人类的意见传播和接受方式，不仅各种"思想"都能很快聚集起自己狂热的受众，而且各类人群的高频互动（如弹幕）有可能形成不同的信息茧房，人类社会进入一种自叙事状态，每类人群对外界信息进行裁剪，按照自己的臆想去构建"社会事实"。不同群体"社会事实"的冲突造成社会认知的冲突，从而在一定程度上影响社会的稳定。网红经济勃兴、社交媒体上基于部分真实信息的推论等，都是这种自叙事社会的典型体现。这种自叙事社会的负面效应，对人类社会传统的运行方式正在产生着很大的冲击。美国国会山骚乱和证券市场游戏驿站事件，都是自叙事社会的效果体现。自叙事社会是一个前所未有的复杂系统，该复杂系统的管理也是中国社会未来需要关注的重点。

第五，伴随着高新技术特别是通信和交通技术的高速发展，以及资本市场的蓬勃发展，20世纪90年代开启的全球化浪潮全方位地改变了人类经济金融系统，使得人类经济金融系统的复杂性远远超过了以往任何时期，次贷危机、欧洲主权债务危机以及新冠疫情造成的全球性经济大衰退展现出人类经济金融系统的强关联特征。近年来，随着全球化进程带来的发展失衡，去全球化的趋势又在世界范围内蔓延，而这种去全球化又是在一个互联网将全球信息紧密连接、电子商务将城市终端消费品市场普遍关联的情景下进行的。

这种去全球化给经济金融系统带来的冲击是以往类似情景中未曾发生的。作为世界第二大经济体，面对西方国家的竞争和打压，在百年未有之大变局的境地之下，如何在中国经济一片向好的光明前景下，保障其经济金融安全是至关重要的问题。

（三）国际发展态势与我国发展优势

针对复杂系统管理，国际研究的重点主要聚焦于复杂科学理论建构，在此基础上衍生出一系列复杂系统管理方法。20 世纪中叶，科学家意识到，很多复杂的行为其实是涌现于简单个体的大规模组合，这些现象不属于单个学科，需要用交叉学科的思维理解（Newman，2011）。圣塔菲研究所（Santa Fe Institute，SFI）成立于 1984 年，是复杂系统的研究中心，旨在吸收来自不同领域的科学家探讨"科学中涌现的综合"。之后，詹姆斯·格雷克（James Gleick）在 1987 年出版了畅销书《混沌：开创新科学》（*Chaos: Making A New Science*），使复杂系统的概念走入了大众视野。复杂系统的研究对象极其广泛，研究人员来自数学、物理学、生命科学和社会科学等诸多学科，因理论基础和研究对象的差异，复杂系统研究形成了不同的学派[①]。根据不同的复杂系统特征，人们提出了一系列复杂系统理论，比如，分形理论（fractal theory）、混沌理论（chaos theory）、模糊理论（fuzzy theory）、复杂适应系统理论（complex adaptive system theory）、耗散结构理论（dissipative structure theory）、协同学（synergetics）、突变论（catastrophe theory）、分岔理论（bifurcation theory）、耦合振子（coupled oscillator）、非线性动力学（nonlinear dynamics）、网络科学（network science）等，这些理论和方法为复杂系统管理提供了丰富的工具。

管理的对象必须是人类能够参与其中，通过人类活动进行干预的事、物和人。复杂系统管理所涉及的复杂系统，一定是与人类有关的系统。人是宇宙中最具智能的物种，不仅有着强大的学习能力，而且有着非凡的、漫无边际的想象力，并且依据他们"靠谱"与"不靠谱"掺杂的想象力和信念来对所在系统的运行进行反馈。更为有趣的是，人的智力、见识、对事物的判断力、性格品性、鼓动力以及容易被其他人欺骗的程度等千差万别。如果说

---

① 比如系统动力学学派、适应性系统学派、混沌学派等。

进化造就了丰富的物种多样性，那么人类大脑进化带来思想的多样性不遑多让。因此复杂系统管理所涉及的复杂系统，要比复杂性科学中讨论的物理、生物等复杂系统来得更加复杂，这些系统运行的可预测性更低。对于复杂系统管理，人们先是从一系列工程管理实践中总结出一批复杂系统管理方法，并且进行行业推广，如国际系统工程协会（International Council on Systems Engineering，INCOSE）及其开展的一系列系统工程师培训。在社会科学领域，国际应用系统分析研究所（International Institute for Applied Systems Analysis，IIASA）一直是复杂系统管理的重要力量。更多地，人们是结合一个个具体的复杂系统来研究讨论这些复杂系统的管理的，包括生态保护（Vandermeer and Perfecto，2019）、金融监管（Battiston et al.，2016）、公关处理（Zhai et al.，2019）、城市规划（Gao et al.，2017）、灾害检测（Baham et al.，2017）、疾病治疗（Arfi et al.，2016）、风险预警（Jiang et al.，2018）等众多领域。2009 年，*Science* 杂志组织了题为"复杂系统与网络"（Complex Systems and Networks）的专辑，介绍了复杂系统和复杂网络领域内的最新进展。管理学界国际代表性期刊 *Management Science* 也在 2007 年出版了一期关于复杂系统的特刊，收录了 10 篇论文来讨论复杂系统管理的研究范式（Amaral and Uzzi，2007），并介绍演化网络、系统效率等理论在管理学领域的应用。此外，一批复杂系统管理的著作也应运而生[①]。

　　中国在复杂系统管理方面有着独特的优势。第一，中国传统文化更多地反映出与复杂系统相关的整体论思想，有着天人合一的哲学思想。第二，钱学森先生是我国具有巨大社会影响的科学家，也是系统科学和系统工程的开创者和奠基人，他率先推动并倡导了系统工程在中国的研究和应用，为此，从政府、学界到社会公众对复杂管理都给予了重视和关注。第三，中国政府和中国社会在很多复杂系统管理方面取得了巨大的成就，为复杂系统管理研究提供了丰富的案例。第四，中国科研工作者在复杂系统管理研究中积累了一批高水平成果，如港珠澳大桥工程项目涉及工程建设、环境保护等众多环节，在实施过程中不仅涉及了大桥桥面铺装工程的管理决策实践，而且为"复杂性降解"等原

---

① 比如《交互式管理》（*Interactive Management*）、《第五项修炼》（*The Fifth Discipline*）、《经济中的递增回报与路径依存》（*Increasing Returns and Path Dependence in the Economy*）、《管理复杂系统——从框框外思考》（*Managing Complex Systems：Thinking Outside the Box*）等。

理提供了实践支持（麦强等，2019b）。北斗卫星系统也是一个复杂系统，包括微观尺度上的"降解"和宏观尺度上的"中和"，学者将其概括为"系统融合"过程，发展了综合集成管理理论和方法（麦强等，2019a）。此外，中国研究人员还形成了一批复杂系统管理的鲜活案例（李声姣等，2019）。

最重要的是，中国国土面积大，人口众多，社会经济发展速度快，过去40多年浓缩了西方社会数百年的发展历程，而且国内的不同地区差异性大，由此产生对复杂系统管理的旺盛需求，研究素材也十分丰富。肥沃的土壤和强烈的需求历来是事物成长的最好保障。例如，自2015年国务院印发《关于积极推进"互联网+"行动的指导意见》以来，社交媒体、电子商务、数字金融等互联网相关产业迅速发展，传统企业也纷纷拥抱"互联网+"行动。如今，中国在跨境电商、第三方支付、数字货币、快递物流、人工智能等业务规模上都在国际上遥遥领先，产生了一批全球领先的企业。至2019年，中国拥有4G基站544万个，占全球4G基站一半以上，覆盖99%的人口、95%以上的建制村[①]。截至2020年6月，在5G牌照发放一周年时，中国已建成25万个5G基站，并以每周1万多个的速度继续增加[②]。中国具有新一代的信息技术和大规模的国内市场，各行业不仅产生了大量的复杂系统，也记录了丰盈的个体微观行为的数据。据互联网数据中心（Internet Data Center，IDC）的研究报告，中国产生的数据量将在2025年超越美国（Choudhury，2019）。这使得中国企业有了运用复杂系统管理理论的可能性和必要性。以中国二手物品交易平台闲鱼为例，其搜索引擎是一个体量巨大的复杂系统，不仅要通过搜索引擎为数十亿件商品提供高效的导购引流，又要满足二手商品查询复杂、商品的库存量低、频繁上下架等特点，而复杂搜索系统的管理优化使闲鱼能够稳定高效地提供服务。系统科学思想也在大型工程建设中得到了广泛应用，为中国大规模基础设施建设做出了很大的贡献。

此外，国内复杂系统管理研究力量较为雄厚，形成了一批相关的研究中心、实验室［如中国科学院复杂系统管理与控制国家重点实验室，中国科学院管理、决策与信息系统重点实验室，北京大数据研究院，清华大学工业工

---

① 资料来源：《2019年通信业统计公报》。
② 2021年上半年通信业经济运行情况. https://www.miit.gov.cn/gxsj/tjfx/txy/art/2021/art_31a335393545
43daa87325f089cfdb1f.html[2022-11-20].

程系复杂系统工程研究中心、清华大学计算社会科学与国家治理实验室（试点），北京航空航天大学复杂系统分析与管理决策实验室，天津大学复杂管理系统实验室（培育），西安交通大学系统行为与管理实验室（培育）]。阿里巴巴也与杭州师范大学合作成立阿里巴巴复杂科学研究中心，"用复杂性思维提炼和研究信息社会的若干共性问题，建成复杂科学领域的全球高地"（马悦，2018）。

总体上看，我国复杂系统管理研究有着诸多"天时地利人和"的有利条件，为我国学者在复杂系统管理研究领域提供了领先世界的机会。

（四）主要研究方向

1. 网络演化的数学刻画

任何一个学科，只有能够被形式化、度量、计算，才能够更好地作为科学研究的对象。对于复杂系统，前人已经提出了分形理论、混沌理论、模糊理论、复杂适应系统理论、耗散结构理论、协同学、突变论、分岔理论、耦合振子、非线性动力学、网络科学等一系列研究复杂系统的数学理论与方法，极大地推动了复杂系统研究。但是上述方法多用于刻画复杂物理系统，对于社会经济系统，这些方法还远远不够。管理科学意义下的复杂系统，不仅组元数量巨大，而且具有多层次、多功能的结构，但这种结构并不是一成不变的，相反，其在发展过程中能够不断地学习并对自身结构进行完善或重组。关联和演化是社会经济系统的最重要的两个特征，因此，我们认为从网络演化着手，发展出网络演化的演变机理、度量方法的数学工具，将极大推动复杂系统管理研究。

典型科学问题举例：随机网络结构及其演化，复杂网络与随机过程的融合，网络演化博弈，超图与动态网络刻画，网络稳定性和突变性动力学，动态网络与平均场理论，等等。

2. 复杂生态环境系统／复杂工程系统的管理

复杂生态环境系统／复杂工程系统同时具有自然／物理属性，且与人类参与密切相关。对于复杂生态环境系统而言，一方面是生态环境各要素本身的相互关联相互作用，另一方面是人类经济与生活活动对生态环境系统的冲击和影响。对复杂生态环境系统的认知、评估和预测，是该类复杂系统管理的核心工作。对于复杂工程系统的管理，人类在长期的工程实践中已经积累了很多的经验和方法。然而，随着物联网、5G等技术的广泛应用，旧有的"知识"可能已经不再能够描绘复杂工程系统的运转模式，也不再适用于指导复杂工程系统的管理。同时，数据存储技术和运算能力实现了大幅提升，数据驱动的复杂工程管理模式成为可能。因此，利用大数据和人工智能技术，可以帮助复杂工程系统管理的更新换代。

典型科学问题举例：复杂生态环境系统承载力评估技术，生态环境与经济活动的耦合建模，复杂生态环境系统的模拟仿真，复杂工程系统异构数据的实时融合，复杂工程系统模拟仿真技术，复杂工程系统的过程管理，等等。

3. 复杂智能系统的建模与管控

复杂智能系统的组元是一个个能够独立决策的智能体，因此复杂智能系统的一个显著特点是去中心化或者弱中心化。智能体之间有层级性，通过通信、感知和学习，进行分工协作，以稳定地实现系统的功能，保障系统在受到外部冲击的时候依然能够稳健。生物系统（如鸟群、鱼群、蚁群、蜜蜂群等）的研究可以为复杂智能系统管控提供很多借鉴。但是相比生物系统，人工智能系统有着更明确的功能目标，而且不是完全的去中心化，复杂智能系统管理的研究有着更为广阔的空间。

典型科学问题举例：复杂智能系统的数学刻画，复杂智能系统的协同，复杂智能系统的自适应控制，人工智能博弈，复杂智能系统的鲁棒性建模，复杂智能系统的脆弱性和恢复力，复杂智能系统管理的仿真模拟方法，等等。

4. 人机融合系统的认知和调控机制

随着人工智能技术的深入发展，各类智能设备全面渗入人类生活，从智能视频监视、生物信息识别、扫码交易到自动驾驶、智能送货，社会生活将呈现一种人和智能机器高度融合的状态，衍生出许多新的社会特征：人的决策与智能算法高度融合，技术指标与价值目标密切关联，算法规制与社会规范合为一体等。这种人机融合系统会对人类的生活和行为产生什么样的影响？如何保障人机融合社会中普通人的权益？人机融合社会的脆弱性和恢复力如何度量？人机混合决策如何进行？……这些都是人机融合系统管理需要重点考虑的问题。

典型科学问题举例：人机融合社会的隐私保护，数据安全保护前提下的数据交易机制设计，在线社交流量转换管理，算法歧视和大数据杀熟，数字鸿沟与经济不平等，数字社会的反垄断机制，基于区块链与数字货币的社会管理机制和技术，人机混合决策的机制设计，等等。

5. 自叙事社会的和谐管理的机制设计

社交媒体和移动通信催生了自叙事社会，某些人有意无意地生产扭曲的信息或错误地解读信息、选择性接受与自己"共鸣"的信息，形成相互交叉、错综复杂的"信息回音室"，并诱发线下独特群体的认知偏差。在这些"信息回音室"中，个体在缺乏统一的指挥，甚至在不清楚其他个体行为如何影响自己的情况下，彼此交换着某些片面或者扭曲的信息。从目前的发展趋势来看，自叙事社会的观点极化现象会进一步加强。自叙事社会的和谐管理，涉及一系列具有挑战性的问题。

典型科学问题举例：社交媒体信息传播机理，虚假信息的基本模式和影响力，"信息回音室"的形成机理，虚假信息与受众特征匹配，线上和线下社交网络的互动形态，取消文化（cancel culture）与受众反应，自叙事社会的和谐管理机制设计，等等。

6. 全球化新形势下中国经济金融安全保障

自从智人（*Homo sapiens*）走出非洲，人类社会的总体发展是随着技术的进步、人类交流交往的不断扩大，一直处在"全球化"的大趋势之下。但是在当前形势之下，以某些西方国家为代表的去全球化力量将在一定程度上改变全球化形势及其进程，未来一段时间由技术推动的全球化力量与由政治推动的去全球化力量将交织而行。由此不仅世界经济金融系统的复杂性大大增加，而且其给中国经济金融安全带来很多棘手的问题。这些问题的解决，需要从复杂系统管理的视角加以考虑，如此才有可能在大变动之下找到较佳的发展路径。

典型科学问题举例：当前背景下，面向不同主题的中国经济金融复杂系统建模；"脱钩"背景下供应链脆弱性和恢复力；外生和内生系统性风险的形成机制和演变规律；基于数字孪生技术的经济金融系统模拟；经济金融战攻防的模拟仿真；等等。

二、复杂管理系统智能计算和优化

（一）基本概念与科学意义

"复杂管理系统"的复杂性体现在系统目标、决策主体、管理对象、内外部环境等诸多要素上。管理系统的本质是决策主体在限定环境下组织管理对象实现系统目标。随着社会经济发展，大规模、超大规模系统屡见不鲜，系统组织结构变得复杂，系统边界变得模糊，所处环境更具不确定性。与此同时，系统管理目标则变得更加严苛与多样化。现有科学理论与技术方法难以支持未来复杂管理系统的建模与管理决策，而人工智能、量子计算等新一代信息技术可以从系统智能建模、复杂决策计算等维度进行颠覆性革新。复杂管理系统智能计算和优化的基本科学问题就是针对系统特性，融合运筹学理论与人工智能等信息技术，实现复杂系统的管理优化升级。

复杂管理系统智能计算技术和优化理论是在新一代信息技术情境下实现复杂系统管理决策计算的重要工具和基础，通过结合领域知识、运筹学理论和人工智能、量子计算等新一代信息技术，提高复杂系统的管理水平与商业化实践能力。复杂管理系统智能计算技术和优化理论研究的发展将极大地改变大规模复杂系统建模方式与决策模式，从而实现优化到质变。其在高精度制造业、航空航天等重要领域有着广泛的应用，将强力推动我国相关科技产业的升级与发展。

（二）相应的国家战略需求

复杂管理系统广泛存在于第二产业和第三产业。复杂管理系统要实现高效、智能化运行，就需要大数据、人工智能、量子科技等新一代信息技术给予支持。2015 年，国务院印发实施制造强国战略第一个十年的行动纲领——《中国制造 2025》，该纲领强调要加强设计领域共性关键技术研发，攻克复杂过程和系统设计等共性技术，开发一批具有自主知识产权的关键设计工具软件，建设完善创新设计生态系统，同时要引导社会各类资源集聚，积极推动量子计算、神经网络等领域的发展。2016 年，中共中央、国务院印发《国家创新驱动发展战略纲要》，强调要发展新一代信息网络技术，加强类人工智能、自然交互与虚拟现实等技术研究，推动云计算、大数据、高性能计算等技术研发和综合应用，为我国经济转型升级和维护国家网络安全提供保障。2017 年国务院印发的《新一代人工智能发展规划》中指出，要针对可能引发人工智能范式变革的方向，前瞻布局高级机器学习、类脑智能计算、量子智能计算等跨领域基础理论研究。2019 年中共中央、国务院印发《长江三角洲区域一体化发展规划纲要》。该纲要强调，要大力发展基于物联网、大数据、人工智能的专业化服务，提升各领域融合发展、信息化协同和精细化管理水平。围绕城市公共管理、公共服务、公共安全等领域，支持有条件的城市建设基于人工智能和 5G 物联的城市大脑集群；要面向量子信息、下一代人工智能等领域，加快布局一批未来产业。2020 年，中共中央政治局就量子科技研究和应用前景进行集体学习时强调，"要充分认识推动量子科技发展的重要性和紧迫性，加强量子科技发展战略谋划和系统布局"（习近平，2020e）。同年 10 月，《中共中央关于制定国民经济和社会发展第十四个五年规划和二〇三五年远景目标的建议》指出，要在"十四五"期间，强化国家战略科技力量，瞄准人工智能、量子信息等前沿领域，实施一批具有前沿性、战略性的国家重大科技项目。此外，为贯彻落实《长江三角洲区域一体化发展规划纲要》和《国家创新驱动发展战略纲要》，2020 年 12 月科技部发布《长三角科技创新共同体建设发展规划》，鼓励长江三角洲地区的三省一市立足优势学科和研究力量，在智能计算、高端芯片、智能感知等重点领域加快布局，筹建类脑智能、智能计算等重大基础平台。

复杂管理系统智能计算和优化研究的核心是融合运筹学理论与人工智能、量子计算等新一代信息技术，为复杂管理系统建模与决策提供科学理论依据和智能技术支持。复杂系统的具体产业形态包括高精度制造、高端装备、航空航天等，复杂管理系统智能计算和优化作为其发展基石，为推进相关产业基础高级化、产业链现代化，提高经济质量效益和核心竞争力奠定理论与技术基础，有利于稳步加快发展现代产业体系、持续推动经济体系优化升级。

（三）国际发展态势与我国发展优势

复杂管理系统智能计算和优化问题，借助运筹学理论以及人工智能、量子计算等新一代信息技术，有了突破性发展和进一步提升的潜质，进而在国际上引发了从产业到政府再到学术界的高度关注。

从产业方面看，复杂管理系统智能计算和优化在国际上有着巨大的发展空间和潜力。运筹优化技术在第二次世界大战期间开始有了大规模应用，当时英国政府招募科学家来解决关键军事行动中的资源配置问题，来确定最有效地使用雷达和其他新的国防技术。后来，美国为了满足作战需要，如部队、物资和装备的最佳调动，也成立了多个研究小组。第二次世界大战结束后，欧美有许多产业成功应用了这些技术，如航空业、电信业、制造业、交通业等（Blumenfeld et al.，2004）。

以国际知名优化求解器 Gurobi 在 2020 年的调查数据为例，目前使用优化技术的行业非常广泛，其中物流行业的应用占比最大，约为 16%，紧随其后的是科技服务和电力行业，占比也在 10% 以上，其他的应用行业包括教育、金融、农业、商务、汽车、广告等[①]。同时，美国运筹学管理学协会，作为一个国际性的专业协会，其会员覆盖近 90 个国家和各类组织，已经达到12 500 名，其中不乏大量数据科学、分析、机器学习和人工智能专业人士，为相关产业下一步的发展搭建合作平台[②]。此外，根据斯坦福大学 2019 年的研究报告，在全球范围内，对人工智能初创企业的投资继续稳步上升，从 2010年筹集的 13 亿美元到 2018 年的 404 亿美元，资金以超过 48% 的年均增长率增长[③]。根据国际商业机器公司（International Business Machines Corporation，IBM）的报告，量子计算也正在成为解决复杂管理系统问题的有效技术，它可以将这种计算的时间从数年缩短到数分钟[④]。虽然量子计算尚处于起步阶段，但其仅仅未来五年的市场空间可能从大约 5 亿美元发展到高达 290 亿美元[⑤]。

---

① Gurobi 发布首份《数学优化应用状况报告》. http://www.gurobi.cn/NewsView.Asp?id=88[2022-08-25].

② INFORMS is the largest professional association for the decision and data sciences. https://www.informs.org/Discover[2022-08-25].

③ Artificial intelligence index report 2019. https://hai.stanford.edu/sites/default/files/ai_index_2019_report.pdf[2022-08-25].

④ The quantum decade. https://www.ibm.com/downloads/cas/Q5Q8ZOWR[2022-08-25].

⑤ Coming soon to your business：Quantum computing. https://www.ibm.com/thought-leadership/institute-business-value/report/quantumstrategy[2022-08-25].

可以想象，随着人工智能和量子计算的兴起，复杂管理系统智能计算和优化相关研究具备广阔的发展空间。

从国家战略方面看，包括我国在内的多个国家均高度重视复杂管理系统智能计算和优化相关问题的研究。其中，我国国务院早在 2017 年 7 月发布了《新一代人工智能发展规划》，将人工智能上升为国家战略，人工智能也被写入了"十四五"规划建议中。同时，主要发达国家也在积极部署人工智能战略，争夺新一轮科技革命和产业变革的领先优势。2019 年 2 月，美国政府签署了《美国人工智能倡议》行政令，也将人工智能技术上升为国家级战略。该倡议旨在为人工智能的发展优先提供资金、资源，确立标准，培养人才队伍，加强美国的国际化参与。2019 年 6 月，为响应倡议，美国更新发布了《国家人工智能研发战略规划》。新规划保留了涉及人工智能研究投资、人机协作开发、人工智能伦理法律与社会影响、人工智能系统的安全性、公共数据集、人工智能评估标准、人工智能研发人员需求的前 7 条战略，新增了旨在加强公私合作的第 8 条战略，以确保美国在人工智能研发关键领域中的领先地位。

面对中国和美国在人工智能领域的快速发展和战略部署，2020 年 2 月，欧盟发布《人工智能白皮书》，目的在于促进欧洲在人工智能领域的创新能力，推动人工智能道德和可信赖性的发展，提出建立"可信赖的人工智能框架"。人工智能是数据、算法和技术能力的技术集合体，而欧洲已具备强大的计算基础架构和低功耗的安全数字系统[①]，这些基础设施能够助力欧盟加速科技创新，以自身优势扩大人工智能在商业发展（机械、运输、网络安全、农业、绿色和循环经济、医疗保健以及时尚和旅游业等高附加值行业的产品与服务开发）和公共服务（教育、能源等服务成本的降低）领域的进一步应用。

除了三大主体力量，其他国家利用自身的独特优势，积极争取人工智能创新的红利。俄罗斯于 2019 年 10 月发布《2030 年前国家人工智能发展战略》，以人工智能的基础设施为切入点，提升信息和计算资源的可用性，完善人工智能领域人才培养体系。2020 年 8 月，俄罗斯总理签署了《2024 年前俄罗斯人工智能和机器人技术领域监管发展构想》，建立人工智能的监管体系。德国

---

① 欧委会正式启动欧盟云计算行动计划 . https://www.sciping.com/26178.html[2022-08-25].

依托其"工业 4.0"以及智能制造领域的优势,于 2020 年 12 月批准了新版人工智能战略,欲采取扩大投资的方式,专注发展人工智能研究、监管、迁移与应用,在可持续发展和抗击流行病等领域重点落实。日本政府在 2020 年 7 月出台的《统合创新战略 2020》指出,为了在控制风险的同时提高生产效率,必须运用人工智能、超级计算机等新技术,从而加快推进国家数字化转型。

除人工智能战略外,量子科技的蓬勃发展使其同样成为各科技大国抢占的战略高地。美国政府在 2020 年 10 月发布的《关键与新兴技术国家战略》中将"量子信息科学"列为 20 项关键与新兴技术(critical and emerging technologies,C&ET)之一,并将其作为对国家安全至关重要的技术进行优先发展。欧盟在 2020 年 3 月发布了"欧洲量子旗舰计划"《战略研究议程》(Strategic Research Agenda,SRA),细化了量子通信、量子计算等技术的发展远景。欧洲主要国家,如英国将"国家量子技术项目"列入《2020 年科技战略》,俄罗斯制定《量子通信高技术领域发展路线图》,规划在 2024 年前实施商业量子通信网络、量子物联网等 120 多项研发项目,而德国则计划在 2022 年前投资 6.5 亿欧元资助各类量子技术研发项目[①]。日本于 2020 年 1 月发布《量子技术创新战略(最终报告)》,将"量子技术创新战略"作为未来 10～20 年的国家战略。复杂管理系统智能计算和优化潜在关键技术的战略部署,如人工智能与量子科技的发展,为复杂管理系统智能计算和优化的新技术、新算法夯实了理论基础、硬件基础、设施基础,在很大程度上能够催生新理论、新算法,为复杂管理系统智能计算和优化的发展带来新的活力。

从学术研究方面看,管理科学领域持续受到全球学者的高度重视,为复杂管理系统的智能计算和优化优先领域的研究打下了坚实的基础。基于 WoS 的分类原则,管理学研究领域划分为农业经济与政策,商业,金融,土木工程,工业工程,人机工程,酒店、休闲、体育与旅游,劳资关系与劳工,情报科学与图书馆,管理,医学信息,运筹学与管理科学,公共管理,公共环境与职业健康,区域与城市规划共 15 个领域。通过潜在狄利克雷分配(Latent Dirichlet Allocation,LDA)主题模型对文献的前沿热点进行挖掘分析,得到 103 个管理学前沿热点,除土木工程外,其余 14 个领域均有全球前沿热

---

① 盘点:世界主要国家和组织在量子科技领域的战略布局. https://www.secrss.com/articles/27812[2022-08-25].

点。其中，与复杂管理系统智能计算和优化强相关的运筹学与管理科学领域覆盖 11 个前沿热点，包括数据分析、机器学习、文本挖掘、纵向分析、计算机运筹学与自动路径规划、偏最小二乘路径建模、公共交通调度、决策模型应用、风险分析、风险分析与危机管理、运营研究与绩效管理；工业工程覆盖 3 个前沿热点，即危险作业和人机工程的 2 个前沿热点——人机工程学与预防评估、系统与人机工程学研究。

此外，在最近几年举行的国际会议中，也出现了较多智能计算和优化相关主题，如运筹学和管理科学研究所（Institute for Operations Research and the Management Sciences，INFORMS）2020 年的"量子计算与优化"（quantum computing and optimization）、"机器学习优化：洞察与挑战"（optimization for machine learning: insights and challenges）[①]，国际运筹学会联合会（International Federation of Operational Research Societies，IFORS）2021 年的"决策分析和决策支持系统"（decision analysis and decision support systems），生产与运营管理学会（Production and Operations Management Society，POMS）2019 年的"决策科学与优化"（decision science and optimization）[②] 等。

近年来，特别是"十四五"规划中，利用前沿领域技术强化国家战略力量并推进相关产业基础高级化在我国国家层面得到了高度关注，成为国家战略重要组成部分。其中，复杂管理系统智能计算和优化研究，融合了运筹学理论与人工智能、量子计算等新一代信息技术，兼具学术价值和应用价值，得到广泛关注。

从产业的角度看，我国的生产制造和营商环境中，广泛存在复杂管理系统，具体包括交通运输业、制造业、通信行业、能源行业、金融业、医疗服务业等。其复杂管理系统的智能计算和优化拥有巨大的潜在效益。以交通运输业中的民航业为例，《2019 年民航行业发展统计公报》显示，2019 年我国民航全行业有定期航班航线 5521 条，完成运输总周转量 1293.25 亿吨公里，累计实现营业收入 10 624.9 亿元，具有资本密集、体量大、管理对象关系复杂等特点。此外，作为传统行业代表的制造业是我国国民经济的主体。国家

---

① Schedule of virtual 2020 informs annual meeting. http://meetings2.informs.org/wordpress/annual2020/schedule/[2022-08-25].

② POMS international conference. https://www.poms2019.com/programme[2022-08-25].

统计局数据显示，2019 年我国制造业占 GDP 的比重为 27.2%，拉动经济增长1.6 个百分点。另一方面，新兴技术产业也亟待针对大规模 / 超大规模的复杂管理系统的高效决策方法，通过人工智能、量子计算等新技术提升算力，才能有效解决此类大规模复杂管理问题。其中，高精度制造业、重型机械制造业以及流程工业普遍存在利润空间小、市场需求波动大的特点，结合人工智能和优化理论提高市场需求预测的精确度、优化生产过程就能够优化成本结构，实现制造业的提质增效。

基于业界的广泛需求，我国的运筹优化技术及人工智能技术积累了一定的研究基础和产业基础：以成立于 1991 年的中国运筹学会（其前身为 1980年成立的中国数学会运筹学分会）作为平台，现有 2000 余名专家学者参与运筹优化领域前沿问题的研究与实践。此外，我国以人工智能技术为核心的产业革命也在快速兴起中，《2020 中国人工智能指数报告》指出：1998～2018 年，中国的人工智能初创企业的融资额达到 487 亿美元，仅次于美国的 1273 亿美元，位居全球第二；2014 年起，我国人工智能初创企业总投资增速已位居世界第一[①]。各研究机构及相关的产业基础将助力复杂系统管理问题的研究。

一方面，通过智能计算技术和优化理论实现复杂管理系统的优化，可以推进生产制造环节的降本增效，提高盈利能力和市场竞争力；另一方面，信息技术的快速发展及其对能源、金融、交通、制造业、物流、媒体等领域的深度融合与渗透，使得我国相关产业完成了数据、领域知识的初步储备，为后续结合量子计算、人工智能等新技术的决策优化提供了发展基石。面向以上实践需求，依托数据和知识储备，研究复杂管理系统智能计算技术和优化理论，将有利于推进我国企业"开源节流"，加速供给侧结构升级。

从学术研究的角度看，中国学者为管理科学领域的相关研究做出了重要贡献。2013 年 1 月至 2019 年 8 月，WoS 核心合集数据库中管理科学领域的总体发文量达到 483 484 篇，其中中国（不含台湾数据）学者发表 32 511 篇，被引 224 071 次，平均每篇被引 6.89 次。此外，2014～2018 年，全球学者管理科学 WoS 发文量平均每年同比增长 5.58%，其中中国（不含台湾数据）学者发文量平均每年同比增长 19.15%。可以说，中国管理科学研究发展速

---

① 快讯 | 中国 AI 总投资增速世界第一 企业数量低于美英. https://baijiahao.baidu.com/s?id=16910208 50710772049&wfr=spider&for=pc[2022-08-25].

度远高于全球平均水平，并持续通过多边合作增加其影响力。与复杂管理系统的智能计算和优化强相关的，中国（不含台湾数据）学者在运筹学与管理科学、工业工程 2 个研究领域中的共计 5 个前沿热点上做出了重要贡献。在运筹学与管理科学领域，中国（不含台湾数据）学者主要在决策模型应用、公共交通调度、运营研究与绩效管理、机器学习这 4 个前沿热点上做出了重要贡献，热点文献中的贡献率依次为 84%、52%、52%、24%；在工业工程领域，中国（不含台湾数据）学者主要在危险作业前沿热点做出了贡献，热点文献中的贡献率为 36%。

根据论文资助信息，将论文分成受国家自然科学基金委员会资助（可能同时受多个基金资助，但只要有国家自然科学基金，即归为该类）、受其他基金资助和无资助三类。相关数据表明，我国管理科学领域的论文受基金资助比例逐年提升，从 2014 年的 54.03% 提升到 2018 年的 81.63%，五年总体资助率达到 75.53%；受国家自然科学基金资助比例也逐年提升，从 2014 年的 33.75% 提升到 50.88%。在受基金资助的全部论文中，受国家自然科学基金资助的比例在 60% 左右，每年变化不大。这意味着管理科学领域在国内受到了高度重视并持续保持研究热度。

在管理科学与工程学会 2020 年年会中，就有工业工程与管理、智能决策、人工智能技术与管理应用等分论坛[①]。国内众多高校设立与复杂管理系统智能计算和优化相关的研究机构，如中国科学院自动化研究所复杂系统管理与控制国家重点实验室、上海科技大学决策优化实验室、浙江大学物流与决策优化研究所、华中科技大学智慧计算与优化实验室、大连理工大学智慧商务物流研究所等。阿里达摩院决策智能实验室、阿里巴巴－南洋理工大学联合研究院、百度硅谷人工智能实验室、深圳市腾讯计算机系统有限公司在美国西雅图的人工智能实验室等机构的设立，也反映了国内科技企业对于本领域前景的重视与看好。

此外，随着物联网、人工智能技术的飞速发展和快速推广应用，人工智能与运筹学相结合成为近年来的研究热点。基于智能运筹学理论的处理动态问题的新思路，其应用前景十分广阔，它不仅在动态系统的实时优化控制领

---

① 管理科学与工程学会 2020 年年会 暨第十八届中国管理科学与工程论坛（第三轮通知）. http://www.glkxygc.cn/Content/2020/10-06/0854288152.html[2022-08-25].

域将发挥重要作用，如生产过程的优化控制与调度、机器人行走路线的规划、电子商务物流配送的实时优化调度等，而且还可以应用于投资决策及人力物力等资源的优化配置问题、计划与规划问题、生产存储问题等，并在计算机集成制造系统（computer integrated manufacturing system，CIMS）、柔性制造系统（flexible manufacturing system，FMS）中也有较广阔的应用前景（胡祥培等，2002）。

综上而言，我国不仅有丰富的管理学理论研究基础，也有广泛的实际应用场景，两者相辅相成，共同提高我国在复杂管理系统智能计算和优化这一优先领域的独特竞争力。基于中国问题、处于中国情境、使用中国数据、运用中国思想和理论均有助于中国学者引领相关领域前沿热点的研究。

（四）主要研究方向

1. 人工智能与运筹学的融合——智能运筹学

传统的运筹学（数学规划）理论，包括线性、非线性、整数、动态、随机规划等，对具有结构性的优化问题，已经形成了一套较为完善的优化理论方法。另一方面，人工智能技术，已经成功应用于图像、声音等非结构性优化问题。但现阶段这两种理论方法体系有各自的特色、优势、适用范围和短板。运筹学方法以基于模型的定量分析见长，人工智能技术擅长于基于符号知识推理（以定性分析见长）。若发挥计算机快速高效的优势，将人类的知识、智能和智慧赋能于计算机，使其集"高效－智慧"于一身，实现定性分析与定量分析相结合、人的智能与计算机的效能有机结合，将使传统的运筹学如虎添翼，诞生"智能运筹学"这一新的学科方向。

对于复杂管理决策问题，如何描述问题并将其抽象为相应的决策模型，是一项富有难度和挑战性的工作。它依赖人的知识、经验和创造性。构建模型不仅需要问题的领域知识，还要熟知模型的建模技巧，它往往依靠既懂运筹学知识又懂问题领域知识的专业人员来完成。遗憾的是，面对复杂管理系统，即使是熟知建模技巧的专业人员，也难以将复杂的问题概括抽象为相对应的模型；如果将问题大大简化或者忽略某些因素和约束条件，虽然也可以建立相应的模型并得到最优解，但这个最优解与解决实际问题的要求可能会有一定差距。更为不幸的是，如果客观条件发生变化，就要求相应的模型也要随之改变,有时会发生"客观条件的变化→模型的变化→求解程序以及软件系统的变化"这一连锁反应,这就导致以模型为基础的运筹学方法在求解动态实时优化决策问题时显得无能为力,在在线建模与在线求解方面面临重重困难。因此,面对这一关键科学难题,若将人工智能技术与运筹学方法有机融合,构建"高效-智慧"型智能运筹学新方法,就可以实现复杂管理系统数据驱动的在线趋势分析、在线形式化问题描述、在线智能建模和在线智能求解等基于计算机的在线问题求解过程,为复杂管理系统的在线实时智能建模和求解提供快速、高效和智能的新方法,实现人的智能与机器智能的有机结合,能够有效拓展运筹学的易用性和柔性,为应急管理问题、机器人路径规划、干扰管理问题、大规模物流配送车辆路径规划、电子商务订单实时处理等复杂管理决策系统提供新手段。

典型科学问题举例:复杂管理系统数据驱动的在线趋势分析,数据驱动的在线智能分析与预警方法,复杂管理问题的形式化及知识表示方法,数据驱动的在线智能决策方法,数据驱动的在线学习、在线智能建模方法,数据驱动的在线智能优化算法,基于机器学习的大规模组合优化问题的鲁棒性优化,基于机器学习的随机优化方法,基于机器学习的组合优化精确算法设计,基于强化学习的启发式搜索算法设计。

2. 复杂管理系统的在线算法研究

一些新兴信息技术,如5G、数字孪生等技术的发展和应用会给复杂管理系统带来大量的实时数据,相关的大规模复杂系统不可避免地需要利用这些实时数据进行决策,如基于数字孪生的复杂生产系统的实时决策,基于实时城市行人、车辆轨迹数据的交通诱导等。因此,实时数据驱动的在线算法是实现基于实时数据决策的关键一环。对于传统大规模复杂系统,由于不能获取系统的全部信息,往往以不确定性刻画其复杂性,从而建立基于不确定性的优化算法理论体系,如随机规划、鲁棒性优化等。然而,随着实时数据的大量涌现,复杂系统的不确定性/不可准确描述性降低,决策的实时性和对数据处理的要求提高。因此,在线算法很可能是未来基于数据决策的基础和保障。由于数据的大量涌现和在线算法的时效性要求,在线算法有可能采取数据抽样和传统运筹优化组合来提高算法效率。

典型科学问题举例： 实时数据驱动的在线优化理论研究，组合优化问题在线算法的设计与实现，适用于动态复杂管理系统的在线算法研究，基于实时数据的复杂管理系统在线决策效率分析，基于数据抽样和运筹优化理论的在线算法设计与实现。

3. 复杂管理系统中的量子计算理论及应用

近五年量子计算在国内外发展迅猛，国际学界也对其在管理学相关的理论和应用开展了研究。复杂管理系统规模的不断扩大使得系统结构变得复杂、系统边界变得模糊、所处环境更具不确定性，构成其核心的大规模组合优化问题通常被建模为非线性混合整数规划模型，大量的整数变量约束和非凸非线性目标函数使得其求解困难，传统计算机无法在合理时间内完成求解。量子计算作为非传统计算领域的前沿技术，根据对象状态在被测量之前的概率进行计算，而不是传统的位处理器，这意味着与传统计算机相比，其在处理速度和求解效率上具有跨越性突破。例如，由谷歌（Google）公司资助的 D波（D-Wave）量子超级计算机的处理速度可比传统计算机高出 1 亿倍。基于伊辛模型的量子计算与传统计算机迥然不同的计算逻辑，对所适用的组合优化问题的结构有所限制，对传统优化算法理论提出了创新要求。东芝株式会社和富士通集团开发的模拟分叉机（simulated bifurcation machine，SBM）和数字退火炉将量子计算提升到一个新的高度。目前，量子计算尚处于起步阶段。利用量子计算对非线性、整数规划算法的求解效率进行量级提升，仍有很大的探索空间。

典型科学问题举例： 量子计算在复杂管理系统优化领域的适用性研究，应用量子计算求解各类非确定性多项式（nondeterministic polynomially，NP）难题的有效性分析，面向量子计算的大规模组合优化问题建模方法，面向量子计算的大规模组合问题的鲁棒性优化，面向量子计算的随机优化问题，基于量子计算的智能优化方法研究，基于量子计算的非凸非线性规划问题的启发式算法。

4. 复杂管理系统高阶依赖建模与时变特征分析

随着信息技术的飞速发展，我们得以使用大数据技术手段以前所未有的精度量化复杂管理系统的组成和交互作用，由此促进了系统动力学、复杂网络、多智能体仿真、机器学习等方法在复杂管理系统建模与分析中的广泛应用。然而，在传统的复杂系统分析框架中，建模方法往往仅考虑系统要素或决策主体间的直接作用关系，而忽视了对复杂、时变、传递的高阶依赖关系的作用。以复杂网络方法为例，在现有的网络理论体系中，几乎所有关于节点中心性、作用传递、网络传播等指标和模型都建立在经典的马尔科夫（Markov）假设之下。在该假设条件下，网络可仅用描述直接作用的邻接矩阵或拉普拉斯矩阵来表示，这一框架可以便利地使用矩阵连续乘积等形式得到节点间的间接作用关系。然而，随着复杂系统数据的测度时长、规模、精度不断提高，研究人员发现，传统的基于邻接矩阵的结论存在较大的局限性，因为现实生活中的复杂系统普遍存在高维特性，即要素间的交互作用不能仅用连接的传递作用简单累加。这一发现在人群出行活动、医院转诊模式、时序在线社交行为、文献引用网络、贸易网络等系统中均得到了实证支撑。另一方面，通过将系统要素及其相互作用的持续性标记，以时间戳构建随时间不断演化的时序网络，进行节点交互、网络演化、疾病传播、信息扩散等建模和实证研究，在近年来逐渐融合成一个新的研究方向。由于现实生活中复杂管理系统的节点、边的持续性必然存在时效动态特征，如新节点和作用关系的产生，以及交互强度、方向的变化等均会对系统演化与动力学过程造成影响，因此使用大规模、高精度的时序分析方法开展复杂管理系统研究，重新审视关于节点重要性、系统结构与功能、系统动力学过程等，具有重要意义。

典型科学问题举例：复杂管理系统高阶依赖关系建模方法研究，高阶依赖的数学模型与计算优化方法研究，时变复杂管理系统数学建模与仿真技术研究，高阶时变复杂系统结构指标与算法研究，复杂管理系统高阶时序特征表示学习，基于高阶时序特征的复杂管理系统干预与优化，考虑高阶与时序特征的复杂管理系统实证分析。

5. 复杂管理系统智能优化与决策技术

在应对复杂管理系统中存在的大量不确定性、非线性、高阶次、多重反馈、涌现性等特点时，系统动力学、复杂网络、系统仿真、多智能体建模等方法在复杂管理系统优化与决策研究中得到了广泛应用。然而，这些方法在复杂管理系统精确模型构建、系统中长期行为预测、复杂突变行为监测预警、复杂系统实验等方面均存在大量具有挑战性的问题，这些问题有待解决。随着大数据、人工智能等信息技术的进一步发展，近年来，大规模人工系统（如人工社会）、深度强化学习等技术被逐步应用于复杂系统优化问题中，并在军事对抗、网络瓦解、交通与能耗控制、推荐系统等领域得到了广泛应用。未来复杂管理系统优化与决策研究将不断向自适应、自学习的自动化、大数据智能应用与决策主体交互、多元决策主体协同等方向发展。

　　典型科学问题举例：复杂管理系统群体行为动力学，复杂管理系统决策主体智能建模，复杂管理系统决策学习机制研究，复杂管理系统自适应，自学习决策算法研究，基于多元决策主体与"机器智能"协同的智慧决策模型研究，复杂管理系统智能优化技术，复杂管理系统平行系统仿真与优化，复杂管理系统实验研究。

三、混合智能系统中的行为与合作

（一）基本概念与科学意义

　　随着人工智能理论方法的不断突破和发展，及其在诸多行业中的广泛和深入应用，混合智能系统逐渐涌现，并成为学界和业界共同关注的前沿主题。混合智能系统主要是指为实现特定的管理目标，而由人和智能机器（系统）共同构成的、在数字智能技术支持下进行人机互动的智能（辅助）决策和运行的管理组织。在混合智能系统中，人机互动的过程是人、数据及算法相互融合和相互作用的过程。有别于传统管理系统，混合智能系统将面临一些新的挑战，如机器智能推理学习的弱可解释性、人与机器在表达及解决问题方面的认知异构性、人机融合群体行为的复杂性等。通过对混合智能系统理论和方法的研究，有助于系统认识混合智能系统中人类行为和机器行为的新特征和机理；有助于深刻了解混合智能系统中人和机器的理性局限性、文化和伦理等因素的重要性；有助于全面掌握混合智能系统的结构、功能及演化。在此基础上，设计安全、稳定、高效的人机协同与合作机制，将有利于实现面向特定管理目标和场景的混合智能驱动的管理信息系统，从而有效提升管理活动中人与机器的互动和协作能力，极大改善人们的生产和生活质量，提升经济社会综合管理水平。

（二）相应的国家战略需求

近年来，人工智能已成为我国的国家战略。2017年7月8日，国务院印发并实施了《新一代人工智能发展规划》，强调"必须放眼全球，把人工智能发展放在国家战略层面系统布局、主动谋划，牢牢把握人工智能发展新阶段国际竞争的战略主动，打造竞争新优势、开拓发展新空间，有效保障国家安全"。2018年10月31日，习近平总书记在中央政治局第九次集体学习时提出："人工智能是新一轮科技革命和产业变革的重要驱动力量，加快发展新一代人工智能是事关我国能否抓住新一轮科技革命和产业变革机遇的战略问题。"（习近平，2018b）埃森哲在《人工智能：助力中国经济增长》报告中指出，人工智能有潜力将2035年的中国经济总增加值提升7.111万亿美元，助力中国经济增速提高1.6个百分点。2021年发布的《中华人民共和国国民经济和社会发展第十四个五年规划和2035年远景目标纲要》中，将新一代人工智能作为"十四五"期间重点关注的7个科技前沿领域之一，且将人工智能作为"十四五"期间重点发展的数字经济重点产业之一。

基于人机协同的混合增强智能是当前人工智能的发展重点之一。《新一代人工智能发展规划》明确指出："大数据驱动知识学习、跨媒体协同处理、人机协同增强智能、群体集成智能、自主智能系统成为人工智能的发展重点。"其中，混合增强智能新架构与新技术需"重点突破人机协同的感知与执行一体化模型、智能计算前移的新型传感器件、通用混合计算架构等核心技术，构建自主适应环境的混合增强智能系统、人机群组混合增强智能系统及支撑环境"。2020年1月，科技部发布了《科技创新2030——"新一代人工智能"重大项目2020年度第一批项目申报指南建议》，其中把"混合增强在线教育关键技术与系统研究"立为项目之一，该项目将研究基于人机混合智能的群体化学习组织、激励、评测、辅导和优化方法，建立支撑群体化课程学习和在线实践的智能平台。

混合智能系统是混合增强智能系统研究及整个人工智能研究中的一个重要组成部分。它的核心是将人机协同混合智能作为特定管理目标和场景下进行智能化管理的驱动力和技术支持，面向混合智能的管理信息系统是它的一个典型应用。通过对混合智能系统理论和方法的研究，实现基于混合智能的人机协作系统在国民经济和社会管理诸多领域的广泛应用，促进管理科学与人工智能的学科交叉融合，对实施新一代人工智能国家战略具有十分重要的意义。

（三）国际发展态势与我国发展优势

人工智能已经在深刻改变世界，在国家安全、智慧城市、交通出行、工业制造、金融、医疗保健、司法等领域得到日益广泛而深入的应用。人工智能及其重要组成部分——混合智能，在国际上引起了从产业到政府，再到学术界的高度关注。

从产业方向看，人工智能将赋能各个传统产业，促进经济的快速发展。普华永道会计师事务所在 2017 年发布的研究报告中指出，人工智能技术到 2030 年将使全球 GDP 增长 15.7 万亿美元，其中 40% 归功于劳动生产力的提升，其余大部分来自人工智能所激发的消费需求。2018 年 9 月，麦肯锡公司在发布的《人工智能对全球经济的影响》报告中指出，人工智能在未来社会的影响力可与蒸汽机等革命性发明对人类社会的贡献相媲美。混合智能作为人工智能的重要组成部分，也成为各大前沿公司关注的发展方向。例如，美国亚马逊（Amazon）公司早在 2005 年建立的机械特克（Mechanical Turk）平台是一个典型混合智能系统，它可以利用众包（crowdsourcing）原理将某个任务分解和分配给平台上的多个劳动力来并行实施。计算机视觉领域重要的基础数据库 ImageNet，也是通过众包的混合智能方式建立，已经极大地促进了计算机视觉等领域的技术发展。2017 年 7 月，谷歌的母公司 Alphabet 启动了一项名为"人与人工智能研究"（People + AI Research，PAIR）的研究计划，用于改善普通用户与人工智能的互动与协作方式。2019 年 9 月，微软全球副总裁沈向洋博士出席由国家自然科学基金委员会信息科学部、中国认知科学学会和中国自动化学会联合主办的"第二届中国认知计算与混合智能学术大会"，作了题为"微软对认知计算和混合智能的中长期思考"的报告。埃森哲在《技术展望 2021》里总结道，每个领军企业均必须将其自身在一定程度上视为机器人公司，人机协作也是未来人机融合时代的趋势之一。2019 年，脸书研究人员制造出了一个纸牌游戏机器人，可以在一款需要团队作战的游戏——花火（Hanabi）中获得高分。2021 年脸书改名为元宇宙（Meta）。一个新的元宇宙纪元正式拉开帷幕，而混合智能将会是元宇宙中至关重要的组成部分。

从国家战略方向看，世界各国为了抓住人工智能带来的新一轮产业变革的发展机遇和抢占人工智能竞争制高点，开始争相制定该领域的国家发展战略和规划。2016 年 10 月，美国国家科学技术委员会（National Science and Technology Council，NSTC）连续发布了两个重要战略文件——《为人工智能的未来做好准备》和《国家人工智能研究和发展战略计划》，将人工智能上升到了国家战略层面。2020 年 10 月，美国白宫发布《关键与新兴技术国家战略》，以人工智能，自主系统、通信和网络技术、量子信息科学等 20 个技术为优先发展领域，并丁次年成立了专门的国家人工智能倡议办公室，负责监督和实施国家人工智能战略。2017 年 3 月，加拿大政府发布了《泛加拿大人工智能战略》，计划拨款 1.25 亿加元来支持人工智能研究及人才培养。2018 年 11 月，德国联邦政府正式发布人工智能战略，计划在 2025 年前投入 30 亿欧元用于推动德国人工智能的发展。2017 年 6 月，日本政府发布了《未来投资战略》，重点推动物联网建设和人工智能的应用。2019 年 6 月，日本政府出台《人工智能战略 2019》。2019 年 10 月，俄罗斯总统普京批准了《俄罗斯 2030 年前国家人工智能发展战略》。2019 年 12 月，韩国科学技术信息通信部发布了《人工智能国家战略》，提出了"从信息技术强国向人工智能强国发展"的愿景。2021 年，韩国首尔发布《元宇宙首尔五年计划》，计划耗资 39 亿韩元，分三个阶段、约五年时间完成建设和扩充，最终实现在经济、文化、旅游、教育等市政府所有传统业务领域打造元宇宙行政服务生态。2021 年 6 月，澳大利亚工业、科学、能源与资源部（Department of Industry，Science，Energy and Resources，DISER）公布《澳大利亚人工智能行动计划》，目标是使澳大利亚在开发和采用可信的、安全与负责的人工智能方面成为全球领先国家。在这些人工智能发展战略中，人机协作的混合智能是其中不可或缺的重要研究内容。

从学术研究方向看，混合智能的相关研究逐渐受到国际学者的广泛关注。各国的科学基金组织也纷纷设立计划，资助与人机协同混合智能相关的基础研究。例如，2016 年，美国国家科学基金会公布"十大创新建议"，"人机前沿未来工作"是其中一项长期研究与投资方向。2020 年，日本科学技术振兴机构（Japan Science and Technology Agency，JST）联合德国科学基金会、法国国家科研署共同资助了"人机交互的自适应人工智能"项目。国际期刊或者国际会议也纷纷以混合智能为主题开展了论文交流和学术讨论。例如，2013年，图灵奖获得者拉杰·雷迪（Raj Reddy）等多位国际知名学者在《IEEE智能系统》（*IEEE Intelligent Systems*）期刊上撰文，围绕混合智能等展开专题讨论。2021年全球最大的专业技术组织——电气和电子工程师协会（Institute of Electrical and Electronics Engineers，IEEE）在发布的《IEEE全球调研：科技在2022年及未来的影响》中指出，未来十年将是人与机器人更紧密协作的新时代。"国际先进人工智能协会举办2022春季混合智能机器学习和知识工程研讨会"（AAAI-Make：AAAI 2022 Spring Symposium on Machine Learning and Knowledge Engineering for Hybrid Intelligence）定于2022年3月作为国际先进人工智能协会（Association for the Advancement of Artificial Intelligence，AAAI）春季研讨会的一部分在美国加利福尼亚州斯坦福大学举行。

国际代表性期刊也刊登了混合智能相关研究成果。2015年至2021年2月，《自然》（*Nature*）和*Science*期刊上发表了21篇混合智能相关论文。2019年，*Nature*发表长文综述《机器行为学》（"Machine Behaviour"），从机器行为的动机，机器行为学的跨学科研究，研究对象与研究问题，三种研究范围——个体、群集与人机交互，以及机器行为学展望五个方面阐述了机器行为学发展态势，其中以人机交互为特征的混合智能是一种非常重要的组成部分。2015年至2021年2月《管理信息系统季刊》（*MIS Quarterly*）、《欧洲运筹学杂志》（*European Journal of Operational Research*）、《国际生产研究杂志》（*International Journal of Production Research*）等管理科学重要期刊上发表了近30篇混合智能相关论文。2022年，《管理科学》（*Management Science*）上发布了"人类与算法联系"（The Human-Algorithm Connection）的特刊征稿。《中国科学：信息科学》（*Science China-Information Sciences*）2019年第5期也出版了人机混合智能专题，全方位地展示了人机混合智能技术在系统研发与理论创新等方面的研究现状，进行了挑战分析、成果展示与产业化展望。在WoS数据库核心集中以"混合智能"（hybrid intelligence）为主题词共检索到3621篇论文，其中2015～2020年论文2448篇。

国际混合智能领域研究可以细分成四个领域。第一个是以涌现智能

（swarm intelligence）为代表性关键词的混合智能算法领域，该领域的主要关键词还包括粒子群优化（particle swarm optimiziation）、进化算法（evolutionary algorithm）、混合算法（hybrid algorithm）、人工蜂群算法（artificial bee colony algorithm）。第二个是以神经网络（neural network）为代表性关键词的网络智能算法领域，该领域的主要关键词还包括模糊逻辑（fuzzy logic）、专家系统（expert system）、混合系统（hybrid system）。第三个是以深度学习（deep learning）为代表性关键词的新一代智能算法领域，该领域的主要关键词还包括特征提取（feature extraction）、支持向量机（support vector machine）、深度神经网络（deep neural network）。第四个是以预测（prediction）为代表性关键词的智能应用领域，该领域的主要关键词还包括分类（classification）、案例推理（case-based reasoning）、入侵检测（instrusion detection）、物联网（internet of things）。

近年来，混合智能在我国除了在国家层面受到高度关注，成为人工智能国家战略的重要组成部分，在产业界和学术界也方兴未艾。从产业的角度看，人机混合智能系统也逐渐受到产业界的关注，正成为企业发展战略的重要方向。2018年，阿里巴巴推出"人机协同"智能服务解决方案，开启"智能服务2.0"时代。2018年3月，美的发布"人机新世代"战略，通过打造工业互联网，力图让产品、机器、流程、系统等环节加载感知、认知、理解、决策能力，人与机器将转变为更深入、更融合的协作关系。2019年1月，美团对外展示了新一代的即时配送人工智能＋物联网（AI+IoT）人机协同系统。2019年12月，腾讯举办以"人机协同，内容共生"为主题的2019腾讯Con Tech技术大会。2020年5月，百度大脑发布人机协同审核管理平台，基于人工智能技术的积累和集成，通过高效的人机协同审核流程，有望满足不断产生的海量互联网内容审核的需求。2021年，百度在年终总结中提出，在科技大势上，我们正踏入一个混合智能时代；在未来十年中，以人工智能等指数型技术为核心的能力层技术，将会出现量变到质变的转化。2020年12月，网易伏羲实验室自主研发的有灵智能创作平台在"2020网易未来大会"上正式宣布上线，可以实现以人机协同的方式辅助用户创作。2021年10月，科大讯飞股份有限公司发布了面向全行业企业开放的"讯飞企业数字化平台"，加速企业实现"人机协同，数字共生"的数字化转型进程。可以预见，混合智能系统未来的服务范围、人机协作模式均会出现巨大变化，且介入人群呈现从特殊群体到普通大众的全面升级。

从学术研究的角度看，混合智能相关研究也受到了国内学者的高度重视。近些年，国家自然科学基金委员会陆续资助了一批混合智能系统方向的研究。例如，2017 年，国家自然科学基金委员会资助了"国家安全协同应对与辅助决策理论和方法"项目，以及"多源数据融合与人机混合实验驱动的两级电力市场全景式建模与决策理论研究"项目；2019 年，国家自然科学基金委员会资助了"脑机混合智能"项目。此外，国家自然科学基金委员会还资助了一大批与混合智能系统相关的青年科学基金项目和面上项目等。2019 年，科技部"新一代人工智能"重大项目计划立项了 33 个项目，其中包括"人在回路的混合增强智能理论与方法""人机物虚实融合的复杂制造协同控制与决策理论方法研究"等混合智能研究项目。同时，国内学者多次召开了与混合智能相关的学术会议。例如，2018～2020 年，国家自然科学基金委员会信息科学部、中国自动化学会及中国认知科学学会连续三年主办了中国认知计算和混合智能学术大会。2018 年 9 月，为促进人机混合智能领域的进一步发展，中国自动化学会混合智能专业委员会举办多期前沿讲习班，主题包括"混合增强智能""示教、模仿与交互学习"等。我国高校和科研院所的科研机构和团队也相继开展了研究，包括中国科学院、清华大学、北京大学、浙江大学、复旦大学、上海交通大学、天津大学、西安交通大学、国防科技大学、北京航空航天大学等。清华大学在 2019 年成立智能人机交互研究中心，并发布四大开放平台，志在解决用户认知机理建模、用户行为的计算表征、交互意图的理解算法、自然界面生成方法以及情景感知等问题，为用户与计算设备间自然高效的信息交换提供理论基础和优化方法。2020 年 11 月 15 日，中国人工智能学会下设的第 41 个专业委员会——中国人工智能学会人机融合智能专业委员会成立，其研究领域主要涉及人机融合智能理论与技术，促进未来社会人、机、物的融合发展。

2015 年至 2021 年 12 月 16 日，从"百度学术"上用论文标题中包含"混合智能"的搜索策略进行搜索，被中国科学引文数据库（Chinese Science Citation Database，CSCD）和中文社会科学引文索引（Chinese Social Sciences Citation Index，CSSCI）数据库收录的公开发表中文学术论文约 60 篇；以

hybrid intelligence 为关键词检索，在 WoS 平台上检索出中国（不含港澳台数据）学术机构在 2015～2019 年共发表 1774 篇学术论文，排在同期全球各个国家和地区同类论文数量的第 1 位（美国以 988 篇列第 2 位）。

和混合智能国际研究态势类似，中国混合智能研究也可以细分为四个领域，其代表性关键词分别为涌现智能（swarm intelligence）、深度学习（deep learning）、神经网络（neural network）和优化（optimization）。其中，前三个领域和国际研究态势一致，第四个领域（优化）是中国特有的研究领域。

混合智能系统在国内产业界的快速发展，为我国学者在该领域的研究提供了大量的基础数据和真实的实践问题。在前期科学资助机构所投入资金的支持下，学术界进行了多学科交叉的开放性探索和研究，并且积累了部分学术成果。同时，国内高新技术企业与学术界也展现了积极合作的良好趋势。未来，国内多种专业性混合人机系统的应用和元宇宙开放式平台中大众用户的广泛进入，必将为混合智能研究积累广泛的场景和资源优势。这些共同构成了支持我国混合智能系统理论和方法研究的有利条件。

（四）主要研究方向

1. 智能机器行为与人机互动机理

混合智能系统的出现，融合了人类和机器的显著特征。各类机器系统越来越多地融入我们的社会生活中，并扮演和承担起各种各样的角色和作用。机器现在不仅从事机械性工作，而且从事认知性工作，这是传统上人类的领域。同时，人类也参与创造和设计机器的功能和行为。这意味着我们正在进入一个人机关系不再是二分关系的时代，人机关系逐渐演化成为一个人类行为和机器行为高度动态交互的模式。人与人之间、机器与机器之间，以及人与机器之间的行为可以互相塑造和影响，由此混合智能系统在交互模式、行为演化机理、决策机制等方面会产生一系列需要被研究的科学问题。

典型科学问题举例：混合智能系统中人机交互模式与演化机理研究，群体机器行为与个体机器行为特征差异研究，人类决策与机器决策的传导机理研究，混合智能系统中人机行为的互补机制研究，基于协同演化视角的机器行为推演方法，基于社交因素的人机混合决策机制研究。

2. 混合智能管理组织形态涌现

混合智能系统的应用，颠覆了传统的组织管理形态，人类和机器混合决策模式改变了组织工作方式和管理模式。传统上，机器被视为独立于人类的代理而存在的离散实体。但是在混合智能系统中，考虑了围绕人类、机器与组织之间的认知、社会和文化动态，以及三者之间的连接方式。因此，混合智能系统的引入对人们的工作模式和组织形态有很大的影响。机器可能取代、改变或产生新的工作岗位。组织可以采用新技术，并相应地改变其组织结构和工作流程。由此在组织的管理对象、管理方式、管理过程以及组织关系方面衍生出一系列重要问题。

典型科学问题举例： 混合智能视角下组织工作重塑机制研究，人机混合决策中组织职能结构演化机理研究，混合智能系统应用对组织任务资源和权利资源分配的影响，面向敏捷管理的混合智能管理组织设计与优化研究，智能机器如何优化传统业务流程与组织结构，等等。

3. 混合智能驱动的人机合作机制设计

混合智能系统中，人类和机器不应该成为对手，而应该结合他们互补的力量，使得他们相互学习并增强自身的能力。大多数管理任务是复杂的，因此规则和模型并不容易被机器获取，在这种情况下，基于规则的自动化是不可能的，需要人类利用独特的推理认知能力来弥补机器的不足，人类与机器密切协作，实现相互增强的效果。因此，增强是一个共同进化的过程，人类和机器相互学习，在这个迭代过程中，人类和机器交互以学习新规则或创建模型，并随着时间的推移来改进它们，人类参与的类型和程度因具体的机器学习解决方案不同而不同，由此混合智能驱动的人机合作的特征、因素与机制也都存在差异。此外，基于数据驱动学习算法的智能机器容易产生有偏见和歧视的决策，从而违背人类的伦理和价值观。混合智能系统在数据、算法和应用等方面存在一定的理性局限性和伦理风险，如算法安全与算法可解释性、隐私保护与个人敏感信息的识别和处理以及算法歧视与算法滥用等方面，面临一系列急需被研究的重要科学问题。

典型科学问题举例： 基于增强视角的人机合作模式研究；混合智能系统中人机协作与分工；人机合作模式下正反馈机制与效果对比研究；基于演化

视角的混合智能系统人机协作机理研究，混合智能驱动下的人机合作影响因素研究，混合智能系统中的问责机制和原则，价值原则（人权、福祉、问责、透明、公平等）的嵌入、检测与识别，人机混合系统中伦理风险的识别、评估与消减机制。

4. 混合智能管理中的模型方法创新与信息系统改造

混合智能系统的管理与研究中，机器智能的改进和提升是一个长期的过程，对混合智能管理中的智能模型方法的创新有着迫切需求。此外，混合智能系统在机器算法效果和决策管理效率不断提升的同时，也带来了机器行为与决策过程的不可解释性和不透明性的问题。另外，随着机器智能的提升改进，现有的人机交互的管理模型和方法也将面临新的挑战，而机器模型的可解释性、混合智能的算法偏见会对人机交互效率和效果产生重要影响。此外，混合智能系统把人类认知模型引入机器智能中，让机器能够在推理、决策、记忆等方面达到类人智能水平，同时云计算、人工智能、物联网等各种新兴技术的加持也变革了传统信息系统的数据获取与处理方式。信息系统中人、组织、环境、技术等多方因素之间的交互模式和影响因素均发生了变化，由此带来了一系列组织边界重塑、业务流程优化、信息系统改造、价值赋能路径变化等问题，这些亟须被研究。

典型科学问题举例：混合智能模型算法的拟合度和准确度优化，混合智能系统中算法偏见的诊断与纠偏，智能算法的审计机制及智能审计系统，混合智能系统的准确性与公平性权衡，混合智能系统的可解释性设计，混合智能系统中的虚假信息甄别、监测与治理，新一代混合智能系统优化与设计研究，人机协同视角下的混合智能系统运行与决策机制研究，混合智能信息系统中的风险管理，混合智能系统持续学习策略研究，等等。

四、决策智能

（一）基本概念与科学意义

随着大数据应用的普及，特别是人工智能技术的突破和商务智能应用的成熟，为决策研究与应用提供了新的视角、理论范式和技术手段，促使决策范式从信息化向智能化升级转型。决策智能将人工智能技术体系化地嵌入决策制定、分析、实施和反馈流程中，采用更加主动和全面的视角，面向未来可能发生的场景和情境进行积极的推演预测和前瞻性分析。决策智能的基本科学问题，就是对混合智能决策及其作用效应之间的复杂关系进行深度理解，辅助决策者在复杂、不确定性的系统和环境中动态地优化各种类型决策（如企业运营策略、政府政策）的制定、实施、评估和预演，以更好地达到预期的决策目标。

从上述"决策智能"的基本概念可以看出，其与现有的"商务智能"以及在政策设计、制定和评估的过程中使用的智能化分析和决策工作（即"政策智能"）是一脉相承的，不仅具有相同的内涵，并且从更一般化的科学意义上对这些（无论是商务还是政务情景下的）"决策"中涉及的智能分析、评估和选择的管理活动，给予了高度概括和延伸，使之成为更抽象的管理科学概念。

经典决策理论以数据为基础，通过对决策备选项的分析和评估来实现最优决策，以"阿尔法狗"（AlphaGo）等为代表的智能系统通过自博弈学习，实现超大规模决策备选场景下的自主决策。但在国家战略决策和新兴认知空间对抗等重要场景下，决策案例和经验相对稀缺，也无法进行实际的决策试错实验，故难以遵循经典的决策框架对各备选决策进行分析和评估。决策智能的发展面临环境要素、认知和行为、目标、计算四种复杂性的挑战。一是环境要素的复杂性。环境是广义的，包含与决策相关的自然环境、经济产业环境、人文环境和社会环境等，存在因素繁杂和噪声大等问题，各种依从关系千头万绪。二是认知和行为的复杂性。受决策的影响，各方行为和交互的模式十分复杂，认知理解难度极高，反馈链条极长。三是目标的复杂性。决策目标往往内涵丰富，存在各种潜在的内在冲突，需要考虑各种各样决策目标间的平衡。四是计算的复杂性。决策相关的大数据结构复杂、数据量大，不少场景对时效要求高，特别是在加入人工智能各种分析技术以后，需要具备很强的算力，同时又关注可解释性。

为解决上述复杂性带来的挑战，人工智能密切相关的分析与决策方法包括动态的竞合博弈、因果推理、人机混合智能和多智能体仿真推演等，正在为决策智能赋能，其本质是通过人机结合，构建决策智能体系，形成决策因果链条。

（二）相应的国家战略需求

当前社会发展正经历数字化、网格化和智能化的变革，虚拟空间的涌现及与真实世界的平行交互，人、机、物、网之间前所未有地互融互通，为决策研究与应用提供了新的视角、理论范式和技术手段，促使决策范式从信息化向智能化升级转型。在智能化时代，借助智能革命这一先进生产力辅助决策、增强智能化管理水平，既是推动国家治理现代化的重要支撑，也是实现国家创新发展战略的重要基石，更是一个国家核心竞争力的体现。

目前，拜登上台后美国对华政策的新变化、新冠病毒感染的常态化、西方和中国的冲突常态化和地缘政治的变化等给全球形势带来新动态，国家战略规划、战略情报分析和认知域对抗等核心关键领域对相关技术需求迫切，而国际上针对相关问题尚未提出明确可行的技术路线。面向这一理论挑战和国家战略需求，决策智能通过对决策及其作用效应之间的复杂关系进行深度理解，辅助决策者在复杂、不确定性的系统和环境中动态地优化各种类型决策（如企业运营策略、政府政策）的制定、实施、评估和预演，以更好地达到预期的决策目标。

（三）国际发展态势与我国发展优势

1. 国际发展态势

从决策智能的内涵和外延来看，其对与决策相关的行业和应用都可能带来巨大的机遇，在国际上引发了从政府到产业界再到学术界的高度关注。

1）从国家战略方面看

在主要发达国家和组织中，美国、英国和欧盟在决策智能领域形成了各自的竞争优势。美国联邦政府拥有大量的数据、模型和计算资源，这些资源对美国决策智能的研究和应用至关重要。2015 年以来，美国白宫科技政策办公室先后发布《为人工智能的未来做好准备》《国家人工智能研究与发展战略规划》《人工智能、自动化与经济报告》《美国人工智能倡议首年年度报告》，指出要增加公众对决策过程的参与以建立对人工智能技术的信任和信心。

2016 年，英国政府发布了《人工智能：未来决策制定的机遇与影响》，指出组织决策是人工智能发挥作用的核心领域，能够推动政府部门更加快速地获取决策相关的信息、更加精准地预测公众需求和更为全面地提升公共决策的透明度，从而优化公共资源配置，提高公共服务效率。同时，很多国家和组织也纷纷出台针对智能决策的伦理、规范、问责等方面的管理政策。2019 年，法国国防部发布的《人工智能的国防应用路线图》特别关注了人工智能决策技术在国防应用中引起的道德和法律问题。2020 年 2 月，欧盟发布了《人工智能白皮书》，指出人工智能在带来机遇的同时，也带来了风险，包括决策的不透明（黑匣子效应）、算法决策信息的不对称，无法判断在人工智能参与下的决策是否符合现有的欧盟法律规定。这些国家战略的发布指出，决策智能可能带来的机遇将对决策智能的实施产生积极影响。

2）从产业方面看

决策智能在产业方面的突出表现形式就是各种提供人机融合决策方案公司的出现和探索。决策智能主要是由大数据、人工智能和云计算等新兴技术驱动的、对决策制定相关的产业供给产生重大影响的情景推演、态势预测、决策制定和反馈等新兴的业务模式、技术应用和产品服务等。2017 年 CB 洞察（CB Insight）发布的最值得关注的 100 家人工智能公司，自 2012 年来累计融资 38 亿美元[①]。美国国家风险投资协会（National Venture Capital Association）发布，2019 年投资者对美国人工智能初创企业的投入达到创纪录的 184 亿美元，而 2018 年的融资额为 168 亿美元[②]。另据 CB Insight 报道[③]，2020 年全球 100 家最具潜力人工智能初创企业，为包括医疗保健、自动驾驶、药物研发和人工智能处理器在内的多个行业和跨行业应用提供智能决策和智能解决方案，总融资额超过 117 亿美元。国际金融公司（International Finance Corporation，IFC）就人工智能的投资趋势和特定行业的应用的报告（Mou，2019）指出，人工智能在商业、能源、医疗健康、教育、制造业、金融信贷、物流运输等方面的用途激增，且人工智能应用将在中国等新兴市场大量涌现

---

① The top 100 AI companies. https://www.cbinsights.com/research/the-top-100-ai-companies/[2022-08-25].

② AI startups raised $18.5 billion in 2019，setting new funding record. https://venturebeat.com/2020/01/14/ai-startups-raised-18-5-billion-in-2019-setting-new-funding-record/[2022-08-25].

③ AI 100：the most promising artificial intelligence startups of 2022. https://www.cbinsights.com/research/artificial-intelligence-top-startups/[2022-08-25].

并对主要经济领域产生重大影响。以决策智能的典型应用——商务智能为例，微软、IBM、思爱普（System Applications and Products，SAP）等著名信息技术厂商都开始逐步升级原有的商务智能平台，将企业内部和外部的数据、信息、资源进行深度整合，探索将商业智能从商业领域扩展到开放域的新一代决策智能解决方案。

3）从学术研究方面看

从2015年至今，决策智能相关的研究逐渐被国际学者所关注和探索，在 *Nature* 和 *Science* 期刊先后发表决策智能的相关文章，揭示其在医学诊断、实时策略游戏、化学反应评估等方面可能的辅助决策作用，体现出决策智能在多领域中的重要研究价值。据不完全统计，2012~2020年，在 *Management Science* 和 *Operations Research* 等管理类国际代表性期刊上共发表相关学术227篇，2020年 *Management Science* 和 *Operations Research* 分别发表特刊"机器翻译会影响国际贸易吗？"和"通过神经网络进行经济预测"。截至2021年12月15日，在谷歌学术搜索（Google Scholar）和著名社会科学工作网站——社会科学研究网（Social Science Research Network，SSRN）上，以 decision intelligence（决策智能）为关键词，搜索到2017~2020年的学术论文分别有1030篇、1308篇。国际研究机构也开展了对决策智能的资助研究。2016年，美国情报高级研究计划局发起了"混合预测挑战"项目，利用人机协同的方法对地缘政治事件进行预测。2007年，美国情报高级研究计划局启动"深绿"（Deep Green）项目，其目的是预测战场态势以帮助指挥员进行情况判断并提供决策方案，但由于当时的数据处理能力不足、仿真复杂度高而中断。但美国军方一直是创新技术的早期研发机构和持续资助者。例如，决策智能已被广泛支持应用于军事场景自动驾驶技术等的研发和部署上，以期大量减少战场伤亡。同时，美国国家科学基金会近些年来资助了一批关于决策智能理论与应用方向的研究。例如，2019年启动了"面向医疗决策制定的人机合作研究"项目，以及2020年资助了"能源、电力、控制和网络"（Energy Power Control and Networks，EPCN）项目、"基于数据感知、人工智能和学习的面向精准健康的多模态传感器系统"，探索决策智能在各领域的应用。2021年以来，美国从国会到交通部等陆续发布了一系列尤其在自动驾驶等应用中对决策智能研究的支持计划。

2. 我国发展优势

近年来，我国除在国家层面提出决策智能的重大意义，将其列入一些重要国家战略外，产业界也在关注和探索决策智能的可能应用，急需学术研究方面的技术支撑。

1）从国家战略方面看

在商业智能应用日趋成熟的基础上，决策智能的应用进一步扩展到了政务、工业、农业、安全和军事等决策相关的其他领域。2017 年，国务院印发的《新一代人工智能发展规划》，在智能农业、智能商务、智能政务和军民融合等多个重点任务中指出决策智能的应用场景。2018 年，在中共中央政治局就人工智能发展现状和趋势举行的第九次集体学习中，习近平总书记又进一步强调，"要加强人工智能同社会治理的结合，开发适用于政府服务和决策的人工智能系统"（习近平，2018b）。2019 年，党的十九届四中全会指出，推进国家治理体系和治理能力现代化的总体目标是，到 2035 年，各方面制度更加完善，基本实现国家治理体系和治理能力现代化；到新中国成立一百年时，全面实现国家治理体系和治理能力现代化，使中国特色社会主义制度更加巩固，优越性充分展现。2021 年，习近平总书记在中央经济工作会议中指出，"科学决策和创造性应对是化危为机的根本方法"（人民日报，2020a）。2021年，《中华人民共和国国民经济和社会发展第十四个五年规划和 2035 年远景目标纲要》指出，加快构建数字技术辅助政府决策机制，提高基于高频大数据精准动态监测预测预警水平。

2）从产业的角度看

智能决策系统广泛应用于智能交通网络调度、医疗临床诊断、智慧营销决策、金融风控决策等众多领域。阿里巴巴、腾讯、华为、京东等巨头企业率先意识到人工智能技术在复杂管理决策系统中的价值潜力并迅速采取行动。例如，在医疗领域，腾讯建立基于医保大数据的智能分析决策系统；在采购供应链领域，京东在业界首创企业采购智能决策体系"采购大脑"，将其在多家大型央企中应用，帮助企业实现商品智能运营、智能辅助决策；在城市运行方面，华为成立智慧城市的"大脑"，实现城市运行状态感知、城市资源统一调度，提升城市应急处置能力，促进城市管理科学化和决策智能化；在智慧家居领域，海尔智家在现有服务的基础上，通过智家大脑全方位感知提供符合人需求的决策。除此之外，启元世界（北京）科技有限公司、鲸仓科技有限公司、杉数科技（北京）有限公司和悠桦林信息科技（上海有限公司）等一些创业公司将决策智能作为公司的核心研究方向，将其技术应用于公共决策、疫情预测、商业预测等方面。

3）从学术研究的角度看

"决策智能"相关研究还在起步阶段。与决策智能密切相关的研究主要集中在商务领域的决策支持等方面。例如，《决策支持系统》（*Decision Support Systems*）等期刊曾多次发布商务领域智能决策研究特刊，但决策智能在其他众多应用领域特别是智能机器系统（如无人驾驶、自主飞行器等），以及政府公共管理等方面的研究还相对有限。在中国知网（China National Knowledge Internet，CNKI）数据库以"决策智能"作为关键字检索文章篇名，发现2016～2021年国内仅发表论文8篇。在"百度学术"网站，检索标题中包含关键词"决策智能"的论文，发现2016～2021年公开发表的中文学术论文也仅有20篇。以 decision intelligence 为关键词检索文章标题，发现在 WoS 平台上中国（不含港澳台数据）学术机构在2016～2021年共发表9篇国际学术论文，排在同期全球各个国家和地区同类论文数量的第1位（美国以6篇列第2位）。上述检索结果表明，尽管在更具体的"商务智能"甚至与政策制定相关的智能分析方面的研究成果已经非常丰富，但从更加抽象的一般化概念"决策智能"的角度，近五年国内外在"决策智能"方面的相关研究还处于起步萌芽阶段。近年来，国家自然科学基金委员会陆续资助了一系列人工智能、决策控制与智能决策方法与实际应用方向的研究项目（包括2个重点项目、1个重大项目、3个重大研究计划、25个面上项目、2个国家杰出青年科学基金项目、14个青年科学基金项目等），可以看作是集中在"决策智能"方面的理论探讨和在工业制造、智慧医疗、军事智能、公共安全、社会管理等方面的具体应用，并取得了一定的进展（如中国科学院自动化研究所的曾大军研究员获得2021年复旦管理学杰出贡献奖的主要成果之一就是他在"决策智能"领域的出色工作）。与此同时，国内众多高校纷纷建立与决策智能相关的研究中心、研究院所，并设立相关课程，对决策智能及其基础理论组织研究力量开展长期专门的研究（如中国科学院自动化研究所复杂系统管理与控制国家重点实验室、北京理工大学复杂系统智能控制与决策国家重点实验室、上海交通大学环境保护大数据与智能决策重点实验室、复旦大学可视分析与智能决策实验室、陕西科技大学智能决策支持系统实验室、东北大学深度学习和先进智能决策研究所及人工智能与大数据科学中心、大连理工大学大数据与智能决策研究中心、合肥工业大学智能决策与信息系统技术工程研究中心、中南大学大数据与智能决策研究中心、西安电子科技大学智能制造与工业大数据技术研究中心和清华大学公共管理与决策科学实验室等）。

虽然，国内目前关于决策智能相关学术研究还处于起步阶段，具体研究方向也待进一步探索。但是，我国决策智能应用与实践高度发展的背景，为我国学者在决策智能研究领域提供了领先世界的研究机会。中国庞大的人口基数通过互联网产业连接所体现出来的人口红利及由人口带来的巨大的市场空间所形成的复杂多样的决策智能实践场景、已积累的大量行业基础数据和应用技术基础，以及学术界形成的多学科交叉探索的开放性研究态势，再加上前期科学资助机构所投入的研究资金、政府组织对决策智能研究的支持和应用需求、学术界已经取得的学术成果积累，以及决策智能领先企业与学术界积极合作的趋势，都构成了支持我国决策智能学科基础研究的有利条件和独特竞争力。

因此，决策范式转变演进的动因和契机已经成熟，引发了决策智能在信息情境、决策主体和方法流程等决策要素方面的深刻转变。信息情境方面，决策涵盖的信息范围从单一领域向跨领域融合转变，引发了决策边界从单一领域向跨领域融合迈进，决策方式和信息流从单向朝多向转变；决策主体方面，决策者与受众的角色交互融合，特别是决策形式从以人为主向人机协同或人机混合转变；方法流程方面，决策目标从单目标向多目标转变，决策框架从线性、分阶段过程向非线性过程转变。

（四）主要研究方向

1. 认知决策

认知决策聚焦于对决策主客体心理、行为及社会需求的全面刻画和解析，探索个体、群体的心理认知模式与规律、行为动因响应序列、诉求传播等，并构建相关知识支撑架构，解决复杂决策场景的认知建模问题。由于未来决策环境的复杂性涉及多个决策主体，在有限理性的情况下，各决策主体不仅有自己的行动意图、行为规则方式和交互关系，而且在特定的决策环境中，法律制度、伦理规范以及决策文化等社会因素对决策主体的行为构成实质性的约束，进而对整个决策过程产生影响。所有这些都对复杂决策场景下的认知建模机制提出了新的需求。当前决策智能的认知建模方法存在完全理性假设、泛化迁移性差、可解释性不足、自动建模能力弱等问题，难以满足上述需求。为克服这一问题，需深度挖掘人脑认知决策本质，以单体智能、群体智能、体系智能为主线，以管理科学为主轴，融合脑科学、类脑计算、心理学、进化生物学、体系科学等成果，揭示智能技术赋能认知决策的根本机理，探索智能化时代的新型决策范式，构建行为可解释、持续演化、智能涌现的决策智能框架。

典型科学问题举例：认知多维度关联建模与检验，大数据驱动的个体交互行为解析，受众个体画像全息建模，个体具身认知和离身认知识别与分析，多维度关联场景的决策受众心理建模，大数据驱动的决策受众行为响应与联动建模，特定决策场景下的群体意图检测，社会因素等环境对决策主体的影响建模，群体智能认知演化规律与涌现机制，复杂社会信息网络中的动态诉求建模，复杂社会信息网络的诉求扩散机制发现与传播干预等。

2. 知识决策

知识决策综合考虑决策场景的客观变量和决策主体的主观变量，研究面向决策场景的领域知识建模，并运用反事实推理和学习的方法，识别决策因果关系，实现决策场景下要素变量与知识的定性定量统一分析。大数据时代，复杂系统对于从根据海量用户生成的多模态、多语言、非结构、非形式化的数据中抽取、发现与演绎决策知识提出了新的智能化要求。决策环境下的知识包括定性、定量化背景信息、专业知识与经验、要素关联关系等，其按照存在形式通常分为显性决策知识与隐性决策知识。显性决策知识是决策知识以结构化文档保存下来的历史性的知识；隐性决策知识则是决策方保留在头脑中而没有形成文字的潜在逻辑和经验。在设计决策系统中有效地进行知识抽取、发现和演绎对于提升决策系统的设计质量和决策执行效率均具有决定性作用。为更好地管理和应用决策知识，需设计智能化决策知识模型，通过对显性决策知识进行抽取、对隐性决策知识进行发现与演绎，来构建决策智能知识体系，以实现决策知识的高效重用。

典型科学问题举例：多源异构知识的感知与萃取，基于元信息和本体论的多源知识融合处理，决策知识的结构分析与表示方法，决策场景知识图谱构建，隐性决策知识的发现与推理，面向决策的因果分析推断，跨领域知识迁移和融合应用，面向知识决策的自然语言理解，决策场景下的反事实推理计算建模等。

3. 系统决策

系统决策聚焦决策功能集成，体系化建模人机与环境系统层面的交互要素，实现"计划""规划""行动""迭代"闭环驱动的系统决策框架，并基于对决策情境下人机交互过程的深入理解，构建新型的人机混合智能决策方法。决策系统包括决策主体、被决策主体与外部环境所共同构成的特定空间。近年来，基于数字化的新理念、新场景、新应用驱动着万物互联时代的加速到来。随着各大系统规模增大、数据来源增多、时限容忍减弱、不确定性增强，决策的难度与复杂度也随之增大，迫切需要构建基于信息－物理－社会系统的新型决策场景和决策机制，基于人机混合智能充分利用人类智能的经验和机器智能的推理，从而降低由环境的不确定性带来的决策风险。通过研究决策生态系统的构成要素及其组织方式、交互规律、演化趋势演化等，挖掘并掌握决策生态系统交互演化机理，体系化构建从个体局部决策到生态系统决策的全流程，提出控制决策生态系统内部交互演化的方法论。

典型科学问题举例：决策生态要素及其作用机理，决策主体－环境交互系统建模，基于数字孪生的决策系统建模，决策生态系统演化机制，复杂系统的决策控制的理论与实验，融合社会因素的系统决策建模，新决策逻辑下的复杂网络建构与计算推理，数字化渠道协同和决策场景仿真计算，系统决策效应动态评估，面向智能决策的人机协作机制及影响机理，基于大群体智慧的人机混合决策范式，基于混合智能的决策演进优化机制等。

4. 想定决策

想定决策研究基于数字孪生的决策生成与推演，特别是探索研究动态博弈与自主学习及演化，以及决策推演的泛化性和通用性等问题，主要考虑未来场景推演与实际系统状态之间的互动与交互演化，实现一定程度上的"算不可算的"效果。在人-机-物互联互通的新时代，决策智能迎来了新的挑战和机遇，决策面临历史案例匮乏、试错成本高和影响效果难以预测等困难，对决策推演提出了新的挑战。为克服这些不足，需构建基于数字孪生的混合决策推演模型与方法，克服现有研究对决策相关的因素及高阶交互关系刻画不足的难题；需提出复杂社会系统中的群体博弈与自主学习新方法，对决策中的对抗关系及动态变化进行建模，增强决策复杂系统中的个体自主性和适应性的刻画；需建立新型决策范式下的决策效果预测与评估方法，多维度、多尺度地对决策效果进行分析与预判，克服决策评估指标或方法单一化的缺陷。

典型科学问题举例：多维度、多尺度孪生超图构建与认知压缩表示，基于决策超图的多智能体协同认知扩散动力学建模，混合决策推演框架设计与多目标决策，融合社会认知理论的"虚事实"决策推演，面向复杂决策环境的深度多智能体强化学习，基于多智能体进化博弈的协同演化，基于预测解析学的决策效果预测，人机混合场景下基于多智能体的决策效果评估，基于反事实推理的决策效果对比与优化。

第四节　重点支持领域集群二：
社会经济的数字化转型

一、数字生态下的企业

（一）基本概念与科学意义

数字技术是一切现代信息技术、计算技术、通信技术和连接技术的组合，其快速发展和采纳应用，把人、物等的各种信息变成数字信号或数字编码，驱动着社会、产业、组织，以及产品与服务的变革，正快速进入数据化与智能化的高级阶段。对现代产业和企业而言，数字连接和数字化以及由此驱动形成的新的商业规则和商业逻辑，把原本不属于同一个行业的企业组织、产品与服务等连接在一起，形成了数字生态。传统的产业组织理论、企业理论以及市场规制理论对数字生态下的企业而言，已经不再适用或受到严峻挑战，亟须创立新的理论与方法来顺应数字化及其数字生态的发展。

从系统视角来看，数字生态的本质是由应用数字技术而引发的基于数字连接的各类参与者相互联系、相互依赖的一类新型的复杂社会技术系统。数字技术的核心是基于符号的计算，即利用 0 和 1 组成的字符串这种标准形式的符号，来对各种任务进行编码，这使数字技术产生一些新的复杂性特征，如连接性（connected）、嵌入性（embedded）、可编辑性（editable）、可再编程性（reprogrammable）、可传输性（communicable）、可识别性（identifiable）、可关联性（associable）等（Benbya et al.，2020）。基于符号的计算提供了一种广泛适用的机制，把万事万物在网络空间中连接起来，更重要的是形成了不同于传统复杂物理系统或复杂社会系统的复杂性，使数字生态具备了新型复杂性、动态适应性、超结构性、超模块化等特征（Jacobides et al.，2018）。

从社会视角来看，数字生态本身是数字商业生态系统，是基于数据连接和资源共享而共同创造价值的不同经济主体、用户个体组成的协作与竞争的网络环境。在传统的商业环境中，实体企业是财富和价值的创造者（王国刚，2021），而在数字商业生态中，数字技术及其应用（如智能体、机器人、算法等）、来自不同行业的经济主体（或同行业竞争者）与用户等参与者共同创造价值，形成了参与者共生、协同演化和自组织等新型特征。

从产业视角来看，数字生态是数字经济的基本单元，是异质性企业、不同行业、各类第三方服务机构深度融合了互联网、大数据、人工智能等新兴数字技术形成的低交易费用、高运营效率的新型组织形式（赵国栋，2018）。从这个意义上讲，数字生态即产业生态，具备企业间形成共生互生乃至再生的新型价值循环体系、不同行业相互渗透形成新型产业融合机制、跨地域跨组织跨行业广泛协作形成新型社会化数字平台（digital platform）等三大新型特征。与传统产业价值创造的要素不同，数字生态创造价值的要素主要源自数据，数据垄断权力将超越以传统产品相对市场份额来衡量的垄断权力，运营数字生态的企业对产业的颠覆性破坏将会远远超过任何一家传统企业的力量。

从企业微观视角来看，数字生态下的企业基于数据连通性而形成彼此相互联系、相互依赖的系统。这种相互依赖的系统是各种技术应用、新的商业规则、新的竞争与合作共同作用的结果，大大激发了产品与服务的创新，重构了产品的生产、销售和消费方式，也将根本性地影响企业的竞争行为、组织设计和企业运营。数字生态下的企业角色有多种，一般可将其概括为数字平台企业（平台核心企业或平台的领导者）、参与平台的企业（平台参与者）这两种角色。基于对这两种角色的认识，从结构特性来讲，数字生态本身又是一种新颖的组织形式，被称为元组织（meta-organization，组织中的组织）（Kretschmer et al.，2022）。元组织以相互关联的社会价值和经济价值作为基础，将多方异质组织、行动者及其活动连接起来。元组织既不具有传统企业组织的科层架构和正式的结构关系，也不像传统市场那样的完全自由不关联，而是彼此之间存在紧密的市场耦合关系，因此，数字生态可以视为传统企业与传统市场之间的一种混合机构（Kretschmer et al.，2022）。在数字生态这一特殊的组织形态中，传统企业中的权力关系、动机与激励、企业之间的竞争、治理与协调等均将发生根本性的变化。

总之，数字生态是数字技术颠覆、社会变革、商业环境演化、企业组织重构等各种力量综合作用的结果。当前，以美国亚马逊、谷歌及我国阿里巴巴、腾讯等公司为代表的数字平台公司初步创建了数字生态，并正在逐渐影响我国各种产业及其企业的发展。数字生态的新型复杂性，引发了数字生态中企业之间关系的新的复杂性，对现有传统的产业组织理论、企业理论、管理理论、复杂性科学、社会技术学等学科带来了巨大的挑战，同时也为我们突破理论基础、创立新的理论体系提供了绝佳的机会。

（二）相应的国家战略需求

当今世界正遇百年未有之大变局，新冠疫情的全球大流行更加速了变革的步伐。在经济充满高度不确定的时代，数字经济、数字生态平台却展示了顽强的韧性，并逐渐形成主导产业变革的主要力量之一。依托数字技术的创新聚变，以及数据要素资源相关的基础设施、应用能力等创新体系的建立，全球已进入新一轮产业变革中。从各国制定的相关数字经济战略，到各界对数字经济、数字平台、数字生态（系统）的探讨和应用，可以发现数字生态已在国际上引发了政府、企业、学界的高度关注。

1. 数字生态已经成为世界各国数字经济发展的重要承载体

从国家战略来看，全球范围内数字经济战略普遍上升至国家战略高度。美国、欧盟、俄罗斯、日本、英国等多个国家和组织纷纷制定了数字经济相关政策以推动形成企业发展的数字生态。同时，为了在数字基础设施方面夯实企业发展的数字生态，各国也将信息基础设施、信息安全等作为数字化发展的重要战略组成部分。美国、德国、英国、韩国等国家均将建设智能电网、智能交通等智能基础设施作为刺激经济振兴的优先战略行动，均注重信息化普及应用；同时，各国也普遍将信息安全作为国家安全的重要内容。在这种时代背景下，主要国家的数字经济规模持续扩大，其 GDP 占比持续提升。2020 年中国国际信息通信展览会数字经济领导者论坛上，中国信息通信研究院发布了《全球数字经济新图景（2020 年）——大变局下的可持续发展新动能》，据测算，2019 年 47 个主要国家数字经济 GDP 占经济比重达 41.5%。根据联合国贸易与发展会议发布的《2019 年数字经济报告》，数字经济的地理分布呈现出非均衡的态势，但没有显示出传统的南北鸿沟。数字经济已经成为全球经济发展的重要驱动力量，是目前各国重点关注和发展的核心领域，全球各国在数字经济领域的竞争日趋激烈。

数字经济竞争的焦点已经变为对关键技术的竞争以及对数据掌控能力的竞争。在数字经济时代，数据资源被人们称为新的生产要素，成为新的经济发展动力源泉。作为企业在数字时代的生态形式，数字平台在世界经济中占据越来越重要的地位。一些全球数字平台在某些领域取得了非常强劲的市场地位。在过去的 10 年中，世界各地出现了大量使用数据驱动型商业模式的数字平台，它们已成为主要数字公司（如亚马逊、阿里巴巴、脸书和易趣）以及支持行业数字化的公司（如优步、滴滴出行或爱彼迎）的核心商业模式，全球市值排前八位的公司中有七家采用基于数字平台的商业模式。数字平台何以在短短的几年里发展成为各国经济的风向标？其原因就在于数字平台基于数字技术和数据要素，把诸多生产要素置于统一的"网络平台"上，通过相应的商业规则和标准，创造了新的价值，成为市场的重要选择之一。这些数字平台的公共特征便是"数字生态"。

数字生态不同于以往传统产业通过价值链来实现价值，而是大量企业通过相互依赖和协作来共同创造价值。商业竞争从产品竞争、商业模式竞争、供应链竞争发展到基于"生态系统"的竞争。数字生态是新型的组织形式，是数字经济的主要承载体。研究数字经济的发展规律，就需要研究数字生态下的企业。

2."数字生态下的企业"领域的研究符合我国中长期发展战略的需要

自从 2017 年我国政府把发展数字经济首次写入《政府工作报告》以来，数字经济已成为我国中长期发展的重要战略之一。习近平主席于 2018 年 11 月在二十国集团（Group of 20，G20）阿根廷峰会上强调，"要鼓励创新，促进数字经济和实体经济深度融合"（习近平，2018c）。2019 年 7 月，习近平主席出席了 G20 数字经济特别会议，并在会议上发言指出："当前，数字经济发展日新月异，深刻重塑世界经济和人类社会面貌……要促进数字经济和实体经济融合发展"（人民日报，2019a）。2019 年 10 月，在致 2019 中国国际数字经济博览会的贺信中习近平强调："中国高度重视发展数字经济，在创新、协调、绿色、开放、共享的新发展理念指引下，中国正积极推进数字产业化、产业数字化，引导数字经济和实体经济深度融合，推动经济高质量发展。"（人民日报，2019b）我国布局了国家大数据综合试验区、国家数字经济创新发展试验区等一批先行示范区，组织实施了企业上云、中小企业数字化赋能等重大工程，为我国企业的数字化转型提供了政策、技术等方面的保障。由此可见，我国经济正处在转变发展方式、优化经济结构、转换增长动力的攻关期，企业的数字化转型与管理作为实现数字经济与实体经济深度融合发展的重要途径，是新时代促进数字经济发展的必由之路和战略选择。

2021 年，《中华人民共和国国民经济和社会发展第十四个五年规划和2035 年远景目标纲要》提出，迎接数字时代，激活数据要素潜能，推进网络强国建设，加快建设数字经济、数字社会、数字政府，以数字化转型整体驱动生产方式、生活方式和治理方式变革。打造数字经济新优势。充分发挥海量数据和丰富应用场景优势，促进数字技术与实体经济深度融合，赋能传统产业转型升级，催生新产业新业态新模式，壮大经济发展新引擎。加强关键数字技术创新应用，加快推动数字产业化，推进产业数字化转型。《中华人民共和国国民经济和社会发展第十四个五年规划和 2035 年远景目标纲要》的发布，为本领域的研究提供了战略方向。

近几年随着我国数字技术的普及和深化，随着一批企业逐渐走上数字化转型的道路，我国涌现了一批具有世界影响力的数字平台企业，同时一大批重构产业结构的消费互联网、产业互联网和工业互联网公司正逐渐形成并发展，正在引领或影响几乎所有企业的数字化变革，数字生态及其数字生态下的企业正在形成中。面对这一迅猛的发展潮流和发展趋势，传统的管理学理论已经显得"捉襟见肘"，无法解释，更无法指导企业的实践发展。同时，我国发展数字经济已经具备了很好的基础，也面临最有可能整体性领先世界各国经济的历史机遇。尽管如此，如何发展数字经济？如何撬动数字的力量来做大做强各个产业？如何真正造就一大批有世界影响力的企业？如何规制数据垄断所带来的新权力？我们急需系统性的关于数字生态及其企业方面的新的理论体系。我国数字化进程中波澜壮阔的实践，为我国创立关于数字经济、数字生态、数字企业全新的管理学理论体系提供了实践基础，这些理论体系的构建，也必将引领数字时代国际管理学理论的进步。

（三）国际发展态势与我国发展优势

数字生态下的企业研究领域涉及管理学、经济学、社会学和计算机科学等学科领域的交叉研究，尤其是复杂性科学、社会技术系统、生态系统、数字商业生态系统、数字平台、产业组织、企业理论、信息系统等领域的研究成果将为本领域的研究提供基础。

1. 数字生态及其企业的研究正逐渐得到国际学术界的关注

从学术研究来看，1996 年"数字经济"（digital economy）这一概念首次进入学术文献，此后这一概念逐渐被学术界所接受并形成共识，随后逐步出现了关于数字生态与企业的研究。

目前管理学领域的研究重点在于数字商业生态系统（digital business ecosystem，DBE）（Senyo et al.，2019）、数字平台生态系统（digital platform ecosystem）、数字创新生态系统（digital innovation ecosystem）三大领域的

研究，其中这三个领域存在交叉。自从 Moore（1993）提出商业生态概念以来，该概念得到了极大的关注和发展。商业生态系统的研究可以归结为三大主题的研究，即关注系统内单个或核心企业作用的"骨干型企业商业生态系统"、聚焦特定的创新产品或系统创新能力的"创新生态系统"以及以平台为媒介的"平台型商业生态系统"（韩洪灵和陈帅弟，2021）。由此可见，伴随着数字时代的来临，商业生态系统的研究主题已经趋向数字商业生态系统。从具体研究内容来看（Senyo et al.，2019），数字商业生态系统的研究目前主要集中在概念讨论、管理相关主题、技术相关主题和数字商业生态系统建设方法方面。在概念讨论方面主要是探讨数字商业生态系统的起源、性质、开发、管理等方面的主题；管理相关主题主要是关于数字商业生态系统的商业影响或商业价值、价值共创、网络分析、数字商业生态系统治理、信任、风险、知识管理、战略管理等方面的主题；技术相关主题主要是关于平台设计、流程与服务设计、数字商业生态系统体系架构、系统集成和互操作等方面的主题；数字商业生态系统建设方法有关的讨论主要是关于数字商业生态系统方法论、数字商业生态系统框架、模型与建模语言等方面的主题。上述这些研究论文 80% 以上来自会议论文，特别是起始于 2006 年的 IEEE 数字生态系统与技术国际会议（ IEEE International Conference on Digital Ecosystems and Technologies）贡献了 70% 多的论文。同时，目前关于数字商业生态系统的研究，超过 70% 的论文研究是没有"理论"的。这些数据说明数字商业生态系统领域是一个非常"年轻"的学术领域，尚未形成专门的理论和方法。

关于数字平台或商业平台方面的研究，一直被认为是 21 世纪"时髦"的研究话题。大量的研究论文频频出现于国内外最著名的学术期刊中。以 EBSCO 商管财经全文数据库（EBSCO Business Source Complete）为例，2016~2020 年，以 platform 为主题的学术期刊论文有 3400 多篇，以 digital platform 为主题的学术论文有 1600 多篇，而以 digital platform ecosystem 为主题的学术论文只有 51 篇，其中 33 篇论文是 2020 年以来发表的。这些研究主要是基于市场视角的经济学研究（Parker et al.，2017；McIntyre and Srinivasan，2017）、基于组织视角的战略与治理研究（Sun and Zhang.，2021）、基于技术视角的技术管理研究（Tiwana et al.，2010；Tilson et al.，2010）、基于社会技术系统视角的信息系统研究（de Reuver et al.，2018；

Constantinides et al.，2018），以及基于生态系统视角的可持续发展研究等（Adner，2017；Jacobides et al.，2018；Kapoor，2018；Pervin et al.，2019）。

目前关于数字生态平台的研究可以说进入了基本成熟的发展阶段，该领域的研究已经成为近年平台类研究中一个重要的领域，正逐渐被学术界所重视。

2. 我国学者关于"数字生态下的企业"相关研究正逐渐开展

我国学者在数字生态、数字平台、数字商业生态系统等领域的研究几乎和国际学者同步，这与我国企业实践的发展密不可分。在 2014 年阿里巴巴的招股说明书中，"生态系统"这个词出现了不下 160 次。从此以后，我国几乎所有的平台公司均宣称在建设生态平台，一些正在进行数字化转型的公司也在积极地建设生态系统。

我国学者基于我国企业的实践背景，在数字商业生态系统的形成机理（Tan et al.，2009，2015）、数字商业生态系统构成与价值（韩洪灵和陈帅弟，2021）、数字平台对中小企业影响（Li et al.，2018b）、数字平台的运营机制（Zhang et al.，2019，2020）、数字创新及其生态系统（张超等，2021；刘洋等，2020；王节祥等，2021；魏江和赵雨菡，2021）等方面开展了研究。

（四）主要研究方向

综合相关学术研究前沿发展趋势，结合我国数字生态发展的需求和国家发展战略需求，本领域的研究将立足于我国企业以及我国经济高质量发展的实践，以创建数字经济产业组织和企业管理基础理论体系为目标，重点研究如下五大重要的研究方向。

1. 数字生态的复杂社会技术系统理论

数字生态的本质是由应用数字技术而引发的基于数字连接的各类参与者相互联系相互依赖的一类新型的复杂社会技术系统。数字技术的与众不同之处在于基于 0 和 1 符号的计算，把 0 和 1 数字嵌入各类纯物质中，使各类物理系统、组织系统、个体对象彼此之间的连接、调适通过符号的计算而持续地、不断地纠缠和演化，形成了不同于传统复杂物理系统，或复杂社会系统，或复杂技术系统的复杂性，使数字生态具备了新型复杂性、动态适应性、超结构性、超模块化等新的特征。复杂性科学中的非线性、涌现性、自组织性、共同进化、混沌等理论已经不能全面揭示这类新型特征的本质及其规律，也为我们进一步对数字生态本身的认识、治理和管理带来了巨大的挑战。

典型科学问题举例：数字生态的新型复杂性科学理论，复杂社会技术系统的基本特征与基本理论，复杂社会技术系统中主体的适应性演化机制与规律，复杂社会技术系统中模块化群体的形成机理和演化机制，社会系统与技术系统的纠缠与演化动力学机制，等等。

2. 数字商业生态系统的基础理论

数字商业生态系统是基于数据连接和资源共享而共同创造价值的由不同行业经济主体、用户个体组成的协作与竞争的网络环境。数字商业生态系统作为一种新型的经济关系结构，不同于以往供应商–生产商的二元结构关系，是由参与者基于自我选择、相互协调而形成的特定的（非通用的），或超级模块化互补性（supermodular complementarity）的多边网络结构。有学者认为，模块化是商业生态系统形成和成长的重要机制，非通用互补性是商业生态系统的核心，参与者相互依赖是商业生态系统增值的关键（Jacobides et al., 2018）。作为一种生态系统，商业生态系统不完全是自发出现的，至少是各个参与者（尤其是系统中起主导作用的公司）在部分设计的基础上经过无数次尝试、社会化学习和技术工程迭代而形成的。也就是说，为了适应生态系统的演化，每个机构参与者需要在生态战略的引导下进行组织、管理和技术上的专用性投入。与一般商业生态系统所不同的是，数字技术在生态系统中起到了连接、驱动、赋能和融合甚至垄断的作用，其本身也随生态系统的演化而不断演化。数字商业生态系统具有开放或不开放系统，尤其是在开放环境下，数字商业生态系统的健康发展可能需要分布式治理、协调的规制机制和方法。

典型科学问题举例：面向数字商业生态系统的复杂性科学理论，数字商业生态系统形成机理及其特征与影响，数字商业生态系统的成长机制及其动态演化规律，数字商业生态系统环境下参与者的选择与成长机制，数字商业生态系统之间的合作与竞争理论，数字赋能商业生态系统的机理及数据垄断的影响，数字商业生态系统的治理理论与规制机制，等等。

3. 数字生态产业组织理论与企业理论

数字生态被认为是数字经济的基本单元，是各类企业深度融合了数字技术，并基于数据共享和数字连接形成的新型组织形式和新型的经济结构。如果说以消费互联网平台为代表的数字生态组织依托产品或由产品消费产生的数据（而非产品本身），使原本不同行业的企业和产品大大增强了其相互依赖性而出现在同一个生态系统中，那么以工业互联网平台为代表的数字生态组织将依托传感器等数字单元产生的数据，使原本不属于同一个组织的制造企业彼此相互连接，从而大大丰富其相互依赖性而融入同一个生态系统中。这样的数字生态组织对市场结构、竞争格局、资源配置、产业规制必将产生颠覆性的影响。数字生态下的企业之间具有多重复杂关系，包括非对称的竞争关系，这对传统的基于交易成本、契约理论等基础的企业理论带来的新的变化，也必将影响到企业组织的设计。与传统产业价值创造的要素不同，数字生态创造价值的要素主要源自数据，数据垄断权力将超越传统的以产品相对市场份额来衡量的垄断权力，必将深刻影响企业竞争战略和市场资源配置效率，急需系统性的理论与方法来指导制度设计。

典型科学问题举例：数字经济与数字生态的关系理论，数字生态下的市场结构、竞争、资源配置效率及其分析方法，数字生态下的企业理论，数字生态环境下不对称竞争及企业战略，数字生态环境下元组织的机理及运行机制，数据垄断权力的产生、影响及其规制机制设计，等等。

4. 数字生态下的企业管理与组织体系

数字技术所具有的数字可供性（digital affordances）等特性（Audio et al.，2018），使得数字生态下的企业等多个主体的行为有其特殊性，企业管理及组织体系发生重大变革，在不同的场景下产生不同的创业和创新产出，企业所面临的生态环境与现有的市场环境相比也有鲜明的差异。数字生态下的企业可以分为两类企业，即生态系统构建者（主导企业或核心企业）和生态系统参与者。作为生态系统构建者的企业往往是平台模式，或者技术/规则标准的提供者，通过吸引参与者加入进来、促进生态系统不断进化、赋能参与者的商业活动等关键功能来实现生态系统的价值（也是自身价值）。作为生态系统参与者的企业在很大程度上是数字企业和数字组织（digital business and digital organization），其价值创造过程有赖于与其他企业的协同，其竞争的范围和竞争策略随场景的变化而变化，需要新的战略思维。数字生态下的企业之间具有多重复杂关系，包括竞争、合作、互补、依赖等，企业行为既有一般公司的管理特征，又有市场化的生态契约调度机制、生态系统下企业自我选择机制，还有相互依赖的企业协同进化机制，生态系统的可持续需要制度创新。数字生态下的企业组织边界是模糊的，组织形态是基于模块化团队化的组织，组织运营机制是面向用户需求的自驱动型机制。尽管如此，企业组织的演化目标是敏捷性组织（agile organization）。

典型科学问题举例： 数字生态下核心企业的关键成功要素及其成长演化规律，数字生态下核心企业的主导机制及社会责任，数字生态中参与者企业适应性机理及演化机制，数字生态下核心企业与参与企业等多个主体的互动机制，数字生态下的企业的协同创新机制，数字生态下企业创业行为规律，数字生态系统的治理机制及制度创新，企业生态战略的理论构建，数字生态下敏捷组织的微观基础及其管理理论与方法，等等。

5. 赋能数字生态的新技术新方法

数字生态的本质是由应用程序软件、硬件、业务处理等数字实体构成的虚拟环境，基于点对点分布式的数字基础，通过网络来创建、提供和连接各类数字服务。技术系统赋能数字生态的价值主要体现在企业应用和数据智能两个方面。首先，在企业应用方面，要赋能参与者机构，使其能够在商业生态环境中实现所有的业务需求。因此，这对数字生态的信息系统体系架构及其设计提出了新的挑战，需要支持多层次、多角色的相互依赖的跨组织业务，需要具有灵活的多租户、自组织和自主系统优化的能力，需要有一套生态系统的模型、建模语言和方法论。其次，在数据智能方面，要赋能各类参与者机构基于共享的数据智能的企业运营。数据资源作为生产要素的价值在数字生态中将会得到充分的发挥，数据智能产品将作为生态系统中的重要基础设施来支持企业智能化运营。实现数字资源要素、数字智能产品在生态系统中高效、自动地流通和共享的关键在于基于数据知识的智能搜索、数据资源和数字产品的科学定价方法、数据资源安全可信的管理技术等。最后，数字生态作为一个复杂的社会技术系统，其整体性、非线性、自组织和协同进化等复杂性会不可避免地出现突发的不可预测的系统行为，需要建立一系列新的建模方法和技术。

典型科学问题举例：赋能数字生态的信息系统体系架构及其设计理论，面向多租户的自组织自优化的服务组件设计理论与方法，面向数字生态的数据要素流通体系构建理论，数据产品及其定价理论、方法与技术，隐私定价机制及方法，数字生态环境下数据产品服务的合约理论与方法，数字商业生态的因果关系及其形式化建模，数字商业生态系统行为的预测理论和方法，等等。

二、数字经济与数字金融的基础理论

（一）基本概念与科学意义

数字经济是以数字化的知识和信息为关键生产要素，以数字技术为核心驱动力，以现代信息网络为重要载体，通过数字技术与实体经济的深度融合，加速重构经济发展与治理模式的新型经济形态。数字金融则可以定义为由数字技术驱动的金融活动，旨在提高金融活动的效率。

作为人类历史上一场重要的技术革命，数字经济与数字金融的快速发展已经渗透到社会经济发展的各个领域，产生了许多未被解释的经济现象和科学问题。数字经济和数字金融的基本科学问题就是研究数字技术驱动的经济和金融活动的基本规律，探索数字经济和数字金融影响人类社会的未来趋势。为促进数字经济的科学发展，迫切需要研究数字经济和数字金融的表现特征和演化规律，研判数据资源价值，研究数字技术对经济和金融活动的影响及其运行机理，构建合理有效的规制与风险管控机制，建立符合数字经济和数字金融特征与规律的科学理论体系。围绕上述问题开展的研究是推进我国数字经济和数字金融健康发展的重要基础性研究工作，以支撑自主可控的大数据产业链、价值链和生态系统建设，推动实体经济和数字经济的融合发展。

数字化知识和信息的特殊属性是数字经济和数字金融不同于传统经济和金融的微观基础，其具有时空上的非竞争性和非排他性，零边际成本所带来的规模经济、低复制成本以及无阈值，网络经济带来的范围经济等特质。针对这些特殊属性，Goldfarb 和 Tucker（2019）强调，数字经济改变了经济活动的五项重要成本,即搜寻成本、复制成本、交通成本、追踪成本和验证成本。经济活动相对成本的改变可能挑战经典经济学与金融学分析的重要研究假设,从而导致越来越多的经济和金融活动现象无法在经典理论框架内得到科学分析。例如,搜寻成本的降低可能影响平台经济和企业内部的组织结构;零复制成本给公共品提供、创新与垄断,以及数据产权保护等都带来新的理论挑战;交通成本的降低则会对重塑国际贸易理论产生重大影响;追踪成本与验证成本的降低一方面极大地改变了经典经济学和金融学理论中关于信息不对称与信息成本的重要假设,导致新的服务对象与产业形态的产生,另一方面又带来数据隐私问题等。综上所述,尽管数字技术的发展未必对已有的经典理论产生全面颠覆的效应,但有可能通过放松甚至改变经典理论的基础性研究假设,发展能够突破经典研究框架的创新性理论,推进数字经济和数字金融基础理论的前沿。面对百年未有之大变局,我国数字经济与数字金融的基础性研究有可能形成具有中国特色的原创性理论体系,为数字经济和数字金融的学科发展贡献中国智慧。

(二)相应的国家战略需求

党的十八大以来,党和政府高度重视数字经济的发展,从国家战略层面出台多个发展规划,推动国内数字产业化以及产业数字化转型升级。在数字产业培育方面,2013年国务院出台《关于印发"宽带中国"战略及实施方案的通知》以及《关于促进信息消费扩大内需的若干意见》,通过实施"宽带中国"战略,增强信息产品供给能力,培育信息消费需求,提升公共服务信息化水平,加强信息消费环境建设等,从而支持信息领域新产品、新服务、新业态发展。2015年国务院进一步出台《关于积极推进"互联网+"行动的指导意见》以及《促进大数据发展行动纲要》,指出要发展新型产业大数据,推动互联网创新成果与经济社会各领域深度融合,培育在金融等各个领域的大数据新业态。在促进产业数字化方面,2016年国务院出台《关于深化制造业与互联网融合发展的指导意见》,提出发挥互联网聚集优化各类要素资源的优势,加快新旧发展动能和生产体系转换。2017年党的十九大报告在五大发展理念的基础上,进一步提出"推动互联网、大数据、人工智能和实体经济深度融合,在中高端消费、创新引领、绿色低碳、共享经济、现代供应链、人力资本服务等领域培育新增长点、形成新动能"。

2019 年，中央经济工作会议明确提出"大力发展数字经济"，并出台《数字乡村发展战略纲要》，将发展农村数字经济作为重点任务，促进农业全面升级、农村全面进步、农民全面发展，缩小城乡数字鸿沟。特别是，2020 年 4 月《中共中央 国务院关于构建更加完善的要素市场化配置体制机制的意见》首次将数据作为一种新型生产要素，提出推进政府数据开放共享、提升社会数据资源价值、加强数据资源整合和安全保护。为进一步规划数字经济的发展，《中共中央关于制定国民经济和社会发展第十四个五年规划和二〇三五年远景目标的建议》明确提出数字经济的发展目标，即"推进数字产业化和产业数字化，推动数字经济和实体经济深度融合，打造具有国际竞争力的数字产业集群"；在具体措施方面，要求"加强数字社会、数字政府建设，提升公共服务、社会治理等数字化智能化水平。建立数据资源产权、交易流通、跨境传输和安全保护等基础制度和标准规范，推动数据资源开发利用。扩大基础公共信息数据有序开放，建设国家数据统一共享开放平台"。在发展过程中，要注意"保障国家数据安全，加强个人信息保护"，同时要"提升全民数字技能，实现信息服务全覆盖"，避免数字鸿沟以及地区不平衡；在国际协调方面，要"积极参与数字领域国际规则和标准制定"。

数字经济在金融方面的主要体现就是数字金融，通过数字普惠金融的发展，有利于解决国内中小企业融资难、融资贵等困扰中国实体经济发展的长期难题。国务院 2016 年印发的《推进普惠金融发展规划（2016—2020 年）》中就指出"鼓励金融机构运用大数据、云计算等新兴信息技术，打造互联网金融服务平台，为客户提供信息、资金、产品等全方位金融服务"。2016 年 11 月，国务院发布《"十三五"脱贫攻坚规划》，其中也强调要加大金融支持力度，"鼓励银行业金融机构创新金融产品和服务方式"，服务贫困人口。2016 年，在中国的大力推动下，G20 杭州峰会通过了《G20 数字普惠金融高级原则》，该文件涵盖了数字普惠金融发展中的创新与风险、法律和监管框架、数字金融服务基础设施、金融消费者保护以及数字技术和金融知识普及等内容。2017 年，国务院发布的《新一代人工智能发展规划》中也提出要建立智能金融，创新金融服务，发展金融新业态，建立金融风险智能预警和防控系统。为应对全球形势变化，区块链及数字货币成为数字金融发展重点领域。2019年10月，习近平总书记在主持中央政治局集体学习时强调，"区块链技术应用已延伸到数字金融、物联网、智能制造、供应链管理、数字资产交易等多个领域，要把区块链作为核心技术自主创新的重要突破口，加快推动区块链技术和产业创新发展"（人民日报，2019c）。2019年中国人民银行（简称央行）经国务院批准正式提出央行数字货币（Digital Currency Electronic Payment，DCEP），并先后在深圳、苏州、上海和北京展开数字试点，加快数字货币的推广应用。

在党中央的科学顶层设计和有效部署下，我国数字经济无论是在发展规模还是在发展质量方面，均处于全球领先地位。根据中国信息通信研究院发布的《中国数字经济发展白皮书（2020）》，2019年我国数字经济规模达5.2万亿美元，约合人民币35.8万亿元，仅次于美国。在电子商务、移动支付、共享经济、5G等数字经济核心领域，我国已经走在世界前列。在数字金融方面，我国近年来也取得重大进展。央行统计，截至2019年末，我国普惠小微贷款余额共11.59万亿元，同比增长23.1%，支持小微经营主体2704万户，同比增长26.4%。2019年新发放普惠小微企业贷款平均利率为6.7%，较2018年平均水平下降0.69个百分点，有效支撑了实体经济的发展。2020年新冠疫情期间，我国银行数字化转型进一步加快，大数据、区块链、云计算、人工智能等新兴信息技术的快速普及，使得数字普惠的信息优势、成本优势和风控优势所带来的长尾效应惠及更广大的企业和家庭。与此同时，虽然我国数字经济总量取得了令世界瞩目的发展成绩，但依然存在不少问题，需要通过科学分析与研究，提出有效政策来予以解决。

第一，我国数字核心技术依然缺乏，导致出现全球竞争力短板。数字经济的核心是信息科技，涵盖半导体、操作系统、云计算等底层技术。然而，我国在核心技术方面，跟美国相比还存在较大差距，比如国内集成电路产业的生产制造技术落后国际领先水平约两代，国产基础软件对核心技术掌握不够深入，产品功能、用户体验、稳定性和成熟度等与国外主流产品仍存在一定差距，基础软件、核心工业软件的外资垄断程度较高。海关总署公开的数据显示[①]，2020年我国进口的芯片总数量约为5435亿个，进口总金额约为3500.4亿美元，对外依赖度依然高居不下，自主性仍不足。

---

① 海关总署数据库统计数据 . http://43.248.49.97/[2022-04-18].

第二，数字经济发展与实体产业融合有待提升。中美两国数字经济发展早期阶段均由消费互联网驱动，然而近 10 年来随着云计算和企业服务在美国蓬勃兴起，产业互联网成为支撑美国数字经济新一轮增长的核心驱动力。一个典型例子是 Azure 和亚马逊 Web 服务（Amazon Web Services，AWS）云服务平台的推出使微软和亚马逊成功从传统软件服务商和电商转型成为著名的企业服务公司，带来了美国实体经济企业生产经营和管理方式的变革。对比而言，虽然阿里巴巴和腾讯在云计算、视频会议等领域已经有了很好的发展，但是整体产业互联网刚刚起步。根据中国信息通信研究院发布的《全球数字经济新图景（2020 年）——大变局下的可持续发展新动能》，全球产业数字化占数字经济比重达 84.3%，产业数字化成为驱动全球数字经济发展的关键主导力量，深化产业互联网布局、加快实体产业数字化步伐是我国数字经济发展的必经之举。

第三，数据要素市场形成面临诸多现实困难。数据是主导数字经济发展的关键生产要素，与土地、资产、劳动力等传统生产要素不同，数据要素具有非排他性和非竞争性属性，在缺乏有效数据保护和共享机制条件下，各大平台虽然积极收集数据，但不愿意共享数据，导致"数据孤岛"及数据碎片化等问题的出现，同时变相地造成数据垄断，阻碍中小企业创新，带来社会福利损失。除此以外，数据要素涉及更为复杂的一些因素，如数据所有权归属、消费者隐私等。从市场交易的角度来看，还需要完善数据价值评估与二级市场交易微观机制设计等。解决上述问题需要在数字经济背景下，厘清"政府"与"市场"的结合关系，充分发挥市场在资源配置中的决定性作用，更好发挥政府作用，推动有效市场和有为政府更好结合。

第四，数字经济无序发展的负面效应开始凸显。当前，我国数字经济无序发展带来的负面效应开始凸显，创新者窗口效应使得部分数字平台巨头通过"赢者通吃"，形成了行业垄断，反过来阻碍了创新（特别是中小企业的创新）。数字经济发展缺乏协调带来投资浪费，如各地政府仓促上马的芯片产业停摆导致了数百亿元的经济损失。数字经济平台渗透到金融行业更可能带来系统性金融风险，比如互联网金融点对点借贷平台（peer to peer lending，P2P）和长租公寓模式给投资人和租户带来巨额损失。数据滥用和数据鸿沟等问题侵害消费者权益，用户信息安全和隐私保护逐渐成为不容忽视的问题。因此，如何协调并监管数字经济发展是未来决策部门和监管部门需积极考虑的问题。

总之，围绕上述问题开展相应的前沿与基础理论研究是推进我国数字经济、数字金融健康发展的重要基础性研究工作，对实施数字经济国家战略具有重要意义。

（三）国际发展态势与我国发展优势

就发展数字经济整体而言，发达国家早在 20 世纪末就开始将数字经济发展提升到国家发展战略地位。20 世纪 90 年代初，美国即启动"信息高速公路"战略，并于 1998 年进一步提出数字地球的概念。自 1998 年以来，美国商务部就数字经济和数字国家发布了 13 份重磅报告，探讨数字经济发展的前沿和热点问题。2016 年美国商务部设立数字经济顾问委员会研究数字经济的发展，相继发布《美国数字经济议程》《国家人工智能研究和发展战略计划》《数据科学战略计划》等，加速推进数字化平台建设，利用大数据、区块链技术推动数据跨境流动，同时加快工业互联网布局，推动制造业与互联网的融合创新发展。欧盟各国数字经济战略也启动较早，欧盟于 1995 年通过《数据保护指令》，随后相继推出《通用数据保护条例》《欧洲数据战略》《欧洲数字议程》等，同时发布《欧洲地平线》（Horizon Europe）计划提案，力图在欧盟实现数据自由流通，将云计算、大数据技术嵌入制造业生产服务流程之中，提升制造企业智能化水平。英国 2009 年发布《数字英国》，并于 2017 年 3 月出台《英国数字化战略》，要求传统企业充分利用云计算技术发展数字化业务，并将区块链技术应用到制造业等领域以带动数字化转型。日本政府则在 2001~2009 年相继推出"e-Japan""u-Japan""i-Japan"等发展战略，并于 2013 年起开始致力于建设"超智能社会"。相比之下，发展中国家数字经济布局相对滞后。2015 年印度推出"数字印度"计划，该计划主要包括普及宽带上网、建立全国数据中心和促进电子政务三个方面；2016 年巴西颁布《国家科技创新战略（2016~2019 年）》，将数字经济和数字社会明确列为国家优先发展领域；2017 年俄罗斯编制完成《俄罗斯联邦数字经济规划》。

从学术研究的角度来看，从 2002 年起，世界经济论坛每年发布《全球信息技术报告》（Kirkman et al.，2002），从首份报告起，数字经济就出现在正文中，甚至出现在 2016 年报告（Baller et al.，2016）的副标题中。经济合作与发展组织（Organization for Economic Co-operation and Development，OECD）连续多年测量数字经济，在若干报告的标题中也使用数字经济，如《数字经济计量：一种新的视角》（OECD，2014）。学术界近几年对数字经济的研究比较广泛，在 EBSCO 商管财经全文数据库中检索 digital economy 发现，在各类学术期刊上的论文有 4830 多篇（截至 2021 年 2 月），其中 2020～2021 年两年内发表的论文是以前论文的 2 倍。这些研究主题正从关于数字经济的概念及范畴研究、数字经济计量方法研究、数字经济税收政策、数字经济发展中的就业、各国数字经济发展现状、数据隐私保护等宏观经济与社会学问题，逐渐转向数字化创新、数字经济价值链、数字技术采纳、商业模式等企业层面的问题。有些学者从相关角度出发，分析认为除了电子商务，数字经济从范围上还包括信息技术（张雪玲和焦月霞，2017；Moulton，1999）、相应的信息通信技术基础设施、信息技术行业本身、商品和服务的数字传输以及信息技术所支撑的有形商品的零售销售（Kling and Lamb，1999）；有些学者则认为，数字经济不仅给技术也给商业结构和相关流程带来挑战与机遇，而且将从根本上改变创造经济价值的方式（Zimmermann，2000）。其中，美国麻省理工学院（Massachusetts Institute of Technology，MIT）斯隆管理学院的布林约尔松（Brynjolfsson）教授于 2003 年在 *Management Science* 上就发表了题为"数字经济中的消费者剩余：估计在线书商增加的产品种类的价值"的论文，提出并验证了在线市场提供的产品种类增加所产生的经济影响。布林约尔松教授等于 2021 年在 *MIS Quarterly* 上发表论文，再次提出了需要研究数字经济的测量方法以及对数字经济的规制等问题（Brynjolfsson et al.，2021）。在 2019 年 12 月的《哈佛商业评论》（*Harvard Business Review*）期刊上，埃里克（Eric）就如何计量数字经济提出了看法，认为数字经济需要把大量的免费产品和非市场产品的消费者剩余计算在内。在 2015 年出版的《麻省理工技术评论》（*MIT Technology Review*）上，埃克里等学者发表了"关于数字经济的公开信"，呼吁全球对数字革命的经济和社会影响进行更多和更好的研究。

　　在数字金融领域，主要发达经济体中的美国和欧盟国家也努力通过国家战略来形成各自的竞争优势。美国以国家战略和雄厚的基础设施作为推动数字金融发展的优势，于 2012 年发布了《大数据研究和发展计划》，正式将大数据作为国家战略，为数字金融的发展提供了有力支撑。除此之外，美国对新一代全球金融数据基础设置的主导作用进一步强化了其在数字金融领域的竞争优势。OECD 在 2019 年曾举办圆桌论坛，专门讨论如何监管由数字技术带来的金融创新及其产生的风险，并在 2020 年 2 月再次在巴黎举办 2020 经济合作与发展组织竞争开放日（2020 OECD Competition Open Day）专题讨论对数字技术带来的金融创新如何监管的问题。欧盟国家则以高标准的数据安全壁垒推动自身数字金融的发展。欧盟于 2016 年 4 月通过了《一般数据保护条例》（General Data Protection Regulation，GDPR），并于 2018 年 5月正式生效，是当时全球最为严格的个人数据保护法规。《一般数据保护条例》全面加强了个人数据权利保护，强化了企业维护数据安全的责任，加强了对数据违法和跨境数据转移的监管。欧盟通过设立统一的高标准数据安全壁垒为其数字金融的持续健康发展创造了良好的制度环境。英国和新加坡等则在金融科技的监管创新方面走在前列。他们纷纷尝试"监管沙盒"、创新中心等做法，试图来解决数字金融监管问题。法国政府多部门 [法国财政部（Federal Ministry of Finance，FMF）、法国数据保护局（Commission Nationale de l'information et des Libertes，CNIL）、法国金融情报机构（Traitement du Renseignement et Action contre les Circuits Financiers clandestins，TRACFIN）等] 与产业界联合创立"金融科技论坛"，在数字金融创新及监管方面作为沟通产业界和监管者之间的桥梁。北京大学数字金融研究中心的研究报告（王靖一和黄益平，2017）表明，这些监管创新开始对现有金融服务的价格和质量产生积极影响。例如，运用互联网和人工智能数据分析技术规范网贷市场；将区块链技术运用于跨境支付，使得交易到账时间缩短以及汇率风险降低；使用生物识别技术帮助消费者完成支付、登录和验证身份等操作；将面部识别技术应用于投资咨询中的风险评估服务等。

从产业实践方面看，中美成为数字经济规模最大、各具特色的两个经济体。根据中国信息通信研究院研究报告统计，2019 年全球 47 个主要经济体数字经济规模达 31.8 万亿美元，其中中美两国合计达 18.3 万亿美元，德国、日本和英国位列第二梯队。数字金融在金融产业中的突出表现形式就是各种"金融科技"（Fintech）的出现和繁荣。据安永公司发布的《2019 年全球金融科采纳率指数》报告[①]，金融科技采纳率全球平均水平已经达到 64%，其中中国（不含港澳台）和印度金融科技采纳率达 87%，紧随其后的是俄罗斯和南非，采纳率均为 82%。在发达国家中，采纳率较高的是荷兰、英国和爱尔兰，部分反映了欧洲开放式银行的发展。尽管美国拥有超过 20 家金融科技独角兽巨头公司，位居世界前列，但由于其发达的传统金融服务的路径依赖性，同时也由于严格的监管限制，目前其数字金融整体尚未真正形成规模，金融科技采纳率也不足 50%。在金融科技企业融资方面，CB Insight 报道，2018 年仅仅 39 家有创业投资介入的金融科技独角兽企业就融资 1473.7 亿美元（Kagan，2022）。

从学术研究方面来看，国内外学者正在就数字经济中的新规律开展不同方面、不同层次的探索，如数字经济的形态与计量中的数字经济定义、运行机制、经济活动量化，数字技术对经济活动的影响、数据安全问题、数据资源生成及管理、数字金融与风险管理、数字平台监管等问题（Goldfarb and Tucker，2019）。在数字经济测度方面，国际货币基金组织（International Monetary Fund，IMF）第五届"衡量数字经济"统计论坛指出，在 GDP 缓慢增长的大背景下，现有宏观统计已经无法完全捕捉数字和被数字化提升的产品与活动所带来的增加值[②]。Brynjolfsson 等（2019）建立了一种新的框架来度量新产品或免费产品所带来的福利变化以及此类产品对 GDP 增长的影响，通过重新计算新产品和免费产品对个体福利和 GDP 增长的影响，进一步引入 GDP-B 来表示考虑免费产品和新产品带来的福利效用后衡量的 GDP。

关于数字技术对经济活动的影响，Farboodi 和 Veldkamp（2019）通过构造增长模型发现，企业通过生产来收集数据并在市场上交易数据，最终增强公司的盈利能力。Jones 和 Tonetti（2020）在模型的设定中则认为，信息可以直接作为生产要素进入生产函数中，但与传统的生产要素不同，数据要素的一个重要特征是非竞争性，从而带来社会整体福利的提高。Varian（2018）指出，数据的非竞争性意味着"数据访问权"可能比"数据所有权"更为重要，数据的共享行为促进了经济发展与行业转型。部分研究关注了数据中介，包括数据交换所和数据池（Schaub，2018；Wernick et al.，2020）。部分研究认

① 报告：中国内地金融科技采纳率高达 87% 持续领跑全球 . http://finance.sina.com.cn/roll/2019-07-24/doc-ihytcerm5986267.shtml[2022-08-25].

② Fifth IMF statistical forum. https://www.imf.org/en/News/Seminars/Conferences/2017/05/03/5th-statistical-forum[2022-08-25].

为数字经济可能会加剧收入差距，Brynjolfsson 和 McAfee（2014）指出，由于普通劳动力或者标准的资本较易被电子化从而较难分享数字技术革新带来的收益。此外，在数字化的合同工劳动力市场中，纵向差异（质量）驱动的明星效应与横向差异（品种）驱动的长尾效应并存（Bar-Isaac et al.，2012），当明星效应主导时，数字化就可能进一步扩大收入不平等。随着数字全球化的发展，跨国数字平台监管也成为一个热点问题。Ciuriak（2018）探讨了在数字经济初期阶段，数据监管是否在贸易条约中准备就绪（treaty-ready），以及相应政策该如何把握监管的适度性和灵活性问题。

从数字金融的内涵和外延来看，其对传统金融业进行了数字化革新，从各个角度改变了金融交易的载体、渠道、技术和效率，进而在国际上引发了产业、政府和学术界的高度关注。2016 ～ 2020 年，以技术为背景的金融创新相关研究逐渐被国际学者所重视，在 *Nature* 和 *Science* 等期刊上已有 7 篇相关论文发表。据不完全统计，2016 ～ 2020 年在 *Management Science*、*Review of Financial Studies*、*MIS Quarterly* 和《美国经济评论》（*American Economic Review*）等经济与管理类国际代表性期刊上已发表相关论文近 40 篇。例如，Da 等（2011）在《金融杂志》（*Journal of Finance*）上发表的论文《寻找关注度》（"In Search of Attention"）首次讨论了数字技术如何影响金融资产价格。在 Google Scholar 和著名社会科学工作论文网站上 SSRN 以 Fintech 为关键词，搜索到的学术论文分别有 41 600 篇和 692 篇之多（截至 2021 年 2 月）。近年来，一系列管理学、经济学领域的国际代表性期刊都纷纷推出与数字金融相关的特刊（如 *Information Systems Research* 在 2018 年推出 Fintech 专辑），一系列不同学科的重要期刊［如信息科学领域的 *IEEE Intelligent Systems*，金融和经济学领域的 *Journal of Corporate Finance* 以及《曼彻斯特学院学报》（*Manchester School*）等］也都纷纷出版 Fintech 专辑，深入讨论如何通过新兴信息技术推动金融产业的创新。不仅如此，甚至金融界很早就关注了学术界在这个领域的研究工作，并试图直接利用这些学术成果创造新的金融工具。例如，Bollen 等（2011）发现推特文本构建的情绪指数可以用来预测股市，当年即被德温特资本（Derwent Capital）用来构造了新的基金，并被全球主流财经媒体广泛报道。各国的科学基金组织也纷纷设立计划，资助与数字金融相关的基础研究。英国社会科学研究理事会与中国国家自然科学基金委员会的中英合作双边资助计划，支持针对基于数字技术的金融创新开展研究。美国国家科学基金会 2016 年开始的"人类技术前沿工作的未来"（Future of Work at the Human-Technology Frontier，"美国国家科学基金会的十大创新建议"计划之一）则主要针对数字技术如何影响和创新社会和经济工作形态开展更加基础性的研究。国内外的高等学校、重要的系列经济学金融学学术会议也纷纷以 Fintech 及其相关议题作为大会主题或者举办专门的论坛对此开展学术讨论和论文交流。例如，2017 年 4 月美联储费城主席哈克（Patrick T. Harker）博士在沃顿商学院发表了题为"金融科技：革命还是进化？"（Fintech：Revolution or Evolution？）的演讲；2020 年初，美国金融协会年会（AFA 2020 Annual Meeting）也将"金融科技：采用与后果"（Fintech：Adoption & Consequences）、"金融科技、金融稳定与监管"（Fintech, Financial Stability and Regulation）、"为金融健康而创新：金融科技公司、银行和政策制定者是否正在应对挑战？"（Innovating for Financial Health：Are Fintechs, Banks and Policymakers Addressing the Challenges？）、"区块链与加密货币"（Blockchain and Cryptocurrencies）等作为分会场（论坛）的专题。

在数字经济和数字金融领域，我国近年来（特别是在"十三五"期间）显现出了飞速成长，并得到全球的高度关注。在电子商务、移动支付、共享经济、5G 等数字经济核心领域，我国甚至走在世界前列。中国电子商务市场是全球最大的电子商务市场，占全球交易总额的 40%。2020 年"双十一"期间，天猫和京东两大平台销售额总计约 7700 亿元，共有 2.6 万家海外品牌参与活动，超过 470 家国外品牌在"双十一"当天成交额超过 1 亿元，"双十一"已经成为推动国内外消费循环的重要助力。在移动支付方面，根据央行发布的报告，截至 2020 年 9 月，国内移动支付用户达 7.9 亿人，网络支付业务金额近 250 万亿元，同比增长达 20.1%。（马宁宁等，2020）此外，我国央行数字货币按照"十四五"规划部署，稳妥推进数字人民币的研发试点，截止到 2022 年 7 月，试点地区已达 23 个城市，这将使得我国在移动支付领域继续引领全球发展。① 在共享经济领域，根据国家信息中心发布的共

---

① 　人民银行召开数字人民币研发试点工作座谈会 . http://www.gov.cn/xinwen/2022-04/03/content_5683323. htm[2022-08-25]；数字人民币要来了！试点全面展开，一文看懂央行数字货币背后逻辑：智东西内参 . https://baijiahao.baidu.com/s?id=1675178490195600318&wfr=spider&for=pc[2022-08-25]；数字人民币，为高质量发展添动力（倾听）. https://xw.qq.com/cmsid/20220720A01HJY00[2022-08-25].

享经济报告，2019 年我国共享经济交易额达到 3.28 万亿元。在 5G 商业应用方面，截至 2020 年 9 月，全国已经建成的 5G 基站超过 48 万个，5G 网上终端连接数已经超过了 1 亿。在专利技术方面，全球 5G 网络有 1/3 来自中国技术，中国人工智能专利申请数量首次超过美国，成为世界第一。此外，我国拥有全球数字经济发展所需的市场规模和海量数据优势。据互联网世界统计（Internet World Stats）的数据，截至 2020 年 1 月，我国网民数量达 8.54 亿人，超过美国和欧盟网民人数的总和，同时我国拥有全球最大规模的消费市场，在生产、交换、消费等方面累积了海量的数据[①]。根据《福布斯》报告，2019 年全球数字经济百强企业榜单中我国企业占据 14 家，居世界第 2 位。根据《2022 全球独角兽榜》，美国和中国拥有数字独角兽企业的数量居于前二位，其中美国 625 家，占 47.64%；中国 312 家，占 23.78%。

我国的数字金融产业也显现出强有力的竞争实力。在毕马威（KPMG）发布的《2018 年全球金融科技 100 强》榜单中，美国占据 18 家（且在前 10 名中占据 3 家），排名第一；紧随其后的是英国，有 12 家；尽管中国仅以 11 家入围百强，名列第三，但在这 11 家企业中，蚂蚁金服、京东金融和度小满分别名列第一、第二和第四，在前 10 名中与美国平分秋色。不仅新型技术公司在数字金融方面突飞猛进，传统的金融机构也在依托自己的优势，大力推进数字技术在金融业务和创新中的应用。以数字银行方面非常突出的招商银行为例，根据《招商银行 2019 年年报》，该行于 2019 年启动了新的“金融科技银行战略”，每年投入金融科技的整体预算额度原则上不低于上一年度公司营业收入的 3.5%。这一战略获得了资本市场的高度认可，基于招商银行此前金融科技实践取得的成功，其股票市值在 2019 年暴涨一倍，已经远远超越了中国交通银行、中国邮政储蓄银行，成为中国市值第五大的银行，且已经非常接近中国银行和中国农业银行。

从学术研究的角度看，数字金融学相关研究得到了中国学者的高度重视。从“百度学术”上简单地用论文标题中包含“金融科技”的搜索策略来搜索，2015～2019 年，仅仅被 CSCD 和 CSSCI 数据库收录的公开发表中文学术论文就约有 500 篇（2015 年之前仅有个位数的此类论文发表）；用

---

① World Internet Users and 2022 Population Stats. https://www.internetworldstats.com/stats.htm[2022-11-20].

WoS 查询数据，简单地以 Fintech 为主题的检索发现，中国（不含港澳台数据）学术机构发表的 Fintech 国际学术论文，在 2015～2019 年总共有 66 篇，排在同期全球各个国家和地区同类论文数量的第 2 位（美国以 85 篇列第 1 位）（搜索时间：2021 年 2 月）。同时，在此期间国内召开的主流管理科学和经济（金融）科学的系列学术会议也相当程度地以"金融科技""数字金融""智（能）慧金融"等作为大会主题 / 会议名称 ［如 2018 年第三届国际智慧金融峰会（2018 3rd International Summit on Smart Finance）］或者专题分会场 ［如 2018 年中国金融国际年会（2018 China International Conference in Finance，CICF 2018）设立的 Fintech 分会场、2018 年中国金融评论国际年会（2018 China Finance Review International Conference，CFRIC 2018）设立的中国与美国的 P2P 借贷（P2P Lending in US and China）暑期学校等］。国家自然科学基金委员会在"十三五"期间，资助了一系列金融大数据、金融科技与智能金融的重大、重点项目以及相关重大研究计划中的重点支持项目，这些都为数字金融基础理论产生重大突破奠定了知识、技术、实证数据等方面的重要基础。同时，国内众多高校纷纷建立与数字金融相关的研究中心、研究院所，如北京大学数字金融研究中心、清华大学五道口互联网金融实验室、上海交通大学人工智能金融科技联合实验室、天津大学中国社会计算研究中心、浙江大学互联网金融研究院、深圳市哈尔滨工业大学金融科技研究院、上海财经大学金融科技研究院，以及厦门大学实验经济金融实验室等，对数字金融及其基础理论组织研究力量开展长期专门的研究。此外，很多学校也设立了"金融科技"方向的金融专业硕士、工商管理专业硕士（Master of Business Administration，MBA）等研究生教育项目，开设"金融科技""智能金融计算""区块链与供应链金融"等相关课程。

中国数字经济与数字金融实践高度发展，为我国学者在相关领域提供了领先世界的研究机会。中国拥有巨大的市场空间，而互联网经济体现出来的规模优势，行业发展积累的大量基础数据，以及学术界形成的多学科交叉探索的开放性研究态势、数字金融领先企业与学术界积极合作的趋势，都构成了支持我国数字经济和数字金融基础研究的有利条件和独特竞争力。

（四）主要研究方向

1. 数据要素价值实现的基础理论

2020 年 4 月,《中共中央 国务院关于构建更加完善的要素市场化配置体制机制的意见》首次将数据作为一种新型生产要素写入文件中,明确了提升社会数据资源价值、健全要素市场运行机制的方向和重点改革任务。2022 年 1 月,国务院发布《"十四五"数字经济发展规划》,进一步指出应当充分发挥我国海量数据、广阔市场空间和丰富应用场景优势,充分释放数据要素价值,激活数据要素潜能,以数据流促进生产、分配、流通、消费各个环节的高效贯通,推动数据技术产品、应用范式、商业模式和体制机制协同创新。

数据要素是数字经济深化发展的核心引擎,对提高生产效率的乘数作用不断凸显,成为最具时代特征的生产要素。数据的爆发式增长、海量集聚蕴藏了巨大的价值,为智能化发展带来了新的机遇。协同推进技术、模式、业态和制度创新,切实用好数据要素,将为经济社会数字化发展带来强劲动力。充分发挥数据要素的作用和价值,需要以高质量数据供给为基础,以数据要素市场化为依托,以数字技术创新和数字基础设施建设为保障,在与场景深度融合的过程中赋能经济。

从中长期来看,数据要素价值实现的一般规律和必要条件应当作为核心研究内容,其中,数据高质量供给涵盖数据采集、标注、清洗、脱密、聚合、分析等环节,既涉及微观主体的数据资源标准化、数据质量提升等领域的研究,也包括主体间的数据交换、协作和开放研究;数据要素市场化的关键前提是数据资产的确权和定价研究,而流通过程中的资产评估、登记结算、交易撮合等新型市场微观机制也亟须设计完善;关键数字技术研发包括高端芯片、操作系统、工业软件、核心算法和框架等关键核心技术的创新,涵盖传感器、量子信息、网络通信、集成电路、关键软件、大数据、人工智能、区块链、新材料等战略性前瞻性研究领域;应在传统基础设施智能升级研究基础上,加强新一代移动通信网络、卫星互联网、工业互联网、物联网等信息网络设施智能化、协同化研究,加快推动数据中心、智能计算中心体系构建,推进云网协同和算网融合发展是数字基础设施的核心研究方向。

典型科学问题举例:数据要素价值实现的一般规律和必要条件,高质量数据供给基本理论，数据资产化与资本化理论，数据产权与数据要素定价基本理论，数据开放与交换理论，数据要素市场参与者行为及微观机制理论，各类数字技术创新及数字基础设施协同管理机制研究等。

2. 数字技术与实体经济深度融合理论

习近平总书记在中共中央政治局第三十四次集体学习时强调，应当"充分发挥海量数据和丰富应用场景优势，促进数字技术与实体经济深度融合，赋能传统产业转型升级，催生新产业新业态新模式，不断做强做优做大我国数字经济"（新华社，2021）。国务院《"十四五"数字经济发展规划》已从战略层面明确了促进数字技术与实体经济深度融合的中长期目标，力求加快数字技术向经济社会和产业发展各领域的广泛深入渗透，推进数字技术、应用场景和商业模式融合创新，形成以技术发展促进全要素生产率提升、以领域应用带动技术进步的新发展格局。

数字技术自诞生以来就和经济活动密切融合，二者的融合发展是新一轮国际竞争的重点领域。第一，数字技术直接为经济活动提供了必要的技术支持；第二，更为重要的是，数字技术通过深度应用积累的海量数据资源，突破了旧有的时间空间限制，延伸了上中下游产业链条，拓展了实体经济活动宽度，加速了各类市场主体的融合，促进了国内外经济循环，进而改变了国民经济的生产、消费和分配方式，深刻影响了经济结构和经济效率，拓展了经济活动的深度与高度。

从中长期来看，数字技术与实体经济融合发展的关键是加快推动和大力推进产业数字化转型和数字产业化，并在此基础上提升公共服务数字化水平，其中涉及微观、中观、宏观三个层面的研究领域和内容：微观层面，传统企业全业务流程数字化转型、平台企业和数字技术服务企业等新型企业的跨界创新与核心竞争力提升是两项重要研究内容；中观层面，重点产业数字化转型，产业园区和产业集群数字化转型，5G、集成电路、新能源汽车、人工智能、工业互联网等新型数字产业和重点产业供应链体系的竞争力提升，在线服务、共享经济、智能经济、新个体经济等新业态新模式的培育等均是重要研究方向；宏观层面，数字经济时代实体经济发展规律以及经济结构是需要思考的核心理论问题，同时数字政务、社会服务数字化、数字城乡、新型数字生活等公共服务数字化问题也需要统筹谋划与研究。此外，有效拓展数字经济国际合作能够推动国内国际相互促进，为"双循环"发展注入新动力，因此贸易数字化、"数字丝绸之路"深入发展等命题也需要被重视和研究。

典型科学问题举例：数字经济的一般发展规律，数字经济驱动高质量发展理论，数字技术、数字经济促进要素配置与市场主体融合理论，数字技术与微观经济主体行为研究，数字技术对多主体互动行为的影响研究（特别是跨层研究），企业全业务全流程数字化转型的微观机理，数字化产业与产业数字化转型的运行机制与发展规律，数字经济新产业新形态新模式的分类与测度，数字经济与收入分配，社会服务数字化和智能化路径研究，数字城乡融合的基础理论，数字经济与国际贸易新规律等。

3. 数字金融与数字货币的基础理论

2021 年 7 月，国务院金融稳定发展委员会第五十三次会议要求加强对金融领域战略性、前瞻性、基础性、针对性的问题研究，并将数字金融作为重大课题之一。金融的本质作用是服务实体经济，在资金融通过程中实现期限、规模与风险的转换。近年来，数字技术高速发展，极大地降低了信息获取和交易成本，提升了资产配置效率以及金融服务的可触达性与便利性，新兴数字金融业态正在形成。我国在移动支付、线上金融服务与数字保险等领域的数字金融创新发展享誉全球。

从中长期来看，数字金融需要研究的核心问题是探寻数字技术影响金融活动的规律和机理，并在此基础上利用数字技术赋能金融服务。微观层面的研究包括各类微观主体行为的数字化精准刻画和数字环境与微观主体金融行为的交互影响，以及金融机构如何完成全流程数字化转型，进而充分发挥数据要素价值，将数据要素与营销拓展、产品创新、风险管理、运营管理等金融场景深度融合；中观层面的研究包括金融服务业的整体数字化转型，以及实体产业与金融业数字化的深度融合，构建数字"实体 – 金融"生态系统，尤其是行业级的金融科技关键技术突破和应用创新；宏观层面的研究包括在持续完善数字基础设施建设的基础上，探索数字金融市场体系、征信体系、监管体系以及跨境金融服务与合作的新规律。

数字货币是数字经济和数字金融的重要组成部分。我国正在逐步推进数字人民币的研发和试点应用，数字人民币由中国人民银行发行，是数字形式的、具有国家信用背书和法偿能力的法定货币，与比特币等没有价值基础和主权信用担保的虚拟货币存在本质区别。数字人民币的研究既需要涵盖数字技术对传统货币理论的影响，包括货币供给与需求、货币政策及其传导机制等方面；也需要加强对数字人民币交互网络、账本、共识、安全、隐私、身份、钱包、监管和智能合约等关键共性技术的基础理论研究。

典型科学问题举例： 数字环境下微观主体金融行为的一般规律及其动态演化，企业级和行业级金融科技关键技术和应用创新的基础理论，数字技术对金融市场定价及微观机制的影响研究，数字普惠金融发展规律与影响评估，跨境数字金融服务的机制安排，数字货币影响经济金融的一般规律，数字货币对传统金融理论的影响，数字货币的理论基础与关键信息技术突破等。

4. 数字经济治理理论

2021 年 10 月，习近平总书记在中共中央政治局第三十四次集体学习时强调："要完善数字经济治理体系，健全法律法规和政策制度，完善体制机制，提高我国数字经济治理体系和治理能力现代化水平。"（新华社，2021）

当前传统经济治理方式和监管手段已滞后于数字经济的快速发展，数字化、智能化、平台化、生态化等数字经济的新特征对经济治理提出了全新挑战。在完善数字经济治理体系的过程中，必须正确处理好数据伦理与数据要素价值提升、科技伦理与数字技术创新等多重辩证关系。从中长期来看，数字经济治理理论不仅涉及传统规制经济学理论的创新，也涉及公司治理、科技治理和数据治理的理论完善。

在数据治理层面，需要研究设计数据全生命周期的治理规则和体系，涵盖采集、传输、存储、处理、共享、销毁等环节，在个人数据隐私安全保护的基础上，加强数据安全风险评估、监测和应急处置的理论研究，防范信息泄露、数据垄断、数据歧视等问题。在科技治理层面，需要研究构建新技术应用的自律机制和科技伦理的治理体系，并强化数字技术应用风险识别、预警和动态控制的理论研究，减少算法黑箱、算法滥用、隐私侵犯等问题。在公司治理层面，需要加强数字经济时代企业资本结构优化、激励机制创新等方面的理论研究，避免低水平重复、同质化竞争、盲目跟风炒作等，支持可持续发展的业态和模式创新。

在宏观规制层面,核心研究问题是强化协同治理和监管,构建符合数字经济特征的最优规制机制,主要研究方向包括:探索建立适应平台经济特点的监管机制,强化对平台经营者及其行为的监管研究;加快完善数字经济公平竞争监管制度,加强全市场准入、公平竞争审查、反垄断等监管研究;建立健全数字金融风险监管机制,加强风险动态监测和规制的理论研究,规范数字金融有序创新,严防衍生业务风险;推动政府数字经济治理能力提升,加强数字经济统计监测、重大问题研判和风险预警、数字服务监管体系等方面的理论研究;开展数字经济标准国际协调和数字经济治理合作,加强数据跨境流动、市场准入、数字人民币等相关治理规则研究。

典型科学问题举例:数字技术与政府规制创新,数字经济治理体系构建的理论基础、核心要素及关键技术,数字经济政策及治理体系评估,数据全生命周期管理与治理的基础理论,数据垄断与数据歧视的治理体系,数据安全与隐私保护的治理规则,数据伦理治理体系的构建与理论基础,数据跨境治理,数字技术应用风险的形成机理及监管研究,平台经济反垄断的监管规制研究,数字经济环境下市场有效性理论与市场竞争理论的发展与创新,数字资源竞合模式的理论与发展规律,数字金融的风险传播与监管创新,数字经济全球治理的理论基础、基本架构与发展路径,等等。

三、城市的数字孪生与平行管理

(一)基本概念与科学意义

"数字孪生城市"是物理城市在数字世界的"克隆体",是数字城市的高级形态,它基于天、空、地、海全域感知数据而建立,与物理城市精准映射、全息匹配,二者同生共存、虚实交融、平行运转(中国信息通信研究院,2018)。数字孪生城市平行管理是公共管理模式的重大转型,指基于物理城市与数字孪生城市间的交互,平行调整二者的管控方式,以实现协同进化。

数字孪生城市平行管理创新城市管理模式,以天、空、地、海全域感知数据和模型来描述物理城市,通过传感和信息网络为数字孪生城市提供动态、可靠的环境信息和计算支持，基于虚实系统平行互动，实现对物理城市实时、动态、主动的控制与管理，以辅助解决其运行过程中的复杂性和不确定性问题，能够全面提高城市物质、智力、信息等资源的配置和运转效率，实现城市管理智能化转型。

数字孪生城市平行管理的基本科学问题，就是探索城市全域数字孪生驱动的城市智能、交互、数字管理的路径与作用机理。

开展数字孪生城市平行管理研究恰逢其时。从信息技术支撑城市治理的发展逻辑看，数字孪生城市是智慧城市、数字城市的未来趋势和必经阶段，在继承优势、克服劣势与不足的同时，必将涌现出众多创新突破点。同时，数字孪生是实现元宇宙的关键技术，从概念上，数字孪生城市和元宇宙均是建立虚实共生的世界。元宇宙概念重启，为数字孪生产业带来了新的机遇。从信息技术驱动的城市管理变革看，数字孪生赋能城市管理智能化转型，通过城市虚实系统间的反馈与交互，突破传统的城市管理模式，城市设计、规划、建设、管理、监控、安全等面临全新的机遇和变革。从管理方法与治理手段看，平行管理是多学科深度交叉融合、应对数字孪生城市管理复杂问题的创新方式，有助于破解数字孪生与传统社会、政治、伦理等方面的冲突。从国际形势看，世界各国都已在数字孪生城市甚至元宇宙领域谋划布局，并以此为重要突破口，开展竞赛。例如，韩国已推出《元宇宙首尔五年计划》。从国家安全需要看，数字孪生城市将是未来各国经济社会发展的主要载体，其管理能力将成为国家防范和化解重大安全风险能力的重要组成部分。

因此，研究数字孪生城市平行管理，是前瞻性、战略性的重大科学问题，具有重要意义的现实问题。

在数字/智能技术推动数字孪生城市发展的趋势下，未来城市的公共管理将对平行管理方式产生重大需求，迫切需要研究相关的公共管理基础理论问题。数字孪生驱动城市管理智能化转型，通过全域感知、精准映射，以及数字孪生城市与物理城市全息匹配、同步运行，让过去可追溯、未来可预期、治理易创新。城市管理主体通过智能化系统或手持终端，能实时掌握、管控物理城市和数字孪生城市的运行状态，并能将数字孪生城市作为物理城市的"试验场"，基于系统性模拟演练，低成本、无限次地为城市管理问题提供各种备选解决方案。传统公共管理理论、工具、技术、知识和技巧等，都将发生重大转变，亟须对这一新环境下的公共管理基础理论问题开展系统性研究。

数字孪生城市平行管理的最基础问题在于探索如何应对数字化背景下城市管理智能化转型所面临的复杂问题和不确定性挑战，尤其是如何基于城市全域、全量、全时数据资源的深度挖掘、智能融合与共享使用，实现对物理城市的精准感知和实时动态映射，以及如何基于虚实交互数据在虚拟系统中开展多场域、多尺度、多概率模拟演练，形成城市管理知识库，使物理城市得以向其"未来"借鉴经验，实现智能化管理。

因此，数字孪生城市平行管理的基础性研究，将在大数据、云计算、物联网、人工智能、区块链、边缘计算、元宇宙等前沿技术的支撑下，创新城市管理研究范式，推进城市管理智能化转型前沿研究，突破城市管理决策者认知能力与认知容量的局限性，提高其探索、分析、认识数字孪生城市要素动态演化规律的能力，提高数字孪生城市应对变化和非正常状态的能力，推进国家治理体系和治理能力现代化，促进数字中国战略的实施。

（二）相应的国家战略需求

党中央、国务院都高度重视城市数字化、智慧化发展。党的十九届四中、五中全会，均对推进数字政府建设做出了指示，明确其发展方向。2020年3月31日，习近平总书记在杭州城市大脑运营指挥中心考察时指出："让城市更聪明一些、更智慧一些，是推动城市治理体系和治理能力现代化的必由之路。"（人民日报，2020b）

我国智慧城市建设已经推进多年，在建设中不断吸纳前沿技术和理念，以使城市更聪明、更智慧。数字孪生城市开辟新型智慧城市的建设和治理新模式，是"支撑新型智慧城市建设的复杂综合技术体系，是城市智能运行持续创新的前沿先进模式"[1]，近年来受到各界高度关注。2018年11月，住建部发布《"多规合一"业务协同平台技术标准（征求意见稿）》，提出有条件的城市，可在建筑信息模型（building information modeling，BIM）应用的基础上建立城市信息模型（city information modeling，CIM），而CIM正是数字孪生城市建设的重要基础。2019年7月，交通运输部印发《数字交通发展规划纲

---

[1] 软通智慧亮相2019智博会：云+AI+场景 赋能智慧城市美好未来. https://baijiahao.baidu.com/s?id=1643082366710764506&wfr=spider&for=pc[2022-08-02].

要》，提出"以数据为关键要素和核心驱动，促进物理和虚拟空间的交通运输活动不断融合、交互作用的现代交通运输体系"，这与数字孪生理念高度一致。2019 年 10 月，国家发展改革委发布《产业结构调整指导目录（2019年本）》，将基于大数据、物联网、地理信息系统（Geographic Information System，GIS）等的 CIM 相关技术和 BIM 相关技术开发与应用列为鼓励类产业。2019 年 12 月，《交通运输部关于印发〈推进综合交通运输大数据发展行动纲要（2020—2025 年）〉的通知》（交科技发〔2019〕161 号）要求"推动各类交通运输基础设施、运载工具数字孪生技术研发"。2020 年 4 月，《国家发展改革委 中央网信办印发〈关于推进"上云用数赋智"行动 培育新经济发展实施方案〉的通知》（发改高技〔2020〕552 号）明确提出"开展数字孪生创新计划""聚焦数字孪生体专业化分工中的难点和痛点，引导各方参与提出数字孪生的解决方案"。同时，工业和信息化部在《智能船舶标准体系建设指南》（征求意见稿）中明确将建设"数字孪生"纳入关键技术应用，指出数字孪生标准主要包括数字映射、协同交互等标准。2020 年 5 月，国家发展改革委官网发布《数字化转型伙伴行动倡议》，提出"探索大数据、人工智能、数字孪生、5G、工业互联网、物联网和区块链等数字技术应用和集成创新，形成更多有创新性的共性技术解决方案及标准"。2020 年 8 月，国务院国有资产监督管理委员会下发《关于加快推进国有企业数字化转型工作的通知》，要求加速突破数字孪生前沿技术，"增强基于数字孪生的设计制造水平"。2020 年12 月，中国信息通信研究院连续第三年发布《数字孪生城市白皮书》，指出数字孪生城市是"新型智慧城市建设发展的必由之路和未来选择"，"已正式步入到建设实施落地期"。自 2021 年 11 月以来，元宇宙概念重启，各地迅速响应，积极布局。北京城市副中心发布《关于加快北京城市副中心元宇宙创新引领发展的八条措施》；浙江省数字经济发展领导小组办公室发布《关于浙江省未来产业先导区建设的指导意见》，将元宇宙与人工智能、区块链、第三代半导体并列；江苏省无锡市推出《太湖湾科创带引领区元宇宙生态产业发展规划》；三亚市政府与网易签署战略合作协议，设立网易海南总部，建设网易元宇宙产业基地项目；张家界元宇宙研究中心挂牌……国家与地方、学术界与产业界、市场与企业，都对数字孪生、元宇宙密切关注、积极布局，其应用场景日益丰富，其系统性、复杂性也日趋凸显，城市管理面临全新挑战，亟须开展相关研究和探索，以弥补传统城市管理在新时代所存在的短板。

作为数字政府建设的重要组成部分，数字孪生城市的核心是将数据和数字技术作为城市管理智能化转型、高质量发展的重要资源和驱动力。数字孪生城市在技术积累、资源整合、模式创新等方面无不推动了城市元宇宙的发展。数字孪生城市在产业形态和技术上的典型表现就是平行管理，而支撑平行管理实现城市管理智能化转型、提升管理效能的基础科学原理，则需要开展与之相应的"数字孪生城市平行管理"研究，这无疑对加快数字社会、数字政府智能化建设具有重要意义。

（三）国际发展态势与我国发展优势

数字孪生城市平行管理是对传统城市建设与管理的数字化革新，能从多个维度改变城市管理的载体、渠道、技术和效率。借助数字孪生，城市政府得以主导整合所有层次行政管理资源，与不同级别政府（特别是基层政府）、私营企业以及非营利部门合作，通盘考虑城市运行中各个系统的关联性，并分析这些系统所面临的挑战及其相互间的关系。数字孪生城市已在国际上引发了从产业到政府再到学术界的高度关注。

从实践方面看，数字孪生技术已有较为成熟的应用，德国信息技术、电信和新媒体协会（Bundesverband Informationswirtschaft, Telekommunikation und neue Medien e.V.，BITKOM）预测，数字孪生在制造业市场巨大，到2025年将超过780亿欧元[①]。企业层面，西门子、达索、丰田、特斯拉、华为等工业巨头和信息技术厂商已在数字化设计、虚拟工厂、设备预防性维护、车联网等应用场景中提出数字孪生的发展路径和解决方案。美国通用电气公司基于Predix工业互联网平台为每个引擎、每个涡轮、每台核磁共振创造一个"数字双胞胎"，通过在虚拟空间开展调试、试验，将最佳方案应用到机器上以取得最佳运行效果。德国西门子公司于2016年首次提出其"数字孪生"理念，强调数字孪生"不是让虚拟世界做现在我们已经做到的事情，而是发现潜在问题、激发创新思维、不断追求优化进步"（方志刚，2021），并在2019年Realize LIVE用户大会上再度阐释其数字孪生技术。目前，西门子可基于其自建的MindSphere平台打通数字孪生不同应用场景数据，通过破除

---

① 数字孪生业务 . https://xueqiu.com/9546516258/154621582[2022-11-20].

设备、设计、制造、维护等产品生命周期隔离，打造数字孪生闭环。

　　政府层面，爱沙尼亚、新加坡、澳大利亚、西班牙等国均已认识到数字孪生的价值并积极开展探索实践。爱沙尼亚 20 世纪 90 年代就已提出并开展"数字爱沙尼亚"计划[①]。通过 X-Road 技术、数字身份证以及区块链系统项目，爱沙尼亚把整个国家的基础设施和公共服务推倒重建，从肉眼可见的物理世界提升到数字空间，使其成为世界上第一个提供全面的数字公共服务的国家。新加坡政府与达索合作开发的"虚拟新加坡"，能基于不同公共部门收集的图形和数据，包括空间和拓扑结构、人口统计和气候等传统和实时的数据，帮助用户打造丰富的可视化模型并大规模仿真新加坡城市物理场景，从而探索城市化对于国家的影响，并开发相关解决方案，优化与环境和灾难管理、基础设施、国土安全及社区服务有关的后勤、治理和运营。澳大利亚新南威尔士州政府发布"超越数字"（Beyond Digital）战略，并已启动悉尼西部数字孪生计划[②]，基于建筑物、地层平面图、地形、物业边界和公用事业（如电力、自来水和下水道）等数据为建筑物和自然环境构建虚拟 4D 模型，帮助城市规划师、地产商和政策制定者做出更明智的决策，通过汇总公共机构和私营部门数据，更好地预测和管理交通拥堵，监测土地覆盖和结构变化以及预测山火。西班牙在城市中广泛部署传感器，感知城市环境、交通、水利等运行情况，并将数据汇聚到智慧城市平台中，形成数字孪生城市的雏形。值得注意的是，美国政府及军方均大力支持"星链"计划，太空运输公司太空探索技术公司（SpaceX）已成功发射超过 1000 颗"星链"卫星，并向美国军方及部分地区提供通信测试服务，"空天互联网"的快速发展将为美国数字孪生城市的建设和发展提供极大支撑。

　　从学术研究方面看，国外文献较少关注数字孪生城市平行管理。在 WoS 核心合集 SCIE 和 SSCI 数据库中，尚未检索到主题中同时包含 parallel management（平行管理）和 digital twin city（数字孪生城市）的文献。但分别以 parallel management、digital twin city 或 digital twin（数字孪生）进行主题检索，均能得到部分文献记录。parallel management 对应 369 条记录，按相关

① This is the story of the world's most advanced digital society. https://e-estonia.com/story/[2022-08-25].
② 澳大利亚新南威尔士州政府"超越数字"战略介绍. https://www.secrss.com/articles/25165[2022-08-25].

性排序后，前 100 条记录中有 14 条平行管理文献记录均为中国作者，从通信地址看，主要来自中国科学院自动化研究所、北京交通大学、清华大学、福州大学和青岛智能产业技术研究院。其中，中国科学院自动化研究所王飞跃研究员的《智能交通系统的平行控制和管理：概念、架构和应用》被标注为高被引论文。该文认为，平行控制和管理本质上是一种数据驱动的建模、分析和决策的方法，它同时考虑了过程中的工程和社会复杂性（Wang，2010）。筛选所得 3 篇 digital twin city 议题的文章，均来自境外，分别对基于格式塔原理的城市对象聚类、参与式传感、3D 城市模型构建策略等进行研究。关于 digital twin 的文章，明显多于前二者，达 700 篇。由此可以看出，数字孪生已经引起较为广泛的关注，但数字孪生城市及平行管理在国外处于起步阶段，我国学者具有一定的优势地位，"数字孪生城市平行管理"具有明显的学科前沿性，是我国得以引领世界的又一个重要研究议题。

当前，数字孪生城市方案和模式已如雨后春笋在我国多地涌现。

2018 年 4 月，《河北雄安新区规划纲要》提出，要坚持数字城市与物理城市同步规划、同步建设，打造具有深度学习能力、全球领先的数字城市。数字雄安建设最重大的创新，是在建设物理城市的同时，通过万物互联感知，汇集多方数据来搭建城市智能模型，形成与新区同生共长的数字孪生城市，使雄安新区成为世界上第一个从城市原点就开始构建全数字过程的城市。2020 年 12 月 27 日，"数字孪生"京雄城际铁路全线开通运营，这是我国第一条全过程、全专业运用建筑信息模型技术设计的智能高铁，同时还应用了物联网、云计算等前沿科技，智能化设计达 70 余项。在铁路建设过程中，其桥梁、路基、隧道、四电（通信工程、信号工程、电力工程和电气化工程）等所有不同类型的工程，全部先形成数据和三维透视影像，而后付诸现实，以便对铁路各个方面进行全寿命工期管理和维护（訾谦，2020）。

雄安新区以外，全国众多城市和地区的"数字孪生城市"基础设施建设和落地应用也在有序推进。2019 年 6 月，天津滨海新区中新天津生态城的 110 千伏游乐港智能变电站完成全息模型建设，迈出"数字孪生"技术应用第一步，建成后的孪生变电站将彻底解决缺乏统一数据平台、缺少数据分析、难以判断设备风险等难题，实现对变电站的全域和全生命周期管理（毛振华，2021）。在 2019 年全球智慧城市大会上，江西省鹰潭市"数字孪生城市"在与全球 300 多个城市的角逐中胜出，荣获全球智慧城市中国区产业数字化转型奖、全球智慧城市数字化转型奖（李贞，2020）。鹰潭通过部署超过 110 万个传感器，连接地上地下、天空、水体，包括高空无人机、水下机器人、地下的数字管网和地表的智能路灯、泊车、烟感等感知载体，构筑城区 80 千米^{2}的矢量数据，以及主城区 10 千米^{2}的三维数据，实现 43 个物联网应用场景，真正打造出一个城市的信息系统、数据模型和数字孪生城市的大脑。2020 年6 月，《北京市加快新场景建设培育数字经济新生态行动方案》提出"加强5G、工业自动化控制、工业 AR、数字孪生、超高清视频等技术示范应用，推动智能化、数字化转型"。2020 年 7 月，江苏泰州"数字孪生"智慧输电线路 220 千伏白界线建成投运，全长 10.56 千米。2020 年 8 月，《智慧海南总体方案（2020—2025 年）》明确提出：至 2025 年底，以"智慧赋能自由港""数字孪生第一省"为标志的智慧海南基本建成。2020 年 11 月，《广东省推进新型基础设施建设三年实施方案（2020—2022 年）》提出，探索构建"数字孪生城市"实时模型，实现物理城市向数字空间的全息投影，增强城市治理灵敏感知、快速分析、迅捷处置能力，形成集应用服务中枢、决策分析助手、治理指挥平台、规划专家系统于一体的全要素"数字孪生城市"一网统管系统。2020 年 12 月，贵州、海南等多省"十四五"规划建议均对数字孪生城市建设进行了设计和部署。2021 年 2 月，上海"一网统管"发布城市最小管理单元数字治理成果。通过接入政府业务、人流、气象环境、地下地铁和管网等多维数据，上海百年历史建筑——南京大楼的数字孪生大楼能支持以生命体、有机体的视角，对大楼进行感知和管理，这相当于给大楼"实时体检"，并实时输出专业的体检报告。数字孪生城市已经迎来全新的发展机遇，数字孪生城市平行管理应用空间巨大。

近年来，我国已有部分学者对数字孪生城市相关议题开展研究，该领域总体上处于探索阶段。主流中文学术搜索引擎中，尚未发现主题中同时包含"数字孪生城市"和"平行管理"的相关文献。

截至 2021 年 3 月 6 日，在 CNKI 上跨库（学位论文、期刊、会议）主题检索"数字孪生城市"，发现自 2018 年以来，共有 114 篇中文署名文章，涉及智慧城市、CIM、BIM、人工智能、信息模型、雄安新区、城市治理等研究议题。进一步阅读发现，当前文章以短文为主，大都停留在对这一新兴趋势的简单讨论层面，仅少部分学者就数字孪生城市的交通运输、全息测绘、CIM 等相关议题开展了较为规范的学术性研究和讨论。

截至 2021 年 3 月 6 日，在 CNKI 上跨库（学位论文、期刊、会议）主题检索"平行管理"，经筛选，仅得到 15 篇相关中文署名文章。从所选文章看，以中国科学院自动化研究所为首，全国已有多家单位结合交通管理、企业管理、军事管理等实际应用场景，研究如何基于人工系统构建、计算实验、平行执行等方法实现平行管理。

总体上看，学者已经开始对数字孪生城市及平行管理两个议题分别开展研究，但对数字孪生城市平行管理这一重要议题尚且关注不足，已有研究内容仍停留在对若干零散应用实践的分析上，尚缺乏对规模化应用及整体性解决方案的研究。

中国数字社会、数字政府建设高速发展的背景，为我国学者在数字孪生城市管理研究领域提供了领先世界的研究机会。中国出色的数字孪生城市管理探索和巨大的实践场域、数字政府建设积累的大量基础数据，以及学术界形成的多学科交叉探索的开放性研究态势，再加上前期科学资助机构所投入的研究资金、学术界已经取得的学术成果积累，以及数字孪生城市建设领先企业与学术界积极合作的趋势，都构成了支持我国数字孪生城市平行管理研究的有利条件和独特竞争力。

（四）主要研究方向

1. 数字孪生城市平行管理理论基础

数字孪生城市是面向新型智慧城市的复杂技术和应用体系，能够综合运用物联网、人工智能、虚拟现实、大数据、区块链等技术，整合天、空、地、海多源数据，打通各类平台，利用平行管理实现物理城市与数字孪生城市的动态实时交互，满足当前和今后对城市运行的管理需求，实现数字孪生城市与物理城市同步规划、同步建设，实现全过程、全要素数字化，做到城市全状态实时化、可视化，以及城市管理决策与服务的协同化和智能化。

数字孪生环境下，传统城市管理暴露出诸多不足，如缺乏中长期战略规划、缺乏灵活性、缺乏对大型智慧系统的支持，以及城市实际系统与模型行为间的差别日益增大等，这些都不同程度地限制了城市管理智能化转型的发展。要有效解决数字孪生城市建设、管理过程中大量不确定、多样化、动态化、复杂性问题，就必须创新管理理论和方法，将物理城市与数字孪生城市有机结合起来，将数字孪生城市作为物理城市规划发展的实验室，通过真实数据资源喂哺，实现反复计算和模拟演练，相关人员得以快速提升城市管理相关能力与技巧，虚拟城市逐渐积累经验并建立起城市管理知识库，建立起自学习、自适应能力，促进城市全域管理效能的持续提升。

典型科学问题举例： 数字孪生城市的多源数据驱动和演化机理，数字孪生城市自适应自学习系统评估与优化，数字孪生城市平行管理影响因素挖掘，数字孪生城市平行管理知识集成、表达和演化，数字孪生城市建设准备度、成熟度评估，数字孪生城市智慧社区建设研究，数字孪生城市社会治理研究，元宇宙城市治理研究。

2. 数字孪生城市数据资源的共享和使用研究

数字孪生城市的本质在于数据驱动城市管理智能化转型，重在全域感知和数字化。通过全息动态感知，能够更全面及时地采集、汇聚城市运行数据，以了解城市运行状态，识别异常情况，辅助管理决策。例如，通过对城市运行数据分析和建模，模拟演练城市规划设计、建设与管理，制定并完善应急预案，开展重大事件提前演练等。因此，数字孪生城市数据资源的共享和使用是数字孪生城市建设及管理的重要前提。

然而，当前城市数据资源共享和使用还受制于法规与技术标准制定滞后、统筹管理低效、开放进程缓慢、数据质量不高和开发利用技术平台不完善等问题（王芳和陈锋，2015）。同时，数字孪生传感数据具有多源、异构、多尺度、高噪声等特点，如何提升孪生数据的鲁棒性和可靠性，拓展虚拟实体的建模维度，也亟待研究和解决。

典型科学问题举例： 天、空、地、海全域数据的采集规范和标准研究，多源异构数据资源的协调与配置，数字孪生城市实景三维数据和地理信息挖掘，数字孪生城市海量感知数据融合与挖掘，数字孪生城市数据资源共享与开放的模式创新（包括路径创新和成本分摊），数字孪生城市数字资源共享和使用的安全风险识别与防范，数字孪生城市数据资源共享中的多主体协作模式创新，区块链对数字孪生城市数据资源治理能力的影响作用识别。

3. 数字孪生城市公共服务智能化供给研究

公共服务的智能化高质量供给,是数字孪生城市平行管理成效与公众获得感的重要体现。基于全域场景、全量全时数据,数字孪生城市虚拟系统能够通过模拟演练来精准、动态地掌握社会公众及企业的服务需求,并将沉浸式人机交互技术与政务人工智能相结合,让公共服务颗粒度越来越细,保障公共服务的精准响应,提升智能化服务体验。

近年来,公共服务改革强调从供给侧开展"一网通办""一网统管"等服务能力建设,让公共服务能够"网上办""马上办""一次办""就近办"。然而,新冠疫情暴露出部分地区准备不充分、疏于需求感知等一系列短板和不足,亟须探索如何以需求为导向来组织和供给服务。

典型科学问题举例:智能决策技术提升数字孪生城市管理能力路径与机理研究,基于中台思维的数字孪生城市公共服务体系建设,数字孪生城市公共服务系统中的行为反馈机制研究,多部门协同的数字孪生城市公共服务决策研究,公众、企事业单位和政府的数字服务与公共服务智能化需求识别,数字孪生城市公共服务资源智能化配置优化,数字孪生城市政务服务智能化研究,元宇宙公共服务体系构建研究。

4. 数字孪生城市平行管理体制机制研究

数字孪生城市平行管理旨在建设融物联化、互联化和智能化于一体的城市形态,通过平行管理系统实现物理系统和虚拟系统间的交互,以数据化、可视化、智能化的方式,模拟城市在不同环境、不同策略下的发展状态,打造城市管理工具箱和知识库,贯通城市管理业务系统,精准高效地辅助决策者、管理者、参与者为城市规划、建设、管理等全生命周期赋能,全面提升城市规划、建设、运行、管理一体化、精细化运作水平,从而驱动城市管理和服务智能化升级。

城市数字化转型过程中,交通、医疗、出行、消费和土地利用等各领域数据将常态化井喷式涌现,城市日趋复杂化,靠单一决策者进行决策往往难以满足未来多维复杂的城市管理需求,难以应对政府之间、政企之间、政社之间等多主体、多情境下复杂多变的关系和管理问题。数字孪生城市的规划、建设、运行和管理必定需要多方主体的协同参与,政府只有在党委领导下,采取多中心化治理模式，统筹协调、全面引导、坚持协同，建立并不断完善相关体制机制，才能有效动员各领域治理主体来高质量地参与数字孪生城市平行管理，从而构筑坚实的合作基础和健康的合作生态，汇聚社会力量，发挥出数字孪生城市的理想价值，实现多方共赢。

典型科学问题举例：数字孪生城市改善城市治理体系和提升城市治理能力研究，数字孪生城市平行管理运行体制机制（包括协同管理机制）研究，数字孪生城市平行管理中的政企边界与互动机理，数字孪生城市突发事件实时动态仿真与模拟，基于知识图谱关联挖掘的城市管理智能决策研究。

四、智慧型健康医疗整合管理

（一）基本概念与科学意义

新中国成立以来特别是改革开放以来，我国健康领域改革发展取得显著成就，城乡环境面貌明显改善，全民健身运动蓬勃发展，医疗卫生服务体系日益健全，人民健康水平和身体素质持续提高。2021 年我国人均预期寿命已达 78.2 岁，全国孕产妇死亡率降至 16.1/10 000，婴儿和 5 岁以下儿童死亡率分别降至 5.0‰和 7.1‰[①]。总体上优于中高收入国家平均水平，为全面建成小康社会奠定了重要基础。

健康医疗是关乎国计民生的大计，是中国特色社会主义制度优越性的重要体现，也是全人类共同的重大需求。实现国民健康长寿，是国家富强、民族振兴的重要标志，也是全国各族人民的共同愿望。2016 年 10 月，中共中央、国务院印发了《"健康中国 2030"规划纲要》。该纲要提出，到 2030 年，我国人均预期寿命较 2015 年的 76.34 岁约增长 3 岁，达到 79.0 岁，重大慢病过早死亡率较 2015 年下降 30%，个人卫生支出占卫生总费用的比重从目前 29.3% 降至 25% 左右等。该纲要提出的发展目标表明，我国医疗卫生事业发展任务还十分艰巨。

与此同时，日益增长的医疗健康服务需求和医疗资源，尤其是优质医疗资源不足的矛盾依然存在；以及工业化、城镇化、人口老龄化、疾病谱变化、

---

① 资料来源：《2021 年我国卫生健康事业发展统计公报》。

生态环境及生活方式变化等，也给维护和促进健康带来一系列新的挑战，健康服务供给总体不足与需求不断增长之间的矛盾依然突出，迫切需要新型的医疗健康服务来协调并解决。

伴随着人工智能、大数据、物联网、移动互联网、5G、云计算等新一代信息通信技术的赋能能力不断增强，智慧型健康医疗整合管理开始兴起。智慧型健康医疗整合管理是指以面向未来健康医疗的全生命周期的大健康、大医疗、个性化、按需医疗等新需求为导向，以协同化、平台化等运营新模式为核心，对涉及健康医疗的资源配置、运行机制、运行过程等进行实时性、适应性、前瞻性的整合管理，实施全周期、全方位、全产业、全生态的协同化决策，提高健康医疗的效能、效率及精准性。

不同于传统的医疗管理，智慧型健康医疗整合管理强调通过打造健康档案区域医疗信息平台，利用最先进的物联网等智能技术，实现患者与医务人员、医疗机构、医疗设备、政府之间的高效互动与整合，通过综合的智能化信息管理平台，有效监测人们的身体状态，形成跟踪、预防、干预、治疗、预后等多阶段、多人群的智慧化服务体系。在智慧型健康医疗整合管理模式下，新一代信息技术与医疗行业的不断融合正在逐步改变着传统的诊疗模式，全新的医疗模式正在诞生。全生命周期健康管理、大健康理念普及、个性化医疗管理、按需医疗、平台化医疗、协同化医疗等各种新的模式正在兴起，由此导致了许多新兴的科学问题。例如，如何从全周期视角建立智慧健康医疗全过程的管理体系？如何从多方法多维度视角建立全方位的健康医疗管理体系？如何从产业视角，建立覆盖上下游产业链的远程医疗、智慧医疗等模式，统筹全局医疗资源，实现医疗资源的高效利用？如何从生态视角，整合各类医疗信息资源，理解医疗健康机构、家庭、社区等场景中的医疗信息含义？在智慧健康医疗运作环境下，如何有效整合健康医疗制度（包括预防、诊疗和保险等制度），实现体制机制的创新？

从实践情况来看，开展智慧健康医疗整合管理的紧迫性在不断增强。首先，我国人口老龄化进程日趋加快，西方发达国家进入老龄化社会时处在经济发达、GDP 较高的阶段，人均 GDP 在 10 000 美元左右，而我国开始进入老龄化社会时人均 GDP 还不足 1000 美元（单松，2013），显然迫切需要通过智慧化手段加快解决这一问题。其次，慢性非传染性疾病增长迅速，目前慢

病是世界上最首要的死亡原因，因慢病造成的死亡人数已占所有死亡人数的
60%，如何通过智慧医疗手段实现对慢病的智慧监测和整合治疗，将是解决
人类健康问题的关键。最后，随着医疗费用的急剧上涨，各地的医保资金都
出现了一定程度的压力，通过国内外的实践发现，进行智慧健康医疗整合管
理可以有效降低医疗费用的使用。

2016 年，习近平总书记在全国卫生与健康大会上指出，"要坚持正确的卫
生与健康工作方针，以基层为重点，以改革创新为动力，预防为主，中西医
并重，将健康融入所有政策，人民共建共享"（新华社，2016b）。同年，中共
中央、国务院印发了《"健康中国 2030"规划纲要》，点燃了国内健康管理产
业。专家预计，在未来 10 年内，全球范围内医疗业将会发生颠覆性改变，医
疗重心将从疾病治疗向预防保健过渡，健康管理也将完成由"配角"到"主
角"的历史转变。从预防医学角度看，有 70% 的疾病是可以通过预防而避
免或降低风险的。这一切，为智慧医疗健康整合管理的发展提供了良好的契
机。当今人们的健康意识在逐渐增强，智慧健康医疗整合管理作为一个与健
康相关的新兴产业，已向人们展示了广阔的新型医疗市场前景，未来必将飞
速发展。

（二）相应的国家战略需求

1. 智慧型健康医疗整合管理是推进健康中国建设、提高人民健康水平的需要

实现人民健康是民族昌盛和国家富强的重要标志。随着中国特色社会
主义进入了新时代，人民群众对健康的需求也不断提高。根据《"健康中国
2030"规划纲要》提出的健康中国建设的目标和任务，到 2030 年，促进全民
健康的制度体系更加完善，健康领域发展更加协调，健康生活方式得到普及，
健康服务质量和健康保障水平不断提高，健康产业繁荣发展，基本实现健康
公平，主要健康指标进入高收入国家行列。到 2050 年，建成与社会主义现代
化国家相适应的健康国家。《"健康中国 2030"规划纲要》还强调，从全周期
健康视角提出规划和要求，涉及预防、治疗、康复、慢病管理（含自主健康
管理）以及康宁护理，提供覆盖从胎儿到生命终点的全程健康服务和健康保
障。此外，该纲要提出以体制机制改革创新为动力，以普及健康生活、优化

健康服务、完善健康保障、建设健康环境、发展健康产业为重点，把健康融入所有政策。因此，《"健康中国2030"规划纲要》将驱动我国医疗业发生颠覆性改变，医疗重心将从疾病治疗向预防保健过渡，健康管理也将完成它由"配角"到"主角"的历史转变，进而驱动智慧医疗整合管理加快从基础理论逐步走向实践。

未来全球范围内医疗业将会发生颠覆性改变，医疗重心将从疾病诊疗向预防、诊疗和康养转变。美国的一项研究发现，使用健康应用程序（App）和可穿戴设备进行疾病预防，每年可以减少70亿美元的医疗费用。因此，智慧健康医疗管理日益成为适应未来发展的必然选择。2019年，国务院印发的《国务院关于实施健康中国行动的意见》从全方位干预健康影响因素、维护全生命周期健康和防控重大疾病三个方面明确了15个专项行动，该政策也强调，从全方位干预健康影响因素出发，推动智慧健康医疗加速发展。上述这些国家战略政策导向的变化，也驱动了我国的健康医疗整合管理加快适应时代发展变革需求，开展理论与方法的研究创新。

2. 智慧型健康医疗整合管理是适应国民经济和社会发展"十四五"规划与2035年远期目标的需要

习近平总书记指出："要推动将健康融入所有政策，把全生命周期健康管理理念贯穿城市规划、建设、管理全过程各环节。"（人民日报，2020c）中共中央在关于制定《中华人民共和国国民经济和社会发展第十四个五年规划和2035年远景目标纲要》的建议中也把健康相关工作作为改善人民生活品质、提高社会建设水平的重要举措：一是强调要健全多层次社会保障体系。健全覆盖全民、统筹城乡、公平统一、可持续的多层次社会保障体系。推进社保转移接续，健全基本养老、基本医疗保险筹资和待遇调整机制。二是要全面推进健康中国建设。把保障人民健康放在优先发展的战略位置，坚持预防为主的方针，深入实施健康中国行动，完善国民健康促进政策，织牢国家公共卫生防护网，为人民提供全方位全周期健康服务。要坚持基本医疗卫生事业公益属性，深化医药卫生体制改革，加快优质医疗资源扩容和区域均衡布局，加快建设分级诊疗体系，加强公立医院建设和管理考核，推进国家组织药品和耗材集中采购使用改革，发展高端医疗设备。支持社会办医，推广远程医疗。坚持中西医并重，大力发展中医药事业。提升健康教育、慢病管理和残疾康复服务质量，重视精神卫生和心理健康。深入开展爱国卫生运动，促进全民养成文明健康生活方式。完善全民健身公共服务体系。加快发展健康产业。三是要实施积极应对人口老龄化国家战略。制定人口长期发展战略，优化生育政策，增强生育政策包容性，提高优生优育服务水平，发展普惠托育服务体系，降低生育、养育、教育成本，促进人口长期均衡发展，提高人口素质。积极开发老龄人力资源，发展银发经济。推动养老事业和养老产业协同发展，健全基本养老服务体系，发展普惠型养老服务和互助性养老，支持家庭承担养老功能，培育养老新业态，构建居家社区机构相协调、医养康养相结合的体系。

由此可见，实现《中华人民共和国国民经济和社会发展第十四个五年规划和 2035 年远景目标纲要》中健康相关三个方面工作也充分体现健康医疗整合管理的精神。以新兴的智慧技术为支撑，开展健康医疗整合管理的理论方法研究，解决实施全面健康中的重大科学问题，对医疗卫生行业适应国家长远规划发展具有特别重要的意义。

3. 智慧型健康医疗整合管理是融合人工智能、大数据等新一代信息技术，创新健康管理模式的需要

随着我国人口老龄化日趋加重，利用新一代智能技术进行主动的健康医疗管理已经成为非常迫切的客观要求。科技部已经多次发布关于"主动健康和老龄化科技应对"相关主题的应用型科研项目[①]，而智慧医疗健康整合管理在进行主动健康医疗管理中拥有无可替代的作用，相关产业具有巨大的需求和广阔的市场前景。同时，随着物联网、云计算、人工智能、5G、医疗设备的不断发展，技术的应用能力不断提升，从事相关产品研发的企业在国内呈现井喷式增长，为我国发展智慧医疗健康管理提供了得天独厚的技术优势和提升潜力。

在智慧技术的支持下，在当前国家推行"互联网＋医疗健康"战略行动中，已明确提出打造全人全程"掌上"医疗健康服务生态圈，对健康生态系

---

① 中华人民共和国科学技术部 . http://www.most.gov.cn/search/siteall/index.html?searchword=%u4E3B
%u52A8%u5065%u5EB7%u548C%u8001%u9F84%u5316%u79D1%u6280%u5E94%u5BF9&channel=&gr
oup=%u5168%u7AD9[2022-08-25].

统的管理要求、覆盖范围、服务周期提出了明确的发展方向。"掌上"生态圈，必然需要移动互联、5G、大数据、人工智能等"数智化"技术来赋能增效，构建智慧引擎。这必然带来与全周期、全方位、全产业和全生态相适应的全面系统整合管理理论发展需要，尤其是在智慧医疗健康整合管理领域的专门研究探索。对于以人类命运共同体为特征的数字化时代，实施"健康中国"的国家战略具有重要意义。

（三）国际发展态势与我国发展优势

围绕智慧医疗健康整合管理，本小节将从全周期、全方位、全产业和全生态四个视角出发，介绍国际和国内两个方面的实践和研究发展态势，并介绍我国的研究优势。

1. 国际发展态势

1）关于全周期智慧医疗健康管理

全周期的健康管理包括预防、治疗、康复、慢病管理（含自主健康管理）以及康宁护理等多个阶段，它提供覆盖从胎儿到生命终点全程的健康服务和健康保障。在产业领域，20世纪60年代开始，美国的保险行业为解决医疗服务需求难题率先提出健康管理的理念。多年以来，美国、德国、芬兰、日本等国家根据自身国情和历史发展，逐步形成了特色鲜明的、符合本国发展的健康管理模式。其中，美国是最早实行健康管理的国家，1990年美国政府制订了"健康人民"的全国性健康管理计划，并逐渐形成了面向全民的健康管理模式。其特点是医疗集团与保险机构合作，健康管理公司是配角，受保险公司委托对投保人进行健康管理，并且在智能穿戴产品创新与应用方面居于国际领先地位。德国依赖社会医疗保险提供高质量医疗保障，并将商业健康保险与个人预防性医疗服务相结合。芬兰通过改变生活习惯、发挥基层卫生服务组织的预防功能，从源头上控制疾病危险因素。日本通过健康手册、健康诊断、全民医保计划等方式营造一个全民健康管理的良好氛围，同时聚焦老龄化社会，大力开发适老化技术产品，培育智慧养老等新业态。

在学术上，国外学者也对此进行了探索。Sadik（1997）指出，早在1994年，国际人口与发展会议就生殖健康的概念便达成了国际共识，生殖保健被定义为通过预防和解决生殖健康问题来促进生殖健康和福祉的一系列方法、技术和服务，生殖保健通过计划生育方案，以及产前、分娩和产后服务的预防和管理方案，以既挽救生命又防止发病率大幅上升为目标。Lee 等（2012）提出通过从检测到疾病预防和管理的过渡强化咨询和转诊制度，提供全生命周期有针对性的循证筛查，加强筛查绩效评价体系建设，并建议将所有国家健康检查计划整合为全生命周期健康检查计划。Ceriello 等（2012）结合糖尿病这一主要慢性疾病的治疗经验，提出根据患者的个人情况对糖尿病进行个性化管理，重视疾病预防，基于全生命周期来实现慢性疾病的个性化管理。Kim 等（2020）提出了第四次工业革命时期卫生技术生命周期管理体系的阶段性改革议程，在技术发展阶段，不仅要提供研究经费，而且要有专业人员对整个卫生技术周期进行咨询。

2）关于全方位智慧医疗健康管理

国外学者对于全方位健康管理尚未形成统一的定义，但从除疾病以外的多个角度定义健康和实现健康管理的思想已经得到广泛的关注。Patwardhan 等（2015）指出，健康的决定因素包括营养、生活方式、环境和基因四个维度，当任意一个或者多个维度出现问题时，医疗作为第五个维度为健康提供保障和支持。美国国家预防、健康促进和公共卫生理事会（National Prevention, Health Promotion and Public Health Council）在 2011 年发布的《国家预防战略：美国健康改善与福祉提升方案》（"National Prevention Strategy: America's Plan for Better Health and Wellness"）中提出，美国将从打造健康安全的社区环境、保障临床和社区预防服务、赋能个人和消除健康差异四个角度实现居民健康的全面提升，主要措施包括无烟生活、杜绝药物滥用和过度使用酒精、健康饮食、积极生活、情绪和心理健康、生殖和性健康以及无暴力伤害生活。

随着人工智能、大数据、云计算等技术的日趋成熟，在智慧经济驱动下，国外已有企业开始将智慧技术融入全方位健康管理的各个维度。例如，iRhythm 公司创建的 ZIO 平台，通过将其可穿戴生物传感技术与基于云的数据分析和机器学习功能相结合，促进患者体检和治疗的依从性，实现心律失常的监测和早期诊断。人工智能技术也为个性化健康饮食方案的制定创造了可能（Anselma et al., 2017；Manoharan, 2020）。通过分析个人的新陈代谢和消化系统以及健康状态，制定符合需求的饮食方案，进而预防糖尿病、心脏病和营养不良引发的疾病。

除了企业的应用，许多研究已经证明，患者在面对虚拟人时，更愿意表达他们的心理健康症状（Lucas et al.，2014，2017）。为此，在军队系统、公共管理系统、环境健康领域等，也有不少研究利用人工智能技术探索健康医疗应用。例如，在军队系统中，手机里的移动健康医疗应用（Mobile Health Apps，mHealth Apps）也开始利用人工智能技术实现精准化心理健康服务（Gustafson et al.，2014；Kornfield et al.，2018；Nahum-Shani et al.，2017），完成精神失常患者的筛查、心理状态变化的跟踪，并提供循证治疗或治疗后支持，其中很多应用已被美国退伍军人事务部（U.S. Department of Veterans Affairs）广泛使用（Gould et al.，2019）。在公共卫生管理系统中，也开始与人工智能融合，以英国的 RAMMIE 系统（Lake et al.，2019）为代表的哨点监测系统，实现了信息整合、疫情监测以及安全准确的症候群监测。在环境健康领域，也已经开始应用机器学习的技术，借助公共信息、基因、慢病等多源大数据的融合，挖掘环境对健康的潜在影响，例如，全球的商品生产使用了超过 14 万种单成分化学物质，但是做过安全性研究的只占其中不到 10%，还不包括大量的化学混合物和代谢产物。借助机器学习和大数据分析技术，Spinu 等（2020）对商品中硅的毒性进行了评估。

可以看出，全方位智慧医疗健康管理的发展和推行已成为实现全民健康提升的必然趋势，人工智能、大数据、数智化供应链等新技术为健康服务的创新发展带来了更多助力。

3）关于全产业智慧健康医疗管理的制度变革与体制创新

从学术研究方面看，近年来以数字化技术为背景的健康管理相关研究逐渐被国际学者所重视，在 *Nature* 和 *Science* 等期刊上有 16 篇相关论文发表；据不完全统计，截止到 2021 年 3 月 12 日，以 digital health（数字健康）为主题词，在《新英格兰医学杂志》（*The New England Journal of Medicine*：*NEJM*）、柳叶刀（*Lancet*）、《美国医学会杂志》（*The Journal of the American Medical Association*，*JAMA*）和《英国医学杂志》（*The British Medical Journal*，*BMJ*）四大医学国际代表性期刊上发表的论文有 18 篇，如 2020 年在 *JAMA* 上发表的《FDA 的新中心将推进数字健康创新》（"New Center at FDA Will

Advance Digital Health Innovation"）。在 Google Scholar 和著名医学健康数据库 PubMed 检索到的以 digital health 为主题词的论文分别为 91 400 篇和 953 篇（截至 2021 年 2 月），显示了这个领域发展的积极态势。

从产业方面看，全面智慧医疗健康管理的蓬勃发展，正不断催生新技术、塑造新业态、创造新价值，健康产业加速发展。2020 年 6 月调研机构 Global Market Insights 发布了全球数字健康市场研究报告，数据来源于中国、美国等 16 个国家。该机构预计到 2026 年，数字健康市场将从 2019 年的 1060 亿美元增加到 2026 年的 2394 亿美元，复合年均增长率为 12.34%，其中以健康服务 App 和远程医疗保健增速最快，复合年均增长率分别为 38.9% 和 26.2%（Global Market Insights Inc，2020）。促使数字健康产业快速发展的主要驱动力是由智能手机使用人数的快速增长、人们对健康重视程度的增加、老年人口和慢病患病率快速增加导致的远程监测需求的不断增长，而新冠疫情催化了对数字健康技术的使用。我国人口基数庞大，智慧健康产业发展迅速。智研咨询发布的《2021—2027 年中国互联网医疗行业市场发展前景及竞争格局预测报告》显示[1]，2020 年 12 月中国医疗健康服务 App 的活跃用户达 4514 万人，相比 2019 年同期增长 1762 万。2020 年 6 月发布的《中国数字健康发展报告（2020）》指出，数字化、网络化和智能化正驱动传统医疗健康行业加速迈向数字健康新阶段。中国拥有全球数字健康最大的应用场景，数字健康将成为产业互联网时代最广阔的赛道，拥有数万亿级的市场空间[2]。弗若斯特沙利文（Frost & Sullivan）预测，中国数字健康市场将从 2019 年的 2000 多亿元增至 2030 年的 4 万亿元。

从国家战略方面看，世界卫生组织于 2019 年启动了数字健康全球战略，提出数字健康是促进全民健康覆盖、实现联合国可持续发展目标（Sustainable Development Goals，SDGs）中健康目标的关键。美国以国家战略和雄厚的基础设施作为全面智慧健康医疗管理的发展优势。我国 2035 年远景目标提出了推动互联网、大数据、人工智能等新一代信息技术与医疗健康深度融合，加快数字化发展，提升智慧水平，健全多层次社会保障体系，全面推进健康中

---

[1]　2020 年中国医疗服务 APP 活跃用户规模、面临的伦理风险及发展对策分析 [图]. https://www.chyxx.com/industry/202102/933303.html[2022-11-20].

[2]　重磅！首部中国数字健康发展报告出炉 数字健共体引领产业新趋势 . https://www.dongjiang.gov.cn/contents/110/12309.html[2022-11-20].

国建设，积极应对人口老龄化国家战略。

从国际学者研究来看，近年来围绕医疗产业整合问题也有相关研究。Porter（1990）认为医疗产业的集群化发展可以改善当地医院的服务效率，甚至带来技术的提高。Bates 和 Santerre（2005）基于 1993~1999 年美国大城市医院的数据，通过建立多元回归模型研究了医疗产业集聚对生产效率的作用，研究发现医疗产业集聚可以带来技术外溢，降低死亡率，进而提高生产效率。Li（2013）通过构建一个双变量模型来研究医院集聚的经济效应和中间产品的共享对医疗产业集群的影响。Friedson 和 Li（2015）基于 FAIR Health 数据库，分析了医疗产业集群对医院生产效率的影响，他们发现医院集聚有助于降低成本，进而提高生产效率。Zhang（2017）分析了移动设备医疗（MDH）行业的发展状况，明确了 MDH 的总体市场规模。在此基础上探讨 MDH 产业价值链中的关键环节，研究移动设备给传统医疗行业带来的变化。

4）关于智慧健康医疗全生态系统管理

在健康医疗生态系统中，各个国家的医疗卫生体系通过相互作用、相互影响、相互制约形成动态平衡的健康生态系统。因此，数字时代背景下公共医疗卫生全球化、国际化协同发展在国际上引发了政府与学术界的广泛关注。在美国，2006 年由哈佛大学主办、波士顿儿童医院创建、美国博思艾伦咨询公司（Booz Allen Hamilton）旗下机构 Epidemico 开发的健康地图在线工具，与世界卫生组织、联合国粮农组织等国际机构建立合作关系，获取全球医疗卫生领域相关信息，利用谷歌地图等地理监测工具，对全球各地的健康信息变化进行追踪、汇总和过滤。在日本，对于医疗产业的国际化采取 ALL JAPAN 的全民助推模式，由多个功能主体共同构建起一套完善的支持体系（程永明，2018）。2013 年 5 月 17 日，日本政府制定《基础设施建设出口战略》，对医疗产业国际化制定了具体的政策方针；2014 年 5 月 30 日，颁布《健康·医疗战略推进法》，明确提出要在健康·医疗领域创造新的产业并促进其国际化；同年 6 月，通过《医疗器械开发基本法》，加强研究开发，支持出口战略、产学官合作及人才培养（程永明，2018）。

世界卫生组织推动发布了《数字健康全球战略（2020—2024）》，明确提出要促进全球合作、促进数字健康知识转移。基于全球人类整体生态－生命一体化健康视角提出"同一个健康"原则，旨在让多个部门借此进行交流合作，以实现更好的公共卫生结果（世界卫生组织等，2020）。

从国外学者的研究来看，Mcaleamey（2003）提出，早在20世纪70年代，随着美国医疗保险业与医疗模式的发展，其健康管理就开始兴起并广泛应用，尤其是借助于互联网的出现和信息产业的兴起，形成全民参与健康管理的局面。Hymel等（2004）提出，健康管理表现为多层级参与，形成各级机构（如企业、医疗机构、健康管理公司等）参与的体系，引导个体改变健康行为习惯，控制导致疾病的一些要素，减少疾病的发生。Boersch-Supan（2007）的研究表明，德国医疗保健系统效率低下，需提高医疗保健效率：一方面，为消费者开拓更多的健康保险市场，保险公司可以为医院服务，降低其医疗成本；另一方面，扩大市场要通过保险市场的相互竞争来实现，消费者购买保险需要让消费者在不同价格的保险合同中自由选择。McGuire（2011）提出的健康管理引起美国政府高度重视，美国政府统筹制订了全国性健康管理计划："健康人民"。Park和Lee（2014）考察了管理式医疗与健康服务获得性的关系，以佛罗里达州为例，其认为"医疗补助与管理式医疗结合计划"与潜在可预防性住院概率的增加有关。

2. 我国发展优势

1）关于全周期智慧医疗健康管理

我国的健康管理起步于20世纪末21世纪初，近年来信息技术的广泛应用促进了全周期健康医疗管理的快速发展。例如，美年健康已在近300个城市布局700余家专业医疗及体检中心，每年服务近3000万人次，未来将持续通过数字化转型构建全生命周期健康管理闭环，提供完整的全生命周期健康管理方案（朱琴，2020）。2018年开始，科技部启动了"主动健康和老龄化科技应对"重点专项，组织全国健康医疗机构和全国高校的研究力量，聚焦健康风险因素控制、老龄健康服务等关键问题，融合移动互联网、大数据、可穿戴、云计算等信息技术，以健康失衡状态的动态辨识、健康风险评估与健康自主管理为主攻方向，构建以主动健康科技为引领的一体化健康服务体系和连续性服务的生命全过程危险因素控制、行为干预、疾病管理与健康服务的技术产品支撑体系。信息技术的不断创新与广泛应用，促使我国国民健康需求发生巨变，迫切需要建立覆盖全人群全生命周期的智慧医疗健康管理体系。这为我国学者在全周期智慧医疗健康整合管理研究领域提供了领先世界的研究机会。近十年来，中国特色的医疗健康服务体系积累了海量的医疗健康数据，学术界形成了医工管文多学科交叉、探索全周期生命健康的开放性研究态势，相关科学资助机构投入了大量的研究资金，促进了学术界丰富的学术成果的积累，智慧健康医疗领先企业与学术界呈现非常活跃的积极合作趋势，这些构成了支持我国全周期智慧医疗健康管理基础研究的有利条件和独特竞争力。

在学术上，国内学者也对此进行了探索，有学者认为，健康管理兴起于20世纪50年代的美国，强调健康过程中的监测、分析、评估、健康咨询和指导，是对个人或群体的健康危险因素进行全面管理的过程（苗蕾和王家骥，2010）。随着"大健康"建设的提出，全生命周期的健康管理理念逐渐被重视。翁冰冰等（2020）集合了健康服务的全生命周期、以健康为中心、以人为中心等新型理念，围绕健康档案在全周期健康管理中的作用及存在的问题进行探索，并提出建议，助推"健康中国2030"战略目标的实现。高弘杨（2021）指出，全周期健康管理涵盖了贯穿生命体、疾病全过程的"监测与预防、诊断与治疗、康复与管理"周而复始的循环，是一种广覆盖、均衡化的健康干预和主动管理模式。黎立喜和马飞（2020）在原有的急病周期和慢病周期的基础上纳入癌前周期，指出肿瘤的全周期健康管理需覆盖三大周期，分别为癌前周期、癌症治疗周期和慢病周期，从而能够更好地落实一般人群和高危人群的筛查，并制定早诊早治的诊疗规范。王艳等（2021a）探讨了基于全疾病周期的健康管理模式在耐多药肺结核患者管理中的应用价值，指出全周期的健康管理能够有效提高患者的依从性，缩短疾病的治疗周期，减少医疗费用，提高患者生活质量及其对医护人员的满意度。

2）关于全方位智慧医疗健康管理

在全方位健康医疗管理方面，在产业实践领域中，全方位健康管理已经成为国家未来健康促进战略的主线条。近年来，国家出台了众多促进大健康产业，特别是"互联网＋医疗健康"发展的指导意见和具体政策，使整个行业不断加快数字化、智能化转型。同时，国内企业，如京东、平安好医生、阿里健康等，也纷纷加快推动健康产业"数智化"转型升级。在学术领域中，国内学者对全方位智慧健康医疗整合管理的研究很少。"十三五"期间，国家自然科学基金委员会管理学部牵头，联合数学物理科学部、信息学部和医学学部组织的《大数据驱动的管理与决策研究》重大研究计划资助了一系列环境、心理、社会与医疗健康相关的集成、重点和培育项目，这些都为全方位智慧健康医疗管理基础理论的重大突破奠定了知识、技术、实证数据等方面的重要基础。清华大学万科公共卫生与健康学院院长、世界卫生组织名誉总干事陈冯富珍博士于 2021 年 2 月发表在《柳叶刀 - 星球健康》的特邀评论文章《加速实现净零排放是最重要的全球健康干预举措》（"Accelerating Towards Net Zero Emissions：The Most Important Global Health Intervention"）指出，气候变化和其他环境危害，如空气污染和森林砍伐等增加了未来发生疫情大流行的风险，使世界变得更加脆弱，呼吁立即加强应对气候变化的行动，改善人群健康状况，造福子孙后代。

在学术上，国内的学者也对此进行了研究。袁宁等（2019）指出，5G 网络将促进物联网与人工智能技术在智慧健康医疗生态系统建设中的应用，实现了对医疗过程完整生命周期的全连接，最终形成一个基于大数据与人工智能的智慧医疗生态系统循环。羊晶璟（2017）指出，智慧健康医疗应涵盖医院基本信息、智能导诊、网上预约、电子病历等多个模块，整合微信支付平台和移动互联网等技术，并提供远程挂号、专家预约、智能候诊、手机支付、报告查询、满意度调查等全过程的医疗服务。

3）关于全产业智慧医疗健康管理

在全产业健康医疗管理方面，近年来，我国围绕医疗健康产业，出台了相关制度，创新了体制机制，取得了一定的进展，但仍然必须加大改革力度，实现政策之间的有机衔接。随着技术不断创新，医疗制度的变革与创新成为一种客观要求。在医疗产业服务链中，我国医疗改革在分级诊疗、智慧医疗、疾病诊断相关分组（diagnosis related groups，DRGs）付费等多个领域取得重大进展，虽起步较晚，但发展迅速。我国分级诊疗制度的核心内涵是实现"基层首诊、双向转诊、急慢分治、上下联动"，这是为了更好利用医疗资源、服务大众的指导性纲领。截至 2017 年底，全国分级诊疗试点城市已达到 321 个，占地市级城市总数的 94.7%。截至 2020 年底，全国有 30 个省份均已建立省级互联网医疗服务监管平台，建成 1100 余家互联网医院，逐步建成线上线下相结合的医疗服务模式。远程医疗县（区、市）协作网覆盖率已达88.46%[①]。为进一步推进全面智慧健康医疗管理制度的变革与体制创新打下良好基础。

国内的学者也开始进行相关研究。鲍勇和王甦平（2019）针对健康产业发展相对滞后、养老产业规模发展不完善等现状，对中国健康产业的发展战略和目标提出了政策建议。范春等（2021）构建了互联网医疗健康产业生态模式，并介绍建设目标、总体架构及应用效果，从数据、服务、质量、安全4个角度提出并解决互联网医疗健康在产业生态构建中的关键问题。当前，健康医疗大数据在临床科研、公共卫生及产业发展等方面同样作用突出。王艳等（2021b）指出，保障数据安全是促进健康医疗大数据持续发展的根本，因此，其深入剖析了当前健康医疗大数据在各个产业方面存在的突出问题，并提出了解决对策。胡红亮和张俊祥（2020）指出，现代信息技术的快速发展已经冲击到了原有医药制造产业的版图，这特别体现在新药研发的敏捷化、药品制造的便捷化和药品物流的智能化上，因此，其建议未来应结合国家新基建的发展，充分发挥现代信息技术推动我国医疗健康产业加快发展的促进效应。周戈耀等（2017）初步构建了基于大健康的医药产业发展能力评价指标体系，为分析医药产业的可持续发展能力提供依据。

4）关于全生态智慧医疗健康管理

在全面智慧健康医疗生态系统管理中，我国也开始具有显著的发展优势。一是国家深化医疗改革，利好政策密集出台，推动了全面生态系统管理的有效发展。从《全国医疗卫生服务体系规划纲要（2015—2020年）》到《中共中央关于制定国民经济和社会发展第十四个五年规划和二〇三五年远景目标的建议》，不断出台的包含相关生态发展的政策是保证全面智慧健康医疗生态系统管理实施的必要政策支撑。二是国民健康观念转变，智慧健康医疗的需求不断提升。我国患者对待疾病和健康的观念也在发生巨大改变，由过去被动、单一的保守治疗型，向健康促进、疾病预防和积极康复的主动参与型转变，为全面智慧健康医疗生态系统管理的发展带来了广阔的市场前景。三是数字技术的不断发展，助力生态系统全面建设。5G和互联网的发展，使全面智慧健康医疗生态系统助力健康中国变得更加现实，也为"数智

---

① 对十三届全国人大四次会议第 2352 号建议的答复 . http://www.nhc.gov.cn/wjw/jiany/202111/c7ca63f972284bf2bf8bf3470e4ae1b6.shtml[2022-11-20].

化"全面健康生态系统提供了软件保障。国家医疗数据中心于 2015 年 5 月 26 日在北京大学医学部建立。我国首家"肿瘤精准医学大数据中心"也于 2016 年 1 月 15 日在天津落成。这些数据资源极大地推动了全面健康研究进展。四是资源共享逐步实施，为生态系统构建提供基石。目前，我国已经逐步实现不同地区之间医疗信息资源共享，大多数三级和二级医院已经使用电子病历系统，浙江、江苏、上海等地已经实现电子病历共享，北京、重庆等地建立了可共享的电子健康信息档案库，这些共享资源也为智慧健康医疗生态系统的构建提供了重要的基石。

围绕智慧健康医疗生态问题，国内学者也进行了探索。李晓煜（2013）认为，智慧健康医疗全生态系统是基于计算机网络技术发展，应用计算机、通信、多媒体、网络等其他信息技术，突破传统医学模式的时空限制，实现疾病的预防、保健、诊疗、护理等业务管理和行政管理自动化数字化运作的系统。胡如根等（2017）指出，在整个医疗全生态系统中，医院、患者、药厂、设备供应方、公共卫生机构、保险机构等都参与到医疗卫生保健过程中，彼此之间相互联系、相互促进，在竞争中追求动态平衡，最终实现整个医疗生态系统的价值增值。姜黎辉（2015）指出，智慧健康医疗生态网络要想实现"稳定型平衡"，那么网络中的各参与方需要充分达到适应、协调和统一的状态，这要求智慧健康医疗全生态系统中各参与方之间的合作须呈现多点并联形态，而非单点接触，只有这样，才能使生态系统更加稳固。卢喜烈等（2018）基于新型区域医疗联合体系建设模式，研究并建立了区域新型智慧医疗服务全生态系统，为加快推进各区域医疗资源纵向整合、相互作用和提升基层医疗卫生服务水平提供参考。谢天钧（2015）运用云计算理论以及服务计算理论，对传统医疗进行服务模式的创新，分析、设计、实现了开放式、多租户、可伸缩的智慧健康医疗全生态系统，有效缓解了各地医疗资源分配不均、医疗服务获取不便的压力。

（四）主要研究方向

1. 全周期智慧健康医疗整合管理

万物数据智能互联、数字信息互连互通的"数智世界"正快步向我们走来，人类对于数据的使用和理解正逐渐迈入"智慧、智能、智通"的数智化方向。在产业加速发展的数智化转型浪潮下，全周期智慧健康医疗整合管理也迎来了发展的战略机遇。如何充分整合互联网、物联网及穿戴式设备的数字化智能技术，从个体健康的角度出发，以人的生命周期为主线，从而在个体的不同阶段提供连续可靠、方便有效的全流程健康管理闭环服务，是一项复杂的系统性工程。亟须充分运用以大数据、人工智能、云计算、区块链等为代表的新一代信息技术，以个体生命健康为对象，研究发现不同阶段人体健康状态的影响机理，研究识别每个阶段的关键健康需求和主要威胁，研究建立基于全生命周期的智慧健康医疗管理理论、方法及技术支撑体系。

典型科学问题举例： 全生命周期健康状态下的多阶段数字孪生整合模型理论与方法，全周期视角下的智慧健康医疗管理需求识别与高效整合，全周期视角下的智慧健康医疗风险因素集成化评估与应对策略，跨阶段健康服务的数字化管理与系统整合，全周期视角下的健康数据采集，存储与使用一体化的整合管理方法，全周期视角下健康数据的隐私保护与可持续应用的整合管理，等等。

2. 全方位智慧健康医疗整合管理

物联网和 5G 等技术的迅速普及，以及数据收集与分析技术（大数据、人工智能）的发展，促使健康医疗向智慧化转型升级。智慧健康医疗突破了健康医疗过程的时空限制，细化了健康医疗过程的感知力度。以个体的组学数据和遗传信息为基础，通过收集量化和实时数据（生活环境、生活方式、疾病状况、既往病史及诊疗效果信息等），疾病预测、筛查、诊断、治疗、康复等全周期健康医疗过程将发生极大变化，从而实现对人类个体的全方位健康医疗过程的管理与优化，为向精准医疗和价值医疗转变提供实施基础和创新动力。因此，须围绕影响人类健康的"生物－心理－社会－环境"健康模式，运用数据科学、行为实验、实证分析、决策优化与环境健康学等多学科交叉理论与方法，探究不同方位维度与人类健康之间的关系，从而为实施全方位健康医疗管理提供指导。

典型科学问题举例： 基于健康大数据分析的生理与心理健康风险因子研究（探究工作、饮食、健身运动等集成性因素与健康的关系），社交网络和社会化媒体对居民健康的系统性影响，智慧健康医疗视角下健康服务机构 / 健康保险组织与居民健康的关系，健康政策和制度（如抗生素使用、控烟、健康教育）对居民健康的系统影响，环境（如气候变化、水资源、土壤等自然环境）对人类健康的系统影响及风险管理，等等。

3. 全产业智慧健康医疗整合管理的基础理论与方法

从产业链来看，医疗产业链可分为 8 个细分产业，即中药、化学制药、医药商业、生物制品、医疗器械、医疗信息化、医药服务、医疗服务等。这些产业相互关联、相互衔接。因此，需要从产业链视角出发，以人为中心，开展面向产业链的全面智慧健康医疗整合管理。其关注点是如何通过供应链整合思想，借助现代信息技术和数据分析方法，在各种社会资源约束条件下，对健康医疗的产业链进行系统整合与管理，最大限度地提升人在整个生命周期中的健康状况和生命质量。要积极推进产业链的智慧医疗数据资源的整合、服务和共享，通过系统整合确保数据的安全性（保密性、完整性及可用性），运用健康医疗大数据创造社会经济价值。

典型科学问题举例：基于产业链的多源、异构、多模、高维健康医疗大数据的整合管理与治理方法，互联网健康医疗服务链大数据整合治理模式与策略，面向慢病管理及医保的大数据供应链整合治理，基于产业链大数据整合的重大传染病的预警和预测方法，面向精准医疗的全面医疗决策理论和方法，基于医疗大数据和产业链集成的医疗资源全面配置理论和方法，等等。

4. 智慧健康医疗全生态系统管理

全面智慧健康医疗生态系统以移动智能技术、集成技术和信息互通的物联网技术为支撑，突破时间、空间、资源等各类局限，建立万物智联的全新生态。智慧技术赋能，有助于解析生命系统的时空位置及其与外部环境的整合交互规律，从而对传统健康服务模式进行颠覆式创新与变革。通过构建智慧健康医疗系统的生态位，重构更加高效的生态价值链，实现健康服务供应链的协同发展，最终演化为时空维度中能够智慧优化的全球健康资源和覆盖个体全生命周期的健康生态系统。探索全面健康生态系统中家庭、社会和国际环境三个层面之间的相互影响与多维协调机制，探索系统之间的有序运行管理机制，这对全面提升我国健康医疗的整体水平、优化医疗资源配置意义重大。

典型科学问题举例： 基于数据共享的全面智慧健康医疗生态系统协调机制，基于整合数据分析的智慧健康医疗服务协同管理，智慧健康医疗生态系统的数字孪生与协调仿真，全面智慧健康医疗生态系统的多层匹配机制，全面智慧健康医疗生态系统的资源整合与高效配置，全面智慧健康医疗生态系统的生命力理论，全面智慧健康医疗生态系统的动态演化及可持续性管理理论，全面智慧健康医疗系统下的国际合作运行机制和整合共治机制。

5. 数智化赋能的大健康管理体制整合与创新

人工智能以及大数据、物联网、5G、区块链、云计算、数字孪生等新一代信息通信技术在医疗健康领域的不断应用，极大地赋能了大健康医疗服务的转型；与此同时，"数智化"也为管理的手段和方式带来了巨大的变化和新的可能。物联网和5G等技术的迅速普及，以及数据收集与分析技术（大数据、人工智能）的发展，使得人和组织的战略和运作能力均得到大幅提升。在健康－医疗手段和管理及其效率发生巨变的情形下，传统的健康医疗服务提供方式、资源组织形式都会发生变化，进而对大健康管理的体制机制变革提出新需求，产生了一系列需要探索的新管理科学问题。这将导致现有健康医疗的制度的整合变革（包括预防、诊疗和保险等制度），并蕴藏着丰富的制度创新机会，而国家在医疗服务的制度安排中起着重要作用。

典型科学问题举例： 技术赋能的健康医疗服务的组织针对如何整合利用大数据、人工智能和远程医疗等科技手段，提高整个全面健康领域的效率，从而构建起可持续、有价值、共生共赢的大健康生态模式；健康医疗制度整合变迁中的路径依赖和体制影响规律；智慧健康医疗时代全面健康管理组织改革与制度创新的影响因素和限制原因；基于技术赋能的健康医疗制度整合创新；全面智慧健康医疗整合管理赋能医疗新方法；健康医疗制度变迁中的国家理论；等等。

第五节　重点支持领域集群三：中国社会经济发展中的管理科学

一、中国企业与全球化新常态

（一）基本概念与科学意义

国际秩序是指国际社会的主要利益相关者围绕某种目标，依据一定规则，相互作用而形成的运行机制，具体表现为参与国在国际事务中话语权的位置和顺序具有相对的结构稳定性。全球化是指企业为了整合全球资源、开拓海外市场，通过对外贸易或从事海外研发、生产、销售、服务等经营活动，提升自身成长空间、竞争能力和价值创造能力的战略行为。本领域在总结中国企业全球化实践的基础上，探索未来国际秩序演化下的全球格局及其对中国企业的影响，为中国企业更好地拓展国际市场、优化资源配置与运作体系、获取战略资源提供政策建议，进而构建出以新兴经济体为研究重点的国际商务和跨国公司理论。

在国际商务研究领域，自 20 世纪 50～60 年代以来，学者从产业组织、关系网络、企业资源等角度基于发达国家的企业国际化战略和活动进行了研究，并形成了许多不同的国际商务理论范式和流派。这些理论都不同程度地建立在亚当·斯密的自由经济理论之上，强调充分利用各区域在效率和禀赋上的差异进而更好地实现价值创造，而对国际秩序作为一种制度框架对于国际商务活动产生的激励、约束、引导作用缺乏足够的重视。

面对 21 世纪以来国际秩序出现的巨大演变，上述国际商务理论的基本假定正在受到挑战。一方面，研究领域重心需要从西方发达国家向新兴经济体转移。新兴经济体是指那些经济发展相对快速、具有较大经济规模和人口总量的发展中国家。大量研究表明，全球化和新兴经济体的崛起降低了西方国家的商品价格指数,向中国和其他新兴经济体的离岸外包提高了其国内市场工人生产率,扩大了企业可以提供的产品和服务范围(Ghauri et al., 2021)。全球化支持者认为,世界已经变得如此相互依存,没有一个国家能够独立地设法在国内高效地生产一种产品,因此需要与其他国家在零部件、服务和产品方面进行贸易。新兴经济体不仅是生产者和供应商,而且是消费者,约占世界人口的80%,在全球经济总量中所占比重不断提升。2015年,七国集团(Group of Seven,G7)①GDP为34.1万亿美元,新兴经济体的七国集团(A Group of Seven Countries with Emerging Economies,E7)②GDP为18.8万亿美元。据估计,到2050年,G7集团GDP将达69.3万亿美元,而E7集团GDP将达138.2万亿美元(Coopers,2016)。与此同时,西方国家将不再是国际经济活动的中心。新兴经济体企业在国际化过程中,表现出与以往发达国家既有一致又有显著不同的特点。例如,中国企业国际化并没有按理论所预测的,遵循"出口、绿地策略、合资、独资或并购"的次序演进,反而直接利用并购这种模式。这些以往理论不能解释的现实,恰恰是中国企业全球化能够贡献新理论的契机。当然,这不仅需要对西方跨国公司进行战略调整,还需要转向以新兴经济体的视角来研究和概念化国际商务领域的新兴现象。

另一方面,以往理论关注的生产成本和交易成本已经无法涵盖国际秩序演化所带来的新的成本和风险(如政治成本和国家干预风险)。在21世纪全球化发展阶段中,民粹主义在西方社会重新抬头以及当前尚未消除的新冠疫情危机带来的一个长远影响在于,跨国公司必须重新考虑其对外直接投资和生产活动的全球区域布局,避免过度依赖特定国家/区域的风险。

然而,现有国际商务理论难以对新的全球化生态做出有效解释与判断,更不能有效指导我国企业应对国际秩序演化。为此,我们必须对国际秩序的演化条件下如何更好地推动中国企业全球化问题进行深入思考和研究。

(二)相应的国家战略需求

自改革开放以来,我国企业以越来越主动的姿态参与国际贸易和跨国投资活动,积极融入全球分工和价值链体系,充分利用人口红利实现自身的实

---

① 发达经济体,包括美国、英国、日本、德国、法国、意大利、加拿大。
② 新兴经济体,包括中国、印度、巴西、俄罗斯、印度尼西亚、墨西哥、土耳其。

力提升。许多企业已从专注国内市场的本土企业，成长为在多个国家开展经营活动的跨国公司，部分企业已经接近甚至达到了全球化运营的状态。2020年中国（不含澳台数据）进入《财富》500强排名的企业数量达到124家，首次超过美国（121家）；若加上中国台湾地区企业，中国共有133家公司上榜；其中也涌现出一批像华为、海尔、阿里巴巴等拥有全球竞争力的世界知名企业。从宏观数据来看，近十年中国企业海外投资年均增长率达到27.2%[①]。2019年中国海外投资额高达1369.1亿美元，占全球对外投资总量的10.4%，居全球第2位，仅次于日本（李晓喻，2020）。

然而，当前逆全球化思潮正在侵蚀现有的国际制度体系，深刻影响着全球经济治理体系。中国企业必须认真思考国际秩序演化带来的全球化风险与机遇，进而制定出更有效的全球化战略，在突破西方国家设定的制度约束与技术瓶颈的同时，在更宽广的国际市场上建立起竞争优势和领先地位。事实上，当前的制度、市场与技术环境也为中国企业应对以上问题创造出一些有利条件和机会。

首先，国内国际市场的"双循环"格局是未来中国企业全球化战略构建的重要制度保障。我国政府前瞻性地将稳定的国内经济需求与运行体系作为应对全球化风险的重要条件，2018年提出的"六稳"政策（即稳就业、稳金融、稳外贸、稳外资、稳投资、稳预期）与2020年提出的"六保"政策（即保居民就业、保基本民生、保市场主体、保粮食能源安全、保产业链供应链稳定、保基层运转）都旨在确保稳定的国内经济运行体系，而2020年提出的"加快构建以国内大循环为主体、国内国际双循环相互促进的新发展格局"的部署更加明确界定了国内和国际市场之间的辩证关系。随着国际秩序的演化，在今后相当长的时期内，中国企业创新发展将受到国内外市场的双重影响。

其次，数字技术正在改变企业的经营模式，为拓展国际商务创造出新的渠道和机遇。在未来国际商务领域，数字技术将扮演双重角色：既是一种战略资源，也是一种治理模式。早期研究通常将有形资产的跨国投资作为跨国公司的重要指标，然而无形资产在当前全球价值链创造和分配中的重要性日益增加，这在高科技跨国公司中表现得尤为明显，创造出新的市场力量来源。

---

① 阮炜：中国2020年FDI同比增3.3% 近十年对外投资年均增长27.2%. https://finance.eastmoney.com/a2/202109072085779746.html[2022-11-20].

同时，数字技术也使跨国公司能够通过网络进入国外市场，具有降低交易成本、提升用户网络经济性和网络内部协调效率等优势，为全球价值链构建和治理提供了新模式。在这方面，我国对企业的数字技术发展和数字化转型给予了美国等西方国家无法比拟的市场引导和政策支持力度。习近平总书记在安徽考察时的讲话中指出，要"一手抓传统产业转型升级，一手抓战略性新兴产业发展壮大，推动制造业加速向数字化、网络化、智能化发展，提高产业链供应链稳定性和现代化水平"（人民日报，2020d）。

最后，中国特色的大国外交政策可以为企业在未来国际形势下塑造更有利的制度环境。随着全球化进程所带来的国家间经济和政治实力的改变，发达国家开始对原来的国际秩序产生越来越多的质疑和不满，不断否定各类国际合作机制。从英国脱欧到美国退出多个国际协定，这些都反映出长期占据领导地位的发达国家正在试图改变与颠覆既有国际秩序，引起新兴经济体甚至其联盟内部的反对。我国作为世界第二大的经济体和具有广泛影响的大国，则坚定支持和维护以联合国宪章宗旨和原则为基础的国际秩序，同时主张加强全球治理、推进全球治理体制变革，并具体提出"一带一路"倡议，可以为中国企业在国际市场上赢得更多盟友和政治机会。

同时，我们也要冷静分析中国企业面临的全球化新常态中的问题与挑战。

（1）长期以来，我国企业处在全球产业链的中低端，严重影响其在国际技术标准制定中的话语权，威胁国家经济发展大局。我国企业需要在应对全球化压力的同时，完成自身的产业升级和技术更新。例如，对苹果平板电脑（iPad）价值链的分析表明，该产品在全球范围有748家供应商，其中有351家位于中国（不含港澳台数据），这些中国企业完成了该产品的绝大部分组装工作并占其总直接劳动力成本（33美元）的3/4，但在总利润（223美元）中却只占2%。习近平总书记2021年在《求是》杂志撰文指出，要"实现高质量发展，必须实现依靠创新驱动的内涵型增长。我们更要大力提升自主创新能力，尽快突破关键核心技术，这是关系我国发展全局的重大问题，也是形成以国内大循环为主体的关键"（习近平，2021a）。

（2）中国企业需要学会如何在全球开放性生态环境中提升平台治理水平。通过对苹果、微软、谷歌等企业的深入分析，Cusumano等（2019）明确指出，平台治理是领先企业构建全球生态系统的根本。例如，苹果采用平台治理机制实现对全球生态系统的垄断性控制。具体体现在：严格控制知识产权，维持在核心部件上的寡头地位；向供应商转移成本，在核心技术开发方面只与长期可控的企业合作；控制产品的分销渠道；等等。相反，中国企业目前大多还是在采用"效率优先"原则来构建其合作网络。例如，华为公司虽然在5G芯片设计领域有所突破，但目前还必须在美国企业控制的进阶精简指令集机器（advanced RISC machine，ARM）的架构上定制开发，并且在芯片封测、制造等领域并未形成稳定的生态联盟。对处于跨越期的中国企业而言，平台治理设计必须考虑新的国际秩序演化所导致的政治和制度风险。

（3）中国企业全球化的合规意识和社会责任行为需要加强。中国企业参与"一带一路"建设面临的一个严峻问题就是如何应对合规风险，其中项目舞弊、商业腐败、环境保护以及社会责任是其中的主要挑战。以项目舞弊为例，2019年9月，全球共有2004家企业被列入世界银行的黑名单，其中中国企业数量占近一半（王志乐，2020）。2018年8月，习近平总书记在推进"一带一路"建设工作5周年座谈会上强调，"要规范企业投资经营行为，合法合规经营，注意保护环境，履行社会责任，成为共建'一带一路'的形象大使"（人民日报，2018a）。

（4）我国企业的数字化转型尚处在初级阶段。在国内，尽管有超过80%的传统行业领先企业声称正在规划或实施数字化转型，但其中核心业务价值链已经实现数字化转型的企业比例却低于10%，企业需要借助数字技术发展势头尽快完成自身的组织变革（许健，2019），等等。

为了解决以上问题，我们认为可以遵照以下研究路线展开。首先，从政治文化、数字技术发展、后疫情时代的危机事件影响等角度理清影响未来国际秩序演化的结构要素，揭示出未来国际格局可能出现的各种变化。其次，在此基础上，结合中国企业全球化实践和国内"双循环"格局与相关产业政策，阐明全球化新常态对中国企业全球化的影响及其应对思路。最后，通过深入实地的调研，给中国企业在全球合作生态管理、平台治理与组织转型、全球创新战略重构、合规与社会责任管理等方面提出管理建议。经过以上从宏观到微观的深入分析和从现象到理论的扎根过程，构建出以新兴经济体为研究重点的国际商务和跨国公司理论。

（三）国际发展态势与我国发展优势

国际商务研究领域的兴起始于20世纪50年代，当时国际上还处于局部冲突和冷战时期。到20世纪60年代该研究领域蓬勃发展时，"和平与发展"主题逐渐占据主流，以美国为代表的发达国家在全球市场上如何快速拓展成为该领域的关键研究问题。在此形势下，研究者以亚当·斯密的自由经济理论为基础，强调充分利用各区域在效率和禀赋上的差异，更好地实现全球价值创造，这些不同阶段兴起的理论大都是以经济目标与风险作为分析企业跨国经营行为的出发点。例如，20世纪60年代，垄断优势理论的提出为研究跨国公司、对外直接投资奠定了基础。此后，以交易成本理论为基础的跨国公司内部化理论，整合所有制、区位和内部化优势的折中范式，解释国际化过程的乌普萨拉模型，描述国际商务行为差异与冲突的跨文化管理理论，解释国际区位环境差异的制度理论等，成为国际商务研究领域的一些经典理论（李瑜和武常岐，2010；吴先明，2019）。

成立于1959年的国际商务学会（Academy of International Business，AIB）是国际商务领域最具权威性的学术组织，2022年在全球90多个国家拥有3000多名会员。其下属期刊 *Journal of International Business Studies* 首发于1970年，是该领域排名第一的权威期刊。根据国际商务学会及 *Journal of International Business Studies* 等期刊所做的一些综述研究（Buckley et al.，2017；Ghauri et al.，2021；Lundan，2018），当前国际商务领域的主要研究内容包括：①对外直接投资相关研究，如海外投资区位选择、境外投资的管理问题、境外市场的进入模式与战略等；②跨国公司战略与管理，如跨国公司的跨境活动以及参与此类活动的战略、治理、跨文化与本土化管理问题等；③新兴经济体跨国公司，如新兴经济体跨国公司的发展及其与发达经济体跨国公司的差异比较等；④离岸外包和全球价值链分解，如离岸外包活动的兴起原因和后果、企业价值链在全球区域的增值活动、全球合作生态的治理结构等；⑤跨国公司发展的可持续性与社会责任压力，如跨国公司作为全球可持续发展问题的制造者和解决者的双重角色、跨国公司在全球区域的公民行为和社会责任问题等；⑥"天生全球化"（born global）企业，"天生全球化"研究始于20世纪90年代，主要研究组织资源和能力、网络关系、联盟和其他社会资本在企业早期国际化和国际绩效中的作用等。

　　总体而言，上述国际商务领域的理论研究大多是基于对全球最发达国家企业视角的观察和分析而形成的，这些企业拥有品牌和技术等资源优势，这是它们在全球布局和竞争的基础。在过去 20 多年间，伴随着新兴经济体的快速发展和多元化国际格局的出现，以上理论遇到很多挑战。那些来自中国、印度等新兴经济体的跨国公司缺乏与欧美传统跨国公司相关的无形资产，展现出独特的所有权、治理和组织结构。这些企业的对外投资并不局限于发展水平相似或较低的经济体，而是大量进入发达经济体，这种"逆向对外投资"过程给跨国公司的经典理论带来了一些挑战。同时，伴随着多元化国际格局的出现，欧美等发达国家所出现的逆全球化趋势使得跨国经济活动分析越来越受到所嵌入的政治、文化等因素的影响，这也会成为影响未来全球化格局形成的结构性力量。然而，正如国际商务学会前任主席巴克利批评的——当前国际商务研究遵循的是从现有理论中选题的内观性（inward-looking）研究范式，导致以上重大的现实问题在学界并没有引起足够重视，研究结论与实践差距也日益扩大（Peter et al.，2017）。

　　关于中国企业全球化的研究越来越受到国际和国内学者的关注。例如，为了解释新兴经济体跨国公司的快速崛起现象，美国迈阿密大学陆亚东教授等提出与主流理论（如资源基础观等）不同的跳板理论（springboard theory），认为新兴经济体跨国公司将对外直接投资视为获得战略资源的跳板，从而与其他国际企业展开竞争，并规避国内的制度与市场限制（Luo and Tung，2007）。跳板行为的表现是为了克服后来者劣势而采取的一系列激进的冒险策略，如积极获取或买入领先跨国公司的关键资产以弥补自身的竞争劣势。借助该策略，企业快速国际化，以克服固有的资源劣势。该理论促使学者重新审视国际化基本假设，即企业所具有的研发和品牌优势是其成功国际化的必要条件。以中国这一巨大的新兴经济体为研究情境，在国际代表性期刊上发表重要成果，不仅将中国市场推向国际商务领域的焦点，也带动了众多国内学者对国际商务领域的深耕。自 2012 年以来，以国家自然科学基金委员会为代表的研究机构高度关注中国企业全球化问题，资助了相关研究项目，为我国在该领域的研究奠定了基础。

　　基于前期的综述研究，我们发现国内研究方向主要包括：①对外直接投资相关研究，如对外直接投资区位集聚与分布、对外直接投资在东道国的合法权获取、对外直接投资技术效率与知识转移、对外直接投资挤出效应和溢出效应、"一带一路"政策及其实施、海外市场的进入模式选择等；②新兴经济体（主要是中国和印度）跨国公司理论与实践，如中国企业进入全球市场的后发者优劣势、制度环境对跨国经营的影响、合资企业管理、国际外派人员管理等；③全球化背景下企业并购与整合战略，如对中国企业与发达国家企业全球化路径比较、家族企业国际化、国有企业国际化等；④全球创新战略的制定与实施，如中国企业的全球创新资源配置、全球价值链布局、全球化创新战略模式和路径、全球创新生态治理、海归人员创业；等等。

应该看到，国内相关领域研究尚存在很多不足。例如，①现有研究对中国企业跨国经营活动背后的资源部署与使用机制、全球化的特定微观过程等问题关注不够，对中国企业在东道国的经济贡献或社会文化影响方面缺乏深入实地的研究；②跨国治理研究强调市场机制在协调与制约企业间合作关系时的主导性，忽视了经济系统所嵌入的政治与制度环境对治理风险的影响，同时需要关注国家与产业层面的顶层机制设计在引导企业应对复杂全球合作关系时的重要作用；③缺乏对中国企业全球化战略相关的合规风险与社会责任问题的研究关注，这是中国企业参与共建"一带一路"等国际合作建设时遇到的严峻挑战，对提升新国际秩序下的国家形象至关重要；④结合国际秩序新格局，深入思考新兴国际化问题的研究仍然不足，特别是重大理论创新的成果亟须由中国学者提出，以科学指导我国企业的国际化战略，提升中国学术界在该领域的影响力和话语权；等等。

总体而言，面对国际秩序的动荡演进，中国企业全球化进程已经走到由量变到质变的阶段。如何抓住关键的历史机遇和时代变革，利用好国内和国际两个市场，提高企业的国际竞争力，成为中国学界面临的重大理论问题。

（四）主要研究方向

1. 双循环格局下中国企业全球合作生态管理

处于全球化新生态环境下的中国企业同时面对国内和国际两个市场，更加需要管理好两个市场之间的协同关系，"双循环"新格局为中国企业构建全球合作生态提供了必要的市场支撑。面对"双循环"的新发展格局，中国企业通过调整全球化战略有效整合国内和国际市场，将是提升其在全球合作生态系统中地位和权力的基础。一方面，全球经济一体化的分裂将会带来全球区域、企业、生产和价值链系统权力基础的改变，正在形成中的新全球化格局会创造出更多区域中心；另一方面，企业需要通过对核心资源的配置、优化和风险管控，构建出自主有效、高韧性、低风险的全球合作生态系统。通过对以上协同关系的动态管理，中国企业可以从生态系统的边缘进入中心，在突破发达国家设定的制度约束与技术瓶颈的同时，在更宽广的国际市场上建立起竞争优势和领先地位。

典型科学问题举例：双循环格局下的全球合作生态及价值整合理论，中国企业合作网络生态间的动态竞争与演化过程，中国企业在双循环格局中的嵌入特征及其演进，跨文化管理与跨市场协同机制，等等。

2. 国际秩序演进环境下的中国企业平台治理与组织转型

面对复杂的国际秩序演化环境，中国企业不仅需要在核心技术上有所突破，还必须学会采用平台治理来保护其技术溢价以及在全球生态系统中的主导性地位，否则就可能会陷入"卡脖子"的窘境。平台治理的关键在于架构设计，平台企业一方面需要保留足够的控制权，以确保生态系统完整性，另一方面需要避免完全控制，以激励合作伙伴的创新活动。借助良好的架构设计，平台企业将拥有互补性资源的联盟企业协调起来，在最大化生态价值的同时防范系统性风险，引导生态系统的动态演化和可持续发展。面对基于松散耦合关系构建起的全球生态系统，平台企业通过对依赖关系的动态管理来激励和约束自由参与到合作网络中的多样化企业，提升生态系统自身的内聚力和稳健性。

典型科学问题举例：国际秩序演化与企业外部依赖关系治理，支撑中国企业全球化生态治理的平台架构设计，中国企业全球合作网络的内部激励和约束机制，全球合作网络布局与企业国际化进程中的组织转型，等等。

3. 全球化新常态环境下的中国企业全球创新战略重构

伴随着多元化国际格局的出现，欧美等发达国家所出现的逆全球化趋势使得跨国经济活动分析越来越受到所嵌入的政治、制度等因素的影响，这会成为影响未来全球化格局形成的结构性力量。中国企业创新网络所嵌入的全球政治与制度因素加剧了合作中的不确定性，企业需要从更深层次的战略依赖关系角度而非经济效率角度来思考创新战略构建问题。中国企业要在国际市场上占据技术领先地位，一方面需要持续强化在技术研发上的投入和积累，另一方面需要学会管理复杂创新网络中的相互依赖关系。以美国为首的发达国家对我国企业采取的遏制策略的一个重点，正是抓住了我国企业在核心技术上对其的依赖性。企业需要提升自身在创新网络中的核心地位，避免由政治因素或危机事件导致的经营风险。

典型科学问题举例：中国企业全球创新网络的构建与治理策略，国际秩序演化与中国企业的技术创新战略选择，政府－市场力量协同与中国企业创新战略重构，全球化格局演化与中国企业创新网络稳健性，等等。

4. 中国企业全球化的合规风险和社会责任

进入全球各地的中国企业需要高度关注在东道国的合法合规风险和社会责任担当，这也是党和国家要求参与共建"一带一路"及其他国际项目建设的企业强化的意识与能力，对于提升新国际秩序下的国家形象至关重要。当前，无论是学界还是业界，其对该问题的认识都还不够深入，缺乏深入实地的问题与经验总结和行之有效的理论指导。

典型科学问题举例：不同类型中国企业在应对全球各区域合规与社会责任压力时的行为表现及其经验总结，治理结构、高层管理团队等内部因素对企业合规和社会责任行为的影响，中国企业国际化对东道国经济建设和社会文化的影响，等等。

二、中国的政府治理和政策过程

（一）基本概念与科学意义

中国的政府治理是以政府为主体开展的治理活动，是中国当前国家治理的主要内容与核心形态，是国家治理的重要组成部分，承担着按照党和国家决策部署推动经济社会发展、管理社会事务、服务人民群众的重大职责。国家治理在不同国家的实践中呈现出各自不同的演变规律。政府积极创新和发展与市场和社会多元主体相协同的合作治理方式，着力构建起公共部门、私人部门与第三部门的合作关系（Scott and Thomas，2017），以全面提高国家治理的能力与水平。政策过程是政策主体、政策客体及其与政策环境的相互联系和相互作用，使得政策系统呈现动态运行的过程，包括政策制定、政策执行、政策评估、政策终结、政策监督等环节。中国国家治理现代化需要以科学的政府决策和政策评估为基础，其相关理论向实践领域的转化，推动政府部门更加快速地获取决策相关的信息、更加精准地预测公众需求、更为全面地提升公共决策的透明度，从而优化公共资源配置、提高公共服务效率。当前，中国正处于工业社会向智能社会的转轨过程中，公共事务的复杂性快速上升，现代社会的既定制度和秩序体系受到巨大挑战，这些极大地影响了政府治理和政策微观和宏观的过程。政府治理和政策过程的基本科学问题就是探索新形势下政府治理的基本规律和政策过程的演进规律。

当前，中国经济、社会和法治环境正在逐步走向完善，人民公共服务需求不断增长，市场和社会部门加速发展，数字化、信息化能力显著提升，服务型政府建设继续深化，使得公共服务协同治理的条件发生快速转型。深入研究当前政府、市场、社会协同治理的基本动力、模式、规则、效果和发展演变规律，有助于深化基于中国政府治理实践的政策科学理论，厘清面向未来智能社会治理的公共政策与技术社会转型之间的关系，揭示基于循证与计算的公共政策决策机制，刻画政府治理与政策过程中的微观行为规律。

（二）相应的国家战略需求

政府治理是国家治理体系的重要组成部分，统筹国家行政管理、经济社会发展、生态文明建设等各个领域，在基本实现国家治理体系和治理能力现代化、构建新发展格局的使命中扮演重要角色（李军鹏，2021）。《中华人民共和国国民经济和社会发展第十四个五年规划和2035年远景目标纲要》中指出，要"加快转变政府职能，建设职责明确、依法行政的政府治理体系，创新和完善宏观调控，提高政府治理效能"。针对"十四五"时期的新形势新要求，面向2035年基本实现社会主义现代化的总体目标，全面性布局、针对性思考、战略性规划政府治理体系建设，具有重要意义。

从概念出发，政府治理是指以政府为主的多元治理主体所秉持或奉行的以政策分析、制定、发布、实施、调整为主要内容的行动或过程，其目的是实现公共政策与公众需求的匹配，促进社会平稳发展（李大宇等，2017）。习近平总书记在党的十九大报告中指出，要"转变政府职能，深化简政放权，创新监管方式，增强政府公信力和执行力，建设人民满意的服务型政府"（习近平，2017）。在持续深化"放管服"改革的进程中，我国政府治理在进行着多维度的转型，包括确立政府依法行政并提高政府机关效率的结构性转型，建设服务型政府、改善公共服务体制的功能性转型，以及推进简政放权、精简行政审批流程的程序性转型（李军鹏，2018）。国家"十四五"规划进一步提出"国家治理效能得到新提升"的总目标，这在多元主体参与、法治体制建设、治理职能优化方面对政府发起了新挑战。总的来看，面向2035年，党和国家秉承系统视角思考建设新时代背景下的政府治理体系建设问题，全面深刻认识政府治理在中长期发展阶段的新任务、新角色、新职责和新维度，具体体现在以下几个方面。

1. 全面性布局国家治理体系的迭代更新

十八届三中全会将完善和发展中国特色社会主义制度、推进国家治理体系和治理能力现代化确定为全面深化改革的总目标。治理体系的现代化是国家治理结构的转型，主要是指处理好政府、市场、社会的关系，完成政府治理向"善治"的转变，实现政府、市场、社会与公民的良性互动与合作共赢（高小平，2014）。法制与民主是我国实现"善治"的两大必要条件（石佑启和杨治坤，2018；郭小聪和代凯，2016）。"善治"对法制体系的要求在于建设职责明确、依法行政的政府治理体系，从法律层面打造有限有效政府，这关系着到2035年基本建成法治国家、法治政府、法治社会的目标能否如期实现（石佑启和杨治坤，2018）。对于民主体系，十九届六中全会指出，"中国人民有着高度的政治制度自信，根本原因就在于我国全过程人民民主是民主含量高、民主成色足、深受中国人民欢迎的民主"。这说明我国在民主建设上取得了阶段性突破，是否继续深化政府自上而下的行为变革与社会自下而上的自我发展相互结合的协同治理模式（郭小聪和代凯，2016），关系到"善治"层面下的公共决策科学化和民主化能否实现"质"的飞跃。通过打造良法与民主并行的"善治"政府治理体系，助力"五位一体"总体布局和"四个全面"战略布局的全面推进。

2. 针对性思考政府治理能力的优化升级

实现基本现代化的进程要求中央与地方都进一步精进政府的治理能力。形成这一要求的时代背景主要有两个，即技术的驱动与治理需求的驱动（李大宇等，2017）。技术层面，现代数字工具的发展催促政府向高效治理模式转型，习近平提出，"运用大数据、云计算、区块链、人工智能等前沿技术推动城市管理手段、管理模式、管理理念创新，从数字化到智能化再到智慧化，让城市更聪明一些、更智慧一些，是推动城市治理体系和治理能力现代化的必由之路"（人民日报，2020b）。政府能否利用数字技术建立网络式扁平化沟通结构，打通各部门间政务数据的协同共享通道，进而实现精准服务的优化供给与科学决策的有效输出，决定着技术驱动的"公众－议程"式治理样态能否清晰呈现、部门碎片化问题能否被克服、完整性服务能力能否被提升（Milakovich，2012；沈费伟和诸靖文，2021）。推动数字政府治理的发展，可以凭借其强大高效的资源整合与实施能力有效开拓政府治理新方式，快速回应愈来愈多样化的群众需求（沈费伟和诸靖文，2021）。在这个过程中逐步实现回应性治理向需求性治理的转变，确立以民众需求为导向、以知识挖掘为支撑、以政策匹配为目标的精准治理范式。构建社会治安、智慧交通、社区治理、环境保护、政务服务、市场监管、公共卫生、司法公正、小城镇建设等诸多政府治理领域的精准治理网络。

3. 战略性规划政府治理的现代化进程

《中华人民共和国国民经济和社会发展第十四个五年规划和2035年远景目标纲要》提出，"十四五"时期，要全面贯彻创新、协调、绿色、开放、共享的新发展理念，加快构建以国内大循环为主体、国内国际双循环相互促进的新发展格局，实现"高标准市场体系基本建成"的主要目标。其中政府治理在我国经济发展克服惯性、化解黏性、强化韧性、增强弹性的路径优化过程中承担核心职责（高丽娜和蒋伏心，2021）。首先，能否进一步推进国内大循环在于政府能否持续优化营商环境，打通行业间和区域间的堵点，提高国民经济循环效率，以高效能政府治理为经济转型发展注入强劲动力（王一鸣，2020）。其次，十九届六中全会强调，必须坚持以人民为中心的发展思想，着力推动高质量发展。这对政府能否实现经济与社会、环境、民生等方面的均衡治理提出了新要求。最后，实现"经济全球化朝着开放、包容、普惠、平衡、共赢的方向发展，推动建设开放型世界经济"（人民日报，2020e）的愿景，要求政府通过有效衔接国内治理与国际治理，推进国内国际双循环，积极构建开放合作的治理格局（李军鹏，2021）。

（三）国际发展态势与我国发展优势

1. 微观主体层面的政府治理行为

在传统政府治理模式中，政府在治理活动中一开始就占据主流，主要依靠行政层级体制和建立法律法规解决市场运营、公民利益等社会问题（Osborne et al.，2013）。但随着政府中心主义的治理逻辑带来了公共服务组织成本高昂、公共服务供给有效性不足等问题，政府开始吸纳社会和市场等非正式机制的力量以构建多元治理模式，共同行动、联合规制，系统有效地促进其治理效能的提升（Richard et al.，2011）。同时顺应"互联网+"和大数据的发展，建立全过程民众参与平台，打造数字政府，可以进一步提高政府解决问题的能力（John et al.，2012）。

我国政府治理在建设中国特色社会主义的过程中也发生了从政府主导型治理向政府参与型治理的转变。例如，为提高农产品流通效率，政府在加强监管的同时，引入"农产品全产业链管理"模式，依靠全产业链协作，提高农产品流通参与主体的利益和消费者福利（韩喜艳等，2019）。为推进产业升级转移，政府在2014年提出"京津冀协同发展"战略，通过地方政府间的协同共治展开大气污染联防联控工作和区域基础设施一体化建设（王家庭和曹清峰，2014）。为遏制新冠疫情在社区蔓延，政府提出"党员下沉"工作方案，与基层组织与社区居民共抗疫情，提升了社区内部的组织动员和统筹协调能力（曾建丰和狄金华，2021）。多方协同、政府内部合作等方式的出现正改变着我们国家的治理模式，为我国治理体系和治理能力的现代化奠定了基础。

2. 面向复杂系统的公共政策

复杂系统的高冲突性和高模糊性要求政策制定主体具有能动性，在满足政策对象多元化需求的前提下确立综合性的复杂政策（吕方和梅琳，2017）。

国际上，复杂政策策略包括通过组织结构重构、利益捆绑等权力重塑机制，消解政策的横向和纵向冲突；通过知识整合和政策学习，实现政策对象的清晰化、政策工具的精准组合和政策目标的"硬化"等；通过执行差异式和分权式政策，实现对政策对象的分层级治理（Bardhan and Mookherj，2005）。

公共政策领域本身的特点决定了治理模式的选择。在治理目标具有综合性强、技术路径清晰度低、环境差异敏感度高等特点的"复杂政策"领域，我国中央政府倾向于在常规的目标设定与督查考核之外，通过出台纲领性、指导性的专项政策，以及扩大社区参与等多种控制手段来纠正偏差行为。从通过使用"监管分设、多元监督、信息对称"的食品卫生信息平台克服多部门分段监管体制带来的资源浪费、监管低效等问题（王建华等，2016），到碳交易试点政策在北京、天津等7个城市正式启动，用于构建环境成本市场化体系、提高企业创新活力（Hu et al.，2020）；从"整村推进、连片开发"试点政策，通过优化资源分配来促进区域经济发展（吕方和梅琳，2017），到建立以"基层首诊、双向转诊、急慢分治和上下联动"为原则的分级诊疗制度，破解基本医疗服务均等化、可及性问题（姚泽麟，2016）；从引领智慧城市布局以促进城市经济转型，到建设海南自贸区以稳定外资，优化外商投资环境和产业链布局（安国俊和訾文硕，2020）；我国公共政策呈现"多方兼顾、软硬兼施"的特点。

3. 多元主体的协同共治

纵观各国政府职能的改革轨迹，其经历了一个"自由竞争—政府规制—放松规制—再规制"的否定之否定过程，每一时期政府职能的变化，都是政府、市场、社会权力边界不断调整和平衡的过程（薛澜和李宇环，2014）。这期间形成的多中心治理格局使得政府可以将一些"划桨"职能交由市场和社会去履行，自己转而负责"掌舵"，将更多的资源投入对市场和社会的监管中，做一个"服务型政府"。西方国家在此方面进行的尝试包括使用诱导性工具（Balogh，2012）、建立可持续协作平台（Ansell and Gash，2018）等。

我国也在积极推进向协同治理、合作共治转变的进程。例如，温岭参与式预算改革，通过建立民主恳谈的制度平台，制定规范的预算改革程序，扩大了公民参与政府决策的自主权（陈家刚和陈奕敏，2007）。广州旧城改造，在多元主体反馈机制的作用下，逐步建立"居民顾问小组""专家顾问团"等公众参与渠道，与社会成员就地块更新达成共识（刘垚等，2015）。上海垃圾分类，政府使用宣传、激励等方式促进居民自发参与到垃圾分类治理行动中，并且还积极增加对互联网科技企业"垃圾回收"项目的投资，促进政府－社会－市场三者在垃圾处理问题上的协同共治。在政府绩效考核方面，社会也逐步发挥其监督作用，如烟台市的"社会服务承诺制"、南京市的"万人评议政府"、杭州市的综合绩效考评、武汉市的电视问政等。在"议行合一"政体下，群众的广泛参与可以有效推进我国民主政治的发展（尚虎平，2017）。

社会事务的合作协同治理模式改善了紧张的政民、政企关系，有助于地方政府通过吸纳公民的参与诉求建立民主脉络，提高政策执行效率，实现政府与社会和市场的良性互动。上述一系列地方创新实践为中国政府的协同共治变革提供了新的途径。

4. 人类命运共同体构建与疫情时代下的治理应对与改革

新冠疫情已经在世界许多国家造成了广泛的公共卫生、经济和政治危机，这对各个国家的资源配置能力、政策制定与落实能力、社会调动能力都提出了巨大的挑战。新冠疫情期间，世界各国积极开展应急管理工作，从实施"国内封锁""国际旅行禁令""大规模聚集禁令""关闭餐馆和学校""口罩命令"（An et al.，2021）等限制性政策到推行"成立新冠肺炎特别工作组""建立疫情信息收集平台""颁布检疫措施""媒体说明提升公民信心""感染信息追踪""提供公共疫苗"（Kim，2020；Ansell and Gash，2018）等防治性政策，初步抑制了全球新冠疫情的发展态势。

中国是首批开展新冠疫情防治的国家。首先，闭环管理可最大限度地阻断疫情传播链条。其次，"健康码核验＋行程码追溯"通过大数据分析，可直接锁定并找到可能被感染的人群，"人员限流"则避免大规模聚集活动，降低了新冠疫情集中暴发的概率。最后，中国新冠肺炎疫苗的全面接种为全国上下民众进一步筑牢了疫情防线。在国际合作共抗新冠疫情工作中，我国积极向海外国家提供帮助，并参与新冠疫情方面的全面对话，在"达沃斯议程"对话会上发表中国意见，全面推进人类命运共同体的构建。除了公共卫生危机方面，我国还积极利用G20、金砖国家组织、亚太经济合作组织（Asia-Pacific Economic Cooperation，APEC）、中美、中欧、中法、七十七国集团、上海合作组织等全球性和区域性对话与合作平台，就气候变化、国际货币基金组织改革、反恐、反腐败、网络安全、扶贫减灾、粮食安全、能源安全、人道援助、防范重大传染性疾病等全球治理重点问题，阐发中国理解和中国方案。中国正在从规则配合国向规则合作国转变，从规则顺应者向规则制定者转变，从被动参与者向主动决策者转变（盛斌和高疆，2018）。

5. 面向新技术与技术社会转型的国家治理

第四次工业革命的出现，不仅仅改变了生产方式和管理体系，同时也深刻地改变了社会资源的配置和社会组织的运行模式。这不仅是表现在技术革命或经济革命中的一种现象，同时也是一场社会治理的革命，将改变市场、组织机构，以及政府与公民的关系（Viktor and Kenneth，2013）。众多国家都趁着数字变革的东风发起了政府治理体系的新一轮变革，如美国2010年推行的"智能城市挑战"项目、英国2012年开展的"数字政府"建设（林梦瑶等，2019）、新加坡2014年推出的"智慧国家2025"计划等。

我国利用大数据指导政府治理过程的研究和实践都起步较晚，但也逐渐呈现出中央和地方层面都积极推进的态势。在电子治理领域，浙江省政府于2015年11月正式成立了浙江省数据管理中心来为其电子政务工作提供支持。同时，国务院发布了《促进大数据发展行动纲要》，将建立"用数据说话、用数据决策、用数据管理、用数据创新"的管理机制。显然，从地方到中央，大数据的分析和利用正在改变着我国政府治理的理念、方式和效果（国务院，2015）。在政务服务领域，各地政府建立起基础性公共服务平台，全面推广"在线咨询、网上申请、快递送达"的网上办事模式。从"一门式""一网式""一窗式"到"最多跑一次""一次不用跑""不见面审批""秒批秒办"等创新服务做法，实现了公民办事从"找部门"向"找政府"的深刻转变（沈费伟和诸靖文，2021）。理论界也认为政府利用大数据技术来整合政务信息，实现了行政组织结构和业务流程再造，有利于实现服务质量和服务效率的"双提升"（刘民安等，2021）。

（四）主要研究方向

1. 基于中国治理实践的政策科学与政府管理基础理论研究

传统上我国政策科学与政府管理领域强调应用对策研究，出现了单纯追求应用目标的倾向。大量研究止步于概念界定、现象描述、对策分析，往往囿于对政策或行政经验的描述，而缺乏对政策科学与政府管理基础理论的回应与发展。

然而，对于政策科学与政府管理研究而言，基础理论的重要性不言而喻。西方学者发展出的大量公共政策基本理论模型和政府管理理论框架对学科发展和政治实践都产生了重大影响。因此，为了在"讲好中国故事"的基础上提炼具有普遍意义的政策科学与政府管理一般规律，本方向聚焦于基于中国治理实践的政策科学与政府管理基础理论研究。

"基于中国治理实践的政策科学与政府管理基础理论研究"有两层含义。

首先，本方向着重强调对学科基础理论的回应、批判、发展和整合。目前政策科学和政府管理中的诸多理论模型、分析框架尚未完善，不少理论或存在逻辑瑕疵，或受到无法解释的现象挑战，因此对理论的深化仍存在研究空间；多种理论模型和分析框架碎片化程度严重，亟须整合以达到简化现实的目标，因此对理论整合也存在研究空间。基于此，对于目前已有的政策科学与政府管理基础理论仍需进一步加以研究。

其次，本方向重点关注的基础理论是基于中国治理实践形成的政策科学与政府管理基础理论。目前基于西方国家治理实践形成的政策科学与政府管理基础理论是建立在自由主义国家观、多元主义民主、政治行政二分等理论预设基础上的。但无论是政策科学还是政府管理，都具有高度的情景化特征。因此，这些已有理论能否刻画、解释并指导中国治理实践，能否反映中国治理的一般规律，仍是需要进一步讨论的问题。与此同时，从中国的治理实践中能否提炼出不同于西方实践但又具有普遍规律性的新概念和新命题，也值得进一步研究。

本方向着眼于2035年远景目标以及推进国家治理体系和治理能力现代化的具体要求，提出基于中国治理实践的政策科学与政府管理基础理论研究方向。从国家市场关系、政府组织结构、制度文化传统等中国治理实践的特殊性出发，基于新的理论预设发展政策科学与政府管理基础理论，以期与西方理论展开对话，推动对于政策科学与政府管理一般规律的认识。

典型科学问题举例：中国治理实践中的多主体参与机制（多主体包括政党、利益集团、非政府组织、公民），中国治理实践中政策工具选择与组合规律（政策工具的科学分类研究、政策工具的选择与组合的一般规律、中国治理实践中的政策工具选择与组合一般规律），中国治理实践中政府结构与政策和治理过程耦合规律（基于非政治行政二分的政策科学与政府管理一般规律、中国治理实践中的政策工具选择与组合一般规律）。

2. 面向未来智能社会治理的公共政策与技术社会转型

随着新一轮科技革命和产业革命深入发展，大数据、云计算、物联网、人工智能等新一代信息技术手段与工具深刻改变着全球经济发展、国家治理、社会运转和公众生活。社会治理实践上，一方面，公共管理与政策部门能够方便、全面地获取社会治理决策所需的相关信息，并实时掌握管理与服务对象的行为数据，从而实现决策与管理的科学化、精准化；另一方面，大数据环境下，开放的高价值公共数据与信息平台使得公众、私人部门、社会组织能够方便地参与治理决策，评估治理效果。在此背景下，智能社会治理将替代传统的政府治理模式，成为未来全球性公共管理实践的主要方向。以习近平同志为核心的党中央高度重视我国的智能社会治理，党的十九大报告中明确提出"提高社会治理社会化、法治化、智能化、专业化水平"。2021年3月，《中华人民共和国国民经济和社会发展第十四个五年规划和2035年远景目标纲要》再次强调要"适应数字技术全面融入社会交往和日常生活新趋势，促进公共服务和社会运行方式创新，构筑全民畅享的数字生活"，为新时代我国社会治理的发展确定了方向。

当前，我国正处于由传统社会治理体系向智能化社会治理体系转型的关键阶段，对公共管理与政策治理理念、治理模式与治理手段提出重大变革挑战的同时，也对信息化环境下技术社会的转型提出了迫切需求。宏观管理与政策学科应该把握时机，顺应时代发展需求，深入研究面向智能社会治理的深层次科学问题，不断拓展学科发展空间和方向，使我国在科技与社会治理交互领域实现新一轮提质增效。

典型科学问题举例: 人工智能社会实验、智能技术对社会治理的影响,基于循证与计算的公共政策决策,颠覆性技术推动产业升级的机制与政策,技术社会风险评估与治理研究。

3. 面向复杂系统问题的中国政府治理与政策科学研究

当前,随着人民需求多元化、各类组织边界模糊化、科学技术革新化等趋势的纵深演进,多领域知识交互的复杂系统性政策问题加速涌现,且呈现由单一、静态、常态向复杂、动态、应急演变发展的态势。一方面,政策问题的形成往往突破传统的地域、层级、领域、学科界限,涵盖差异化的政策知识,涉及多元主体的利益诉求,多要素在特定时点、特定情境下发生耦合突变,且扩散速度快、波及范围广;另一方面,政策问题往往随着政策情境的不同而不断变化,系统性政策问题受到环境的动态影响,使得基于特定手段的准确预测和精准控制越来越难以实现。尤其是随着新一轮科技革命与产业变革的兴起,新兴技术带来的管理变革和经济社会风险催生了一系列复杂系统性政策问题。

在此背景下,政府治理的内涵、对象、标准、手段等呈现出新的特征。首先,就新时代政府治理的内涵而言,理论核心仍然是采用有效的治理手段解决特定的政策问题,但政策问题的复杂性以及治理手段的丰富性均有所不同,且"治理有效性"的标准也在发生变化。如何面向复杂系统问题匹配适应性的治理工具,探索切实有效的治理方案,赋予了政府治理新的时代内涵。其次,就新时代政府治理的对象而言,"如何满足差异化需求""如何处理新型的组织关系""如何适应技术变革"对政府治理提出了新的要求。其中,"如何满足差异化需求"代表了政府治理目标的变化。复杂系统性政策问题出现的重要原因之一正是在于多元化需求的倒逼。需求的多元化使得协调各方差异化利益诉求、拓展政策问题的分析视角、系统考量政策问题内在原因与形成机制进而探索"占优策略"成为必然。这些新的治理需求无疑加剧了政策问题的复杂性、系统性,同时也对政府治理能力的塑造提出了新的挑战。"如何处理新型的组织关系"代表了政府治理生态的变化。新兴技术的广泛应用深刻改变了传统信息交互模式与组织关系,"边界模糊化"成为导致复杂系统政策问题出现的另一关键因素。基于此,跨部门、跨层级、跨时空的多主体协作关系成为有效应对政策问题的必然选择。如何处理好新时代的新型组织关系直接影响政府治理的效率和质量，因此也对政府治理生态的营造提出了新的要求。"如何适应技术变革"代表了政府治理工具的变化。新一轮科技革命与产业变革背景下关键科学领域加速纵深演进，以及跨学科研究和学科交叉融合不断深化，催生了一系列富有挑战性的跨领域复杂系统问题，成为新时代政府治理的新课题。与此同时，技术的变革深刻改变了政策问题的呈现方式、扩散速度和影响范围，如何跟上技术变革步伐，提升自身适应能力，有效识别政策问题，控制政策风险，开发、优化政策工具，成为政府治理面临的又一挑战。

政府治理的各种变化表征了面向复杂系统政策问题的实践逻辑，而相应的政策科学研究则能够为实践的顺利推进与目标达成提供重要的理论基础。复杂系统政策问题具有"跨界性""动态性""连锁性"等特征，使得往往需要探索动态情境下基于多目标、多工具、多主体、多层级、多过程、多领域的适应性治理方案。为此，有必要立足于系统视角，聚焦政策设计理论，开展新的探索，关注差异化政策要素之间的互动模式与状态特征、如何消弭领域"跨界"导致的政策要素交互风险、系统内外差异化政策场景中组合的动态调整与演变以及如何将新型政策设计理念与方法融入政府治理逻辑与实践等理论问题，为回应"如何满足差异化需求""如何处理新型的组织关系""如何适应技术变革"等政府治理新需求提供理论指导。此外，进一步探索如何立足于中国话语体系，将丰富的中国改革场景和更多的本土元素融入新型政策设计研究框架中，开展系统深入的理论和实践分析，也是新时代政策科学研究的重要使命和责任。

政府治理体系与治理能力现代化是国家治理现代化的关键环节与核心任务，而积极探索面向复杂系统性政策问题的适应性治理机制、推进相关政策科学研究，也是新时代推动实现政府治理体系与治理能力现代化的应有之义。《中共中央关于制定国民经济和社会发展第十四个五年规划和二〇三五年远景目标的建议》提出了加快发展现代产业体系、加快数字社会建设步伐、全面推进乡村振兴、提升城镇化发展质量、促进区域协调发展、提升国家文化软实力、推动绿色发展与可持续转型、增进民生福祉、统筹发展和安全等一系列重大战略，而这些战略目标的实现无一不涉及复杂系统性政策问题的解决，同时也对新时代政府治理的效率和质量提出了新的要求。基于此，新的政策设计理念与模式（理论问题）以及适应性的政府治理逻辑与策略（实践问题）面临新的探索需求。

典型科学问题举例：面向复杂系统问题的政策设计理论与方法，面向乡村振兴的政府治理与政策体系，促进高质量可持续发展的政府治理与政策体系，推进健康中国建设的政府治理逻辑与政策过程，重大公共危机情境下的政府决策模式，推动科教融合人才培养模式的政策体系，数字社会中的新型政府治理逻辑与政策体系，面向区域协调发展的政府治理体系。

4. 人类命运共同体理念下的公共管理与政策体系研究

随着人类命运共同体的构建，宏观管理与政策学科不能只聚焦于国内问题，而是需要将研究范围进行扩展，讨论开放环境中的全球治理问题及其与国内公共管理和政策体系的交互。全球化进程的纵深发展打破了国际事务和国内事务的边界，诸如气候变化、环境污染、疾病传播、金融危机、恐怖主义、互联网安全、贫困治理等公共问题日益突出，没有一个国家可以置身事外。这些问题与风险困扰着世界各个国家的发展，也深刻地作用于各个国家的公共政策和治理过程，对公共管理和决策体系的价值理念、决策过程、政策工具选择和决策结果提出了新的挑战和新的要求。

从政策科学的角度研究国家、区域和全球层面的不同类型主体，为了应对超越国家范畴的问题与挑战而进行的政策决策和政策调试，为了推动国际公共事务的管理而参与的国际公共政策制定过程，多层次治理模式下的政策协同，不同治理模式下的政策评估和监管正义及公共政策的跨国转移和学习机制正在成为新的研究前沿。未来需要重点关注全球政策制定和公共治理的基础理论、具体议题、治理主体、规则体系、治理过程等多层次问题；优先研究人类命运共同体构建中的可持续发展、消除贫困、全球卫生安全、跨国移民应对等引发的管理理论和科学问题；积极探索深海、极地、太空、网络治理等新疆域的治理理论与实践问题，以及国内相应的配套政策；持续关注的具体议题还包括全球经济治理、全球安全治理、全球科技治理等。

面向人类命运共同体的公共管理与政策体系研究应当：重点关注我国在国家发展新形势下值得借鉴的国际治理经验，如跨越中等收入陷阱、实现转型与高质量发展、应对国际人口流动等；重点关注与我国全球战略相关的主要议题，如南南合作等国际关系中的管理与政策问题，深海、极地、太空、网络治理等新疆域的治理探索；重点关注由我国推动或者主导的国际机制、组织的管理和优化问题，比如亚洲基础设施投资银行、中国气候变化南南合作基金等。

典型科学问题举例：面向全球性公共问题的政策制定及治理的基础理论研究，多层次、多中心治理模式下的政策和管理协同机制，应对全球性公共问题的政策的执行和监管机制研究，公共政策的跨国转移和扩散机制研究，国际组织的制度设计和管理优化研究，私人部门在全球政策制定中的参与模式和治理研究，国际公地治理模式与政策响应研究。

5. 中国政府治理与政策过程的微观行为基础与规律

近年来，行为科学在社会科学领域掀起了一股新的浪潮，经济学、工商管理学与公共管理学等学科纷纷在一般性理论与实证研究中嵌入来自行为科学的视角，越来越重视微观个体的认知与行为。行为科学的洞见在全球范围内也逐渐进入政府行政和政策制定的工具箱，如何通过研究微观个体的认知与行为来提升政府治理水平与决策模式优化是公共管理理论研究者与实践者共同面临的重大问题。与此同时，在新时代技术变革的影响下，新媒体、新平台以及云储存等技术将人类社会带到了一个前所未有的大数据时代。每个人无时无刻不在为社会贡献着海量的微观行为数据集，同时人工智能技术的蓬勃发展为分析这些海量的行为数据集提供了可能性。自改革开放以来，中国政府在国家治理的实践中，也通过不断采取分片试点、先行先试的政策实验方法，顺利地筛选出了一批有效率的公共政策，这些方法也沿用至今。综上，在行为科学全方位渗透到政府治理与政策过程的浪潮下，中国政府利用行为科学提高其行政水平具备客观便利和主观意愿的两方面条件。

本方向着眼于 2035 年科技与社会不断发展的理论与现实背景，提出需要在未来中长期内对中国政府治理与政策过程的微观行为基础与规律进行细致的探索与研究，最终实现行为科学指导下的政策设计与组织管理模式优化及基于行为数据与实验主义的决策模式调适。从行为公共行政、行为公共政策与基于行为科学与实验主义的中国政府治理与决策模式三个角度提出以下亟待研究的科学问题，以期在发展行为公共管理研究的同时，能总结出对政府行政与政策过程有指导意义的科学知识。

典型科学问题举例： 公共组织管理部门间协作与部门内管理的微观个体观念与行为演化规律，公共政策塑造公民个体认知与行为的机制及反馈效果研究，基于行为科学与实验主义的中国政府治理与决策模式。

三、乡村振兴与发展的战略转型规律

（一）基本概念与科学意义

18世纪以来，消灭贫困逐渐成为学术界和各国政府努力追求的目标（Ravallion，2020）。经济学视角下的贫困研究核心议题是：如何通过经济发展、制度优化和资源投入，改善贫困地区或贫困群体的外部环境和内在能力，使其最终走出贫困状态。贫困群体自身条件差异较大，往往面临多种发展约束，致贫原因多种多样，实施有针对性的反贫困政策是有效减贫的关键。发达国家和拉丁美洲国家的反贫困政策主要是现金转移支付和劳动力市场政策，亚洲和非洲的多数发展中国家则更多地采用各类产业发展支持政策。在一个统一的分析框架下，理解不同发展阶段各国的反贫困政策路径，提高各类反贫困政策的针对性和实施效率，是反贫困政策战略转型研究的核心命题。

减贫最重要的抓手是增加贫困家庭的收入。贫困家庭资产结构直接影响家庭收入结构，从而能够影响反贫困政策路径选择。缺乏生产资料且以工资性收入为主的贫困家庭最需要劳动力市场政策的支持，拥有一定生产资料的贫困家庭如果获得产业发展支持则可持续经营创收。

城镇化深刻改变了家庭资产结构，并带来了巨大的生产生活方式差异，成为确立合理反贫困路径的一个重要维度。农村地区产业结构以农业为主，基础设施和公共服务设施因人口密度低、建设成本高而相对不足。农村居民普遍拥有一定的农业生产资料，农业生产经营收入为家庭收入的重要组成部分。因此，农村地区反贫困的重点是改善农业生产经营条件和能力，提高农业生产经营收入。城镇地区产业结构以工业和服务业为主，基础设施建设和公共服务提供因较强的规模经济而相对完善。大部分城镇居民虽然拥有一定的金融资产和房产类等不动产，但普遍缺乏生产性经营资产。大部分家庭的主要收入为工资性收入。因此，城镇地区反贫困的重点则是提高贫困群体在劳动力市场上的就业能力。

当前，中国正经历着快速的城市化，经济发展格局和环境都面临深刻变化，随经济格局的转型，减贫战略也处于转型过渡时期。庞大的经济体量和巨大的城乡及区域发展差异，使得快速城市化过程中的中国经济形态同时兼具发达国家和发展中国家的诸多特征，快速的城市化进程又需要制度和政策的调整以实现有效的城乡融合，基于城乡转型的反贫困统一分析框架是有效应对这种复杂经济形态的政策制定理论基础。当下中国对反贫困的统一分析框架的需求比其他任何国家都更加强烈，这也成为中国反贫困研究最有可能实现重大突破的方向。

（二）相应的国家战略需求

20 世纪 80 年代以来，中国分阶段实施了大规模的扶贫行动，尤其在党的十八大以后，扶贫在国家发展战略中的重要性显著提高。2020 年脱贫攻坚目标实现后，我国已消除绝对贫困和区域性整体贫困，完成全面建成小康社会任务。在下一阶段，缓解发展不平衡、不充分的问题将成为国家制定经济社会发展战略的基本指向。减贫与发展战略将相应地发生三个方面的转型，包括：治理对象从绝对贫困问题转向相对贫困问题，重点任务从扶贫开发过渡到乡村振兴，指导思想和工作体系从城乡相对分离走向城乡统筹并重、融合发展。

2017 年，党的十九大提出乡村振兴战略，并明确了 2035 年远景目标。2018 年，中共中央、国务院发布《关于实施乡村振兴战略的意见》，对 2035年乡村振兴目标作了进一步阐述，将缓解相对贫困、基本实现农业农村现代化、完善乡村治理体系和城乡融合发展的体制机制作为其中的重要任务。2019 年，中共第十九届四中全会提出，要"建立解决相对贫困的长效机制"。2020 年 3 月，习近平总书记在决战决胜脱贫攻坚座谈会上强调，要"推动减贫战略和工作体系平稳转型，统筹纳入乡村振兴战略，建立长短结合、标本兼治的体制机制"（习近平，2020h）。《中华人民共和国国民经济和社会发展第十四个五年规划和 2035 年远景目标纲要》对 2035 年目标进行概述，明确要"基本实现新型工业化、信息化、城镇化、农业现代化，建成现代化经济体系。人均国内生产总值达到中等发达国家水平，中等收入群体显著扩大，基本公共服务实现均等化，城乡区域发展差距和居民生活水平差距显著缩小。人民生活更加美好，人的全面发展、全体人民共同富裕取得更为明显的实质性进展"。

相对贫困治理和乡村振兴工作的开启，对学术研究工作提出全新要求。如何实现减贫战略转型的平稳过渡和乡村振兴的阶段性目标，既关系到我国2021～2035年社会经济建设效果，也具有重要的学术价值。一方面，我国基于国情，长期着力于消除农村绝对贫困，相对贫困问题治理则涉及较少，且城乡统筹的社会保障体系构建仍在探索过程中，需要广泛借鉴国外理论和实践经验，在理论层面实现突破，为我国相对贫困治理实践提供指导；另一方面，乡村发展（rural development）面临的国内外环境更加复杂，其中既有城镇化、工业化、信息化深入推进带来的机遇，也面临乡村人口结构变化、国际贸易摩擦升级、农村多项改革实施等带来的不确定性，乡村发展将处于大变革、大转型的关键时期。在这一背景下，以乡村振兴战略为引领，及时发现当下影响农村改革与农业现代化的重要因素，总结对比乡村治理的模式，探索城乡融合发展的有效路径等研究工作具有重要的科学价值和实践意义。

（三）国际发展态势与我国发展优势

从国际发展态势来看，消除贫困和促进乡村发展是世界各国现代化发展中必须完成的任务，普遍受到高度重视。

在反贫困方面，贫困发生率是联合国"千年发展目标"和"2030年可持续发展议程"中最基础和最受关注的指标之一，反贫困也是各国政府最为重要的工作之一。近四十年来，全球贫困主要发生了四大变化。第一，全球贫困人口数量快速下降。根据世界银行数据，全球生活在绝对贫困线（人均日消费低于1.9美元，按2011年购买力平价指数计算）以下的人口占比从1981年的42.3%降至2016年的9.7%，贫困人口数量从1981年的19.16亿降至2016年的7.17亿（其中，我国贡献了约72.4%）[①]。第二，贫困人口的国别分布越来越集中。2015年低收入国家、中低收入国家、高收入国家的贫困

---

① 贫困人口比例，按每天1.90美元衡量的（2011 PPP）（占人口的百分比）. https://data.worldbank. org.cn/indicator/SI.POV.DDAY[2022-11-20].

率分别为 45.3%、18.5% 和 0.7%，且 85% 以上的贫困人口生活在撒哈拉以南非洲地区和南亚地区，贫困人口越来越向经济增长缓慢的国家集中，极端贫困越来越与当地制度脆弱（institutional fragility）和国内冲突密切相关。第三，极端贫困主要发生在农村地区，农村的贫困发生率为 17.2%，是城市地区（5.3%）的三倍多。农村地区以务农为生的贫困人口占极端贫困人群的 2/3（World Bank，2018）。地区之间发展极不平衡，减贫难度越来越大，减贫速度放缓，要实现绝对贫困发生率降至 3% 的全球减贫目标，仍需付出巨大努力。第四，随着全球城镇化的持续推进，城镇贫困人口占比在上升，虽然城镇化降低了农村的贫困发生率，但对城镇地区减贫作用很小（Ravallion et al.，2007）。

经济增长和再分配政策是减贫的两大杠杆（Page and Pande，2018）。从世界大多数国家的经验来看，由于贫困人口主要分布在农村地区，反贫困实践、乡村发展和城乡结构转型通常紧密相连。

在乡村发展方面，发达经济体和部分发展中国家在经济结构转型和乡村转型方面，形成了一些值得借鉴的乡村发展模式。一些发达经济体和发展中国家同步推进乡村转型和减贫，取得了良好成效。其经验表明，良好的乡村转型并非在乡村内部自我完成的，往往需要与经济结构转型协调融合。欧美国家自 18 世纪初开始进行经济转型，至 19 世纪末期已经实现城乡生产率趋同，在 20 世纪 70 年代基本完成了工业化、城市化及农业现代化（黄季焜，2018）。亚洲的日本和韩国也在 20 世纪 70~80 年代完成了经济转型。OECD国家 2017 年第一产业增加值占 GDP 比重仅为 1.47%，2019 年城市化率达82.36%[①]。在这些国家和地区，反贫困主要是解决城市贫困和相对贫困问题。部分发展中国家（如巴西、智利、乌拉圭、马来西亚、泰国和越南）也都正在经历快速的双重转型（黄季焜，2018）。

发达国家和地区乡村转型的驱动因素主要是后工业化、逆城市化和全球化（胡书玲等，2019）。通过建立健全法治保障体系、完善农业支持保护制度等一系列措施，发达经济体实现了农业的现代化转型和农村发展。例如，欧洲的乡村振兴大概经历了四个阶段：20 世纪 60 年代初出台共同农业政策，建

---

① OECD. https://stats.oecd.org/Index.aspx[2022-08-25].

设共同农业市场，发展现代农业；20 世纪 90 年代至 2006 年关注农村多元问题，提出农村优先发展；2007～2013 年关注改善生产生活环境，提高绿色发展质量；2013 年以后加强了对提高农业竞争力和创新能力、振兴农村经济社会、促进生态环境改善和资源可持续利用方面的支持（芦千文和姜长云，2018）。日本的乡村振兴可分为三个阶段：粮食增产期（1946～1960 年）致力于改善基础设施和提高农业生产水平，高速经济增长期（1961～1975 年）给农业大量补贴和政策支持，稳定增长及新发展期（1976 年至今）最有成效的工作是"一村一品"运动。韩国的乡村振兴开始于 1970 年，大致可分为五个阶段：基础设施阶段致力改善设施和环境，扩张阶段主要增加农民收入来源多样性，丰富和完善阶段主要发展特色农业，国民自发运动阶段把行动主体从政府转为民间，自我发展阶段完全转由民间来组织（王鹏和刘勇，2020）。

发达经济体发展乡村的主要经验是：明确农民始终是农村发展的主体和主要受益者，通过立法和激励政策为农村发展提供制度保障和公共政策支持，高度重视社区建设，重视"从下至上"的参与式发展模式（黄季焜和陈丘，2019）。这些做法为我国乡村振兴提供了可借鉴的经验。

发达经济体在实现经济结构转型后，贫困人口不再集中于农村，均面临相对贫困的治理问题。其主要的减贫政策工具包括各类税收减免和现金转移支付项目，如在发达经济体广泛采用的"劳有多得"（making work pay）退税政策（Laporšek et al., 2019）。2004 年，美国的社会保险和家计调查（means-tested）现金转移支付项目分别使得贫困发生率降低了 38% 和 22%，贫困人口收入与贫困线之间的差距缩小了 48% 和 36%（Scholz et al., 2009）。其中，作为美国最重要的家计调查类现金转移项目，劳动所得税抵免（Earned Income Tax Credit）项目在 2011 年使美国贫困率降低了 17%，是当前美国最有效的反贫困措施之一（Meyer and Derek, 2018）。

在学术研究方面，贫困问题是经济学研究的重要议题之一。在 WoS 和社会科学工作论文网站 SSRN，以 poverty（贫困）为关键词搜索到的学术论文分别有约 12.77 万篇和 1.6 万篇（检索时间：2021 年 2 月 18 日）。在 EBSCO-EconLit 中，2000～2020 年五大经济学期刊上以 poverty 为关键词搜到的论文共有 197 篇（检索时间：2021 年 2 月 18 日）。1998 年以来已有 5 位经济学家因研究贫困问题而获得诺贝尔经济学奖。

对贫困问题的经济学研究可以追溯至以亚当·斯密、大卫·李嘉图、托马斯·马尔萨斯、西斯蒙第为代表的古典经济学时期（周文和郑继承，2020）。马克思基于劳动价值论对古典资本主义的深刻批判揭示了无产阶级贫困问题的社会结构根源因素。进入20世纪40年代，结构主义发展经济学逐渐兴起，欠发达国家和地区的发展问题成为经济学的中心议题之一。在国家和区域层面解释贫困产生原因的重要理论有1974年诺贝尔奖得主冈纳·缪尔达尔的"循环累积因果"理论、罗格纳·纳克斯的"贫困恶性循环"理论、理查德·R.纳尔逊的"低水平均衡陷阱"理论、劳尔·普雷维什的"中心—外围"理论等；在国家层面的发展政策分析，有佩鲁的"增长极"理论、罗斯托的"经济成长阶段"理论、保罗·罗森斯坦·罗丹的"大推进"理论、阿尔伯特·赫希曼的"不平衡增长"理论等。在20世纪80年代，结构主义发展经济学式微（林毅夫，2010），国家和区域层面的贫困问题逐渐退出经济学的中心舞台。进入21世纪后，Hausmann等（2008）提出的增长诊断理论和林毅夫提出的新结构经济学又把发展经济学的焦点重新放在国家和区域层面，研究欠发达国家整体如何走上快速发展的道路。

20世纪40～70年代，一部分发展经济学家着力于国家内部城乡二元经济和城乡结构转型问题，从而把反贫困、乡村发展和经济结构转型三个研究主题紧密结合。张培刚先生在《农业与工业化》中就阐明了农业发展在工业化中的作用，并把农业机械化和现代化也列为工业化的一部分，从而消除农业农村发展与工业化城市化的对立关系。发展经济学家刘易斯和舒尔茨因研究城乡二元经济问题而获得1979年诺贝尔经济学奖。刘易斯模型中的"刘易斯拐点"目前仍然是用来分析城乡二元转型的一个主要分析工具，舒尔茨对农村和农业发展中人力资本投资重要性的发现，也开了后期反贫困研究中关注贫困群体人力资本投资的先河。另外，托达罗模型、拉尼斯－费景汉模型也分别就城乡二元经济提供了更丰富的视角。但发达经济体在20世纪80年代已经基本实现乡村转型，主流经济学中乡村发展和城乡二元经济的研究渐渐淡出，以rural development为关键词，检索出五大经济学期刊在2006～2020年共发表33篇论文。过去30年发达经济体的乡村研究不再着眼于经济结构的转变，而是把乡村当成一个相对独立的经济区域或者实体来看待，研究乡村内部的人口结构、要素结构、基础设施和公共服务、社区建设和基层治理、数字化技术的发展现状和影响等问题（Ryser and Halseth，2010；Salemink et al.，2015）。

20 世纪 80 年代以来，贫困问题的研究视角从结构逐渐转向微观个体。1998 年诺贝尔经济学奖获得者阿玛蒂亚·森（2001）从能力不足和权利剥夺的角度来重新审视贫困概念，将贫困界定从收入的单一维度走向围绕基本生存权利和可行能力的多个维度，促使联合国开发计划署和世界银行重新构造贫困测量指标和贫困人群认定，最终推动了"人类发展指数"（human development index，HDI）指标体系的建立（Dasgupta et al.，2006）。同样是在 20 世纪 80 年代，2015 年诺贝尔经济学奖获得者安格斯·迪顿发展了基于高质量微观数据的实证研究方法，并将其应用到贫困研究中（宋德勇和张瑾，2015）。两者分别在理论和研究方法上奠定了从微观视角开展贫困问题研究的基础。20 世纪 90 年代，反贫困研究中随机对照试验（randomized controlled trial，RCT）研究方法开始兴起，掀起了发展经济学的又一场革命（李树和严茉，2019）。阿卜杜勒·拉蒂夫·贾米尔贫困行动实验室（Abdul Latif Jameel Poverty Action Lab，J-PAL）在全球 95 个国家开展了 1155 个反贫困相关的随机田野实验[①]，发表了大量高水平经济学论文，极大提升了随机田野实验在反贫困研究中的影响力，带动了反贫困随机田野实验的热潮。克雷默、班纳吉和迪弗洛三位长期采用随机田野实验研究方法的经济学家在 2019 年获得诺贝尔经济学奖，进一步巩固了随机田野实验在反贫困研究方法论上的地位，强化了反贫困研究的微观视角和反贫困政策项目评估的重要性。但随机田野方法的大范围推广也引发了激烈的争议，Deaton（2020）对方法优先于实质问题（put method ahead of substance）的研究路径提出了质疑。

精准扶贫和乡村振兴是我国在不同发展阶段确立的重大战略，两者紧密相承，在我国现代化进程中具有里程碑意义，受到国内外社会的广泛关注。

长期以来，我国贫困问题主要集中在农村地区。在改革开放之初，农村贫困发生率高达 95.4%（世界银行 1.9 美元标准）[②]。因此，我国的农村发展与减贫实际上是同时进行的。改革开放四十多年来，我国农村发展取得

[①] Our mission is to reduce poverty by ensuring that policy is informed by scientific evidence. We do this through research, policy outreach, and training. https://www.povertyactionlab.org/[2022-11-20].

[②] International Bank for Reconstruction and Development, Country Partnership Framework for the People's Republic of China for the Period FY 2020-2025, 2019, Nov.11.

重大成效。在农村制度创新、农业技术进步、农产品市场化改革和农业投入增长四大因素的驱动下，我国农村、农业和农民面貌均发生了巨大变化：1978～2018年，农业生产总值和人均产值快速增长，农业生产总值和人均农产品供给年均增速分别达4%和3.5%；农业生产结构不断优化，农民就业更加充分，棉花、油料作物和糖料作物产量增速分别达3.8%、6.4%和5.3%，水果、猪牛羊肉和家禽、水产等高价值农产品产量年均增速分别达11.5%、6%和7%，远高于粮食产量增速2.1%；农村居民食物消费水平提高，食物消费结构得到改善；农业的稳定发展促进农民增收和农村减贫，农村居民人均纯收入年均增速达7.4%（黄季焜，2018）。

在农村发展进程中，中国的减贫成效尤为突出。按世界银行1.9美元（全球贫困线）标准，我国贫困发生率从1981年的88%下降至2015年的0.7%[①]；2020年底，832个国家级贫困县全部摘帽。2020年后，我国贫困问题的属性和贫困群体特征发生了重大变化，贫困表现形态从绝对贫困转化为相对贫困，贫困人群密度分布从集中连片的区域性贫困分布转变为散点分布（叶兴庆和殷浩栋，2019），中低收入的劳动力群体也将逐渐纳入反贫困政策的覆盖范围。

尽管在农村发展和反贫困方面取得巨大成就，中共中央、国务院印发的《乡村振兴战略规划（2018—2022年）》仍清醒指出，"我国人民日益增长的美好生活需要和不平衡不充分的发展之间的矛盾在乡村最为突出，我国仍处于并将长期处于社会主义初级阶段的特征很大程度上表现在乡村"。

至2035年的扶贫与乡村振兴工作必须置于更宏观的时代背景中。当前，我国经济从长达三十多年的高速增长期进入中速增长期，释放资源配置在空间上的结构性潜能，成为当前推动中国经济继续增长的重要驱动力。加快户籍制度和土地制度改革，激活要素流动活力，推动资本、人才、科技、土地、数据等经济要素在城乡之间、产业之间的重新配置，转变政府职能，实现农业产业现代化和城乡融合发展，是我国新阶段实施乡村振兴战略和扶贫的主要途径。

从学术研究角度来看，反贫困和乡村振兴主题受到中国学者的高度关

---

① 世界银行数据库. https://data.worldbank.org.cn[2022-08-25].

注。截至 2021 年 2 月 24 日，2013~2020 年，被 CSSCI 数据库收录的"贫困"主题中文学术论文有 6000 余篇，与 1981~2012 年以"贫困"为"主题词"的论文数量相当。自 2017 年党的十九大报告提出乡村振兴战略以来，截至 2021 年 2 月 24 日，CSSCI 数据库中以"乡村振兴"和"农业现代化"为主题词的中文学术论文已分别达 4160 篇和 659 篇。国家自然科学基金委员会在"十三五"期间，资助了一系列有关反贫困和乡村振兴的重大、重点支持项目，这些都为基于中国经验的反贫困和乡村发展理论创新奠定了知识、技术、数据基础。

中国波澜壮阔的扶贫行动和乡村振兴进程，为我国学者在相应研究领域提供了丰富的研究素材和领先世界的机会。基于主流学术界的研究范式和我国发展背景，对我国反贫困和乡村振兴实践经验进行理论抽象和实证检验，一方面有利于形成一系列新的研究方法、理论框架和政策体系，与国际主流学界对话，从本质上增进国际主流学界对贫困和乡村转型问题的理解；另一方面，研究者有机会综合运用各类研究方法，将理论与政策紧密结合，根据实践进展及时发现和修正研究路径，为政策完善提供有力支持。再加上前期科学资助机构投入的研究资金、学术界已经取得的学术成果积累，这些都是我国扶贫和乡村发展领域学术研究的独特优势。

（四）主要研究方向

1. 中国减贫理论与共同富裕实现路径

根据不同发展阶段实施差异化的扶贫战略，这是中国开发式扶贫的一个显著特点和基本经验。20 世纪 80 年代以来，中国政府分阶段实施中长期减贫规划，在改善贫困地区发展条件、提高贫困人口生活水平方面取得巨大成就。尤其在党的十八大以后，我国采取一系列具有原创性、独特性的重大举措，组织实施了大规模的脱贫攻坚战，到 2020 年已如期实现"现行标准下的农村贫困人口全部脱贫"和"贫困县全部摘帽"的目标任务。当前，我国贫困状况已发生根本性转变，相对贫困取代绝对贫困成为贫困的主要表现形式；随着识别标准提高和城镇化加速推进，贫困人口分布将从以农村地区为主逐步向城市聚集。从世界其他国家（或地区）经验来看，城镇化水平提升必将带来贫困人口生产资料和生计方式的改变，从而影响减贫资源的重点投入领域。

在这一背景下，有必要对中国扶贫实践的历史事实和相关数据进行系统整理，构建科学的资源投入－效益分析框架，探究各类扶贫政策的作用机制，为减贫理论贡献出具有中国特色的原创性成果；同时，还应重点研究城镇化进程中的减贫模式转型，深入把握中国城乡相对贫困的动态变化趋势和特点，探索改善收入分配和完善社会保障制度的途径，为构建更合理的分配格局、促进共同富裕提供坚实的理论支撑。

典型科学问题举例：基于中国扶贫实践的减贫路径理论研究，扶贫方式对减贫成效的影响及机制，扶贫资源投入－产出绩效评价，相对贫困的动态变化趋势和特点规律，城镇化背景下的减贫战略转型，城乡统筹的相对贫困人口识别和帮扶机制，城乡统筹的社会保障体系完善研究，橄榄型分配格局的形成条件和国际经验比较，农村中等收入群体规模扩大的有效路径。

2. 农村改革与农业现代化

由于城乡发展差距和居民生活水平差距较大，我国治理相对贫困的短板和重点仍在乡村。当前，减贫战略和工作体系逐步纳入乡村振兴战略，而2035年基本实现农业农村现代化是乡村振兴战略的重要目标任务。为加快推进这一进程，我国已启动新一轮农村改革，通过调整农村土地制度、农村集体产权制度、户籍制度等，来促进农村要素市场化配置，激发农业农村发展动力。与此同时，我国还鼓励发展多种形式的适度规模经营，培育新型农业经营主体。这些改革措施将改变农村生产要素闲置或低效使用状态，推动农业现代化进程。但必须看到的是，当前土地制度、户籍制度改革实践仍面临一些困境，相关配套机制尚不健全，改革对农业农村发展产生的预期作用需要较长时间才能显现；"大国小农"仍然是我国基本国情，对于如何推动小农户与现代农业发展有机衔接、发展何种形式的适度规模经营等重要问题，还未得到完全解决；加之近年来国际贸易摩擦升级、全球气候变化、自然灾害等因素给我国粮食安全和农业经济平稳、可持续发展带来诸多挑战，我国农业经济发展面临的风险和不确定性有上升趋势。在这样的背景下，亟须分析我国农村改革与农业现代化面临的风险和困境，探究如何通过优化农村资源要素配置，抓住新一轮农业科技革命机遇，实现农业生产模式转型和农业现代化，提高我国农业质量效益和国际竞争力。

典型科学问题举例：农村土地制度改革路径及其影响，要素市场化配置对农村经济转型的影响，农业支持保护制度建设路径，农业适度规模经营的模式比较与评价机制构建，小农户与现代农业发展有机衔接机制，其他国家（地区）农业现代化模式比较及对中国的启示，数字技术发展下的农业现代化路径，中国农业产业革命和农业竞争力提升路径，乡村振兴中的规模经济和资源配置效率。

3. 乡村治理体系和治理能力现代化

治理有效是乡村振兴的重要保障。2019年中共中央办公厅、国务院办公厅印发《关于加强和改进乡村治理的指导意见》，明确到2035年，要基本实现乡村治理体系和治理能力现代化。近年来，我国农村基层组织建设得到加强，干部服务群众的意识和工作能力有所提高，村级议事协商更加规范化，村民参与村庄事务治理的积极性有所提升。但同时，我国乡村治理还有一些短板尚未补足，干部治理能力不足的问题较为突出，治理事务有待进一步规范，公共服务供给水平和有效性有待提高；随着青壮年劳动力的持续流失，乡村治理主体和对象发生变化；信息技术发展对乡村治理形式和透明度提出更高要求，各类利益主体诉求多样化，使乡村治理的难度和复杂性增加。在这一背景下，分析农村社会经济结构变化对乡村治理带来的影响，探究如何调整乡村治理模式，提高公共服务和公共管理水平，健全党组织领导的自治、法治、德治相结合的乡村治理体系，是促进乡村治理体系和治理能力现代化的重要课题。

典型科学问题举例：乡村治理能力现代化的路径，农村社会经济结构变化和乡村治理模式变化规律，乡村公共服务和公共管理水平提升机制，乡村治理人才培育与激励机制，多方主体参与乡村治理的模式，乡村治理评价方法与体系构建，信息技术发展对乡村治理的支撑和影响机制，乡村治理的风险预判。

4. 城乡融合发展

建立城乡融合发展体制机制和政策体系是实现乡村振兴、从根本上缓解相对贫困问题的重要制度保障。《中华人民共和国国民经济和社会发展第十四个五年规划和 2035 年远景目标纲要》指出，显著缩小城乡发展差距，促进城乡融合发展，是我国至 2035 年的一项重要任务。当前，城乡之间在收入、医疗、教育、就业、卫生、基础设施等方面差距仍然明显。在促进城乡融合发展的过程中，我国将完善产权制度和要素市场化配置作为改革重点，力图构建以工促农、以城带乡、工农互惠、城乡一体的工农城乡关系。在这一背景下，研究以人为核心的新型城镇化建设路径，探索城镇化推进过程中城乡关系的重构规律，分析探究如何破除体制机制弊端实现城乡融合发展，促进基本公共服务均等化，缩小城乡发展差距，是至 2035 年值得聚焦的重要课题。

典型科学问题举例： 以人为核心的新型城镇化建设路径，城镇化进程中城乡关系重构的规律，要素分配机制对城乡居民收入和财富差距的影响，城乡融合发展中要素市场化配置的体制机制，城乡基本公共服务普惠共享的体制机制，城乡融合发展中的县级资源整合机制。

四、区域协调与可持续发展

（一）基本概念与科学意义

区域社会经济协调发展是 20 世纪末以来我国为解决区域经济结构不平衡、地域之间社会文化发展差异问题提出的新理念。区域协调发展的内涵包括：地区间人均生产总值差距保持在适度的范围；各地区人民能享受到均等化的基本公共服务；各地区比较优势的发挥能够促进区域间优势互补、互利互惠；各地区人与自然的关系处于协调和谐状态。实施"可持续发展战略"是世界各国的发展共识。可持续发展理念的核心是经济发展、资源保护和生态环境保护协调统一，其内涵包括如下几点。①可持续性，即人类的经济和社会发展不能超越资源与环境的承载能力。②公平性，一是代内公平，要给不同区域以公平的分配和公平的发展权；二是代际公平，当代人不能因为自己的发展与需求而损害后代人公平利用自然资源的权利。③共同性，即各区域可单独制定不同的可持续发展目标、政策和实施步骤，但可持续发展的思想和总体目标应该在区域间达成共识，各方必须积极参与、联合行动。区域协调与可持续发展的基本科学问题就是探索推动地区经济高质量发展与生态环境保护处于协调和谐状态的基本路径与制度安排。

在高质量发展与生态文明建设背景下，推动形成优势互补、高质量发展区域经济布局的关键在于协调经济发展与生态环境保护间的关系，而这取决于区域政策体系和区域协调机制的完备性及健全性。区域协调与可持续发展将从传统的经济视角拓展到经济、社会、环境等多维视角，建立和完善统筹有力、竞争有序、绿色协调、共享共赢、永续发展的区域协调与可持续发展新政策体系和新机制，改变传统研究视角的局限性，甚至系统性地突破传统研究理论与方法的局限性，进而推进区域科学的前沿。

（二）相应的国家战略需求

区域协调发展是当今我国重大战略之一。该战略最早提出于党的十六届三中全会，是"五个统筹"之一。党的十八大以来，中共中央高瞻远瞩、揆情审势，提出了包括京津冀协同发展、长江经济带发展、粤港澳大湾区建设、长三角一体化发展等在内的一系列区域发展战略，也不断完善着对区域协调发展战略的规划。比如，在十九大报告中，习近平总书记对实施区域协调发展战略做出了具体部署，"加大力度支持革命老区、民族地区、边疆地区、贫困地区加快发展，强化举措推进西部大开发形成新格局，深化改革加快东北等老工业基地振兴，发挥优势推动中部地区崛起，创新引领率先实现东部地区优化发展，建立更加有效的区域协调发展新机制。以城市群为主体构建大中小城市和小城镇协调发展的城镇格局，加快农业转移人口市民化……"（习近平，2017）。在2017年底的中央经济工作会议中，习近平总书记明确区域协调发展的三大目标："要实现基本公共服务均等化，基础设施通达程度比较均衡，人民生活水平大体相当。"（人民日报，2017）2019年底，面对新的区域发展形势，习近平总书记在《求是》杂志撰文，对区域协调发展提出了新的要求，"不能简单要求各地区在经济发展上达到同一水平，而是要根据各地区的条件，走合理分工、优化发展的路子。要形成几个能够带动全国高质量发展的新动力源，特别是京津冀、长三角、珠三角三大地区，以及一些重要城市群。不平衡是普遍的，要在发展中促进相对平衡"（习近平，2019）。优化区域发展格局、加快落实区域发展战略也被2019年和2020年的政府工作报告列为主要工作任务。2020年7月30日召开的中共中央政治局会议也提到，要以新型城镇化带动投资和消费需求，推动城市群、都市圈一体化发展体制机制创新。《中华人民共和国国民经济和社会发展第十四个五年规划和 2035 年远景目标纲要》指出，"完善新型城镇化战略 提升城镇化发展质量。深入实施区域重大战略、区域协调发展战略、主体功能区战略，健全区域协调发展体制机制，构建高质量发展的区域经济布局和国土空间支撑体系"。2021 年 2 月 19 日，习近平总书记主持召开中央全面深化改革委员会第十八次会议，会议上强调，要"健全区域协调发展体制机制、城乡融合发展体制机制"，"加快优质医疗资源扩容和区域均衡布局"（人民日报，2021a）。2021 年 3 月 5 日，国务院总理李克强在政府工作报告中提到优化区域经济布局，促进区域协调发展，指出要"深入实施区域重大战略、区域协调发展战略、主体功能区战略，构建高质量发展的区域经济布局和国土空间支撑体系"（李克强，2021a）。2021 年 4 月 8 日，习近平总书记对深化东西部协作和定点帮扶工作作出重要指示，强调"开展东西部协作和定点帮扶，是党中央着眼推动区域协调发展、促进共同富裕作出的重大决策"（人民日报，2021b）。2021 年 10 月 16 日，习近平总书记在《求是》杂志撰文指出，十八大以来，"党中央把握发展阶段新变化，把逐步实现全体人民共同富裕摆在更加重要的位置上，推动区域协调发展，采取有力措施保障和改善民生，打赢脱贫攻坚战，全面建成小康社会，为促进共同富裕创造了良好条件"（习近平，2021a）。2021 年 11 月 11 日，中国共产党第十九届中央委员会第六次全体会议通过《中共中央关于党的百年奋斗重大成就和历史经验的决议》，强调党实施区域协调发展战略。

我国幅员辽阔，人口众多，而自然资源要素禀赋在各个地区之间的分布极不均衡，因此，实现区域协调发展事关构建以国内大循环为主体、国内国际双循环相互促进的新发展格局，实现全体人民共同富裕的宏伟目标，是党和国家高度关注的问题。然而在现阶段，统筹区域发展依然存在诸多问题，面临巨大考验，如"区域经济发展分化态势明显""发展动力极化现象日益突出""部分区域发展面临较大困难"。因此，如何归纳各个地区的发展特点、挖掘各个地区的发展潜力、创新区域发展理论、健全区域协调发展机制，具有重要的研究价值与实践意义。

（三）国际发展态势与我国发展优势

区域协调与可持续发展是应对全球发展不均衡、不充分挑战的关键。联合国可持续发展目标由17项目标、169项具体目标以及232项指标构成，阐释了全球聚焦区域协调与可持续发展共同努力方向。《2021年联合国可持续发展目标》指出，在新冠疫情冲击下，国际社会在减少贫困、改进母婴健康、推进性别平等、实现区域协调方面取得了一定进展，但是进展速度不够快，并且在一些真正变革性的领域，比如减少不平等、降低碳排放以及应对饥饿等方面，进展出现了停滞甚至扭转的局面，区域协调与可持续发展面临着前所未有的挑战。从各国发展历程及经验来看，区域失衡是"常态"，是经济发展中必然会出现的。欧盟多项措施聚焦破解区域失衡问题，欧盟"2020发展战略"着力智慧型、可持续和包容性的增长方式，采用多层次要素治理、高效利用等方式实现区域协调。《欧盟长期预算（2021—2027）和下一代欧洲报告》聚焦碳中和目标，提出了环保、无碳欧洲计划，指出将依托跨境机制来破解区域失衡的难题。据此，欧盟的区域协调与可持续发展主要采用共享、绿色和以人为本的方式。美国的区域协调与可持续发展实现了从孤城独塔式向多中心协作模式的转变，美国波士顿－纽约－华盛顿（波士华）等区域通过构筑由点线面扩展的城市拓展业态，形成了紧密的多功能网络，加速了区域空间协调发展。美国圣何塞、萨克拉门托等新增长极的出现，破解了城市发展过程中的人口过于集聚、产业过密带来的区域发展失衡问题，实现要素、信息自由流动。据此，美国的区域协调与可持续发展遵循"多点极化""群体共进""新极化"等典型特征。从全球来看，区域协调与可持续发展议题涉及经济－社会－生态系统多维度的交互作用，其包含的议题复杂，机理非线性，实现过程中离不开资源环境系统的支撑，避不开区域协调发展的治理与冲突解决机制。

资源环境可持续是区域协调与可持续发展的必然要求。实现资源环境可持续发展，"权衡""效率"既是关键砝码，又是调控手段。欧美发达国家通过实现资源要素之间有效权衡，推进了大中小城市的协同发展，避免了城市的功能定位不清、区位划分不全等难题。以荷兰为例，时至今日，其仍然遵循着17世纪的发展风格，体现了可持续发展最根本的核心。在德国的中小城市，基础设施均等化的实现是保障要素自由流动的重要前提。拉丁美洲国家在发展过程中无法实现权衡，城市发展严重超过了资源环境承载能力，从而出现社会发展极不平衡、城乡割裂等发展难题。乡村衰退同样是各国区域协调与可持续发展的重大挑战，美国、欧盟、日本、韩国等发达国家和组织均受到了乡村人口减少、空心化及农村治理等难题的困扰，在实现区域协调发展过程中主要采用了乡村复兴运动、乡村要素保障等多样化政策支撑体系，促进资源环境之间的权衡以及要素使用效率的提升，扩大了基础设施供给能力，实现了区域协调与可持续发展。

新冠疫情发生后，世界百年未有之大变局加速变化，全球供应链呈现不稳定的发展态势，共同富裕作为我国社会主义的本质要求，紧紧围绕解决发展不平衡不充分的问题，以全体人民共享劳动发展成果、公平地共享发展成果为主要思路。党的十九届五中全会提出了到 2035 年"全体人民共同富裕取得更为明显的实质性进展"的目标，绘就了中国特色社会主义的宏伟蓝图。在新的发展阶段，我国社会主要矛盾是人民日益增长的美好生活需要和不平衡不充分的发展之间的矛盾，将区域协调与可持续发展作为发展的关键十分重要。习近平总书记在全国政协十三届三次会议经济界委员联组会上列举了一系列不利局面，如世界经济深度衰退、国际贸易和投资大幅萎缩、国际金融市场动荡、国际交往受限、经济全球化遭遇逆流、一些国家保护主义和单边主义盛行、地缘政治风险上升等（人民日报，2020f）。国际大循环动能明显减弱，国内大循环活力日益强劲，在双循环的过程中，供应链和产业链本土化趋势将逐渐显现，中国制造业从沿海地区按照梯度往西北地区延伸，在全国形成更均衡的分布①。在多极化发展中，发挥中国在破解区域协调与可持续发展方面的优势，形成区域协调与可持续发展可复制、可借鉴的方案。

我国在破解区域协调与可持续发展问题方面具有较为丰富的经验。一方面，我国能够发挥制度保障方面的优势，发挥社会主义制度集中力量办大事的制度优越性，我国在公共产品供给和公共资源调配方面具有强大的规划能

---

① 深读｜曹德旺对话余永定（五）：如何构建国内为主的大循环？ https://baijiahao.baidu.com/s?id=1674873772353823891&wfr=spider&for=pc[2022-08-25].

力。另一方面，区域协调发展的推进模式是基于中国特有的政治经济体制发展而来的，有其制度创新性。改革开放以来，我国深入实施西部大开发、东北振兴、中部崛起、东部率先的区域发展总体战略，已经探索出了多项成功方案。党的十八大以来，以习近平同志为核心的党中央提出了京津冀协同发展、长江经济带发展、粤港澳大湾区建设、长三角一体化发展等重大区域发展战略与"一带一路"倡议。党的十九大对区域协调发展做出了新的战略部署，明确提出实施区域协调发展战略，建立更加有效的区域协调发展新机制。党的十九届六中全会总结和强调了促进京津冀协同发展、长江经济带发展、粤港澳大湾区建设、长三角一体化发展、黄河流域生态保护和高质量发展、高标准高质量建设雄安新区，推动西部大开发形成新格局，推动东北振兴取得新突破，推动中部地区高质量发展，鼓励东部地区加快推进现代化，支持革命老区、民族地区、边疆地区改善生产生活条件。

我国在实现区域协调与可持续发展方面仍然面临着一些挑战。2020 年，我国取得了 GDP 达 101.6 万亿元、人均 GDP 连续两年超过 1 万美元的巨大成就，成为推动全球经济复苏的重要力量。然而，区域协调与可持续发展面临的差距仍然显著，2021 年中国城市高质量发展榜单涉及的 50 个城市中，南方以占据榜单 39 席的成绩全面领先北方城市，东部地区以 32 个城市上榜的绝对优势领先于其他地区，东北地区中 75% 的城市位于 200 名之后，南北差距已经逐步取代了东西差距，成为我国主要的地区差距。绿色发展方面差距更是显著，该榜单分项统计绿色发展前十位的城市中，北方仅仅只有北京占据一席，其他为上海、广州、深圳、杭州、长沙、东莞、南京、重庆和南京，区域失衡问题极为严峻。

我国区域协调与可持续发展的实现需要多学科交叉、多过程耦合、多要素模拟。多学科交叉需要融合管理学、经济学、地理学、生态学等相关学科，集成多学科交叉知识、技术，提出区域协调与可持续发展的研究框架；多过程耦合要精准判别区域社会经济系统与资源环境系统之间的复杂关联性，将动态、递归的理念嵌入分析过程中，厘清资源利用系统效率提升核心指标；多要素模拟是将产业 – 要素 – 空间布局嵌入社会经济变革的布局之中，坚持需求导向和问题导向，辨识区域协同创新的路径与机制。

从学术研究方面看，2015 年至 2020 年 5 月，在 *Nature*、*Science* 和《美

国科学院院报》(*Proceedings of the National Academy of Sciences of the United States of America*,PNAS)等期刊上发表的与区域协同与"可持续发展"相关的论文达到 1000 余篇;以可持续城镇化与乡村振兴为主题的研究也逐渐成为学术研究热点。2015 年至 2020 年 5 月,在 *Nature*、*Science* 和 PNAS 等期刊上发表的与"可持续城镇化"相关的论文达到几十篇;据不完全统计,在 *Management Science*、*Review of Financial Studies* 和 *Public Administration Review* 等经济与管理类国际代表性期刊上已发表"可持续城镇化"相关论文近 80 篇, 在 *American Economic Review*、*Econometrica*、*Journal of Political Economy*、*Quarterly Journal of Economics*、*Review of Economic Studies* 和《农村研究杂志》(*Journal of Rural Studies*)等国际代表性期刊上已发表"乡村振兴"相关论文 20 余篇;在 Google Scholar 以 urbanization 和 rural revitalization 为关键词,检索 2015 年至 2020 年 5 月的学术论文,分别有 120 000 篇和 17 400 篇。其中,*Nature* 在 2017 年发表了一篇文章——《振兴世界农村》("Revitalize the World'S Countryside"),这是目前在国际代表性期刊上刊发的影响力较大的讨论全球城市化进程中如何推动乡村振兴的学术论文。①

区域协调发展领域相关研究得到了中国学者的高度重视。从"百度学术"上分别用论文标题中包含"区域协调发展"的搜索策略来搜索,2015 年至 2021 年 11 月,公开发表的学术论文达 11 500 篇,其中北大大核心期刊 1843 篇、中国科技核心期刊 1426 篇、CSCD 和 CSSCI 数据库收录的中文论文 1098 篇;用 WoS 进行查询,以 regional development 为主题的检索策略发现,中国(不含港澳台数据)学术机构发表的国际学术论文,在 2015~2020 年有 20 630 篇。近年来,城镇化与乡村振兴相关研究也得到中国学者的高度重视。同样从"百度学术"上分别用论文标题中包含"城镇化""乡村振兴"的搜索策略来搜索,2015 年至 2021 年 11 月,仅仅被 CSCD 和 CSSCI 数据库收录的公开发表中文学术论文分别达 8359 篇和 1530 篇;用 WoS 进行查询,以 urbanization、rural revitalization 为主题的检索发现,中国(不含港澳台数据)学术机构发表的国际学术论文,在 2015~2020 年分别有 15 977 和 831 篇②。

---

① 数据库检索信息(检索时间:2020 年 5 月 20 日)。
② 数据库检索信息(检索时间:2021 年 11 月 20 日)。

同时，在此期间国际国内召开的主流学术会议也相当程度地以"区域协调发展""城镇化""乡村振兴""农村发展"作为大会主题/会议名称，如2017年第九届中国农业经济评论－国际食物政策研究所国际学术年会（2017 9th CAER-IFPRI Annual Conference）；2018年6月的新时代区域协调与高质量发展学术研讨会[①]；2019年3月的国际可持续城镇化与再生学术联盟会议（李晨，2019）；2019年5月的主题为"新型城镇化进程中的城市管理与决策方法"的中国工程科技论坛[②]；2019年11月，中国区域经济学会年会暨"区域协调发展新征程、新战略、新机制"学术研讨会[③]（陈萌等，2019）；2020年10月，中国区域科学协会年会的主题为"区域承载美好生活——迈向高质量发展的新空间格局"（中国区域科学协会，2019）；2021年10月，中国区域经济高峰论坛暨"十四五"时期深入实施区域协调发展战略研讨会（中国区域经济学会和安徽大学长三角一体化发展研究院，2021）；2021年10月，主题为"区域协调发展与推进共同富裕"的国家区域协调发展战略论坛（浙大新闻办，2021）；2021年11月，中国社会科学出版社在北京召开的《中国区域协调发展指数报告（2020）》发布会（苏兰，2021）。

区域协调与可持续发展为碳达峰、碳中和以及经济高质量发展提供了强大的推力。碳达峰、碳中和对我国来说，更重要的是发展机遇，区域协调与可持续发展将在产业承接、资源环境约束、要素空间错配等方面予以突破，为碳达峰、碳中和目标的实现提供科技支持。此外，区域协调与可持续发展为扎实推动共同富裕、实现更加充分更高质量的发展提供了解决方案，在公共资源和服务配置优化以及协同创新机理和路径方面为我国高质量发展提供决策支持。

（四）主要研究方向

1. 区域社会经济－资源环境韧性系统的演进与发展

区域社会经济－资源环境韧性系统是一个动态循环系统，指区域的社会

---

① 新时代区域协调与高质量发展学术研讨会举办. http://www.nkear.com/news/201807/201807031638176.htm[2022-08-25].

② 我校承办中国工程科技论坛 探讨新型城镇化进程中的城市管理与决策方法. http://jxs.hutb.edu.cn/article/show_article.php?id=278[2022-08-25].

③ 2019年中国区域经济学会年会暨"区域协调发展新征程、新战略、新机制"学术研讨会在重庆召开. https://www.sohu.com/a/355852105_768977[2022-08-25].

经济系统和资源环境系统在遭受外界冲击以后能够迅速恢复到原来状态，并且两个系统之间存在良好的互动，可以在危机下相互支持，提高彼此的抵抗力、恢复力和适应力，以此提高区域整体防范化解重大风险的能力。资源环境是人类赖以生存、发展的基础，社会经济的高速发展易引发环境恶化或资源枯竭，资源环境反过来又常常约束社会经济的发展。要实现社会经济－资源环境的协同发展以及其韧性系统的构建，就要研究如何面对风险冲击下区域社会经济系统与资源环境系统之间错综复杂的关联关系，为社会经济和生态环境高质量发展的科学管理提供理论支持。

典型科学问题举例：区域社会经济－资源环境韧性系统的内在机理，区域社会经济－资源环境韧性系统评估及其安全阈值的甄别方法，区域社会经济系统与资源环境系统交互胁迫机理，区域社会经济－资源环境韧性系统的风险诊断方法，资源环境和区域社会经济发展系统耦合互作机理，跨区域社会经济系统与资源环境系统风险传递机制，区域社会经济－资源环境韧性系统优化与管理机制等。

2. 区域绿色发展与协调创新发展机制

绿色发展是破解区域经济发展与环境保护矛盾、实现区域高质量发展的重要内容和实现途径，也是世界各国追求的主要发展目标之一。新型城镇化建设要坚持以创新、协调、绿色、开放、共享的新发展理念为引领，以人的城镇化为核心，以提高质量为关键。因此，新型城镇化背景下的区域绿色发展不仅需要改善生态环境和提高生态管理效率，还需要推进区域协调创新管理。区域协调创新，是一种高效的创新，是以技术创新等单方面创新带动整个区域的综合创新。区域协调创新主要表现在目标驱动、要素聚合、组织机制强化、优势互补等方面，其本质是为实现创新增值而开展的一种跨界整合，在创新过程中追求更高的经济和社会效益。随着经济社会发展的变迁，区域协调创新管理的实现机制也在发生转变，由过去主要依靠政府统筹向多元主体共同治理转型，各类非政府主体的作用日趋重要。近年来，中国区域发展的协调性不断增强，但区域绿色发展不平衡问题依然比较突出，各种形式的区域冲突不断涌现，甚至出现区域恶性竞争现象，新冠疫情冲击让这种结构性、体制性矛盾更加凸显。有效解决这些问题，需要树立区域协调创新的治理思维，打通区域发展循环的梗阻。因此，构建和完善区域绿色发展的协同创新长效机制，是未来需要重点研究的方向之一。

典型科学问题举例： 区域绿色发展的表现形式、发展方式的绿色转型、类型划分和形成机理；区域协调创新发展的评判标准和治理模式，尤其是构建协同创新利益协调机制、内生动力机制和双向协同机制；区域协调创新发展的治理能力评价与现代化实现路径；新时代城市群和都市圈的产业协同创新发展、分工布局及转型升级；区域绿色发展冲突的多主体解决与利益协调机制，包括政府、企业、高校、科研机构等多主体；等等。

3. 产业－人口－资源的空间多维协同发展规律

当前，我国人口、资源与产业分布空间失衡特征明显，并且很难在短期内改变。区域协调发展的外在表现形式是在要素、产业和空间等多维度的自由流动和有效配置。当前全球新冠病毒感染仍未停止，国际上重构全球产业链的趋势越来越明显，国际经济循环面临冲击，产业在疫情之后的重启需要时间，我国面临与全球产业链脱钩、断层的风险。在此大背景下，我国的产业空间布局势必要进一步调整，因此，测度区域产业－人口－资源的协同性，比较分析区域间社会、经济产业异质性，探索产业－人口－资源的空间多维协同发展规律，是未来需要重点研究的方向之一。现有研究表明，全球经济一体化、信息化、产业集聚与扩散、产业分工、区域网络化组织发展、政府宏观调控等都影响区域与城市群协同发展的速度和程度。但区域与城市群协同发展治理是包含资源要素优化配置、产业分工合作、公共设施共建共享和生态环境协同治理等多因素的系统性动态综合过程。协同发展背后，各因素相互作用、相互影响，其影响机理繁杂。未来有必要更加深入地探明城市群协同演化发展的复杂机理，为后续针对性地参与区域与城市群协同发展治理提供关键抓手。

典型科学问题举例： 产业集群的形成和演化原理，资源市场配置对产业发展和空间布局的影响，产业发展和空间布局对人口集聚的作用机制，人力资本与产业链升级，产业链、供应链的空间动态优化和渐次完善机制，产业链金融风险智能防控，等等。

五、经济高质量发展规律

（一）基本概念与科学意义

新中国成立 70 多年以来，特别是改革开放 40 多年来，中国经济发展取得了举世瞩目的伟大成就，从一个贫穷落后的国家跃升为世界第二大经济体，创造了前所未有的"中国奇迹"。随着中国经济的高速发展，世界经济重心也在逐渐转移。2020 年，我国国内生产总值突破 100 万亿元，占世界经济的比重超过 17%[①]，绝对贫困问题得到历史性解决。这些事实表明，中国在现代化道路上的探索为人类发展提供了新的模式，也为重大原创性经济理论突破提供了难得的历史性机遇。目前，中国经济已经从高速增长阶段转向高质量发展阶段，迫切需要从研究中国经济发展规律和理论出发，将中国经济问题研究上升到一般学科规律理论，服务未来经济高质量发展的需求；迫切需要从创新理论范畴和研究范式出发，提炼一套可实证、可拓展、可推广的科学理论体系，丰富现代经济学知识体系；迫切需要从完善社会主义市场经济理论体系出发，构建原创性、可借鉴的中国特色社会主义经济理论，为全球经济发展贡献中国智慧和中国经验（洪永淼和薛涧坡，2021）。

中国经济发展规律具有一般性与特殊性的双重特征（洪永淼，2020）。一方面，对任何科学问题的解析和经济规律的凝练都具有代表性和一般性特征。从现实问题中抽象出的规律和理论，其适用性不会仅仅局限于某个国家的具体国情，或者某个具体时代。另一方面，不同国家的发展道路会受到抽象理论模型中一般性原理的制约，是一般规律在经济实践中的具体表现。这就要求在运用一般规律指导中国经济实践时要重视实际问题的特殊性，需要在完整准确把握经济理论内核的基础上，具体分析当代中国的特殊国情和现实问题。经济发展规律的一般性和中国经济建设实践的特殊性是辩证统一的一个整体。我们需要坚持运用科学分析方法对中国经济问题中体现的一般规律进行提炼、总结、归纳，使其成为当代经济学理论体系的一部分，使中国模式成为具有深厚学理基础、能够供广大发展中国家参考和复制的经济发展模式，

[①]　国家统计局局长就 2020 年全年国民经济运行情况答记者问．https://mp.weixin.qq.com/s?__biz=MjM5Njg5MjAwMg==&mid=2651361172&idx=1&sn=ccadebf8c66c752f4f3c19478a3869a0&scene=0[2022-11-20].

这对完善中国特色社会主义经济理论体系、丰富市场经济理论内容、超越西方现代经济学研究范畴、推动人类社会科学前沿理论研究具有重大的科学意义。

（二）相应的国家战略需求

时代潮流和重大社会经济问题交互影响，对经济科学的发展提出了重大挑战，也提供了丰富且重要的时代命题。习近平总书记指出，"时代课题是理论创新的驱动力"，"我们要运用马克思主义政治经济学的方法论，深化对我国经济发展规律的认识，提高领导我国经济发展能力和水平"（习近平，2021b）。党的十八大以来，中国特色社会主义进入了新时代。面对复杂多变的国内外形势，国家战略需求随之不断做出调整和适应，逐步形成相对完备的政策判断和政策表述。例如，从做出经济增长速度换挡期、结构调整阵痛期、前期刺激政策消化期"三期叠加"的重要判断，到明确"经济发展新常态"的科学判断；从针对政府职能转变、市场秩序规范持续发力，到明确要让市场在资源配置中起决定性作用；从提出去产能、去库存、去杠杆、降成本、补短板的"三去一降一补"五大任务，到明确坚持以供给侧结构性改革为主线不动摇；从着眼于民生领域短板久久为功，到明确我国社会主要矛盾已经转化为人民日益增长的美好生活需要和不平衡不充分的发展之间的矛盾；等等。随着经济社会的不断发展，时代命题的不断变化，我们在实践中不断加深对中国经济发展规律的认识，逐步形成了适应由高速增长阶段转向高质量发展阶段的新框架，不断总结适应经济高质量发展的新规律。

在经济高质量发展阶段，在过往红利逐步消退、资源禀赋结构发生变化的情况下，面对从"数量追赶"转向"质量追赶"的挑战，从"规模扩张"转向"结构升级"的压力，从"要素驱动"转向"创新驱动"的机遇，从"分配失衡"转向"共同富裕"的要求，从"高碳增长"转向"绿色发展"的需要，关键在于依托高屋建瓴的顶层设计，进一步全面深化改革（王一鸣，2020）。《中华人民共和国国民经济和社会发展第十四个五年规划和2035年远景目标纲要》中提出了在经济建设、政治建设、文化建设、社会建设、生态文明建设等方面的总体布局，确定创新、协调、绿色、开放、共享的新发展理念，明确"经济发展取得新成效""改革开放迈出新步伐""社会文明程度得到新提高""生态文明建设实现新进步""民生福祉达到新水平""国家治理效能得到新提升"的主要目标。

"十四五"时期是我国全面建成小康社会、实现第一个百年奋斗目标之后，开启全面建设社会主义现代化国家新征程、向第二个百年奋斗目标进军的第一个五年。我们亟须全面总结过去经济建设和发展中的经验与教训，弄清楚中国经济获得巨大发展、不断前进的内在动力和发展逻辑；亟须以更广阔的视野和更高的站位全面认识高质量经济发展的要求，弄清楚满足国家重大战略需求的经济机制和政策设计。这要求我们从具体经验事实出发，把中国经济问题的研究上升到学科理论，强调基础性研究工作，鼓励原创性研究。我们需要重视对中国经济基础数据的搜集和典型事实的梳理，重视对科学问题的解析，重视对规范分析方法的使用，重视对一般经济规律的总结。

（三）国际发展态势与我国发展优势

随着中国经济改革向纵深发展，中国经济发展面临着来自国际多方面的重大挑战。伴随世界经济增长的放缓和风险点的增多，国际分工合作的格局正在进行深刻的调整与变化，逆全球化和贸易保护主义的势头不断加强。国家与国家之间，特别是大国之间的关系逐渐从合作共赢模式向竞争对峙状态发展，世界经济政治局势中的不确定性显著增加。由于我国企业制造的许多产品处于国际价值链低端，核心技术和关键技术较为匮乏，在经济全球化退潮和全球产业链供应链变局冲击下，面临深层次挑战和巨大转型压力。2020年以来，受全球新冠疫情的冲击，世界经济出现严重衰退，产业链供应链循环受阻，国际贸易和国际投资活动大幅萎缩，中国国内消费、投资、出口有所下滑，中小企业和民营企业的生产经营活动受到影响，就业压力显著增加，金融和财政领域的风险也有所上升。在习近平总书记亲自指挥下，中国快速建立了与疫情防控相适应的经济社会运行秩序，通过制定明确的疫情分区分级标准，有序推动复工复产工作，使人流、物流、资金流实现有效流转，在短时间内控制住了疫情。在疫情防控进入常态化的情况下，我国依托于改革开放以来积累的物质技术基础和独一无二的庞大内部市场，形成了以国内大循环为主体、国内国际双循环相互促进的新格局，反映出中国经济的强大韧性和巨大发展潜力，充分彰显了我国社会主义制度的优越性。

2017 年，党的十九大首次正式提出，"我国经济已经由高速增长阶段转向高质量发展阶段"，"我们要激发全社会创造力和发展活力，努力实现更高质量、更有效率、更加公平、更可持续的发展"。"十四五"规划多次出现"高质量发展"这一名词，不仅明确指出，"十四五"时期经济社会发展的指导思想中要"以推动高质量发展为主题"，还在创新能力、产业发展、对外开放、环境治理、教育民生等多方面提出了高质量发展的指导原则。"十四五"规划在至少 13 个方面提出了经济社会发展的重大需求，包括：坚持创新驱动发展；加快发展现代产业体系与现代化产业链；构建国内国际双循环相互促进的新发展格局；加快数字化发展与数字中国；构建高水平社会主义市场经济体制；促进农村农业优先发展与乡村振兴；提升城镇化发展质量；优化区域经济布局促进区域协调发展；推动绿色经济发展；提升高水平对外开放；促进人的全面发展；提升共建共治共享水平；统筹发展与安全的关系。这 13 方面的重大需求紧紧围绕"经济高质量发展"的主题，涉及宏观、微观、开放、金融、财政、产业、发展、制度、农林、区域、人口、劳动、健康、资源环境等经济科学研究领域，构成经济发展中长期趋势和重大实践问题的来源。伴随着经济由高速发展转向高质量发展的进程，在社会主要矛盾发生转变的情况下，我国经济社会发展呈现出一系列不同于以往的深刻变化。在深刻认识经济发展新常态的基础上，形成了"创新、协调、绿色、开放、共享"五大新发展理念，为新时代的经济高质量发展提供了有效指导。

国内外经济形势的变化和国内经济事业的发展给中国经济学家提出了重大时代课题，呼唤深层次的理论创新。习近平指出："理论思维的起点决定着理论创新的结果。理论创新只能从问题开始。从某种意义上说，理论创新的过程就是发现问题、筛选问题、研究问题、解决问题的过程。"（习近平，2016）在过去 40 多年里，中国经济的学术发展坚持问题导向，将理论探索深深根植于改革开放和社会主义现代化建设的伟大实践中。在经济活动的实践方面，农村土地联产承包责任制、经济特区和沿海开放城市、渐进式改革路径选择、国企改革与私营经济发展、政府和市场"双引擎"，都是中国经济发展过程中的独特现象，具有实践的成效和理论创新的亮点。围绕上述实践，中国的经济学者在多方面进行了有益的探索，推动经济学理论不断发展创新。有关经济增长的主题一直是中国经济研究的焦点问题之一，学者们围绕中国经济增长奇迹产生的原因，在凝练一般规律上做出了很大努力。中国经济学者从政府分权角度解释中国经济增长奇迹（张军，2007；周黎安，2007；贺大兴和姚洋，2011），从经济史的视野描述中国经济增长模式（蔡昉，2013），从国有企业和非国有企业微观差异的角度解释经济增长（Song et al.，2011），从测算全要素生产率寻找经济增长的源泉（Chow，1993；Young，2003；徐瑛等，2006；程名望等，2019）等。此外，也有不少国内学者在发展理念和现代化经济体系内涵（高培勇等，2019；刘伟，2017；冯柏等，2018）、财政与政府作用（邓子基，1999；郭庆旺和贾俊雪，2010；高培勇，2014，2018a；吕炜等，2019）、农村经济发展（黄少安，2018）、宏观经济调控工具（张勇等，2014；高培勇，2018b）等方面提出重要论断、做出重大理论创新。站在新的历史起点上，我们必须从高质量经济发展这一全新视野出发，深化对中国经济发展规律的认识。这是一个有生命力的领域、有时代意义的课题（洪永淼和汪寿阳，2020）。

但是，从目前的研究成果来看，有关中国经济的研究存在许多亟待提高的地方。第一，不少研究侧重于定性分析，以文字描述为主，缺乏定量分析，尚未建立起科学分析框架和系统理论体系，需要强化科学方法的开发和运用。第二，目前还缺乏对以数据为基础的典型事实整理和总结，对一些重大问题缺乏共识，特别是在中国宏观经济学、发展经济学等领域，有大量崭新的课题有待进一步研究和讨论。第三，中国（不含港澳台）学者发表的聚焦中国问题、推广中国经验并产生重大国际学术影响力的理论成果依然较少。根据统计，2010~2019年，在五大经济学期刊中发表的中国问题论文共有52篇，其中以中国（不含港澳台）机构作为署名单位的论文仅有13篇，合作模式均采用中国（不含港澳台）加海外机构的形式，由中国（不含港澳台）学者独立发表或者中国（不含港澳台）机构之间合作发表的论文数量为0（洪永淼等，2021）。因此，有关中国经济的研究需要强化在核心问题提炼、科学方法运用和研究成果推广等方面的工作，需要推动经济学与自然科学、人文社会科学的跨学科交叉融合，需要推动经济学理论研究成果与中国改革实践的融合，需要推动中国经济发展规律研究与世界当代经济学理论体系的融合，构建具有原创性、可借鉴的中国特色社会主义经济理论，为中国经济建设与经济全球化实践提供理论指导，提升中国经济学的国际学术影响力。

（四）主要研究方向

紧紧围绕"高质量经济发展"这一主题，从数据科学、创新、协调、绿色、开放、共享六个方向提炼科学问题，总结一般规律，其中涵盖六个方面的主要内容，包括：经济基本事实和数据、创新驱动增长模式、协调政策与国家治理体系、环境友好的绿色发展体系、经济开放政策、分配和共同富裕领域等，涉及 21 世纪面向 2035 年远景目标下中国经济发展的主要方面和热点问题。

1. 中国经济发展历史事实和数据的系统性梳理和总结

改革开放 40 多年来，中国不仅创造了人类经济发展史上的新奇迹，也为研究如何推动经济发展提供了前所未有的历史事实和数据。系统性梳理中国经济发展历史事实和数据，包括各个地区和行业的不同发展轨迹、政府部门推动的各类经济政策、企业和个人做出的微观决策等多个方面，是深入研究中国经济奇迹、深刻理解"四个自信"的基本前提。丰富的统计与行政数据、各项经济社会调查与过去几年涌现的企业与个人大数据都是历史事实和数据的重要来源。对重点经济领域的数据调查范围和统计指标口径的历史变化情况建立完整的数据档案，构建口径可比的时间序列数据。收集和挖掘重要经济政策出台的历史背景，总结历史经验，注重经济数据和经济政策的国际比较，也是向世界"讲好中国故事"的重要方面。

典型科学问题举例： 中国宏观与微观经济数据的系统梳理与国际比较，构建重点经济领域统计口径可比的分地区、高频时间序列数据，大数据、调研数据与中国经济的实证研究，中国经济发展政策的量化分析，中国重大经济政策的历史研究。

2. 创新驱动型增长模式的理论机制与规律

改革开放以来，中国主要通过增加要素投入、扩张产能来实现经济增长。这种要素驱动型经济增长模式会带来高昂的环境成本，依赖低成本劳动力投入，使大部分产业处于世界产业链中较为低端的水平，并使未来整体增长遇到瓶颈。随着经济发展进入新常态，经济增长方式需要提质增效，从要素驱动转向创新驱动，从规模扩张转向结构升级，从追求高速度转向追求高质量。创新驱动增长首先强调全要素生产率的提升，需要研究在供给侧结构性改革过程中，如何通过优化生产要素配置和组合，增加技术投入和人力资本积累，提升生产要素使用效率，增强经济增长的内生动力。创新驱动的核心是科技创新，需要研究如何发挥社会主义制度优势，如何充分发挥政府和市场、企业家和科学家的创新作用，在核心关键技术方面实现"从0到1"的突破，实现产业升级和技术进步，特别需要重视数字经济对创新的影响，加强关键数字技术的创新应用与交叉融合。

典型科学问题举例：中国基础研究发展态势与国际比较，经济增长要素贡献率测算的方法与应用，数据要素对经济增长贡献的测度，资源配置与经济增长，人工智能技术对劳动力市场的影响机制和实证研究，主要国家"技术脱钩"如何影响我国科技企业的技术路线选择，数据作为生产要素的经济学分析方法，区块链技术发展与实体产业数字化研究，科技创新体制机制研究，金融发展与创新融资，支持技术创新的财政货币政策，区域经济建设与创新要素流动。

3. 国家治理框架下的经济协调发展理论与规律

经济协调发展必须重视城乡区域协同互动、产业体系协同发展、政府市场职能协同、宏观政策调控协同，建设并合理运用宏观经济调控体系。政府与市场的关系是经济体制中最为重要的制度内容，其反映了经济体中资源配置的总体方式。在新时代，社会组织与社会规范也开始成为影响资源配置方式的重要因素，政府、市场与社会三个维度的国家治理体系与经济运行模式逐步形成，要进一步提高政府监管效能，推动有效市场和有为政府更好结合。伴随着经济发展、技术创新和制度变革，未来政府、市场与社会的互动将面临更多复杂因素，探究其中的经济发展规律是研究中国总体经济发展规律不可缺失的环节。中国特色宏观调控体系不仅包括聚焦短期内经济稳定、以货币和财政工具进行的总需求政策，还包括聚焦中长期经济发展、以供给侧结构性改革等手段进行的总供给政策。中国经济高速稳定发展离不开中国政府宏观调控政策的有效实施。党的十九届四中全会报告指出，要"健全以国家发展规划为战略导向，以财政政策和货币政策为主要手段，就业、产业、投资、消费、区域等政策协同发力的宏观调控制度体系"。中国的宏观调控不仅仅是一个系统性政策体系，其背后还体现中国经济学者对于社会主义市场经济建设、政府和市场关系等重大问题的深刻理解，反映了中国经济发展的客观规律，多次有效化解了内外部经济环境变化对经济稳定造成的巨大冲击。

典型科学问题举例：新中国成立以来，中国政府与市场关系演变历程与规律；国家治理能力与中国经济长期增长；政府间财政激励与经济发展动力；政府、市场与社会组织在资源配置中的关系；经济制度与经济绩效；中国宏观调控政策与经济稳定关系识别；最优宏观调控政策设计；宏观调控政策之间的协调；微观异质性与宏观调控政策传导机制；畅通金融业与实体经济循环的路径；区域异质性与宏观调控政策的溢出效应；产业体系协同发展政策；内外双循环新发展格局建设理论与政策。

4."双碳"目标下的绿色经济发展体系建设理论与规律

实现经济高质量发展需要完成从"高碳增长"向"绿色发展"的增长模式的转变，需要控制环境污染、减少碳排放，以期实现在 2030 年前碳达峰、2060 年前碳中和的目标。中国经济发展初期，高耗能、高污染、高投入的重化工业在第二产业中的占比相对较高，轻重工业比重失衡，这不仅限制了高技术、高附加值、低能耗的新兴产业发展，还对资源环境施加了沉重压力，在一定程度上导致了生态环境的恶化。面向 2035 年远景目标，我国要"广泛形成绿色生产生活方式，碳排放达峰后稳中有降"（新华社，2020）。要在产业结构、能源资源配置、生产生活方式、国土空间开发保护格局、城市规划等方面做出积极调整，要积极研究与"双碳"目标相适应的经济发展模式和理论，探求实现绿色发展的经济规律。

典型科学问题举例：全球气候变化带来的经济、金融风险理论分析和量化评估，绿色金融对实体经济可持续发展的作用机制研究，碳中和的财税支持政策和财政可持续性，区域协调发展下的能源产业升级与环境污染协调治理，"双碳"目标下的宏观调控与环境规制协同，与"双碳"目标相适应的产业结构与能源资源配置模式。

5. 中国经济与全球经济的关系及其演变规律

改革开放前后，中国经济最为重要的差别是以市场取代计划和以融入全球经济取代自力更生。毋庸置疑，跨境贸易、投资和技术转移是中国增长奇迹最为根本的决定因素，而挖掘和总结中国经济发展规律显然需要研究中国经济与世界经济的关系，这既包括中国如何从全球化中收益，也包括中国是怎样影响世界、主要区域（如欧盟、东盟、非盟）以及单个重要国家的经济增长的，还包括中国与"一带一路"经济体的互补与竞争关系。除了生产要素与产品的跨境流动视角，还有必要从双边和多边援助、基础设施互联互通、政策协调等维度考察中国与全球经济的互动。此外，2022 年 1 月 1 日，《区域全面经济伙伴关系协定》（Regional Comprehensive Economic Partnership，RCEP）正式生效，中国和东南亚国家建立了地球上最大的自由贸易区。该协议的生效不亚于一场"全球贸易革命"，由其带来的挑战和机遇前所未有。通过自贸区的研究以及中俄、中印、中韩、中日等的比较研究提炼或揭示中国经济发展规律，也具有相当的学术和科学意义。

典型科学问题举例：全球化对中国经济增长的贡献及其机制；中国对外投资、贸易、互联互通对世界经济（尤其是"一带一路"经济体）的贡献及其影响机制；经济（包括国际援助）与外交之间的相互影响；逆全球化浪潮及其应对策略；全球产业链供应链调整格局下提高产业链稳定性和竞争力的途径；中国与苏联经济体、印度、日本、韩国增长历程的比较研究；国际秩序解体背景下，中国如何推动经济一体化和经济秩序的构建；中国与欧洲的产业关联现状、发展趋势及应对策略。

6. 共同富裕目标下经济发展与分配、消费关系的演变规律

中国高速的经济发展极大提高了人们的生活水平，但收入分配差距拉大、储蓄与消费不平衡的问题也呈现出来。党的十九大报告提出，中国特色社会主义进入新时代，我国社会主要矛盾已经转化为人民日益增长的美好生活需要和不平衡不充分的发展之间的矛盾。一方面，中国有近一半居民的收入水平不高，消费能力不足，抗风险能力较弱；另一方面，比较富裕的群体要求有更好的发展资料和享受资料，但国内产品和服务的供给不足与不平衡不充分，不能满足他们的需求。每年有大量游客到境外购买高档消费品，巨额购买力外流。这正是发展不平衡不充分的突出表现。在全球经济一体化放慢的大背景下，中国未来的经济增长须更多地依赖内需驱动。如何在"做大蛋糕"的同时改善收入分配结构，提高国内的消费力，满足人民日益增长的美好生活的需要是解决经济长期发展动力不足的重要抓手，也是促进共同富裕的重要渠道。

典型科学问题举例： 收入分配的演变规律，消费的演变规律，收入分配的决定因素，收入分配的代际固化问题，收入分配结构优化，科技革命冲击带来的劳动力替代如何影响收入分配格局，人口结构、年龄结构对储蓄和消费的影响，数字技术对消费的影响，房地产市场与其他消费的关系，国内产品质量与消费，共同富裕与乡村振兴的理论及政策研究。

第六节　重点支持领域集群四：
全球变局中的风险管理与全球治理

一、全球化新常态与战略性风险管理

（一）基本概念与科学意义

风险管理指的是通过对风险的认识、衡量和分析，选择最有效的方式，主动地、有目的地、有计划地处理风险，以最小成本争取获得最大安全保证的管理方法。进入 21 世纪（特别是第二个十年）以来，全球政治经济格局发生了巨变，中美脱钩趋势、英国脱欧、全球新冠疫情暴发、石油输出国组织（Organization of the Petroleum Exporting Countries，OPEC）谈判破裂，以及贸易保护主义、政治孤立主义等正在改变三十年来的经济全球化趋势（周琪和付随鑫，2017；李策划和李臻，2020）。与此同时，全球气候变化、资源枯竭、各类环境及安全问题频发，给全球治理带来众多挑战（孙博文，2020）。在此背景下，以贸易保护主义抬头、经济全球化遭遇逆流、传统国际循环明显弱化为核心特征的全球化新常态进一步强化。这种全球化新常态的进一步强化无论对于宏观的国家经济安全、中观的产业格局，还是对于微观企业的供应链和创新，都构成了重大系统性风险和挑战，危及国家安全和发展战略，产生了探索战略性风险管理规律的新需求。

全球政治经济格局的大变革与全球化新常态在经济贸易领域中反映出三

个主要特征：一是政治因素对全球化经济行为的直接干预不断增强，"看得见的手"在全球经济、贸易竞争中的作用进一步凸显；二是基于政治孤立主义和贸易保护主义巩固地缘传统经济优势与打压新兴经济增长热点成为逆全球化经济竞争的主要方式；三是第三次科技革命与产业变革下的数字主权争取成为全球化经济合作的主要矛盾与焦点。应对全球化新常态下的风险挑战，首先要辨识关键风险点，把握可能引起全球经济动荡、影响国家经济安全和贸易安全的主要因素及其作用机理与危害范围；其次要深刻认识数字主权在全球化经济中的作用与影响，对其本质进行分析并提出控制策略；最后要对解决核心技术"卡脖子"难题的创新发展思路和基于环境、资源、能源的风险管理方法进行探讨，尤其是强化新技术和新方法对风险管理与决策的科技支撑。因此，全球化新常态下战略性风险管理的基本科学问题，就是探索在新时代全球化新常态下关键领域的战略性风险识别、风险演变规律及风险管理机制。

全球化新常态下的战略性风险管理是一项复杂的系统工程，包括风险识别、监测预警、预测控制、协同联动等各个环节，涉及该领域诸多理论和方法。要做到科学防范和应对，不仅需要专业的处置能力，更需要系统的风险管理理论方法来做保障。因此，识别复杂条件下的战略性风险管理规律与机理，构建全球化新常态下的完善、系统、规范的战略性风险管理理论方法体系，对健全现代化风险管理体系具有重要的科学意义。

基于全球化新常态下的战略性风险管理研究，形成全面对外开放的国家经济安全理论，事关我国构建新发展格局与保障国家总体安全。随着世界大变局的不断发展演化，我国发展的外部因素更加复杂，给经济社会发展带来前所未有的挑战。但是我国应对外部复杂环境和巨大风险的管理与决策支撑还比较薄弱，对全球化新常态下的战略性风险演变规律认识不足，顶层设计和发展规划缺乏科学依据。阐明全球化新常态下的战略性风险管理机理和规律，提升运用大数据、人工智能和区块链等新技术能力，提高应对风险的能力，不仅可以促进我国经济高质量发展转型、增强我国在国际经济合作和竞争中的优势，而且对指导新发展阶段国家产业结构调整、宏观经济政策制定与构建国内国际双循环发展格局等重大决策具有重要的现实意义。

（二）相应的国家战略需求

我国正处于工业化、城市化、现代化快速发展和社会经济转型的关键时期，国家发展的内部条件和外部环境也在发生着深刻复杂的变化（袁富华和张平，2019；魏后凯和王颂吉，2019）。习近平总书记深刻指出，"当今世界正经历百年未有之大变局，新冠肺炎疫情全球大流行使这个大变局加速演进，经济全球化遭遇逆流，保护主义、单边主义上升，世界经济低迷，国际贸易和投资大幅萎缩，国际经济、科技、文化、安全、政治等格局都在发生深刻调整，世界进入动荡变革期"（人民日报，2020g）。例如，全球产业链供应链重塑已经成为世界经济发展的明显趋势，有关发达国家和新兴经济体都已制定本国新的产业发展规划或对原有规划进行了调整，同时加强外资审查和本国产业保护，吸引海外制造业回归或做出新的布局，产业链供应链安全风险不期而至。因此，今后一个时期，我们将面对更为复杂多变的全球化新常态外部环境，加强关键领域的战略性风险管理迫在眉睫。

党和国家高度重视外部环境变化给我国带来的潜在风险，强调要防范化解各类风险隐患，积极应对外部环境变化带来的冲击挑战。在省部级主要领导干部坚持底线思维着力防范化解重大风险专题研讨班上，习近平总书记就指出了当前和今后一个时期我国面临的安全形势，深刻阐述了我国发展面临的一系列重大风险，并就有效防范化解各类重大风险明确提出，"既要有防范风险的先手，也要有应对和化解风险挑战的高招；既要打好防范和抵御风险的有准备之战，也要打好化险为夷、转危为机的战略主动战"（人民日报，2018b）。在中央政治局会议上，习近平总书记进一步指出，"要深刻认识我国社会主要矛盾发展变化带来的新特征新要求，增强机遇意识和风险意识，把握发展规律，发扬斗争精神，善于在危机中育新机、于变局中开新局，抓住机遇，应对挑战，趋利避害，奋勇前进"（人民日报，2020h）。在关于《中共中央关于制定国民经济和社会发展第十四个五年规划和二〇三五年远景目标的建议》的说明中，习近平总书记指出，"积极应对外部环境变化带来的冲击挑战，关键在于办好自己的事，提高发展质量，提高国际竞争力，增强国家综合实力和抵御风险能力，有效维护国家安全，实现经济行稳致远、社会和谐安定"（人民日报，2020i）。中共中央政治局会议审议《国家安全战略

（2021—2025 年）》时进一步指出，新形势下维护国家安全，必须牢固树立总体国家安全观，加快构建新安全格局；坚持安全发展，推动高质量发展和高水平安全动态平衡；统筹做好政治安全、经济安全、社会安全、科技安全、新型领域安全等重点领域、重点地区、重点方向的国家安全工作。

因此，面向国家有效应对全球化变革、防范化解各类重大风险的重大需求，亟须加强对全球化新常态下战略性风险管理的研究。在政府机构、社会经济、技术革新乃至文化领域构建符合新发展阶段特征的能够有效应对全球化新常态的风险管理新理论，将风险管理提升到国家战略高度，切实保障国家经济安全和社会稳定。

（三）国际发展态势与我国发展优势

当今世界正经历百年未有之大变局。随着世界多极化、经济全球化、社会信息化的深入发展，各种因素之间相互影响，使世界的不稳定性大大增加，并赋予"变局"以宏大的历史主题。新冠疫情全球大流行使这个大变局加速变化，保护主义、单边主义上升，世界经济低迷，全球产业链供应链因非经济因素而面临冲击，国际经济、科技、文化、安全、政治等格局都在发生深刻调整，世界进入动荡变革期。与此同时，近年来互联网、大数据、云计算、人工智能、区块链等技术加速创新，日益融入经济社会发展各领域全过程，数字经济发展速度之快、辐射范围之广、影响程度之深前所未有，正在成为重组全球要素资源、重塑全球经济结构、改变全球竞争格局的关键力量。置身于全球化新常态之中，中国也将面对更多逆风逆水的外部环境，必须做好应对一系列新的风险挑战的准备。

国内发展环境也经历着深刻变化。我国已进入高质量发展阶段，社会主要矛盾已经转化为人民日益增长的美好生活需要和不平衡不充分的发展之间的矛盾，2021 年人均国内生产总值超过 1 万美元，城镇化率超过 60%[①]，中等收入群体超过 4 亿人，人民对美好生活的要求不断提高。我国制度优势显著，治理效能提升，经济长期向好，物质基础雄厚，人力资源丰厚，市场空间广阔，发展韧性强大，社会大局稳定，继续发展具有多方面优势和条件。同时，我国发展不平衡不充分问题仍然突出，创新能力不适应高质量发展要求，农

[①]　国家统计局 . https://data.stats.gov.cn/easyquery.htm?cn=C01&zb=A0201&sj=2021[2022-11-20].

业基础还不稳固，城乡区域发展和收入分配差距较大，生态环保任重道远，民生保障存在短板，社会治理还有弱项。

总之，进入新发展阶段，国内外环境的深刻变化既带来了一系列新机遇，也带来了一系列新挑战，危机并存、危中有机、危可转机。我们要辩证地认识和把握国内外大势，统筹中华民族伟大复兴战略全局和世界百年未有之大变局，深刻认识我国社会主要矛盾发展变化带来的新特征新要求，深刻认识错综复杂的国际环境带来的新矛盾新挑战，增强机遇意识和风险意识，准确识变、科学应变、主动求变，勇于开顶风船，善于转危为机，努力实现更高质量、更有效率、更加公平、更可持续、更为安全的发展。

在全球变革的大趋势下，国家层面的种种战略考虑，对国家供应链和经济金融安全、生态环境和能源资源的风险管理等诸多管理问题提出了新的要求，并提供了更好的研究契机。尽管全球变革和风险管理的研究价值和意义已被学者广泛认同，但是将风险管理置于全球化新常态的框架下来阐释国家如何更好地应对风险挑战却是一个崭新的话题，且尚未建立起成熟的理论框架，急需理论与方法上的指导。

（四）主要研究方向

1. 全球变局下的经济金融安全与供应链风险管理

全球政治经济格局变化将对国家经济安全造成新的挑战，波及全球产业链、供应链与金融市场，从而带来不可忽视的经济金融风险。数字技术和创新正在推动供应链的巨大变革和完善提升，如供应链透明化、智慧化发展，但数据集成带来的信息泄露问题频发，各行业都将面临数据安全威胁问题，国与国之间的数字鸿沟正在加大，数字主权争夺进入白热化。特别是以美国为代表的一些国家进行战略重组，由此引发战术"脱钩"，使得我国关键技术薄弱带来的产业链供应链风险问题逐渐暴露。同时互联网金融、科技革命和产业变革以及数字货币发展等又对金融安全提出了新的要求，我国金融风险挑战面临复杂的格局，包括微观金融产品及宏观货币市场、资本市场在内的金融系统的动荡源和风险点增多，外生性冲击与内生性影响相伴等。因此，在全球化新常态、发达国家供应链主动"脱钩"以及数字技术兴起所带来的供应链运营方式重大变革等趋势下，如何确保中国高新技术行业的供应链产业链安全和数字主权成为日益紧迫的问题。

典型科学问题举例：全球化新常态经济特征及趋势规律，全球化新常态下经济金融风险识别方法及演变规律，关键经济风险测度与风险效应评估，经济风险的全球驱动力及影响规律，宏微观交互影响视角下的经济风险应对机制，全球产业链风险及安全管理，经济安全理论及测度方法，经济演化规律及应对方法，复杂金融体系的网络结构与系统演化规律，金融市场系统性风险智能控制技术与方法，复杂金融体系与实体经济、社会系统的交互机制与协同安全，全球化新常态下供应链韧性的基础理论、影响规律与方法，智慧供应链创新和政府产业布局对全球供应链风险的影响与解决机制，中国关键产业的供应链安全评估与预警机制，等等。

2. 非合作全球竞争下产业关键技术创新变革与管理

我国目前处于经济增长速度换挡期、结构调整阵痛期、产业发展政策消化期"三期叠加"的特殊时期，产业发展也正在发生着深刻的变革，呈现出产业发展的"新常态"，处于从"要素驱动""投资驱动"开始向"技术变革""创新驱动""数字驱动"转变的阶段。新冠肺炎疫情、逆全球化等因素的变化和演进，使全球产业链、价值链、供应链和创新链体系面临巨大风险。近年来尽管我国科技事业取得长足进步，重大创新成果竞相涌现，但我国科技领域中关键核心技术受制于人的局面还没有得到根本改变。例如，在工业基础与关键零部件发展、产业链协调发展、产业关键技术研发，以及科技经济融合等领域还存在许多突出问题，不少关键核心技术仍受制于人。因此，在非合作全球竞争背景下，加快发展自主可控的战略高新技术和重要领域核心关键技术，加强知识产权的运用、保护和科技保密能力建设，是"断链"风险的应对之举。

典型科学问题举例：非合作竞争环境下产业关键技术创新资源配置方式变革及机理，非合作竞争环境下产业关键技术突破路径与组织模式变革，战略产业关键技术的识别、竞争态势、演化路径与预测，颠覆性技术的早期识别与社会经济影响评估，非合作竞争新常态下技术创新变革与风险管理，产业关键技术创新国内国际双循环的链接及融合机理，技术链、产业链与创新链的协同与政策，重大工程关键支撑技术的全生命周期管理与迭代风险评估，等等。

3. 不确定国际环境下国家科技安全与信息安全管理

科技和信息安全是支撑和保障其他领域安全的力量源泉和逻辑起点，是塑造中国特色国家安全的物质技术基础。我国科技环境正面临着诸多风险，如国际合作环境变化、核心产业与技术被"卡脖子"等，而赢得科技和人才竞争是应对不确定性风险的根本保障，为此，我国科技发展模式必须全方位地从"跟跑"转变为"领跑"，这就迫切要求进一步提升对科技安全新使命的认识，聚焦国家战略产业重大需求，突破关键核心技术，加强基础和前沿领域前瞻布局，创新人才战略，探索国际科技合作的模式与路径，以使得国家在全球科技和人才竞争中获得和保持领先优势。与此同时，大数据正在成为信息时代的核心战略资源，在对国家治理能力、经济运行机制、社会生活方式产生深刻影响的同时，各项技术应用背后的数据安全风险也日益凸显。近年来，有关数据泄露、数据窃听、数据滥用等安全事件屡见不鲜，保护数据资产已引起各国的高度重视。在我国数字经济进入"快车道"的时代背景下，如何开展数据安全治理、提升全社会的"安全感"，已成为普遍关注的问题。

典型科学问题举例：科学技术突破性成果的形成机理和演化机制，国际科技合作模式、演化规律与效果评估，高端科技人才识别与人才流动规律分析，关键科技领域技术优劣势分析，面向科技领先的关键科技领域知识发现，面向原始创新的基础研究创新体系设计与优化，全球视角下关键技术协同研发平台与组织创新，国家数据资源规划方法，关键领域数据安全管理模型与方法，面向国家安全的多源数据集成与融合方法，网络信息传播的时空规律，面向安全感知的公开数据计算，网络空间主权保障体系，等等。

4. 全球化新常态下的能源矿产安全与风险管理

在全球新冠疫情常态化的背景下，能源与矿产价格巨变、关键资源储备不足、应急资源调配不及时等一系列重大问题，严重威胁人类健康和生命安全以及各国经济的健康发展。特别是，全球范围内向清洁能源转型引发的大量战略性矿产需求，使得一些战略性矿产成为低碳社会的"新石油"。然而未来这些矿产供应很难满足清洁能源迅速增长的需求，加剧了各国能源矿产的安全风险。我国正处于工业化进程中，能源需求将继续增长，战略性矿产的供需缺口可能成为制约我国能源转型的瓶颈。在我国加快构建以国内大循环为主体、国内国际双循环相互促进的新发展格局之时，更应坚持系统观念，统筹发展和安全，统筹国内与国际，提高能源矿产自主供应能力和供应链、产业链韧性。同时，我国提出的碳达峰与碳中和目标，也使我国成为应对全球气候变化的核心力量。这种转变对我国能源矿产安全管理提出了更高要求，如何识别和应对全球化新常态下能源矿产供给安全风险，是确保国家经济社会可持续发展、体现大国担当，以及缓解乃至避免全球矿产与能源资源危机必须解决的重大问题。

典型科学问题举例： 全球视角下矿产与能源资源支撑经济发展机理及其对利益相关者的影响，全球战略资源贸易网络的演化轨迹及驱动力，全球贸易格局重组下能源矿产资源的需求趋势，生态环境风险、矿产与能源资源保障安全评价方法，资源环境大数据综合分析与智能风险决策方法，产业链转移过程中的能源与矿产结构和生态环境变化规律及风险特征，面向碳减排与碳中和的生态、能源与经济风险协同管理理论与方法，重大公共安全事件中的生态环境和矿产能源全球治理理论和方法，全球化新常态下我国矿产与能源资源中长期可持续供给路径及政策，等等。

二、全球治理的转型和机制重构

（一）基本概念与科学意义

全球治理是以人类整体论和共同利益观为价值导向的，多元行为主体平等对话、协商合作，共同应对全球变革和全球问题挑战的一种新的管理人类公共事务的规则、机制、方法和活动（蔡拓，2004）。全球治理的基本要素包括全球治理价值、主体、客体、机制和效果。全球治理价值是在全球性公共事务上公认的基本价值取向，包括和平、发展、尊重、公正等内容。全球治理主体既包括国家，也包括国际组织和全球公民社会组织等非国家行为体。全球治理客体主要表现为影响全球生存和发展的当前问题和潜在风险，如武装冲突、生态环境、非法移民、国际恐怖主义等。全球治理机制是指实现全球治理目标的方式方法和手段的结合，既包括以国家为单位的传统国际治理机制，又包括全球公私合作治理、私人部门治理、多部门协同治理等诸多新型治理机制。全球治理效果包括对治理目标实现情况和治理结果对全球社会现实和潜在影响的评估。

全球治理是全球化进程的逻辑结果，是世界各国相互依赖加深、跨国公司迅速发展、全球公民社会兴起和全球问题不断凸显的产物。伴随着全球化的动态发展，全球治理也处于不断变革与调整当中。在全球百年未有之大变局的背景下，全球治理已受到包括主导国退出、大国博弈等多种力量的交织作用与共同塑造，呈现出治理赤字进一步凸显、大国竞争进一步升级等动态趋势与特征（谢伏瞻，2019）。新冠疫情的暴发，加剧了国际格局的重构，探索建立新的治理体系和治理机制已迫在眉睫（Yang，2020）。

全球治理的基本科学问题就是探索全球化背景下，多元主体合作展开全球事务治理的过程及基本规律，其科学意义在于探寻建构合理的全球秩序和实现人类社会可持续发展的基本道路，在此基础上进行行之有效的治理体系和治理机制设计。

在传统国际关系研究框架下，国际关系就是国家利益博弈，国家政府是国际关系的主导者，其他行动者对国际关系的影响几乎可以忽略不计。然而，全球化进程日益凸显了非国家行为体对全球价值、全球规则、全球治理过程等方面的重要影响，以及发挥非国家行为体作用对于解决全球问题的重要意义。全球治理研究突破国际关系研究框架，基于人类社会近几十年发生的显著变化，形成了多元全球治理主体理念，充分关注各类主体在全球事务中的角色及其相互关系，极大地改变了对国际关系的传统认知，改变了其基础性的研究假设，形成了理念和知识上的突破，是未来全球事务管理的理论发展方向。

（二）相应的国家战略需求

当今世界正在经历百年未有之大变局，世界多极化、经济全球化、社会信息化、文化多样化深入发展，同时，世界面临的不稳定不确定因素正在增加，全球经济低迷，单边主义、保护主义抬头，网络安全、重大传染性疾病、气候变化等非传统安全威胁持续蔓延，国际秩序和全球治理体系受到冲击。国际社会再次来到何去何从的十字路口。全球治理体系的走向，关乎各国特别是新兴市场国家和发展中国家发展空间，关乎全世界繁荣稳定。

随着我国国家实力的显著增强和国际地位的提升，我国的发展对世界的意义愈益凸显。中国参与全球治理，是顺应经济全球化的历史潮流，顺应全球治理体系变革的时代要求。2012 年，党的十八大报告明确提出"推动全球治理机制变革"（胡锦涛，2012）；2015 年，习近平在中共中央政治局第二十七次集体学习时提出"弘扬共商共建共享的全球治理理念"（人民日报，2015）。2015 年 3 月 28 日，国家发展改革委、外交部、商务部联合发布《推动共建丝绸之路经济带和21世纪海上丝绸之路的愿景与行动》，开始实施"一带一路"倡议，为全球治理提供了新的路径与方向。2020 年，党的十九届五中全会提出，全党要统筹中华民族伟大复兴战略全局和世界百年未有之大变局，深刻认识错综复杂的国际环境带来的新矛盾新挑战，增强机遇意识和风险意识，实行高水平对外开放，开拓合作共赢新局面；要推动共建"一带一路"高质量发展，积极参与全球经济治理体系改革。继续发挥负责任大国作用，成为现行国际体系的参与者、建设者、贡献者，参与全球治理体系改革和建设。

全球治理涵盖政治、经济、社会、文化和生态等人类社会生活的每一个领域，在实践行动上表现为跨国政治协商、经济竞争与合作、社会交流与沟通、文化流动与融合以及生态共治共建共享。全球治理实质上是一个复杂的行动系统，需要形成规则制定、制度执行和监督制裁的共识性机制，为此需要发展与之相应的全球治理理论，以研究把握全球治理的科学原理和基本规则。

（三）国际发展态势与我国发展优势

从实践发展看，世界格局的巨大变化和全球化、反全球化与逆全球化的并成，使改革全球治理机制、加强国际协调成为全球社会共同关注的议题；从理论发展看，全球治理对传统的国际关系理论范式进行了革新，冲击了国家在国际社会中的核心作用，引入了解决全球问题的新思路，引发了国家和学术界的高度关注。

从实践发展看，一方面，全球治理多元主体格局日渐形成。首先，新兴市场国家和发展中国家迅速崛起，尤其是以"金砖国家"为代表的新兴大国在世界经济中的比重大幅提升。在经济实力提升的同时，这些新兴大国也开始更加积极地参与全球治理，在全球治理中发挥越来越重要的作用（Larson，2019）。例如，作为正在崛起的发展中国家，印度参与全球治理的积极性在不断增加。2017年联合国大会，印度时任外交部部长苏什马·斯瓦拉杰强调，要将参与联合国反恐行动放在优先地位（杨胜兰，2020）。同时，具有全球性影响的区域性治理平台和组织显著增加，区域性治理成为新形势（赵硕刚，2017）。比如，二十国集团峰会已经成为公认的国际经济合作主要平台，在全球经济治理中发挥着重要的顶层设计作用[①]。上海合作组织已经成为具有全球影响力的区域性合作组织，在维护和加强地区和平、安全与稳定、开展经济合作和建立民主、公正、合理的国际政治经济新秩序等方面开展了多项工作。此外，发达国家仍然在全球治理中扮演着重要角色。例如，2015年，法国出台《反恐怖主义融资》，倡导以多边主义方式防控国际恐怖主义威胁，更好地发挥引领区域防务合作和维护全球安全的大国作用（吴志成和温豪，2019）。

其次，次国家行为体在全球治理中的作用日益凸显并受到重视。次国家行为体是指民族国家内部的地方权力机构。比如城市参与全球事务是当前多维治理的重要体现（Kübler and Pagano，2012）。城市是促进全球可持续发展的重要力量。城市通过国际合作将直接促进和落实《新城市议程》（New Urban Agenda）框架以及促进应对全球气候变化的《巴黎协定》的执行（Asselt，2016）。城市在参与联合国可持续发展议程与应对气候变化过程中的作用日益重要，对全球治理结果具有深刻影响。在国际气候谈判和气候外交中，次国家行为体是国家形象的具体呈现者，同时也是国家气候政策及立法的执行者，维系着国家和地方之间的气候政策协调，推动着国家和地方的气候治理措施之有效落实，具体发挥着通过构建全球地方气候倡议网络来影响国家的气候治理理念，以及通过城市的政策落实实践来反作用于国家的气候治理理念等作用（冯帅，2019）。

最后，非国家行为体逐渐融入全球治理，其影响力和治理合法性都不断上升。世界卫生组织作为全球卫生治理的领导者，一直引导全球卫生治理议题的走向和治理模式的创新。为提升会员国全球卫生治理能力，世界卫生组

---

① 回顾历次 G20 领导人峰会主题与成果. http://world.people.com.cn/n1/2018/1201/c1002-30436401.html[2022-08-25].

织任命会员国卫生领域有资质的研究机构成立世界卫生组织合作中心，并提供技术支持，搭建合作平台，协助开展传染病防控、慢性非传染性疾病防控、公共卫生与全球卫生及卫生体系发展等领域的工作（马琳等，2021）。包括国际非政府组织在内的全球公民社会是非国家行为体的重要构成。每个联合国全球首脑会议都设有一个平行的公民社会论坛，将公民社会团体的意见纳入决策考虑范围。此外，全球公民社会还发挥监督其他治理主体的行为、形成全球性公共舆论、在特定议题上开展合作行动等作用。比如，气候行动网络（Climate Action Network，CAN）作为国际非政府组织，涵盖了120个国家的环保团体，积极参与《联合国气候变化框架公约》（United Nations Framework Convention on Climate Change，UNFCCC）的谈判过程，在促进气候治理机制的形成与保持各国气候合作的黏合性上发挥了积极作用。

另一方面，从全球治理议题看，世界各国面临的共同挑战日益增多。随着全球化的不断深入发展，全球政治格局转变以及人口资源环境矛盾的日益凸显，政治、经济和社会方面的全球性议题显著增加。不仅如此，全球热点治理议题还包括一些突发性的、具有全球性影响的重大事件，如2009年开始的欧洲主权债务危机、2011年以来西亚北非地区的持续动荡、2013～2020年以来的英国脱欧以及2020年以来的新冠疫情等（Colantone and Stanig，2018；Kehoe et al.，2017）。

从学术研究看，全球治理研究已经受到国际学者的高度重视。在Google Scholar以global governance为关键词，检索时间范围为2016～2021年，学术论文就有920 000篇（检索时间：2022年11月27日）。据不完全统计，近五年在《美国政治科学评论》（*American Political Science Review*）、*Journal of Political Economy*、《美国社会学评论》（*American Sociological Review*）、《社会学年鉴》（*Annual Review of Sociology*）和《公共管理研究与理论杂志》（*Journal of Public Administration Research and Theory*）等国际权威学术期刊上发表的相关论文有20余篇。例如，Kehoe等（2018）发表在*Journal of Political Economy*上的文章研究了全球失衡对美国国内生产与就业部门的结构性变化，Colantone和Stanig（2018）发表在*American Political Science Review*的文章考察了全球竞争力对英国脱欧决策的影响，Or和Aranda-Jan（2017）发表在*Policy Studies Journal*的文章则研究了金融危机以来国家和非国家主体在全球治理中的动态过程，讨论了二者的能动作用。同时，一些重要国际学术会议也关注"全球治理"及相关议题。例如，2020年，公共政策分析与管理学会（Association for Public Policy Analysis and Management，APPAM）召开以"公共卫生政策的新视角"为主题的国际会议，基于新冠疫情，围绕公共卫生政策的制定和执行等主题来开展全球范围内的政策研究；2019年，中法全球治理论坛（In the Method of Global Governance BBS）围绕"'一带一路'与互联互通""多边主义与全球治理""气候变化和生物多样性"等议题进行研讨，并达成了广泛共识[①]；2018年9月，国际行动理事会第35届年会，以"全球治理：时代所需，当下之要"为主题[②]，来自世界20多个国家和地区的政界领导人共同探讨解决人类当前面临的重大全球性问题。

作为最大的发展中国家，我国一直是全球治理的积极参与者与践行者。从全球治理理念角度来看，我国深入分析国际形势的演变规律，顺应互联互通的世界大势，不断提出新的全球治理理念，对全球治理方案做出新的探索。2012年，党的十八大明确提出打造"人类命运共同体"理念（胡锦涛，2012），受到国际社会的普遍认同。2017年，联合国社会发展委员会第55届会议协商一致通过"非洲发展新伙伴关系的社会层面"决议，加强对非洲经济社会发展的支持，将"构建人类命运共同体"理念写入联合国的决议（赵鸿燕，2022）。2015年，在中共中央政治局就全球治理格局和全球治理体制举行的第二十七次集体学习中，习近平总书记指出，"要推动全球治理理念创新发展，积极发掘中华文化中积极的处世之道和治理理念同当今时代的共鸣点，继续丰富打造人类命运共同体等主张，弘扬共商共建共享的全球治理理念"（人民网，2015）。2016年，习近平在G20杭州峰会上提出"把创新作为核心成果"，"把发展议题置于全球宏观政策协调的突出位置"（人民日报，2016），推动全球经济治理体系走向公平、合理、有效和包容的发展道路。2019年，习近平在中法全球治理论坛闭幕式讲话中提出，"要坚持正确义利观、以义为先、义利兼顾，构建命运与共的全球伙伴关系"（人民日报，2019d）。

从参与全球治理实践看，我国始终秉持共商共建共享的全球治理观，积

---

① 中法全球治理论坛在法国召开. http://www.xinhuanet.com/world/2019-03/26/c_1124285509. htm[2022-08-25].

② 国际行动理事会第35届年会. http://cpc.people.com.cn/n1/2018/0929/c164113-30321213.html[2022-08-25].

极参与全球治理，与时俱进地推动全球治理体系向着更加公正合理有效的方向改革完善，为应对层出不穷的全球性挑战贡献力量。2013 年，习近平先后提出共建"丝绸之路经济带"和"21 世纪海上丝绸之路"倡议，为国内需要和国际形势"两个大局"的发展提供了外交新方针，彰显了中国作为负责任大国积极参与全球治理的态度与行动（刘卫东，2017）。自提出"一带一路"倡议六年多以来（至 2020 年），中国已经同 136 个国家和 30 个国际组织签署了 195 份政府间合作协议（戴长征，2020）。世界银行研究报告显示，"一带一路"倡议将使相关国家 760 万人摆脱极端贫困、3200 万人摆脱中度贫困，参与国贸易增长 2.8%～9.7%、全球贸易增加 1.7%～6.2%、全球收入将增加 0.7%～2.9%[①]。2015 年 12 月，亚洲基础设施投资银行正式成立，致力促进亚洲区域建设互联互通和经济一体化进程。2020 年新冠疫情全球暴发后，中国全力践行人类卫生健康共同体理念，第一时间向世界分享新冠病毒全基因组序列信息和新冠病毒核酸检测引物探针序列信息，积极倡导开展疫情防控全球交流合作，先后向数十个国家派出医疗专家组、向 150 个国家和 13 个国际组织提供抗疫援助[②]。这些有力行动直接推动了习近平全球治理重要论述与人类命运共同体理念从理论到实践，再从实践到理论的深化发展。

从学术研究方面来看，全球治理及相关研究已经受到国内学者的高度重视。在中国知网上以"全球治理"为关键词进行文献检索，共获得 2012～2020 年的论文近 8000 篇（检索时间：2021 年 3 月 10 日）。在"百度学术"上搜索包含"全球治理"的学术成果，共获得结果 5 万多条。在 WoS 平台上简单以 global governance 为主题检索发现，自 2016 年 7 月至 2020 年 7 月，中国（不含港澳台）学术机构发表的国际学术论文共有 283 篇，居同期全球各个国家和地区同类论文数量的第 15 位（检索时间：2020 年 7 月 27 日）。国内学者对全球治理体系与机制、全球治理变革与创新、全球公民社会、全球经济治理、全球性公共卫生治理、全球环境治理、全球能源治理、"一带一路"倡议等问题进行研究与对话，初步论证了全球治理的基本要素、总体特征、初步成就和面临的挑战等问题，成功建构了全球治理理论话语。

---

① "一带一路"经济学：交通走廊的机遇与风险 . https://www.shihang.org/zh/topic/regional-integration/publication/belt-and-road-economics-opportunities-and-risks-of-transport-corridors[2022-08-25].

② 郭卫民：我国向 120 多个国家和国际组织提供超 21 亿剂疫苗 . https://baijiahao.baidu.com/s?id=1726265925091315549&wfr=spider&for=pc[2022-08-25].

同时，国内学术界还以学术会议的形式推进全球治理研究。例如，2018年4月，"十九大的世界影响与意义：'中国方案'与全球治理"国际研讨会在上海举行，来自多个国家的学者研讨了以"中国方案"推进人类命运共同体构建、"人类命运共同体"与全球治理改革、"一带一路"与区域合作发展、全球治理与世界发展新战略、"中国智慧"引领全球治理新模式等议题（刘丹，2018）；2018年8月，"全球化与全球治理：中国理念中国话语和中国哲学社会科学的构建"在上海召开（庄泽枫等，2018）；2019年12月27~28日，"全球治理：跨文化交流与价值共识"在辽宁省沈阳市举办（罗浩，2019）。此外，国家自然科学基金委员会也资助了"国际气候治理与合作机制研究""国家安全协同应对与辅助决策理论和方法"等一系列重大项目，为全球治理研究提供了重要支持。

（四）主要研究方向

1. 全球治理体系的转型

伴随经济全球化的发展，国际社会呈现出政治多极化、全球性问题复杂化和权威需求新型化的时代趋势，催生了新的全球治理体系（刘同舫，2020）。与传统的国际治理体系相比较，全球治理体系以多边主义制度、合作和联合行动、包含多元主体的新型治理权威为主要特征。然而，虽然全球治理被寄托了克服全球化风险以达成世界整体和谐稳定的美好愿望，但随着全球化进程的深入，全球治理体系在应对气候变暖、区域冲突和经济失衡等问题上却日渐陷入"失灵"的窘境，当前的全球治理在本质上仍然体现着资本逻辑，多边主义尚未形成。不仅如此，近年来，部分西方国家提供国际公共产品的意愿弱化，国际体系的原主导国"退群"事件更是增加了国际格局的变数。与此同时，世界范围内反建制主义、民粹主义与保护主义冲击着全球政经秩序，个别西方大国的新孤立主义和霸凌主义对全球共治架构形成了严峻挑战。从宏观国际环境看，西方国家实力的相对衰弱与新兴市场国家的崛起都在改变着国际权力格局，旧有的国际体系正经历着根本性的变化，新的全球治理体系尚未成型，"脱序"与"失范"成为当前全球体系的新特征。在此背景下，如何推进传统国际治理体系向全球治理体系转型将是较长时间内全球社会面临的重大战略性问题。因此，我们需要深刻把握当前面临的冲突与合作、契机与挑战，分析全球治理体系转型的当前过程和特征，探究其基本规律，尤其需要对全球治理体系转型的驱动力、转型机制做出精准判断，以有效维护我国在全球新治理体系中的利益格局。

典型科学问题举例：传统国际治理体系与全球治理体系的关系，全球治理体系转型的动力机制，全球治理体系中的合作、竞争与冲突，多边主义及其形成机制，超国家组织、区域性合作组织对全球治理的影响，次国家行为体在全球治理中的作用，非国家行为体在全球治理中扮演的角色，世界主要国家如果出现"脱钩"对全球治理的影响，逆全球化、慢全球化及其对全球治理的影响。

2. 关键领域全球治理范式的形成和演变规律

经济、环境、卫生医疗、科技、能源、安全等全球治理的关键领域，在过去半个多世纪的时间内都发生了重大变化。比如，跨国公司已经成为全球经济的重要力量；环境治理的主体已经从国家扩展到地方政府、国际组织、国际非政府组织等多层次、多类型的主体；卫生医疗领域在全球合作取得重大进展的同时，面临疫情跨国传播等风险；科技发展带来全球资源配置和沟通方式的变化，同时也产生金融、数字风险等问题。随着实践的发展和变革，关键领域的全球治理范式受到冲击，旧的范式面临解体，而新的范式尚未形成。在新旧范式转换时期，深入研究旧范式面临的挑战和新范式的形成机制，探讨新范式的基本要素、核心特征和演变规律，将有助于对关键治理领域的治理过程和发展趋势进行科学判断和预测，从而为我国积极参与全球治理体系，在关键治理领域发挥参与者、建设者和引导者的作用提供研究支撑。值得强调的是，当前对关键领域全球治理范式的研究主要在政治学、国家关系领域进行，非常有必要发挥和利用管理学视角的优势和充足空间（Xue and Yu，2017）在中观和微观层次上对关键领域全球治理的主体结构和功能、治理过程和机制、治理绩效评估等进行深入而细致的研究，以为促进治理实践发展和转型提供具有操作性的政策建议。

典型科学问题举例：关键领域全球治理的发展与转型，关键领域全球治理范式的理论基础与衡量标准，关键领域全球治理范式的形成机制，关键领域全球治理范式的演变规律，不同关键领域全球治理范式的比较研究，影响关键领域全球治理范式演变的因素,关键领域全球治理范式的创新与扩散机制,关键领域全球治理范式对全球治理体系的影响。

3. 全球治理参与机制的基础理论

全球治理体系是一个由多元主体构成的多元治理体系。国家,包括地方政府和基层政府在内的次国家行为体,以国际组织、全球公民社会组织为主体的非国家行为体,以及公民个体是全球治理的参与者。不同类型的行为体在全球治理中的角色、地位和功能不同,其参与动机、途径和方式等也存在差异。在以建构平等参与、共同负责、协同行动为目标的全球治理参与体系中,任何一方主体缺位或丧失参与机会,都有违全球治理的理念和规则,因而,如何为不同主体提供公平的参与机会是全球治理中的重大问题,也应是理论研究的重要焦点。在全球治理参与机制在基础理论方面,既要系统研究参与者的身份意义、主体定位和参与行为,即研究诸如全球公民、全球公民社会组织和跨国公司等参与全球治理的价值、参与领域和方式、参与实践等内容,也要研究全球治理中各种参与者的交互关系,即研究国家、国际组织、国际非政府组织等在全球治理中的结构体系、合作规则和互动机制等内容(Goldberg and Reed,2020)。基础理论研究需要围绕关键主体、关键领域、关键行动和关键事件进行,比如研究全球治理规则形成过程中的参与,研究数字安全领域中各行为体的互动、合作和冲突,以及研究诸如新冠疫情防控中不同主体的参与行为及其意义等。

典型科学问题举例:全球公民身份,全球治理中的公民参与,全球性公共产品的供给机制,国家参与全球治理的机制,国际组织在全球治理中的功能及实现机制,国际非政府组织参与全球治理,全球治理中的市场力量,全球治理中参与者的比较研究,全球治理中的协商机制,全球治理中的多元主体协同,全球治理参与格局和机制的演变,全球治理参与体系建构。

4. 全球治理的规则、技术与工具体系

全球化正遭遇重大挫折,现有的全球治理机制难以回应新兴经济体的利益诉求,对其进行改革的呼声强烈。国际货币基金组织对投票权份额做了调整,但仍未能改变个别国家主导的现实;世界贸易组织面临运行效率有待提高、上诉机构停摆等问题,目前改革缺乏实质进展。在此背景下,新兴发展

中国家积极探索创建更加公正、平等和高效的新型全球治理机制。比如亚洲基础设施投资银行是一种以资金支持发展中国家加强基础设施建设的新多边合作机制。建立全球治理新机制并不是寻求与既有机制在理念和规则上发生冲突，而是力求与之形成互为补充的关系，为全球治理提供更多选择。在这种背景下，通过研究全球治理的规则、技术与工具体系，揭示原有治理体制的局限性，探索建立新治理体制的路径，明确全球治理规则、技术与工具的迭代升级规律，可以为建立具有确定性、一致性、可行性和有效性的全球治理体系提供理论支持。

典型科学问题举例： 全球治理规则体系演化的规律与动力，全球治理技术体系的升级与变迁规律，提升全球资源配置能力的治理机制，全球治理工具体系的创新与实现机制，数字全球治理对国际制度和组织的影响，全球治理规则体系变迁的触发、巩固和稳定机制，新兴经济体的规则话语权和制定权，全球履约机制和纠纷仲裁机制，新多边合作机制的形成与可持续发展。

5. 中国国家治理与全球治理的互动

国家治理与全球治理是人类社会公共治理领域最重要的两个方面，它们相互影响、相互形塑。全球治理一方面受制于国家治理的模式与能力，另一方面又不断地影响国家治理现代化的进程（Tuo，2016），而国家治理能力则决定国家在全球治理中的地位和话语权。在百年未有之大变局下，全球治理体系、内容和工具正发生深刻变化，国家治理也因此面临变革需求。我国历来重视在国际舞台上发出声音和进行国家治理创新，党的十八大以来，更是以积极的姿态参与全球治理，同时努力推进国家治理体系与治理能力现代化（门洪华，2017）。随着综合国力的上升和治理能力的提高，我国对世界的影响不断增强。今后我国将更加奋力有为，既要维护国家利益，又要为国际社会提供更富成效的公共产品，为解决全球问题贡献中国智慧。在这背景下，研究中国国家治理与全球治理的互动的机制与规律，以及中国国家治理体系与治理能力现代化如何更好地服务于中国参与全球治理的目标具有重要的理论价值和现实意义。

典型科学问题举例： 全球治理对国家治理的影响及其机制，中国国家治理对全球治理的回应，中国国家治理对全球治理的影响及其机制，中国国家治理与全球治理的联结与协调机制，中国参与的多边机制及其国内国际影响。

三、全球性公共危机管理

（一）基本概念与科学意义

全球性公共危机一般指危及全球大多数国家公共安全或公共利益、冲击经济社会运行秩序的突发性灾难事件或危急状态。通常由单一或综合的自然性、社会性和制度性诱因引发（孙晓晖和刘同舫，2020），主要包括全球性的自然灾害危机、公共卫生危机、公共安全危机、金融危机、能源危机、恐怖主义和气候变化等。全球性公共危机形成与演化的影响因素众多，相互作用关系复杂，存在动态性、非线性、不确定性等明显复杂系统特征，对社会经济、政治文化都会产生影响。因此，探究全球性公共危机的形成机理、演化规律、治理策略，谋求我国经济迈上更高质量、更有效率、更加公平、更为安全的发展道路，实现国家经济实力、科技实力、综合国力跃上新台阶等具有重要的理论意义和应用价值。

随着新冠病毒感染在全球范围内反复，公共卫生危机管理已成为国家战略需求和世界各国持续关注的全球性议题。各国争相建立课题以揭示全球性公共危机态势和演化规律，建立跨领域国家安全复杂系统模型以及内外部威胁情景推演与分级预警机制，最终掌握国家安全复杂系统动态和发展规律、推演方法和应对决策。习近平主席多次在国际场合中提出我们要"树立人类命运共同体意识"（习近平，2015a），"建立新型国际关系"（习近平，2015b）。人类已经进入"地球村"时代，共同利益远大于彼此的分歧，全人类在面对各种公共危机时，应当真正成为风雨同舟、荣辱与共的共同体。人类命运共同体的形成和维系离不开全球性公共危机治理。中国在全球性公共危机发生时，努力通过为国际社会提供公共产品、负责任地提出"中国方案"以及参与或主导建立若干全球性机制等实践，推动公共性在全球性公共危机治理中的作用扩大。国家对全球性公共危机事务的参与增加了全球体系的包容性，增强了全球性公共危机治理的有效性，也助推了人类命运共同体的形成（阙天舒，2016）。

（二）相应的国家战略需求

2020年8月24日，习近平在经济社会领域专家座谈会上提出，"当今世界正经历百年未有之大变局"（习近平，2020d）。当前，新冠疫情全球大流行使这个大变局加速演进，保护主义、单边主义上升，世界经济低迷，全球产业链供应链因非经济因素而面临冲击，国际经济、科技、文化、安全、政治等格局都在发生深刻调整，世界进入动荡变革期，我国必须做好应对一系列新的风险挑战的准备。我国高度重视全球性公共危机带来的风险与挑战，《中国共产党第十九届中央委员会第五次全体会议公报》提出，须统筹新冠肺炎疫情防控和经济社会发展工作，把人民生命安全和身体健康放在第一位，新冠肺炎疫情防控取得重大战略成果。《中华人民共和国国民经济和社会发展第十四个五年规划和2035年远景目标纲要》提出，完善国家生物安全风险监测预警体系和防控应急预案制度，健全重大生物安全事件信息统一发布机制，并提出要坚持分级负责、属地为主，健全中央与地方分级响应机制，强化跨区域、跨流域灾害事故应急协同联动。要敢于激发数字经济活力，习近平总书记在主持中央政治局第三十四次集体学习时强调，"数字经济事关国家发展大局，要做好我国数字经济发展顶层设计和体制机制建设，加强形势研判，抓住机遇，赢得主动"（新华社，2021）。2021年11月3日，李克强在国家科学技术奖励大会上发表讲话，"中国将积极融入全球创新网络，开展多层次、广领域的科技交流合作，务实推进全球疫情防控、公共卫生、气候变化、人类健康等领域国际科技合作，向世界分享更多创新成果、贡献更多中国智慧"（李克强，2021b）。

研究全球性公共危机的形成演化、资源分配、多元主体参与及其行为规律，以及后危机时代的企业管理变革，是构建总体国家安全观的重要组成部分，对于完善新时代中国国家安全体系、推进人类命运共同体建设具有重要意义（张志丹，2020）。一是填补了全球性公共危机治理的空白，深化党和国家对危机治理特点、规律和政策的认识，为做好新时代危机治理工作提供有力的理论支撑，具有重要理论意义。二是增加了我国新时代危机治理实践的经验，具有重要的实践意义。面对严峻复杂的风险形势，我国危机治理工作正在全面系统、深入扎实、有力有序地推进，各类危机得到有效防范化解，安全态势总体可控，国家建设取得了历史性成就，发生了历史性变革。三是当今世界正经历百年未有之大变局，新一轮科技革命和产业变革深入发展，国际力量对比深刻调整，国际环境日趋复杂，不稳定性不确定性明显增加，各国做好内部危机治理和全球性危机治理的任务艰巨繁重，全球性危机治理成为各国发展面临的共同难题。我国在危机治理中的创新举措和研究成果，为各国和全球性危机治理贡献出了中国智慧，对未来各国危机治理具有重要启示和借鉴意义（孔祥涛和胡志高，2019）。

（三）国际发展态势与我国发展优势

全球性公共危机的发生、发展规律体现了复杂多变、形态多样、牵涉面广等新的特征。从国际发展趋势来看，在经济全球化潮流推动下，世界正面临百年未有之大变局。新兴市场国家和一大批发展中国家发展快速，国际影响力不断增强；非国家行为体也大量涌现，在国际事务中扮演着越来越重要的角色。新冠疫情作为世界公共卫生领域发生的重大危机，给全球政治、经济、社会各领域的正常秩序造成了严重破坏和冲击。世界经济遭受重创，工人失业，社会动荡，欧美国家多地区发生大规模骚乱；以往国家间正常的交往被打断或受到干扰，多边合作应对疫情的难度加大，凸显了全球卫生治理体系的短板。在此次疫情中，世界经济政治外交关系领域出现了制度性危机，极端民族主义、种族主义偏见、意识形态偏见、反全球化行为表现突出，疫情加快了国际力量对比变化（卫灵和李浩源，2020）。在全球卫生治理供需失衡之时，中国支持世界卫生组织发挥领导作用，倡导构建同舟共济的人类命运共同体，走多边主义道路，努力推进全球治理体系走向民主化、法治化。

从危机形态来看，"大智移云"时代改变了人们认识世界和生产生活的方式，也导致全球危机形态和应对方式发生了根本性变化。新冠疫情发生后，流行病学调查、密接追踪、健康码等防疫手段运用大数据技术提高了防疫的精准性和实效性。互联网、社交媒体的运用使得政治与信息更紧密挂钩，特朗普通过推特治国、脸书议政，不断煽动网民情绪，2021年1月6日，大批特朗普支持者涌入华盛顿特区，暴力冲击美国国会大厦，导致示威者与警方发生冲突，国会参众两院联席会议被迫中断，并造成多人死亡 ①。

　　针对全球性公共危机的形成机理、演化规律、应急处置和资源配置，在国家战略层面，自 2003 年以来，各国政府都建立了匹配本国治理体制的应急管理组织体系。例如，美国建立了从联邦紧急事务管理局（Federal Emergency Administration of the United States，FEMA）到各州的标准化应急管理系统，各地方也建立了相应的地方应急行动中心；欧盟各国通过资源整合，制定了安全规划，兼顾公共安全与节能减排；日本常设了部一级的危机管理中心；印度政府专门设有"危机管理小组"。我国在应急管理的体制、机制和法制等方面也进行了大量工作并逐步形成了应急管理采用的"一案三制"体系。这一制度安排目的在于提高政府对安全问题的预见能力和救治能力，及时、有效地处理安全问题，维持社会稳定以及增强公众对政府的信任。在应对突如其来的新冠疫情过程中，我国在重大疫情防控体制机制、公共卫生应急管理体系等方面存在不足（中共国家卫生健康委员会党组，2020）。因我国前期的应急管理体系建设时间较短，且主要面向单一事件，部门、区域间缺乏完善的协调联动运行机制。加之突发事件的发生和演化具有高度不确定性，单一初始事件经过蔓延、转换、次生、衍生和耦合，形成复杂的复合型事件。该种复合型事件的响应往往涉及多个不同主体（跨区域、跨部门、跨层级）的协调和联动，其不确定性和动态演化特性使得人们在预案编制准备、预案演练和应急培训等各方面存在困难，需要应急组织体系具有较高的自组织性、韧性和敏捷性。

　　从多主体参与及其规律来看，应对全球性公共危机需要国际组织、国家、社会、个人和"互联网 + 大数据"等共同参与。只有当国际组织、国家和个人相互协调、相互配合，并且向着同一个目标而共同努力时，危机才能够在全球层面上得到遏制。全球治理是一种囊括了人类所有活动领域的规则体系，治理主体在这些领域中通过施加控制来达成目标，通过这样的行为产生了跨国界的影响，且在全球范围内构成了多层次的规则和实践体系。全球治理涵盖了从个人到国家再到全球的多个层次，任何国际组织、国家乃至个人都是全球治理的主体，这彰显了一种新的公共性特征（任晶晶，2020）。在政治权

---

① 空前混乱！美国发生大规模示威游行 . http://m.news.cctv.com/2021/01/07/ARTIQkB30PJ64euXAcr KzL6n210107.shtml[2022-11-20].

威方面，非政府组织等行为体越来越多地参与到危机治理之中，带有公共特点的私有权威正在从公共治理中崛起，公共性在全球性公共危机治理中的重要性正在增强。

从经济发展和后危机改革来看，世界经济格局的"东升西降"态势愈加明显，建立公共危机治理机制，强化经济科技领域的进步势在必行。欧洲国家也意识到，在21世纪保持第二次世界大战后对世界政治经济的主导地位已经力不从心。疫情前，世界力量对比格局的调整已经十分明显，疫情对世界格局的变化和调整起到推进和加速的作用。2020年世界经济深度衰退，后疫情时代的世界秩序调整和全球治理问题将会更加突出。发达国家和新兴市场国家在全球治理理念上分歧加大。当前全球新冠疫情所导致的经济衰退、企业亏损，并非简单地仅用传统的思维及方式就可以应对，而是要以新思维，对这种经济衰退有新认识，从而根据其特征采取新的应对方式，这样才能为企业和经济走出衰退并迎来未来健康持续发展创造条件（易宪容，2020）。要加强国际宏观经济政策协调，实施有力有效的财政和货币政策，加强金融监管协调，减免关税、取消壁垒、畅通贸易，维护全球产业链、供应链稳定，保障人民基本生活（郭迎锋，2020）。

新冠疫情发生后，经济全球化进程阻力加大，全球产业链、供应链的绞合是经济全球化发展的结果，给世界带来了巨大的效益，企业因此而获得了更低的成本和更高的回报。疫情使一些国家对全球产业链、供应链的对外依赖风险十分焦虑，担心一旦产业链某个环节出现问题产生的连锁反应会威胁国家安全。疫情下大国战略竞争态势不再遮掩，对中美关系的复杂性我们要有充分的认识和思想准备，需要在中美博弈中维护核心利益、坚定自信心，2020年7月9日外交部部长王毅在向中美智库媒体视频论坛发表题为"守正不移 与时俱进 维护中美关系的正确方向"的致辞中说道"作为一个独立自主国家，我们有权利维护自身的主权、安全和发展利益"（王毅，2020）。

后危机时代，新冠疫情对各企业、行业格局产生了巨大影响，行业内存在大量整合并购的机会。从辩证的角度看，虽然很多行业受到抑制，但另一些行业则面临着机遇，如医药行业。疫情带来的医疗需求大幅增加，国家对于医药的重视程度进一步提升，利好相关行业长期增长。另外，线上购物、线上办公、线上教育以及线上视频与游戏等行业短期内明显受益，从长期来看，疫情也将进一步改变传统的生活与消费习惯。2020 年全球经济大幅萎缩，中国经济逆势上扬，疫情未改变我国经济发展中的积极因素，不会削弱我国经济的内在韧性。随着 2020 年 11 月 15 日，东盟十国和中国、日本、韩国、澳大利亚、新西兰正式签署《区域全面经济伙伴关系协定》，疫情所产生的短期负面影响终将退去，我国经济发展稳中向好、长期向好的基本趋势没有改变（郭威，2020）。

从学术研究方面看，"公共危机治理""应急管理"等议题在我国最近几年的公共管理研究中高频出现，学者广泛探究了危机治理中的政府社会协同治理规律与新技术应用方法（徐晓林和明承瀚，2019）。这一研究趋势随着 2020 年新冠疫情的发生而进一步强化。研究的关注点主要集中在：基于大数据深度挖掘和集成分析技术，通过对突发公共危机事件传播的时空分布、演化规律和决策需求的分析推演，提出科学应对突发公共危机事件的应急决策与体系架构构建方法等。

发达国家（如美国、英国、加拿大等）构建了全风险方法（all-hazard approach）的综合性国家应急管理体系，形成全风险、全过程的"风险政务"模式，这也是当前应急管理领域的理念发展趋势。我国和国际卫生应急研究现状都凸显了全风险应急特征，除了应对突发公共卫生事件，还要解决自然灾害和事故灾难救助中的资源调配、跨部门信息共享和协作问题。中国学者在公共卫生危机情景推演和应急决策方面提出面向突发公共卫生事件的情景－能力－措施的情景推演框架，构建人员接触网络与病源活动网络耦合的公共卫生传染病的预测/传播模型。重点构建突发事件情景建模和数据－模型－知识－案例耦合反馈的近实时过程推演方法，实现大数据驱动的情景推演方法，研究事件态势的演化规律与演化阈值及从一个领域演化到另一领域的全过程推演，并提出基于结构化决策模型的突发公共卫生事件防控策略的评估和选择方法及政府、组织、民众协同的多主体决策方法。

纵观 1985 年以来公共危机治理研究领域的核心文献，公共危机治理研究分为三大领域：公共危机过程治理、风险沟通和危机沟通、适应性危机治理。从演进过程上看，公共危机治理研究经历了危机管理向危机治理、风险沟通向危机沟通、拒绝危机向适应危机的转变。其中，不确定性、脆弱性、韧性等概念成为 21 世纪公共危机治理研究的关键词。目前公共危机治理研究尚未形成独立、系统的研究体系，研究概念之间尚存在不相通的情况，学科交叉方面的研究尚未提出创新性的理论体系成果（高恩新和赵继娣，2017）。

进入 21 世纪以来，中国的大国地位在经济发展和综合国力提升的基础上逐步确立。同时，中国不断调整国家战略指向，使其在战略上的外向性和参与全球危机管理的公共性指向愈发突显。在 2021 年的全球治理指数总排行中，在国家治理指数排名前 20 位的国家中，中国是唯一上榜的人均 GDP 约 10 000 美元的发展中国家 [①]。

第一，中国不仅为国际社会提供公共产品，而且积极投入人力物力履行其全球性责任。伴随着自身的崛起和国际地位的提升，中国多次为国际社会提供人道主义救援，也进行国际公共产品的输送。中国在 2015 年也门战乱中帮助 15 个国家撤侨，国际社会对中国由衷敬服 [②]。2015 年，太平洋岛国发生地震，中国紧急动用高分一号、高分二号等卫星对南太平洋岛国瓦努阿图首都及周边地区受灾状况进行观测，帮助有关方面及时掌握灾情 [③]。2014 年，马航坠机事件发生时，中国调用 10 颗卫星为搜寻工作提供了大量数据 [④]。另外，中国设立南南合作援助基金，对最不发达国家的投资力争至 2030 年达到 120 亿美元，免除对有关最不发达国家、内陆发展中国家、小岛屿发展中国家截至 2015 年底到期未还的政府间无息贷款债务等 [⑤]。2020 年 10 月 8 日，中国同全球疫苗免疫联盟签署协议，正式加入"新冠肺炎疫苗实施计划"。截至 2022 年 6 月，中国已经向 120 多个国家和国际组织提供了超过 22 亿剂新冠疫苗，供应给"自费经济体"和"受资助经济体"，旨在加快新冠疫苗的开发和生产，确保每个国家都能公平地获得新冠疫苗（谢希瑶，2022）。这是中国秉持人类卫生健康共同体理念，推动疫苗成为全球性公共产品的一个重要举措。中国正积极地履行责任，为国际社会提供更多的国际公共产品。

---

① 《全球治理指数报告 2020》. 资料来源：华东政法大学政治学研究院.
② 党史上的今天：2015 年 3 月 29 日，也门撤侨. http://moment.rednet.cn/pc/content/2021/03/29/9132974.html[2022-08-02].
③ 中国调度高分卫星助力南太平洋岛国救灾. http://www.js7tv.cn/news/201504_6715.html[2022-08-02].
④ 马航失联客机最新消息：中国搜索失联客机所调动 4 型 10 枚卫星的用途详解. https://www.guancha.cn/Science/2014_03_11_212704.shtml[2022-08-02].
⑤ 中国将设立"南南合作援助基金"促进共同发展. http://m.cnr.cn/news/20150928/t20150928_520000096.html[2022-08-02].

第二，中国不仅对国际社会作出了生态建设的承诺，也负责任地为全球性公共危机治理提出"中国方案"。在第 21 届联合国气候变化大会上，面对气候变化这一全球性公共危机，中国展现了负责任的态度，先是于会前同美国、欧盟、巴西、印度等国家和组织就该问题签署了多个双边声明，提前化解了此前的一些分歧，此后又承诺加强合作，共同应对气候变化。中国正在以更为积极的建设者姿态活跃于气候政治舞台上，给全球气候谈判带来新气象。在联合国成立 70 周年系列峰会上，中国承诺设立为期 10 年、总额 10 亿美元的中国－联合和平与发展基金，并加入新的联合国维和能力待命机制，这显示出中国正努力彰显国际社会中的负责任大国的形象。在巴黎举行的联合国气候大会上，中国提出了"公平、合理、有效"的全球气候变化应对方案，探索"人类可持续"的发展路径和治理模式。中国提出的清晰明确的"中国方案"，彰显了气候治理上的中国担当和中国智慧。

第三，中国不仅积极维护国际秩序，而且不断参与或主导建立若干全球性机制。在融入现存国际秩序的同时，中国也积极主动地发挥建设性作用。共建"一带一路"国家和组织所开展的合作将更多地依赖由中国以及其他发展中国家主导的一系列机制。比如，共建"一带一路"国家国内以及跨国的基础设施建设在未来将通过亚洲基础设施投资银行、丝路基金有限责任公司或金砖国家新开发银行等机构而非以往的世界银行或国际货币基金组织进行融资。党的十八大以来，习近平对中国参与全球治理极为重视，先后出席"一带一路"国际合作高峰论坛、上海合作组织成员国元首理事会、金砖国家峰会、亚太经合组织工商领导人峰会等，开启了中国引领全球治理的新时代。而且，中国在寻求变革的同时并不颠覆或摒弃既有的全球治理机制。可见，中国主导建立新机制并不以替代旧机制为目的，是"负责任的大国"（阙天舒，2016）。

全球性公共危机治理还需要应急技术装备信息化建设的有力支撑，这也是应急能力提升的关键之一。当前，我国在大数据服务、5G 网络建设和数字经济产业方面的发展优势明显，危机管理领域的新技术应用也如火如荼地开展着。在应急领域，"智慧安全城市""城市大脑"的解决策略和部署方案已初具规模，我国众多城市的物联网消防远程监控系统基本可以实现动态感知、智能研判和精准防控，为消防救援发展和应急队伍建设提供了信息化支撑。

基于大数据和人工智能，公共危机治理也应推进决策机制从业务驱动转向数据预测，管理机制从死看死守转向预知预警，作战机制从经验主义转向科学决策、智能调度。"公共危机治理＋智慧"建设将覆盖城市安全的各个环节，为公共危机治理提供科学决策支持，最终实现全社会的大安全。

"面对共同挑战，任何人任何国家都无法独善其身"（习近平，2021c）这是国际社会达成的共识，也是习近平反复宣示的明确态度。在二十国集团领导人特别峰会上，习近平提出四点倡议：坚决打好新冠肺炎疫情防控全球阻击战；有效开展国际联防联控；积极支持国际组织发挥作用；加强国际宏观经济政策协调[①]。经济全球化的发展大势并没有改变，国际社会共同维护全球产业链和供应链的稳定与安全、携手恢复世界经济势在必行。顺应潮流、守正不移、与时俱进才是向前发展的正确方向。

（四）主要研究方向

1. 全球性公共危机的影响因素、形成机理及演化规律

"世界村"的形成使得世界各国各地区在政治、经济、文化、科技、军事、安全等多层次、多领域的相互影响与制约不断增强。自然灾害、公共卫生、人道主义灾难、金融危机等突发事件容易在国家和地区间的复杂影响下传递和放大，形成全球性公共危机。在新的经济和技术背景下，通过大数据、复杂网络、信息经济、复杂系统等理论方法技术，总结和挖掘全球性公共危机的影响因素、形成机理及演化规律，进而探究全球性公共危机的发生发展过程、做好危机监测预警及应急响应，这些研究均意义重大。

典型科学问题举例：公共危机中群体的行为规律、结构特征和演化机理，全球性公共危机形成机理分析及演化规律，全球性公共危机的影响要素提取及影响程度分析，全球性公共危机中群体脆弱性分析，全球性公共危机的突变点分析，国家与地区间经济、交通、信息、物资等复杂相互作用与依赖关系，基于多源异构大数据的多维监测预警及风险治理，全球性公共危机发生发展过程的应急管理与决策优化。

---

① 习近平在二十国集团领导人特别峰会上的重要讲话. http://www.gov.cn/xinwen/2020-03/26/content_5496106.htm[2022-11-20].

2. 全球性公共危机下应急资源供应与分配管理

应急管理全过程的物质支撑条件统称为应急资源。在全球性公共危机应对中，应急资源的稀缺性、时效性和区域不平衡等特征明显，其需求量难以确定，同时存在供应滞后效应。应急资源多种类（如应急物资、应急处置装备及基本生活物资等）、多所有制属性（公共资源和非公共资源等）等特点给应急资源保障工作带来困难，从应急资源的供应机制、分配模式、调度方法及基础科学问题等方面开展研究迫在眉睫。

典型科学问题举例： 应急资源配置与危机演化的相互影响规律，应急资源供应链脆弱性，应急物资产能扩张的激励机制，"政府主导 – 社会参与"的稀缺应急资源供给模式，不确定环境下应急资源区域需求特征，应急资源供需匹配过程、稀缺公共资源分配，考虑危机演化的应急资源动态分配，应急资源的常态储备与危机期间的共享机制。

3. 全球性公共危机治理中的多元主体参与机制与行为规律

国际组织、跨国企业等非政府主体在全球性危机治理中正在发挥着或引导或推动或参与或支撑等作用。同时，国际规则成为愈加重要的影响因素，如在全球性自然灾害应对中，国际组织对接的人道主义援助体系。目前，以一种积极主动的理念和一套行之有效的机制，推进多元主体积极参与危机治理，通过主动响应、积极消弭和旋进式改进，纾解全球性危机治理的实践困境是大势所趋。

社会系统中的主体在危机发生和发展过程中会出现特定的行为响应模式，表现出如问询、求助、评论、转帖等信息行为和避免接触、减少投资、逃离住地、囤积食品等避险行为。危机类型、危机严重程度、危机发展态势、社会恐慌情绪、公共资源储备等因素会极大地影响危机响应行为的范围、剧烈程度和持续时间。危机发展态势也会受到多主体对危机响应行为的进一步影响，疫情发展过程中存在大量可挖掘的多主体危机响应的行为规律，如逃离疫区会加剧流行病的传播，有意识地减少接触行为可以减缓流行病的传播，转发谣言会增加社会恐慌情绪等。通过建立计算实验模型，定量刻画多主体行为与危机演化的相互作用，最后能够设计有效机制以促进有利于危机消解的行为模式形成，是未来研究的要点。

典型科学问题举例：全球性危机治理中的社会决策机制，数字化社会下政府与公众的交互机制，面向不确定时空需求的韧性治理模式，中国特色全球性危机治理体系顶层设计和模式重构，面向多危机耦合的综合决策理论方法，全球性公共危机中社会群体心理与群体行为形成机制与量化分析，面向全球性危机的多元主体协同研判行为规律，危机中多主体的信息行为、迁移行为和其他避险行为的规律发现与建模仿真，多主体危机响应行为对危机演化发展的影响分析，通过多主体行为分析对危机发展态势、社会心理状态定量评估方法，舆情变化趋势的统计规律和引导措施，引导和干预多主体危机响应行为的机制和方法，危机中强弱势主体相互影响、转化、协同机制。

4. 全球性公共危机对经济与社会的影响机理与后危机时代的企业管理变革

全球性公共危机对经济与社会存在极大的影响。从影响机理看，可分为短期影响和长期影响。短期影响主要体现在危机中期，此时防控任务艰巨，全社会仍因过去的危机高峰而恐慌。其间经济与社会发展不良，"危"中有"机"：部分行业受危机防控影响而不能正常运行，其他行业也在不同程度上受之牵连，危机防控和经济恢复需双管齐下。长期影响则体现在危机后期，危机已成功结束或成为常态，其造成的巨大冲击会明显改变原有的技术结构和水平、社会心理和习惯，以及政府在经济社会中的地位和作用，同时未来经济发展的动力、结构与路径和危机前都明显不同。

企业受疫情危机的影响巨大，企业为成功应对危机，必须在全球供应链变化的应对，人们生活方式的改变，数字化、新产业和新技术的布局，以及组织韧性的追求等多个方面进行管理变革。探求疫情危机中企业管理变革的新方式，如通过数字化、在线化建立与客户深度连接，创新产品价值，设计精准对接提供定制化解决方案；智能协同，远程在线工作方式等。人们的生活方式也受到疫情影响，疫情创造了新经济、新业态、新消费等机会，企业必须主动寻找新的发展机会，开展新技术布局，通过管理变革实现更高效的协同、更互动的关联、更创新的战略。此外，在后疫情时代，应适应动荡变化、不确定的环境常态，通过管理变革保持灵活调整战略的动态能力并不断进化，在各种不可预测的危机中组织韧性是企业变革的不竭动力。

典型科学问题举例：危机防控对关键行业的直接影响及其对经济社会整体影响的路径识别；危机缓解期社会心理与生活方式改变对经济增长动力的影响；后危机时代的全球社会与经济格局重组与创新发展；后危机时代企业管理如何应对全球产业链变化带来的挑战，数字化时代企业的工作方式和管理模式如何变革，后危机时代数据驱动的企业精细化管理与价值共创，后危机时代企业如何建立共生发展模式，企业管理如何适应新产业和新技术的变化，后危机时代的企业动态能力和组织韧性的来源等。

四、社会－经济－资源－生态系统的复杂性

（一）基本概念与科学意义

"社会－经济－资源－生态系统"是指在一定条件下，社会系统、经济系统、资源系统与生态系统之间形成的功能互补、要素共享、相互促进和协调发展的复合系统，旨在实现社会和谐发展、经济持续增长、资源永续利用和生态良性循环。

社会、经济、资源、生态等子系统之间是紧密联系、密切相关的。资源系统和生态系统分别为人类社会的存在和发展提供了物质基础和外部环境，经济系统以其物质再生产功能为社会发展提供了物质和资金支持，社会系统则为经济系统提供了其必需的人力资源、基础设施等生产要素。社会进步是资源、生态子系统满足社会需求的体现，是经济发展的根本目的。社会、经济、资源、生态等子系统在时间、空间、结构、功能等方面的动态耦合和相互作用决定了复合系统的发展与演化方向。如果某一子系统发展不充分或者子系统间发展不协调、不均衡，都会对复合系统产生巨大的负面影响。社会－经济－资源－生态系统的基本科学问题就是分析多个子系统的耦合协调机制，并在此基础之上探索复合系统的可持续发展路径。

在全球经济发展浪潮中，各国经济都获得了不同程度的发展，人民生活水平不断提升。但由于过度聚焦经济发展，缺乏全局意识，忽略了不同系统之间的相互影响与协调发展机制，使社会贫富分化、资源过度损耗、生态环境破坏等问题不断加剧，这又显著制约了经济的可持续发展。聚焦社会－经

济 – 资源 – 生态系统复杂性的前沿研究，将借助于新一代信息技术提供的丰富数据资源和智能化数据处理分析技术，极大地加强对不同类型子系统的微观认知、对复合系统的整体把控，有助于揭示社会、经济、资源和生态子系统间的复杂影响机制，进而构建复合系统的可持续发展路径，推进管理学、系统科学、环境科学等学科的交叉融通。

（二）相应的国家战略需求

社会 – 经济 – 资源 – 生态系统的可持续发展已经成为国家战略。以传统化石能源为主的能源消费模式，是我国面临各类资源和生态问题的主要原因。当前我国煤炭消费占比为 57.7%，碳排放量占全球总量的 28%（International Energy Agency，2012），已经成为全球温室气体排放量最高的国家；2020 年上半年，全国 337 个地级及以上城市 $PM_{2.5}$ 平均浓度为 36 微克 / 米^3，显著高于世界卫生组织标准（10 微克 / 米^3）。此外，我国石油对外依存度接近 70%，天然气对外依存度超过 40%，能源安全结构性矛盾突出。近年来，我国先后颁布与实施《可再生能源发展"十三五"规划》《风电发展"十三五"规划》《太阳能发展"十三五"规划》《节能中长期专项规划》《"十三五"节能减排综合工作方案》等一系列重要规划，从顶层设计上推进能源转型。习近平主席在 2020 年 9 月 22 日召开的第七十五届联合国大会上表示："中国将提高国家自主贡献力度，采取更加有力的政策和措施，二氧化碳排放力争于 2030 年前达到峰值，努力争取 2060 年前实现碳中和。"（习近平，2020c）这是我国在《巴黎协定》之后的第一个长期气候目标，对我国能源发展和能源政策产生了长远、广泛、深刻的影响。由高污染、高排放为主要特征的传统能源体系向清洁低碳、安全高效的现代能源体系逐步转型是应对环境危机、保障能源安全、实现碳中和目标的关键路径。立足我国统筹和加强应对气候变化与生态环境保护目标，围绕落实二氧化碳排放达峰目标与碳中和愿景，统筹推进应对气候变化与生态环境保护相关工作，开展社会 – 经济 – 资源 – 生态系统的单项及其复杂性研究，建立健全统筹融合的战略、规划、政策和行动体系，推动实现减污降碳协同效应，推进减缓适应气候变化与生态环境保护修复的协同工作。

同时，社会、经济、资源、生态各子系统之间存在高度的关联性，其协同治理也是有效促进社会经济高质量发展和生态文明建设的必然选择。社会、经济、资源、生态各子系统的协同治理，不仅要求四者之间协同有序可持续发展，同时也需要不同区域、不同产业及不同类型的行为主体之间的相互合作，从而最大限度地提高资源效率、环境绩效和经济发展质量。我国经济发展进入新常态以来，习近平总书记提出创新、协调、绿色、开放、共享的新发展理念，指出"高质量发展，就是能够很好满足人民日益增长的美好生活需要的发展，是体现新发展理念的发展，是创新成为第一动力、协调成为内生特点、绿色成为普遍形态、开放成为必由之路、共享成为根本目的的发展"（人民日报，2021c），并强调"新时代新阶段的发展必须贯彻新发展理念，必须是高质量发展"（人民日报，2020i）。推动高质量发展，要坚持推动形成优势互补、高质量发展的区域经济布局，努力在推动高质量发展过程中办好各项民生事业、补齐民生领域短板，以共建共治共享拓展社会发展新局面。在党的十九届五中全会上，习近平总书记强调："经济、社会、文化、生态等各领域都要体现高质量发展的要求。"（人民日报，2020i）"十四五"乃至今后更长时期，以推动高质量发展为主题要体现在国家发展的各领域和全过程中。

此外，重大突发事件往往会对复合系统的稳定和安全产生不可忽视的影响。例如，此次新冠疫情的暴发对全球经济市场和能源资源市场形成剧烈冲击，对社会生活秩序产生直接影响。2014年4月，中央国家安全委员会第一次会议召开，习近平总书记提出了总体国家安全观（人民日报，2014），将国家安全上升到"头等大事"的战略高度。新冠疫情发生后，习近平总书记多次强调国家安全，在2020年2月的统筹推进新冠肺炎疫情防控和经济社会发展工作部署会议上的讲话中指出："公共卫生安全是人类面临的共同挑战，需要各国携手应对。"（习近平，2020f）重大公共安全事件、自然灾害、地缘政治动荡等对社会安全，尤其是战略性资源的安全影响不可忽视。

作为国家发展战略的重要组成部分，社会－经济－资源－生态系统可持续发展的核心是保证各个子系统的协调、均衡发展。立足于复合系统的复杂性特征，促进能源系统可持续转型、支撑多系统协同发展、提升复合系统稳定性以应对突发事件，都需要发展与之相应的"复杂系统理论"与"协同学理论"，这对实现可持续发展的国家战略具有重要意义。

（三）国际发展态势与我国发展优势

从社会－经济－资源－生态系统的内涵和外延来看，该系统是以经济发展为主导、社会文化为依托、资源流动为命脉、生态环境为经络的复合系统。四个子系统之间在时间、空间、数量、结构、秩序方面的生态耦合关系和相互作用机制决定了复合生态系统的发展与演替方向，其对传统单一系统进行了全面的革新，从各个角度改变了子系统交汇的载体、渠道、技术和效率，进而在国际上引发了高度关注。

从国家战略方面看，1992年由联合国环境规划署倡导签订的《生物多样性公约》是指导世界各国保护地球生物资源的国际性公约。在主要发达国家中，美国、英国和欧盟国家在社会－经济－资源－生态系统领域形成了各自的竞争优势。美国生态体系及其保护制度的建立和运转经过近百年发展，政府对政策工具不断创新，国会对法案不断完善，公众对保护工作不断提出建议，取得了显著成效。美国在管理体制上明晰自然资源产权的主体，实行垂直管理；在法律制度上研究制定相关部门的机构组织法，并建立了保障有力资金机制，依法落实公众参与的有力监督。德国政府和欧洲委员会发起的《生态系统和生物多样性经济学研究计划》（The Economics of Ecosystems and Biodiversity，TEEB）集成了自然科学、经济学和政策领域的知识、经验和专业技能，旨在拯救丧失的生物多样性，并为所采取的行动提供理论指导。英国编制发布《英国国家生态系统评估》，调查了英国整个自然生态系统状况，对生态系统为英国社会经济发展提供生态系统服务的能力进行评估。在全球范围内各国也联合组织了各类高端论坛、峰会。世界自然保护联盟（International Union for Conservation of Nature，IUCN）是世界上规模最大、历史最悠久的全球性非营利环保机构，每四年组织召开一次世界自然保护大会（World Conservation Congress，WCC），致力于使全世界关注最紧迫的环境和发展问题，保护生物多样性以及保障生物资源利用的可持续性，为森林、湿地、海岸及海洋资源的保护与管理制定出各种策略及方案。2019年第四届联合国环境大会主题是"寻求创新解决办法，应对环境挑战并实现可持续消费与生产"，研究了全球环境状况最新评估报告，讨论塑料产品、化学品和废物无害化管理等全球环境政策和治理进程，以此呼吁各国加快对自然资源管理、资源效率、能源、化学品和废物管理、可持续商业发展及其他相关领域的治理进程。世界经济与环境大会（World Economic and Environmental Conference，WEC）在 2019 年举办圆桌会议，共同探讨生态环境与经济高质量发展。中国在 2017 年《世界环境公约》主题峰会上表示，中国秉持创新、协调、绿色、开放、共享的发展理念，已经把生态文明建设纳入国家发展战略。

从学术研究方面看，美国经济学家 K. 波尔丁在 20 世纪 60 年代提出"循环经济"。"循环经济"指在人、自然资源和科技的大系统中，把传统的依赖资源消耗的线性增长的经济转变为依靠生态型资源循环来发展的经济。这一观点在当前全球人口增长、资源短缺、环境污染和生态蜕变的严峻形势下，具有重要的指导意义。论文发表方面，用 WoS 的查询数据，简单地以 ecosystem complexity（生态系统复杂性）为主题的检索策略发现，搜索到的学术论文有 9657 篇。2015～2020 年，以"社会－经济－资源－生态系统"复杂系统为背景的创新研究逐渐被国际学者所重视，2016～2020 年，在 *Nature*、*Science*、PNAS、《自然、生态与进化》（*Nature Ecology & Evolution*）（Mateos et al.，2020；Darling et al.，2019）《自然通信》（*Nature Communications*）（Yeakel et al.，2020；Saltréet al.，2019）、《生态经济学》（*Ecological Economics*）（John et al.，2019；Evans，2018；Shah et al.，2017）、《科学报告》（*Scientific Reports*）（Chengyi et al.，2019）等国际代表性期刊上发表的相关论文有两百余篇（检索时间：2021 年 2 月）。从期刊分布上看，主要发布相关论文的期刊有《生态学》（*Ecology*）、《环境科学》（*Environmental Sciences*）、《环境研究》（*Environmental Studies*）等。各国的科学基金组织也纷纷设立计划，资助与社会－经济－资源－生态系统领域相关的基础研究。例如，中国国家自然科学基金委员会与美国国家科学基金会达成的加强和推进生物多样性领域双边合作的共识，从广泛的研究视角对生态系统的描述和功能方面开展综合研究，包括生态系统（包括气候变化）对人为干扰的响应等。2019 年，欧盟资助气候－海洋临界点与生态系统预测研究［包含南极气候系统临界点（Tipping Points in Antarctic Climate Components，TiPACCs）、海洋临界因素（COMFORT）和南大西洋和热带大西洋气候海洋生态系统预测（TRIATLAS）三个项目］，将结合生态系统观测、生态系统气候预测、未来社会－经济－生态系统服务变化信息，并通过与利益相关方、项目和计划紧密联系来实现大西洋人类活动整体的可持续管理目标。

近年来，特别是在"十三五"期间，社会－经济－资源－生态系统得到高度关注，国家层面在生态文明建设和自然资源综合管理方面做出了一系列重要指示，并形成了一些国家战略重要组成部分。2018年3月，第十三届全国人大一次会议表决通过了国务院机构改革方案，组建自然资源部，通过建立大部门体制，聚焦经济调节、市场监管、社会管理、公共服务、生态环境保护等政府基本职能。随着"一带一路"建设的进一步推进，中国与"一带一路"国家正在开展一系列的跨国合作，无论是"天堑变通途"的路桥项目，还是"地底两万里"的油气管线，这些项目开展的基础及维护都需要地理、资源、生态环境、社会、经济等多系统国际综合科学考察研究创新。

随着中国的生态文明制度体系的加快形成，其经济结构发生了深刻变化，社会向高质量发展阶段迈进，中国已经认识到社会－经济－资源－生态系统的复杂性，国家发展改革委、自然资源部联合印发了《全国重要生态系统保护和修复重大工程总体规划（2021—2035年）》，以全面提升国家生态安全屏障质量、促进生态系统良性循环和永续利用为总体目标，以统筹山水林田湖草一体化保护和修复为主线，明确了到2035年全国生态保护和修复工作的总体要求和主要目标，提出了各项重大工程的重点任务和政策措施，形成了推进全国重要生态系统保护和修复重大工程的基本框架。进入新时代，中国社会主要矛盾的转化，集中反映出中国社会发展新的阶段性特征，虽然取得了一些成就，但依然需要清醒地看到、认识到，生态环境与经济建设、社会发展、资源利用等还存在许多的不足，还需要继续坚定方向，努力攻坚。经济方面还存在市场调节和宏观调控之间的矛盾、分配公平和经济效率之间的矛盾、发展经济与改善民生之间的矛盾等。社会方面还存在社会稳定和深化改革之间的矛盾、清廉要求和腐败行为之间的矛盾、解放思想和统一意志之间的矛盾等。生态环境、自然资源利用和经济建设，关系到国家的长远发展和最广大人民的利益，必须与现有国情结合在一起，与社会经济发展相协调，各级政府、社会团体、科研院校、企业等社会各方都责无旁贷，任重而道远。中国政府全面贯彻落实"绿水青山就是金山银山"和"山水林田湖草是生命共同体"的生态文明理念，使得生态系统服务功能整体提升。

"社会－经济－资源－生态系统的复杂性"相关研究也得到中国学者的

高度重视。论文发表方面，从"百度学术"上简单地用论文中包含"社会－经济－资源－生态系统复杂性"相关的关键词搜索来看，2015～2020 年被CSCD 和 CSSCI 数据库收录的公开发表的中文学术论文约 709 篇；用 WoS 的查询数据，简单地以 ecosystem complexity 为主题的检索发现，中国（不含港澳台）学术机构发表的相关国际学术论文，在 2015～2020 年总共有 599 篇，排在同期全球各个国家和地区同类论文数量的第 5 位（美国以 2109 篇名列第一，其次分别是英国 720 篇、澳大利亚 714 篇、德国 699 篇）（检索时间：2021 年 2 月）。同时，国内外的高等学校、重要的国内外学术会议也纷纷以"生态经济""资源环境""智慧生态"等作为大会主题或者举办专门的论坛对此展开学术讨论和论文交流（如生态经济研究前沿国际高层论坛、自然资源资产管理学术研讨会、生态系统监测与评估学术研讨会等）。2019 年，中国自然资源经济研究院举办的第三届自然资源资产管理学术研讨会讨论了自然资源保护与修复、生物多样性保护与修复、生态补偿制度建设的瓶颈及对策等问题。国家自然科学基金委员会在"十三五"期间，资助了一系列与社会－经济－资源－生态系统的协调发展、影响机制等有关的重大、重点项目，如"中国北方干旱半干旱区气候变化及敏感生态系统的响应与适应""黑河流域中游水－生态－经济模型综合研究""青藏高原生态与社会经济系统对气候变化的响应与适应研究"等。这些都为该领域复杂系统理论研究产生重大突破奠定了知识、技术、实证数据等方面的重要基础。同时，国内众多高校纷纷建立与社会－经济－资源－生态系统相关的研究中心、研究院所（如中国科学院生态环境研究中心、北京大学生态研究中心、清华大学生态文明研究中心、北京理工大学能源与环境政策研究中心等），对能源资源、气候变化、生态文明与经济社会发展及其基础理论组织研究力量开展长期专门的研究。此外，很多学校也设立了相关方向的学术型硕士、专业型硕士等研究生教育项目，开设"能源经济""生态学"等相关课程。

中国生态文明建设实践高度发展的背景，为我国学者在社会－经济－资源－生态系统研究领域提供了领先世界的研究机会。中国出色的生态文明建设实践、自然资源禀赋条件、快速的经济建设发展以及学术界形成的多学科交叉探索的开放性研究态势，再加上前期科学资助机构所投入的研究资金、学术界已经取得的学术成果积累，都构成了支持我国社会－经济－资源－生态系统研究的有利条件和独特竞争力。推动能源经济与环境系统协同治理，现有指导意见中对目标导向、宏观统筹、法律法规、标准体系、监管协同、督查考核等方面做了系统研究，但目前缺乏对社会－经济－资源－生态系统的单项及其复杂性的研究，协同治理、复杂性研究及优化管理方面的研究亟待开展。

（四）主要研究方向

1. 能源系统可持续转型与碳中和实现路径的管理理论与方法

能源系统可持续性转型需要多方主体的协同、有序推动，也受到诸多不确定因素的影响和制约。在供给侧可持续转型方面，在加速清洁能源技术研发、创新和扩散的基础上，低成本、高质量地推动可再生能源的总量供应和结构布局，全面推动可再生能源产业市场化竞争，提高资源配置效率，推进"电改"和"气改"等能源价格改革，逐步实现可再生能源去补贴和平价上网，实施适合于分布式可再生能源供能的电价、热价、气价，采用峰谷价格、季节价格、可中断价格等多种灵活定价机制，提高系统效率。在需求侧可持续转型方面，能源系统转型将改变市场主体（企业、消费者等）的用能方式（如煤改气、煤改电等）和用能结构，塑造或形成新的能源需求格局。考虑到可再生能源先天的间歇性和波动性增加了能源系统的不稳定性以及运行成本，应结合区域可再生能源资源特征，分析可再生能源出力的上下限和期望值，绘制能源系统终端负荷曲线，分析负荷特征和变化规律，对可再生能源和终端负荷实施精准预测，提升"源－网－荷"的同步性，促进可再生能源消纳。此外，在 2060 年碳中和目标下，推动基于未利用土地的生物质能源的发展将有利于保障能源安全、减少化石能源的使用量；"基于自然的解决方案"的农业、林业、草地等生产方式和保护方式的优化将在"增加碳汇"方面发挥更强的积极作用；积极推进碳捕获封存利用潜力、空间布局和环境风险研究，可大规模减少高碳行业的温室气体排放。基于此，能源系统可持续性转型特征、规律、驱动机制的揭示，以及转型程度、快慢、效果的评估等，都是亟待开展的基础科学问题。此外，为进一步实现碳中和目标，还应坚持和完善能源消费总量和强度双控制度，建立健全用能预算等管理制度，推动能源高效配置合理使用；加强重点用能单位管理，加快实施综合能效提升等节能工程，深入推进工业、建筑、交通等重点领域的节能降耗，持续提升新基建能效水平；实施精准预测，加强系统优化及大力发展储能，促进能源产业有序、健康发展，打造灵活稳定的多能互补系统和优质高效的综合能源服务；加快建设全国用能权交易市场，广泛开展全民节能行动，营造有利于节能的整体社会氛围。

典型科学问题举例：能源系统可持续性转型的表征、事实与规律，能源系统可持续性转型路径，能源系统可持续性转型的驱动机制，能源系统可持续性转型的多主体行为规律，能源系统可持续性转型的效果评价，能源转型与气候变化治理的协同策略与模式创新，推动能源系统可持续性转型的政策设计，碳排放核算与预测，分行业碳减排潜力与成本测算，2030 年前二氧化碳排放达峰行动方案，碳中和实现路径中的政策体系、技术体系、市场体系、标准体系，碳捕获封存与利用的潜力、空间布局优化和环境风险，生物质能发展潜力和环境经济效益，碳汇潜力挖掘和生态环境效益，等等。

2. 社会－经济－资源－生态系统协同耦合机制与可持续运行规律

能源经济与环境系统协同治理离不开社会、经济、资源及生态系统单项及复杂性研究，积极推进社会经济、陆地生态系统、水资源、海洋及海岸带等生态保护修复与适应气候变化协同增效，协调推动农业、林业、水利等领域以及城市、沿海、生态脆弱地区开展气候变化影响风险评估，实施适应气候变化行动，提升社会－经济－能源环境－生态系统复杂性认知，推动环境经济政策统筹融合和实现减污降碳协同效应。社会、经济、资源和生态系统既有对立的一面，又有统一的一面，是一种竞争与合作的关系，各类子系统的关键要素之间存在着相互影响、相互制约的耦合关系。但不同子系统在发展阶段、政策目标、技术水平和行为决策等方面的差异性均会对复合系统的协同治理效果产生重要影响，而合理的政策设计对引导复合系统向更加绿色、低碳、高效的发展方式和生产模式转变，最终实现社会和谐发展、经济持续增长、资源永续利用和生态良性循环具有至关重要的作用。为此，要充分认识生态系统的重要性以及中国加强生态系统保护的紧迫性，科学编制资源、生态系统可持续发展规划，分区、分类、分期、分批地推进资源系统和生态系统的开发、治理和发展，推动社会－经济－资源－生态系统协同耦合与可持续运行。

典型科学问题举例： 社会经济和生态资源的交互影响机理与协同发展规律，经济发展与生态保护的不平衡性及其治理机制，生态资源破坏的经济损失评估，社会经济与生态资源效益耦合协调发展的问题和对策，能源供需系统的绿色转型发展机制与实现路径，政府在经济发展中的生态责任，生态资源可持续发展与反贫困，多区域、产业和企业间绿色转型发展的协同机制，环境约束下能源转型不同层级主体间的冲突机理与协调策略，能源与环境政策的协同效应评估与优化路径，耦合共生视角下多系统互惠机理分析，"后疫情时代"构建人类命运共同体的关键路径研究。

3. 重大突发事件与战略性资源安全

重大突发事件的社会波及面广、舆论反响大、影响因素多、产生背景纷繁复杂、发展趋势难以预测等特征，为科学、及时研判信息与快速决策增加了困难。尤其在面对重大突发事件时，保障战略性资源的安全供应，对维护国家安全和社会稳定具有重要意义。

为此，应进一步建立健全政府部门对重大突发事件的统一应对机制，统筹协调政府和社会各方面的数据渠道和战略性资源，实时数据分析、监测与预警，建立健全重大突发事件关键传播节点控制、传播方向引导机制，优化战略性资源的调度和分配机制，保障能源、粮食、医疗用品等资源的安全和高效供应。同时充分发挥大数据在国家重大突发事件治理中的基础作用，全面分析突发事件对医疗卫生、民生经济、产业行业的冲击和影响，规范数据和信息发布的流程管理，统一数据口径，建立数据"采集—核查—上报—发布"的标准流程体系，并转化为权威信息予以发布，充分发挥相关政府部门的话语主导权，进一步提升政府公信力，有效化解事件带来的社会性危机，促进社会稳定和谐发展。此外，各种风险相互交织，呈现出自然和人为致灾因素相互联系、传统安全与非传统安全因素相互作用、既有社会矛盾与新生社会矛盾相互交织等特点。尤其在考虑复合型极端气候对经济及产业链影响上，需构建全球复合型极端气候灾害对社会经济影响的复合型灾害足迹模型，以全球产业链上的关键节点行业及基础设施为切入点，分析复合型极端气候灾害对全球经济系统的影响机制；对比灾害发生前后全球重点行业产品在供给侧和需求侧方面的均衡关系变化，追踪这些变化在全球产业链上下游之间的传递，系统量化对全球经济的全面影响。在工业化、城镇化、国际化、信息化推进过程中，突发事件的关联性、衍生性、复合性和非常规性不断增强，跨区域和国际化趋势日益明显，危害性越来越大；随着网络新媒体快速发展，突发事件网上网下呼应，信息快速传播，加大了应急处置难度。同时，在推进全面建成小康社会进程中，公众对政府及时处置突发事件、保障公共安全提出了更高的要求。因此，要强化预防与应急并重、常态与非常态结合；加强风险识别、评估，最大限度地控制风险并消除隐患，推进应急管理由以应急处置为重点向全过程风险管理转变；还要坚持全球视野、合作共赢，提高对境外公民和机构保护能力，加强应急管理国际交流合作，建立能够有效保障民众安居乐业、社会安定有序、国家长治久安的全方位、立体化的公共安全网络。

典型科学问题举例：重大突发事件对社会生活和生产的影响和冲击，重大突发事件的应急处置机制，重大突发事件舆情监测与预警，重大突发事件报道中的信息冲突与信息不对称，重大突发事件对全球合作和共治的影响，重大突发事件对战略性资源供应的影响，我国战略性资源进口的依赖性及其对资源供给安全的影响，战略性资源的替代性研究，战略性资源的跨区域、跨国境调度与分配机制，复合型极端气候对经济及产业链的影响。

五、人口与社会经济发展

（一）基本概念与科学意义

"人口问题是发展的中心问题"已成为世界各国的共识。人口因素是影响社会经济发展的最关键因素之一。对中国来说，目前和未来几十年，由于人口转变进程过快，人口问题将成为我国经济发展与转型的重要制约因素。人口问题是指由人口在数量、结构、分布等方面的快速变化带来的人口与社会、经济发展及资源环境之间的矛盾冲突。相较于一度成为热点议题的全球人口数量的过快增长，受科技进步与经济发展等因素的影响，人口负增长已成为世界性社会问题，也将成为未来5～10年我国人口转变无法逆转的趋势。人口负增长如何影响经济增长、给社会治理带来哪些挑战是人们需要关注的问题。人口结构是指人口在自然属性（如年龄、性别）、社会属性（如城乡身份）、空间分布（地域）、知识技能（如教育水平）等方面的比例关系。人口结构变化有其自身发展规律，并且能够对社会经济产生重大影响。需要探讨其演变机理、对社会经济发展主要领域的影响机制、路径和策略设计等问题。

在人口增长转型和人口结构发生巨大变化、人工智能将带来劳动力革命的背景下，人口和社会经济的相互影响程度和研究范式将发生根本变化。特别地，中国人口的快速老龄化、中国特色的经济增长模式及公共治理框架决定着其人口问题和发达经济体有较大不同，需要拓宽人口和社会经济发展的研究领域。在充分考虑不同制度下人口相关的公共政策和治理模式基础上，对生育率和人口增长及结构、人口流动/迁移与经济增长、人工智能对劳动力结构的影响，"未富先老"的老龄化社会对公共治理的新需求及机制设计等，将可能改变现有研究的事实基础和理论体系，推进人口学与经济学的前沿研究。

（二）相应的国家战略需求

中华人民共和国成立70余年以来，我国人口经历了人口迅速增长阶段（20世纪50~60年代）、人口增长减速阶段（20世纪70年代）、人口波动增长阶段（20世纪80年代）和人口低速增长阶段（20世纪90年代以来）（张车伟和李建民，2019）。自1990年以来，中国人口的内在自然增长率转为负值，历史累积的正增长惯性不断削弱，负增长惯性则不断积聚，二者此消彼长，势必导致决定未来中国人口真正走势的是人口负增长惯性，中国人口终将迈入负增长时代（张现苓等，2020）。2022年中国人口负增长，且负增长趋势难以逆转。

与此同时，我国人口结构发生了深刻的变化。中华人民共和国成立后的30余年间，我国人口呈现典型的金字塔形状。1960年，中位数年龄不到25岁，60岁以上人口占比为6.2%，5岁以下人口占比为14.7%，人口预期寿命只有44.5岁[①]。到2019年，我国已成为一个老龄化的国家，中位数年龄上升为38岁左右，60岁以上人口占比为18.1%，5岁以下人口占比为6.0%，人口预期寿命达到77.3岁（国家卫健委规划发展与信息化司，2020）。2020年10

---

① World population prospects 2022. https://population.un.org/wpp/DataQuery/[2022-08-25].

月，中国卫生经济学会老年健康专业委员会发布的《老年健康蓝皮书：中国健康老龄化研究与施策（2020）》指出[①]，未来 30 年中国人口将进入快速老龄化的关键时期；人均预期寿命从 1950 年低于全球平均水平 2 岁，到 2019 年高于全球平均水平 4 岁，国家卫健委称 2021 年中国人均预期寿命已达 78.2 岁[②]。中位数年龄从 2000 年到 2050 年将增长 18 岁，增速将远超前 50 年增长 6 岁的幅度。除老龄人口快速增长外，15～64 岁劳动人口下降、出生率降低、老年抚养比不断提高，这将给我国公共卫生体系带来巨大挑战。

中华人民共和国成立以来，人口的城乡分布也发生了根本性的变化。2020 年我国城镇化率（城镇常住人口占总人口比重）为 63.89%（国家统计局，2021），而 1950 年，我国的城镇化率仅为 11% 左右，改革开放之初的 1979 年也只有 19% 左右[③]。从地区间的人口流动来看，其人口流向、规模、流动人口结构也发生了很大变化。改革开放以来，农民工成为人口流动的主体。以农民工为例，2019 年农民工总量达到 29 077 万人，比上年增加 241 万人，同比增长 0.8%（国家统计局，2020），增幅继续放缓（2015～2019 年平均增速 1.2%，2010～2015 年平均增速 2.7%）。近年来，农民工数量呈现增幅放缓趋势，年龄结构也发生了很大变化。2009～2020 年（国家统计局农村司，2010），50 岁以上农民工占比从 4.2% 上升至 26.4%。2020 年，受疫情影响，农民工总量出现了较大幅度下降，比 2019 年减少 517 万人，下降 1.8%（国家统计局，2021b）。农民工增速放缓和年龄结构老化给区域经济发展带来了一些挑战，如可能会进一步提高劳动力成本，凸显劳动力区域性和结构性短缺等问题，这一变化也将倒逼产业技术升级和经济结构转型，但如何实现升级和转型值得研究。另外，年龄结构老化说明新增农民工的就业偏好发生变化，对提高劳动力素质、促进技术水平提升和产业升级等也是一个契机。

伴随着即将到来的人口数量负增长和人口结构的巨大转型，我国面临着一系列重大挑战。特别地，我国的总和生育率已经从中华人民共和国成立初期 1950～1955 年的 6.11 人降至 2015～2020 的 1.69 人[④]，这在世界范围内已经

---

① 2019 年我国卫生健康事业发展统计公报 . http://www.gov.cn/guoqing/2021-04/09/content_5598657.htm[2020-08-25].

② 国家卫健委：居民人均预期寿命 2021 年提高到 78.2 岁 . https://m.gmw.cn/baijia/2022-07/12/1303040826.html[2022-08-25].

③ 国家统计局国家数据 . https://data.stats.gov.cn/easyquery.htm?cn=C01[2021-02-28].

④ World population prospects 2022. https://population.un.org/wpp/DataQuery/[2020-08-25].

处于较低水平。按照联合国关于中国人口"中方案"的预测[①]，到2100年，全中国的人口将减至10亿人；若按照"低方案"的预测，届时中国人口将减至6亿人，仅为现今人口总量的一半。在生育率快速下降与寿命延长的共同作用下，我国人口老龄化的速度远快于发达国家：根据第七次人口普查数据，2020年我国65岁及以上人口比例为13.5%，比2019年增加0.9个百分点，预计到2050年，65岁以上人口将占26.1%，高于许多发达国家。人口的快速老龄化导致我国老年抚养比快速增加，2011~2020年的10年间，老年抚养比从12.3%提高到19.7%。传统上，我国主要依靠家庭养老，但由劳动年龄人口绝对数量下降、老年抚养比迅速提高，再加上多年来执行的独生子女政策带来的家庭养老负担过重等问题，给单纯的家庭养老带来巨大的挑战，甚至难以为继。为应对老龄化问题，中共中央、国务院2019年11月印发了《国家积极应对人口老龄化中长期规划》，该规划近期至2022年、中期至2035年、远期展望至2050年，提出了21世纪中叶我国积极应对人口老龄化的目标任务，将应对老龄化上升为国家战略。2021年3月，我国发布了《中华人民共和国国民经济和社会发展第十四个五年规划和2035年远景目标纲要》，纲要中明确指出，"实施积极应对人口老龄化国家战略"，包括制定人口长期发展战略、优化生育政策，以"一老一小"为重点完善人口服务体系，促进人口长期均衡发展等。

在人口的地区分布方面，除人口流动出现的一些新形势以外，对人口的城乡流动和跨区域流动还有一些行政管理等方面的制约。尽管中国已经放开了劳动力流动，但户籍制度仍给相当比例的常住流动人口带来很多制约，尤其是在教育、医疗、养老等社会公共服务领域，大部分地区的流动人口仍无法享受和户籍人口同样的权利。常住人口的城镇化率（2020年63.89%）迅速提高，但户籍人口的城镇化率（2020年45.4%）远低于常住人口，如何促进人口城镇化与土地城镇化的协调发展，逐步缩小流动人口与户籍人口之间在城镇基本公共服务方面的差距，是目前面临的重大问题。此外，社会保险（医疗、养老保险）属地化管理也提高了人口流动的成本。这些限制人口流动的障碍造成大量的留守儿童、留守老人、夫妻分居现象，影响了家庭的稳定

---

① World population prospects 2022. https://population.un.org/wpp/DataQuery/[2020-08-25].

性，妨碍了家庭在育儿、养老方面发挥正常的作用，对未来社会稳定发展构成一定隐患，也将影响区域劳动力结构的改善，对区域经济协调发展带来了负面影响。

人口数量、人口结构变迁、人口的城乡分布和跨区域流动虽然看似主要源于个体的生育、迁移、教育等决策的影响，但是却受到整个社会经济的发展阶段、政策变迁等诸多因素的外生和内生影响，反过来，也将对整个社会的经济发展产生重大而深远的影响，因此研究人口增长趋势、人口结构变迁与我国社会经济发展交互影响中的若干关键问题，对我国社会治理和经济发展意义重大。我们需要认识这些影响的规模、渠道，同时理解人口数量和人口结构的发展变化规律。通过这些研究，制定相应的政策和具体的应对措施，对其发展方向进行合理引导，力求化解或者缓解人口负增长和人口结构变化对社会经济的负面影响，尽可能降低人口问题对社会经济发展的负向冲击。

（三）国际发展态势与我国发展优势

从国际实践和研究来看，主要发达国家的出生率很早就下降到更替水平之下，其人口增长在 20 世纪就发生重大转折。20 世纪 80 年代之后，部分发达国家开始出现人口负增长（Lutz et al.，2003）。21 世纪以来，全球人口发展发生了重大转向，日本、俄罗斯、波兰等国家的人口逐渐呈现负增长态势。人口结构的变化，特别是老龄化，在主要发达国家早已发生。日本 1995 年就进入了老龄化社会，根据世界银行数据[①]，2019 年日本 65 岁及以上人口占比达 28%，为全球最高；欧元区国家虽然整体更早步入老龄社会，但其老龄化速度远低于日本。2019 年欧元区国家 65 岁及以上人口占比平均为 20%，其中意大利达到 23%，德国、希腊和葡萄牙均为 22%，法国为 20%。美国老龄化程度弱于日本与欧元区国家，2019 年老年人比重已达 16%。目前，很多国家把提高生育率水平当作重要的公共政策，出台了一系列刺激生育的举措，以期稳定人口规模、缓解老龄化问题，如生育奖励、税收优惠、慷慨的育儿假、免费的婴幼儿照料服务等。

在人口流动层面，国际学术界对人口跨区域流动的理解基于流动可以均

---

① Population ages 65 and above（% of total population）. https://data.worldbank.org/indicator/SP.POP.65UP. TO.ZS[2021-03-04].

等化地区收入差距的理论（Rosen，1987）。城镇化是经济发展的必然结果之一。18 世纪最早发生在英国的工业革命成为城镇增长的强劲动力，随着工业化的推进，农业日益萎缩，劳动力从农业大规模地流向非农行业。19 世纪末20 世纪初，在产业转移、技术革新等因素的推动下，欧洲城市迅速壮大，最终整个欧洲转变为城市化社会。1958 年，农业就业人口占劳动力比重，德国为 16.9%，法国为 23.7%，意大利为 34.9%，英国为 4.4%；到了 2007 年，该比重分别下降到了 2.2%、3.4%、4.0%、1.4%（国家人口计生委流动人口服务管理司，2010）。英国在工业革命早期曾经限制贫民流动，但工业革命以后，英国政府修改和颁布了一系列法律制度，消除了人口流动障碍。德国政府在其工业化过程中，通过制定一系列法律法规和相关政府制度，逐步扫清了限制人口自由流动的制度障碍。

近年来，我国不断通过调整人口生育政策，积极探索应对人口负增长和老龄化。从实践层面看，我国的计划生育政策始于 20 世纪 70 年代初期。1971 年，国务院批转《关于做好计划生育工作的报告》，强调要计划生育。1978 年 3 月，第五届全国人民代表大会第一次会议通过的《中华人民共和国宪法》第五十三条规定，国家提倡和推行计划生育。《中共中央 国务院关于全面加强人口和计划生育工作统筹解决人口问题的决定》指出我国实行计划生育以来，全国少生 4 亿多人，提前实现了人口再生产类型的历史性转变，有效地缓解了人口对资源、环境的压力，有力地促进了经济发展和社会进步。严格的计划生育政策使我国提前步入低生育率国家的行列，进而提前遭遇人口老龄化问题。1980 年之后，计划生育政策变得更加严格和缺乏弹性，虽自20 世纪 90 年代开始，在既有政策框架内将普遍要求与特殊情况相结合，如对个别少数民族鼓励生育等，但人口总和生育率在 20 世纪 90 年代已低于 2.1 人的更替水平。同时，由于生育限制和很多农村地区传宗接代等传统思想观念的影响，部分地区出现了出生性别比例严重失衡等诸多人口结构问题。2015年 10 月，为了促进我国人口的长期均衡发展，十八届五中全会决定从 2016年起全面放开二孩政策。近年来的实践表明，全面放开二孩政策的效果低于预期，人口出生率不断创造新低。2021 年 7 月 20 日，中共中央、国务院进一步公布了《关于优化生育政策促进人口长期均衡发展的决定》，提出实施一对夫妻可以生育三个子女的政策及配套支持措施。

在儿童养育层面，在计划经济时代，托儿所是政府、国营企事业单位的"标配"，解决了职工的托幼问题。但 20 世纪 90 年代我国国有企业大规模改制，迫于生存需要，托儿所这种企业的"负担"逐步退出历史舞台，改由社会提供相应服务。虽然招收 3 岁以上儿童的幼儿园已经非常普及，但是 0~2 岁儿童的照料服务长期处于空缺状态，导致育儿成本居高不下。基于此，2020 年国务院办公厅印发了《关于促进 3 岁以下婴幼儿照护服务发展的指导意见》，提出加强对家庭婴幼儿照护的支持和指导、加大对社区婴幼儿照护服务的支持力度及规范发展多种形式的婴幼儿照护服务机构的三大举措。要求地方各级政府按照标准和规范在新建居住区规划、建设与常住人口规模相适应的婴幼儿照护服务设施及配套安全设施，老城区和已建成居住区无婴幼儿照护服务设施的，要限期通过购置、置换、租赁等方式建设。鼓励通过市场化方式，采取公办民营、民办公助等多种方式，在就业人群密集的产业聚集区域和用人单位完善婴幼儿照护服务设施；同时支持用人单位以单独或联合相关单位共同举办的方式，在工作场所为职工提供福利性婴幼儿照护服务等。这项政策的实施将对我国家庭育儿成本和生育决策产生重大影响。

在应对人口老龄化层面，2019 年 11 月中共中央、国务院印发《国家积极应对人口老龄化中长期规划》，提出应对人口老龄化的五项具体任务。2021 年 3 月发布的《中华人民共和国国民经济和社会发展第十四个五年规划和 2035 年远景目标纲要》，提出了应对人口老龄化的三大战略：一是推动实现适度生育水平，二是健全婴幼儿发展政策，三是完善养老服务体系。人口老龄化是一个长期存在的问题，不断发现问题并积极应对应是政策关注的常态。健康老龄化是应对老龄化的一个长期政策着力点。国际上已经建立健康养老追踪调查（Health and Retirement Study，HRS）数据的国际系列，目前已经在美国、英国、欧盟、爱尔兰、巴西、墨西哥、韩国、日本、印度尼西亚、印度、南非等国家和组织开展了类似调查。中国健康与养老追踪调查由北京大学主持，自从 2011 年以来已经开展了多期调查，其调查结果形成的数据库已经成为研究退休决策和健康老龄化问题的权威数据库（Zhao et al.，2014）。

在城乡和跨区域人口流动层面，我国自从三年经济困难时期以后开始严格控制人口流动，20 世纪 80 年代初，农村改革把劳动力的支配权还给农民之后，农村劳动力开始大规模流向非农产业，并最终进入城市。虽然长期城乡隔离的结果使得农村滞留了大量劳动力，造成了巨大的城乡收入差距，但赵耀辉的研究发现，与国际学术界所认为的"流动可以均等化地区收入差距的理论"不同，20世纪90年代劳动力流动初期，各城市限制人口流动的政策对农村人口进城形成了巨大的心理成本，收入差距无法弥合（Zhao，1999）。但随着用工形势的转变，各级政府对农村劳动力进城的态度形成了从"堵"到"引"的转变：在春节过后，很多东部沿海城市政府争先恐后地吸引农村劳动力，这和原来用"三证一卡"规范农民工有序进城的政策形成鲜明对照。目前，妨碍人口流动的政策已不再是就业层面，而是既有的户口政策及依附于户口上面的各项社会服务的地域分割所带来的迁移成本，这些成本主要起到了妨碍家庭成员一同迁移的作用。认识到这个问题的严重性，很多城市出台了针对高技能人才的优惠政策，保障其家属随迁、子女教育、医疗服务等，但是仍然有很多城市，尤其是大城市，流动的障碍依旧很高。《中华人民共和国国民经济和社会发展第十四个五年规划和2035年远景目标纲要》明确提出"加快农业转移人口市民化"，包括统筹推进户籍制度改革和城镇基本公共服务常住人口全覆盖，健全农业转移人口市民化配套政策体系，加快推动农业转移人口全面融入城市。

在学术研究层面，近年来，很多学者对我国人口负增长及其影响开展研究。陆杰华（2019）认为，我国人口负增长的惯性早在20世纪90年代就已经出现。早在2008年，王丰等（2008）就指出，人口负增长惯性将会对未来中国人口规模和年龄结构产生重大影响；如果等到中国人口已经开始负增长再采取措施来提高生育水平，则会为时已晚。对于在人口负增长时代是否还能实现经济持续增长，刘厚莲和原新等（2020）利用世界银行1996～2018年13个国家的人口和经济数据的研究认为，人口负增长时代短期内仍能保持不同程度的经济增长，但长期来看，其对经济增长的不利影响将逐渐显现。针对此问题，基于人口负增长与经济增长事实的研究结果并不一致，人口经济理论较少讨论人口负增长与经济增长的关系。另外，中国的经济增长模式有其自身的特殊性，对于中国的人口负增长对经济发展的影响如何，系统的研究就显得非常重要。

在生育政策调整对行为改变的研究层面，研究认为（高韶峰，2022），政策对人们的生育行为到底能够产生多大的影响，关键取决于育龄夫妇的个人选择。国内外的经验和研究表明（潘云华和陈勃，2011），一个国家（地区）的人均收入水平越高，人们的生育意愿就会越低。Becker（1960）将家庭经济条件引入对生育率影响的分析，之后经济学界对此开展了大量研究，其中不乏对中国生育问题的研究。张俊森通过研究中国的微观生育数据，发现教育和社会经济状况对生育率有重要影响（Zhang，1990）。张海峰等的研究表明，尽管生育限制政策可以在短期内促进经济增长，但长期会造成人口老龄化，不利于经济增长（Zhang et al.，2015）。也有经济学者研究了严格的生育政策带来的出生性别比失衡等问题（Ebenstein，2010）。同时，根据经济学理论，影响人们生育意愿的因素最主要为生育、养育子女付出的机会成本，这些成本主要由女性承担，体现在因生孩子而离开工作岗位，并且在养育过程中由于承担主要照料责任而放弃的工作、培训和晋升机会，导致收入下降等（赵耀辉等，2021）。这些代价又名生育惩罚，且可能是终生的。目前，国际上有很多测算生育惩罚的研究，但是中国尚未有严谨的研究出现。在目前的环境下，生育惩罚对中国妇女的影响值得高度重视。

综上所述，人口增长趋势和人口结构变化深刻影响着社会经济的发展，特别是对于我国这样一个加速进入老龄化的国家。人口结构变化不仅对消费模式、经济增长模式和中长期竞争力产生深远影响，也为全社会公共治理和公共政策的创新研究带来诸多新挑战。与此同时，社会经济发展水平也会通过影响人们的生育意愿，影响总和生育率，最终对人口增长态势、人口结构等产生较大影响。为此，探讨人口增长态势特别是要发生重大转型时的人口增长趋势及其关键因素，深入研究人口结构的重大变化、影响因素和变化机理，以及与社会经济发展的相互影响及变化规律并提出相应的政策设计具有重要的科学价值和实际意义。

（四）主要研究方向

1. 人口数量和结构的影响因素及演化机理

人类社会向现代化转型的过程往往也伴随着人口增长模式的转变，即从"高出生率、高死亡率、高自然增长率"的传统型人口再生产，经过"高出生率、低死亡率、高自然增长率"的过渡，转型到"低出生率、低死亡率、低自然增长率"的现代型人口再生产阶段。国家之间情况又不尽相同。人口数量与经济增速有着密切关系。部分国家的经验表明，经济增速较快的国家，由于对劳动力需求较大，人口往往呈现增长态势，如美国、中国和印度，人口下降的国家经济增速往往较低，如日本。但部分欠发达经济体却陷入人口高增长和经济低增长的困境。随着经济发展和科学技术的不断进步，人们的生育意愿逐步减弱，表现为生育率下降，同时预期寿命上升，人口的年龄结构发生重大变化，比较突出的是带来了发达经济体和部分发展中经济体的老龄化问题。在某些国家，人口转换过程中还出现了出生性别比失衡问题、不同人群的教育水平差距扩大和收入水平拉大等问题。受二元经济结构和区域经济发展不平衡等的影响，人口在城乡之间、地域之间不断发生迁移，因此人口的城乡分布和区域分布也会持续发生变化。此外，文化因素、宗教因素、政策因素等都会对人口数量、人口结构产生程度不同的影响，比如我国人口的快速老龄化和未来已经不可逆转的人口数量负增长就是经济发展和人口政策多个因素作用的结果，将成为未来若干年我国经济发展的严重制约。因此，对人口数量、多维度人口结构变化的影响因素及变化机理进行研究，既是对经济学一般规律的探索，也将为我国生育、人力资本、劳动力流动和老龄化应对等方面的政策制定提供重要的借鉴，特别是如何通过政策制定来释放生育政策潜力、提高出生人口质量、健全人口发展综合决策机制等，以推动实现适度生育水平。

典型科学问题举例：人口增长的影响因素、演化趋势及机理；我国人口负增长的拐点；生育率及性别比的决定因素；多重生育政策对人口结构转变的影响程度；城市化与人口流动的影响机制；区域经济不平衡背景下，人口迁移的机制及对人口区域分布的影响。

2. 人口负增长与人口结构演变对经济增长影响机制

在很多发达经济体（如欧盟国家、日本）和部分发展中经济体（如俄罗斯、白俄罗斯），人口已经出现负增长。中国的人口形势也已非常严峻。20世纪90年代以来，中国长期的低生育水平使人口负增长的惯性不断积累。未来5～10年是中国人口负增长到来的时间节点，且人口负增长趋势难以逆转。人口负增长叠加老龄化，将从供给端、需求端、医疗和养老体系、金融和资本市场等多个方面对社会经济发展带来较为持续的冲击，还能否实现稳定的经济增长亟须研究。中国的人口结构，包括年龄结构、性别结构、教育和技能水平、空间分布（城乡和区域）已经或者即将发生深刻的演变。持续低生育率、快速老龄化、出生性别比失衡、人口的城镇化和跨区域流动等诸多现象都将对我国社会经济发展的多个领域产生深远的影响，包括（但不限于）劳动力市场、资本市场、储蓄水平和消费结构、教育和技能培训市场、婚姻市场、医疗和护理行业、保险市场、创新创业、货币政策和财政政策等。另外，人工智能等的快速发展不仅对社会经济发展带来深远影响，也对教育和人力资本质量与结构提出新的需求。理解人口结构对社会经济多个领域的影响机制、路径与方向、影响程度等，对政府部门及时调整相关政策、引导企业及其他微观社会经济主体进行科学决策有重大意义。

典型科学问题举例：人口负增长背景下不同经济体经济增长态势的异质性及驱动因素，人口负增长对中国经济的影响领域、机制及对策设计，人口结构演变对中长期经济增长及竞争力的影响机制，人口结构演变对消费、储蓄、进出口、投资行为的影响模式与路径，人口结构演变对资本市场和货币政策的利率传导机制的影响，人口结构演变对创新和创业的影响，人力资本的提升路径及优化配置。

3. 人口老龄化背景下的公共政策和公共治理

人口老龄化已是一个全球性问题，对公共政策和公共治理提出了新的挑战和需求。对中国来说，形势更加严峻。和发达工业化经济体不同的是，作为发展中国家的中国过早、过快地进入了老龄化阶段，"未富先老"，中国的老龄化问题和发达经济体相比既有共性，又有自身特点，在公共政策和治理方面有其特殊性。面对老龄化背景下的若干重大问题，如人口抚养比特别是老年抚养比逐步提高、社会保障如何逐步替代家庭照料功能，人口老龄化所必然要求的延迟退休、老年人口养老模式，老年人经济参与制度、模式与激励机制等问题，亟须对公共政策和公共治理的若干关键问题、政策设计和效果评估等开展研究。

典型科学问题举例：老龄化背景下社会保障制度设计与路径选择，延迟退休的公共政策设计及效果评估，老龄化背景下公共服务的新模式，养老服务产业准入制度设计与路径优化，健康老龄化视角下公共政策优化设计及改善老年健康的效果评估，人工智能与老龄化社会的公共服务体系设计。

4. 人口流动与城市化和区域经济发展的影响机制

在经济发展过程中，农业日益萎缩，使得劳动力从农业大规模地流向非农业，从农村流向城镇，从而实现城镇化。区域经济发展不平衡，促使欠发达地区人口向发达地区转移，造成了地区之间人口和劳动力的流动。受产业转移、技术革新等因素影响，19世纪末20世纪初，欧洲城市迅速壮大，英国成为第一个实现城市化的国家，最终整个欧洲转变为城市化社会。美国、日本分别在20世纪60年代和70年代基本完成了城市化。十余年来，中国城市化进程加快，2019年超过了60%。与此同时，中国地区间人口流动出现了诸多问题和挑战，中西部地区、东北地区人口明显外流，地区经济增长相对缓慢，地区发展不平衡拉大。但从趋势来看，人口的跨地区流动有所减缓。从国际经验看，人口流动的一般规律是从低收入地区到高收入地区。我国目前已经出现人口和经济向部分大城市集中的现象，并将持续。预计21世纪中叶，将有超过一半的人口和经济总量向大城市群集中，如上海、深圳、北京、天津、重庆等。人口城乡流动在推动城市化加快的同时，给大城市群带来社会问题、经济发展问题以及资源环境问题等。此外，随着户籍政策的放开，现有的流动人口将可能落户流入地，人口流动将为人口迁移所取代。如何优化城市管理以适应新形势下人口迁移的新需求、促进大城市群对周边地区的辐射、促进社会经济协调发展就显得非常重要。如何合理引导劳动力人口的跨地区流动和迁移，改善地区经济发展的不平衡程度，提高居民收入，有效扩大内需，对加快我国双循环格局的形成具有十分重要的意义。

典型科学问题举例：人口流动的格局变化、影响因素和演化路径，新型城镇化进程中人口市民化机制设计及公共资源合理配置，劳动力流动与区域经济差距的相互影响机制，人口流动对城乡间、地区间居民收入分配差距的影响路径及程度，人口流动对地区劳动生产率和产业升级的影响路径，人口合理流动与区域经济协调发展模型及策略设计。

第五章

资助机制与政策建议

针对中国管理科学过去十年发展过程中存在的薄弱环节，瞄准未来中长期学科努力发展的目标，通过组织理论与实践各方面的专家学者对现存体制机制方面制约因素的深入讨论和仔细分析，有针对性地选择了我们能够把控的若干因素，紧密围绕科学基金改革的战略部署，突出科学基金改革精神，在中国科学院、科技部、国家自然科学基金委员会等发展基础科学的相关部门深化改革方针的指引下，管理科学学科将主要从优化顶层设计、更新评价观念、推动平台建设等三个方面入手，形成推动中国管理科学在2021~2035年持续健康发展的关键战略举措。

第一节 完善学科发展的资助格局

结合党的十九大报告，国家自然科学基金委员会与科技部、国家发展改革委、教育部、中国科学院共同制定了《加强"从0到1"基础研究工作方案》，在深化改革的过程中，十分强调顶层设计，强调依据科学发展内在规律来形成学科交叉融合的、知识与应用融通的战略领域布局和学科布局。

一、优先领域遴选和学科发展的体系设计

新时代的中国管理科学研究需要紧跟世界科学前沿，不断提升基础研究水平，要促进新兴领域与管理科学的交融发展；同时也要立足中国社会经济发展中的经济管理实践服务国家需求，解决本土问题。面对充满了不确定性、模糊性、复杂性以及快速变化的管理环境，需要体现出整合东西方管理智慧，与管理情境紧密结合以创造性地解决复杂问题的基本思想（席酉民等，2020）。因此，要充分运用管理科学学部发展战略的导向作用，在科学基金深化改革方针的指引下，在科学家的充分论证基础上，结合管理科学侧重实践需求驱动的学科特点，在学科发展的新时代背景下，以国家和企业发展的重大现实问题为牵引，形成聚焦问题导向的重大科学问题凝练和遴选机制，加快项目立项周期，"在新一代信息技术下的管理科学前沿领域（管理中的复杂系统与混合智能）""社会经济的数字化转型问题（社会经济系统与企业的数字化）""中国社会经济发展中的管理科学问题（面向未来的中国经济和中国企业）""由于全球变局所产生的风险管理与全球治理新问题（全球化下行循环中的治理与危机管理）"等方面形成优先资助领域集群。

在以上优先领域的框架下，依靠专家群体智慧并根据时代背景特点，选择相应的具体领域，形成各阶段的导向性指南，以重大项目、重大研究计划、重点"项目群"，以及基础科学中心、创新团队等重要项目和项目群为依托，通过鼓励大跨度、多学科的交叉融合和科学范式的变革，推动管理科学新知识的创造，满足国民经济与社会发展的战略需求，为我国应对全球挑战提供有力支撑。

在这个过程中，须努力贯彻国家对持续深化改革的要求，促进知识层次和应用领域的统一。一方面要大力扶持管理科学基础理论研究，不能因为一些基础理论看似脱节于社会需求而忽略它们——因为尽管管理科学的基础理论研究选题应当更多地来源于经济与管理社会现实，但其研究结论并非总

是可以立即或者直接作用于管理实践的。这就如同在自然科学领域的基础研究成果并非总是可以直接、马上用来发展可以改造世界的工程技术一样。国家之间的竞争往往决定于基础理论研发水平的较量。另一方面，也要大力加强对有助于面向国民经济与社会发展重大需求项目的支持，为国家深化体制改革、重大战略决策的论证提供科学决策依据；为坚持和完善社会主义市场经济制度、推进国家治理体系和治理能力现代化提供科学建议（洪永淼等，2021）。同时，也要特别鼓励新兴科学领域与管理科学的交叉研究工作；鼓励科研人员将理论研究和实证研究与中国社会的实际问题相结合。利用中国改革开放四十多年、新中国社会主义建设七十多年的实践和积累，将中国经济与管理问题上升为一般经济规律和基础管理理论，从而为世界管理科学贡献中国智慧，提升中国经济学的国际话语权（洪永淼等，2021）。

要通过深入分析 21 世纪以来国际和国内管理科学的发展趋势和演化特点，在把握管理科学自身发展特殊规律的基础上，推动开放的、不同方向探究的交流和争论，推进各个领域学术研究的道路选择和推陈出新（李海洋和李新春，2018），逐步形成既能体现管理科学知识体系的核心概念和内在逻辑，又能反映学科发展过程中与其他学科交叉融合之弹性边界的新学科体系，借此优化学科的整体布局、推动管理科学的新发展。要在理论与实践相互促进的过程中发展，要在继续重视微观研究的基础上关注宏观问题，更好地服务国家战略需求和企业发展需要，不断提升相应管理科学的科学性（张玉利和吴刚，2019）。

二、优化协调学科发展资助组合格局

通过管理科学部优先资助领域集群的规划，形成针对每个领域（及其下属方向）的主要科学问题属性识别，并在此基础上形成符合管理科学特点、更加优化协调的资助格局。总的来说，在基础研究现行的项目、人才/团队、工具三大类型资助工具设计格局下，建议在稳定发展自由探索类项目、问题导向性重大重点类项目的基础上，更好地布局管理科学领域的人才/团队类、工具类项目。

应当进一步结合管理科学特色,在人才/团队和工具类别上拓展新的工作。建议加强已有的国家自然科学基金的基础科学中心、创新群体、国家杰出青年科学基金、优秀青年科学基金等项目的资助和管理创新,特别是对前两类要鼓励大跨度的学科交叉,在研究范式创新上做出贡献;建议进一步加大和优化对青年科学基金和地区基金的资助结构,鼓励青年人才健康成长,帮助边远地区积累人才力量和均衡发展科学研究活动;建议探索管理科学类的基础科学中心的管理规律,并由此推动具有国际学术影响力的管理科学家群体的培育,推出具有国际影响力的管理理论中国学派;建议加大优秀青年科学基金项目(海外)的项目资助率,新设国家自然科学基金曾经构想的"双清学者"项目、由中国学者主导并能够吸引高影响力国际学者和团队的大型国际联合项目等,并加强在这类项目上与国家其他部委的政策协同,真正形成能够汇聚国际顶级创新人才的全方位优渥政策环境,助力我国管理科学家发展广泛、深度的国际合作伙伴关系,助力他们逐步形成深度参与全球科技治理的能力和影响力;科学发展的规律表明,从事基础科学的优秀科学家需要稳定的连续资助,建议通过国家自然科学基金委员会拟创设的新型"后杰青"人才项目,继续保持我国已经崭露头角的科学家在若干国际前沿领域的领先优势,通过持续资助在优势学科领域的研究,培养出一批具有高影响力的国际学术团队和学术领军人才。洪永淼等(2021)就指出,中国在计量经济学、发展经济学、金融学等领域已经出现了一批世界一流经济学家。他们不仅在世界代表性经济学专业期刊上有持续发表,并积极投身于中国经济改革和发展,积极投身于经济学现代化的教育改革,推动中国经济科学规范化与国际化进程。

第二节　建立多维、长效影响力评价机制

着眼于国家战略发展需求,国家自然科学基金应当在国家创新体系建设中更充分地发挥基础性和导向性作用。在目前已经建立的"负责任、讲信誉、

计贡献"评审机制基础上，建议进一步完善符合管理科学特点的多元化项目评价和绩效管理机制，推动形成不断净化的科研生态环境。

一、加强立项环节的评审机制改革

在具有专项指南的重要类别项目的立项过程中，适当引入实务部门专家的参与机制，强化管理科学部与中国科学院、中国工程院、国家发展和改革委员会、工业和信息化部、国家卫生健康委员会、外交部、中国共产党中央委员会宣传部、教育部等相关部门的横向互动机制，更好地形成协同、精准的立项效应，践行"顶天立地"的宗旨。在项目评审的过程中，建议进一步改变根据论文、学历、职称、奖项评价项目的观念，引导专家进一步实施分类评审，针对项目的服务目标逐步总结和实行不同的评价标准。同时还建议创新进行大跨度交叉学科的评审的机制，不仅在重大研究计划的立项评审中借助于已有交叉科学部的评审制度，也应该研究在自由探索类项目的申请过程中建立针对具有大跨度学科交叉特点的项目申请进行有效的多学科评审机制（如可以请申请人列举其申请的两个相关但完全不同的学科门类或子学科，由涉及的不同学部组织小规模会议评审），从而促进可能的变革性研究。

二、探索项目过程检查中的评审范式改进

在项目的评审执行检查（当然也可包括申请评审）中，要注重个人评价和团队评价相结合，尊重和认可团队中所有参与者的实际贡献；注重学科特点，针对贡献大、时间长的研究问题，建立长效化评价机制，避免"短平快"的评价方式；注重学科交叉的贡献和额外精力投入，认可和尊重不同学科的学术价值观差异性和特点；注重知识创造和知识应用相结合，进一步倡导管理科学部一直坚持的"顶天立地"相结合的评价理念；注重实事求是的基本科学态度，尊重处在不同研究阶段的项目研究活动的特点，考虑实施不同的评价指标。

三、推动结项验收环节的评审标准优化

在项目检查和验收的过程中，通过宣传倡导、多元化标准设计等多种形式，引导专家进一步更新观念，进一步改变片面地将论文、引用、奖项作为项目评价指标的做法，鼓励从科学知识前沿推进、国家战略和企业发展需求支持、对新学科发展贡献、学术人才和学生培养、科学研究基础设施建设、科学普及等多种影响力维度对项目进行综合评价。要建立和完善跨学科研究的激励机制（如宽容失败、鼓励创新等）。进行多元化成果认定，以增加国家杰出青年科学基金、优秀青年科学基金获得者对行业和国民经济的贡献力。

第三节　持续完善管理科学研究的平台建设

管理科学的发展与其他科学发展的途径相似，除需要科学家自身的思考、推导、计算、实验等严谨研究活动本身之外，还需要研究问题的来源，需要学术思想的交流和学术资源的支撑。为此，基础研究的发展除在资助研究项目本身之外，还需要对上述相关的学术研究基础设施平台方面给予高度的关注和资助。

一、加强管理科学数据与软件平台建设

科学研究是建立在对一系列现象的观测"数据"基础之上的，对于管理科学研究而言也是如此，尤其是在现今的大数据分析时代。大数据的挖掘以及分析为管理科学的实践发展和理论探索提供了新的视角。因此，大数据的获取、处理及管理应用问题至关重要，管理科学部可以将现有不同学科的数据资源进行优化组合，创建能为各个学科所共享的大数据平台，促进大数据与学科的融合。随着数据资源被列为生产要素之一，政府数据平台的开发与

开放也将是必然趋势，管理科学应在充分利用各数据平台间共享资源的同时，建立数据开发与共享的相关政策，确保数据资源的规范合理应用。

与其他自然科学基础研究的不同在于，管理科学研究需要的"数据"具有更加多样的形式，除通常的数字形态之外，还更多地包含了文字、图像、音频、视频等，特别是还包含了管理科学研究中独特的、信息内容更为综合的各类研究型"案例"。同时，这些数据除部分来源于使用已有或者开发新仪器设备的观测结果之外，还往往需要通过大量人力采集或者长时间积累的方式来加以获取，数据的清洗和整理更需要投入大量的资源。此外，管理科学研究所用到的数据还往往涉及不同程度的隐私问题，因受到相关法律和监管约束的限制而影响到数据的融合，这就使得数据处理和分析的技术工具形成了较高的门槛。为此，在已有成果与经验的基础上，除在学部层面继续积极探索通过"重点"项目群的资助模式之外，建议寻求在国家自然科学基金已有的"重大仪器"类型的项目框架下，建立适合管理科学研究数据获取技术的相关项目子类，通过多种资助渠道，长期地以特殊形式支持设立和管理适合管理科学特点的具有学科发展基础条件作用的"工具"类项目，进一步创建和运营维护具有公共服务属性和数据资源共享能力的特色公共数据服务平台、分析工具软件技术平台等基础设施，从而提高中国管理科学研究活动的效率与学术影响力。

二、推动建设管理科学学者面向实践开展基础理论研究

习近平总书记号召"全国广大科技工作者要面向世界科技前沿、面向经济主战场、面向国家重大需求、面向人民生命健康"（人民日报，2021d）。基础研究随着新一轮科技革命孕育兴起和全球竞争的变革，也正在呈现出新的发展态势——需求牵引越来越受到科技界重视。管理科学研究的科学问题的重要来源正是社会的经济和管理实践所面临的挑战。因此，需要进一步加强管理科学家与政府、企业的协作机制建设，围绕国家重大需求以及经济社会发展、人民健康所面临的问题和挑战，将管理实践需求转化凝练为基础性的核心科学问题，通过不同措施引导学者深入研究，促使科学研究紧密服务于

社会发展。

建议努力在国家自然科学基金已有的联合基金框架下，开拓以管理科学领域为主题的新的地区/企业联合研究基金计划，以系统性的研究项目形式，前瞻性地支持实业界关心的管理科学问题研究。建议探索设立"产业联合实验室"等新的联合资助形式，通过与产业内有影响力且关心并有能力承担基础研究的企业合作，充分发挥实业界提出问题、解决问题的积极性，长期稳定地支持具有鲜明产业影响力的、综合交叉的前瞻性管理科学基础研究。

管理科学的规律在本质上具有不同程度的"情境依赖"。对于那些明显有中国特色，但又对于推进管理科学知识前沿具有普遍意义的科学研究，只有从中国的实践中寻找规律、凝练总结才能构建适合中国国情、具有中国特色、服务于中国企业的经济与管理理论；"管理案例"将成为支撑这类研究的重要"数据"，科学严谨的"案例研究方法"也将成为探索经济和管理活动客观规律的一类研究方法。针对管理科学研究的这种特殊规律，鼓励在项目中开展基于中国管理案例的科学研究，通过新的评审标准和机制，支持中国管理科学家与企业深度合作，长期深入企业管理实践，进行深度案例开发和研究，聚集中国企业的成功案例，帮助我们洞悉中国特色管理规律的研究型案例基础资源，以及相关的经济和管理新知识。

三、通过加强智库建设增强管理科学的实践服务功能

智库是服务国家科学民主决策的重要支撑，是国家治理体系和治理能力现代化建设的重要内容，是提升国家软实力的重要保障，也是科技支撑引领经济社会发展的重要途径。《关于加强中国特色新型智库建设的意见》明确指出，要构建中国特色新型智库发展新格局。现阶段中国科技类智库建设仍然较为薄弱，在国际智库中影响力较低，这与中国的大国地位极不相称。在"十四五"期间，国家将不断完善各个类型，尤其是科技类智库的建设规划，加强经济管理科学类智库的建设。因此，建议进一步利用好国家自然科学基金委员会管理科学学部已有的应急项目和智库项目的资助渠道，进一步优化和完善应急项目选题的遴选机制。同时，按照智库主体的不同，可从不同层

次整合国内的优质智库资源，其中包括：各类科学基金资助的智库，政府智库，地方社科院、高校及企业内部智库，以推动各类智库的有序和协调发展，避免一拥而上的局面。此外，还可以在科学基金已经资助的智库项目中尝试构建有海外专家的合作机制。特别地，科学基金资助的智库更应该恪守科学精神、"部门中立"的态度，以扎实的科学理论和严谨的科学方法为基础，为决策提供科学支持。

与此同时，在不同类型、不同性质的智库发展基础上，可以依托国家自然科学基金委员会专家咨询委员会，组织与协调重大战略咨询的实施和上报。尝试推动科学基金资助的智库建立战略伙伴关系网络的合作机制，并帮助管理科学家与国内其他类型科技智库发展合作关系。建议帮助管理科学家拓宽科学视野，积极搭建和完善他们为国家发展、企业管理的建议和咨询渠道。在促进中国管理科学家与国际管理科学家密切合作的基础上，建议我国的科学基金组织和科技管理部门积极促进这些智库与国际科学基金/科学组织、大学/研究机构等形成战略咨询合作关系，帮助他们建立与国际知名智库交流合作机制，选择恰当的已资助或拟资助应急/智库研究项目，开展相关的国际合作智库项目研究，积极推动中国管理科学家参与国际智库平台对话。

四、构建新型管理科学国际（地区）研究网络

科学发展的基本土壤在于多元思想的碰撞和交流，除依靠科学家的严谨研究活动本身之外，还依赖于对国际（地区）管理科学人才的吸引，以及全球科学家之间的广泛、频繁和多样性的学术交流活动。

在国际人才汇集方面，除优化、完善已有的优秀青年科学基金项目（海外）来吸引国际（地区）优秀的青年领军人才之外，还可以积极探索利用双多边国际（地区）合作机制和渠道，加强在管理科学领域的选题，特别是加强其他学科与管理科学大跨度交叉的合作研究，推动国际（地区）科技人才交流与培养。

同时，为了适应全球治理格局的新变化和配合国家战略需要，建议国家自然科学基金在国际（地区）合作的机制上进一步尝试探索新的模式，围绕

选定的中长期战略发展战略和优先领域，在给定领域主题下探索创设"国际研究协作网络"（research coordination networks，RCN），通过专门资助国际（地区）间的科学交流活动，发挥中国科学家的领导作用，通过广泛邀请该主题下的自然科学、社会科学，乃至于人文学科的跨学科相关领域全球科学家来访交流，并借助拟议中的"双清学者"等项目形式，授予被邀请者"（资深）双清学者"的荣誉称号，让他们成为中国与世界对话的科学使者，成为发展和创新各类学术合作和文化交流的新渠道，进而构建大跨度交叉学科的管理科学全球学术共同体，推动广泛而深入的跨学科、跨地域/国家、跨组织的全球学术交流。在条件成熟时，可以选择若干重点依托单位，尝试将上述 RCN 建设成虚拟的"国家经济/管理研究中心"（National Center for Economic/Management Research，NCE/MR），全额资助国际访问学者的常驻（半年至两年）访问研究，在相应领域建设具有全球影响力的科学平台。

此外，建议在中长期发展战略的目标和任务框架下，选择具有"四个面向"特点的科学领域，设计具体的战略构想和计划指引，支持中国管理科学家主导创建的重要国际合作大科学计划，全面提升中国经济与管理学者的国际影响力和话语权。

具有完全自主知识产权的学术期刊和系列学术会议等，如今已经成为全球科学家争夺话语权的平台。建议国家相关部委积极采取可行措施，支持由中国管理科学家任主编的、具有完全自主知识产权的高水平管理科学国际期刊；支持中国管理科学家发起主办重要的系列性国际会议；支持由著名中国大学主办的专题国际暑期学校，扩大中国学者和中国议题在国际学术界，特别是在国际青年学生中的影响力。

主要参考文献

阿马蒂亚·森 . 2001. 贫困与饥荒：论权利与剥夺 . 王宇，王文玉译 . 北京：商务印书馆 .

安国俊，訾文硕 . 2020. 绿色金融推动自贸区可持续发展探讨 . 财政研究，（5）：117-129.

巴曙松，侯畅，唐时达 . 2016. 大数据风控的现状、问题及优化路径 . 金融理论与实践，26
（2）：23-26.

鲍勇，王甦平 . 2019. 基于国际经验的中国健康产业发展战略与策略 . 智慧健康，5（14）：
1-4.

北京大学国家发展研究院 . 2017. IDF&SFI 美国金融科技考察报告 . https://www.nsd.pku.edu.
cn/jzky/hlwjryjzxnk/252267.htm[2017-11-13].

蔡昉 . 2013. 理解中国经济发展的过去、现在和将来：基于一个贯通的增长理论框架 . 经济
研究，11：4-16, 55.

蔡拓 . 2004. 全球治理的中国视角与实践 . 中国社会科学，1：94-106.

陈家刚，陈奕敏 . 2007. 地方治理中的参与式预算——关于浙江温岭市新河镇改革的案例研
究 . 公共管理学报，（3）：76-83, 125-126.

陈萌，李美君，李晨笑，等 . 2019. 2019 年中国区域经济学会年会暨"区域协调发展新征程、
新战略、新机制"学术研讨会在我校召开 . https://cjsy2014.ctbu.edu.cn/info/1012/3644.
htm[2022-08-25].

程名望，贾晓佳，仇焕广 . 2019. 中国经济增长（1978—2015）：灵感还是汗水 . 经济研究，
54（7）：30-46.

程永明 . 2018. 日本助推医疗产业国际化的官民协同支持体系 . 现代日本经济，1：37-47.

戴长征.2020.全球治理中全球化与逆全球化的较量.国家治理,23:8-14.

邓子基.1999.坚持与发展"国家分配论".东南学术,1:15-17.

范春,徐安琪,徐一涵.2021.医疗健康产业融合关键技术研究与应用实践.医学信息学杂志,42(4):52-56.

方志刚.2021.什么是数字孪生? 有哪些关键能力.https://www.infoobs.com/article/20210107/44603.html[2021-01-07].

冯柏,温彬,李洪侠.2018.现代化经济体系的内涵、依据及路径.改革,6:71-79.

冯帅.2019.次国家行为体在全球气候治理3.0时代的功能定位研究.西南民族大学学报(人文社会科学版),40(5):79-87.

高恩新,赵继娣.2017.公共危机管理研究的图景与解释——基于国际文献的分析.公共管理学报,14(4):141-152.

高弘杨.2021.全周期健康管理平台的药店实践.中国药店,1:32-34.

高丽娜,蒋伏心.2021."双循环"新发展格局与经济发展模式演进:承接与创新.经济学家,(10):71-80.

高培勇.2014.论国家治理现代化框架下的财政基础理论建设.中国社会科学,12:102-122.

高培勇.2018a.中国财税改革40年:基本轨迹、基本经验和基本规律.经济研究,53(3):4-20.

高培勇.2018b.理解和把握新时代中国宏观经济调控体系.中国社会科学,9:26-36.

高培勇,杜创,刘霞辉,等.2019.高质量发展背景下的现代化经济体系建设:一个逻辑框架.经济研究,54(4):4-17.

高韶峰.2022.第二次人口转变视域下生育意愿的同侪效应——社会互动对生育意愿的影响.河南社会科学,30(6):110-117.

高小平.2014.国家治理体系与治理能力现代化的实现路径.中国行政管理,(1):9.

郭庆旺,贾俊雪.2010.财政分权、政府组织结构与地方政府支出规模.经济研究,45(11):59-72,87.

郭威.2020-02-05.积极应对疫情 促进经济继续向好发展.光明日报,第2版.

郭小聪,代凯.2016.中国民主行政模式建构.政治学研究,(1):95-103,127-128.

郭迎锋.2020.世界人民的团结是应对公共卫生危机的有力武器.http://health.people.com.cn/n1/2020/0331/c14739-31655213.html[2020-03-31].

国家人口计生委流动人口服务管理司.2010.引导人口有序流动迁移促进城镇化健康发展——人口流动迁移与城镇化国际研讨会综述.人口研究,34(5):88-92.

国家统计局 . 2020. 2019 年农民工监测调查报告 . http://www.stats.gov.cn/tjsj/zxfb/202004/
　　t20200430_1742724.html[2021-02-28].

国家统计局 . 2021a. 第七次全国人口普查公报（第七号）. http://www.stats.gov.cn/ztjc/zdtjgz/
　　zgrkpc/dqcrkpc/ggl/202105/t20210519_1817700.html[2021-11-30].

国家统计局 . 2021b. 2020 年农民工监测调查报告 . http://www.stats.gov.cn/tjsj/zxfb/202104/
　　t20210430_1816933.html[2021-04-30].

国家统计局农村司 . 2010. 2009 年农民工监测调查报告 . http://www.stats.gov.cn/ztjc/ztfx/
　　fxbg/201003/t20100319_16135.html[2021-02-28].

国家卫健委规划发展与信息化司 . 2020. 2019 年我国卫生健康事业发展统计公报 . http://
　　www.nhc.gov.cn/guihuaxxs/s10748/202006/ebfe31f24cc145b198dd730603ec4442.
　　shtml[2020-09-19].

国务院 . 2015-09-06. 国务院印发《促进大数据发展行动纲要》. 人民日报, 第 1 版 .

韩洪灵, 陈帅弟 . 2021. 数字商业生态系统研究: 本质构成、技术支持与价值创造 . 湖北大
　　学学报（哲学社会科学版), 48（4）: 119-128, 177.

韩喜艳, 高志峰, 刘伟 . 2019. 全产业链模式促进农产品流通的作用机理: 理论模型与案例
　　实证 . 农业技术经济,（4）: 55-70.

何佳讯 . 2020. 中国哲学社会科学国际化研究前沿: 管理学领域报告 . 华东师范大学研究
　　报告 .

贺大兴, 姚洋 . 2011. 社会平等、中性政府与中国经济增长 . 经济研究, 46（1）: 4-17.

洪永淼 . 2020. 中国经济学的独创性与一般性 . 经济学动态, 7: 5-9.

洪永淼, 汪寿阳 . 2020. 数学、模型与经济思想 . 管理世界, 36（10）: 15-26.

洪永淼, 汪寿阳, 任之光, 等 . 2021. "十四五"经济科学发展战略研究背景与论证思路 . 管
　　理科学学报, 24（2）: 1-13.

洪永淼, 薛涧坡 . 2021. 中国经济发展规律研究与研究范式变革 . 中国科学基金, 35（3）:
　　368-375.

胡红亮, 张俊祥 . 2020. 现代信息技术对中国医疗健康产业的促进效应分析 . 全球科技经济
　　瞭望, 35（4）: 65-68.

胡锦涛 . 2012-11-18. 坚定不移沿着中国特色社会主义道路前进 为全面建成小康社会而奋
　　斗 . 人民日报, 第 1 版 .

胡如根, 杨晨, 李聚晖, 等 . 2017. 浅谈医疗生态系统平台的建设与医疗服务模式创新 . 智慧
　　健康, 3（24）: 15-17.

胡书玲, 余斌, 王明杰. 2019. 乡村重构与转型: 西方经验及启示. 地理研究, 38（12）: 2833-2845.

胡祥培, 许智超, 杨德礼. 2002. 智能运筹学与动态系统实时优化控制. 管理科学学报, 5（4）: 13-21, 45.

华东师范大学. 2020. 中国哲学社会科学国际化研究前沿 2020. http://xxgk.ecnu.edu.cn/3e/a6/ c11719a343718/page.htm[2020-12-30].

华昱. 2015. 动态随机一般均衡模型的研究进展与展望. 南京师大学报（社会科学版）,（2）: 48-57.

黄季焜. 2018. 四十年中国农业改革和未来政策选择. 农业技术经济, 3: 4-15.

黄季焜, 陈丘. 2019. 农村发展的国际经验及其对我国乡村振兴的启示. 农林经济管理学报, 18（6）: 709-716.

黄少安. 2018. 改革开放 40 年中国农村发展战略的阶段性演变及其理论总结. 经济研究, 53（12）: 4-19.

黄益平. 2020. 数字经济支持中小企业复苏. 新金融评论, 1: 10-14.

黄益平, 黄卓. 2018. 中国的数字金融发展: 现在与未来. 经济学（季刊）, 17（4）: 1489-1502.

黄益平, 陶坤玉. 2019. 中国的数字金融革命: 发展、影响与监管启示. 国际经济评论, 6: 24-35.

江小涓. 2020. "十四五"时期数字经济发展趋势与治理重点. 上海企业, 10: 66-67.

姜黎辉. 2015. 移动健康与智慧医疗商业模式的创新地图和生态网络. 中国科技论坛,（6）: 70-75.

凯特琳·穆夫, 托马斯·迪利克, 马克·德雷韦尔, 等. 2014. 造福世界的管理教育——商学院变革的愿景. 徐淑英, 周祖成译. 北京: 北京大学出版社.

孔祥涛, 胡志高. 2019. 习近平总书记关于风险治理的重要论述及其重要意义. 理论动态, 15: 2-12.

黎立喜, 马飞. 2020. 乳腺癌全方位和全周期的健康管理模式. 中国医学前沿杂志（电子版）, 12（3）: 前插 1, 1-5.

李策划, 李臻. 2020. 美国金融垄断资本全球积累逻辑下贸易战的本质——兼论经济全球化转向. 当代经济研究,（5）: 66-76.

李晨. 2019. "绿色建筑与智慧城市"国际学术会议暨第二届国际可持续城镇化与再生学术联盟会议在西安召开. http://www.cae.cn/cae/html/main/col101/2019-04/17/2019041715

3938179788764_1.html[2022-08-25].

李大宇，章昌平，许鹿．2017. 精准治理：中国场景下的政府治理范式转换．公共管理学报，14（1）：1-13, 154.

李海洋，李新春．2018. 中国管理学研究向何处去？. 管理学季，3（2）：1-9, 144.

李军鹏．2018. 十九大后深化放管服改革的目标、任务与对策．行政论坛，25（2）：11-16.

李军鹏．2021. "十四五"时期政府治理体系建设总体思路研究．行政论坛，28（2）：41-47.

李克强．2013. 新型城镇化以人为核心．http://politics.people.com.cn/n/2013/0317/c70731-20816854.html[2022-07-16].

李克强．2019. 2019 政府工作报告．http://www.gov.cn/premier/2019-03/16/content_5374314.htm[2022-07-16].

李克强．2020. 切实强化基础研究 持续推动应用创新，贯彻新发展理念 建设创新型国家．http://politics.people.com.cn/n1/2020/1208/c1024-31958393.html[2022-07-16].

李克强．2021a. 2021 年政府工作报告．http://www.gov.cn/guowuyuan/zfgzbg.htm[2022-07-17].

李克强．2021b. 李克强：在国家科学技术奖励大会上的讲话．http://www.news.cn/politics/leaders/2021-11/03/c_1128027107.htm[2022-07-17].

李声姣，付强，崔团结．2019. 2019 年"系统思想与可持续发展实践国际学术研讨会"暨第十一届全国复杂性与系统科学哲学学术研讨会在我校召开．https://news.scnu.edu.cn/25171[2022-08-25].

李树，严茉．2019. 班纳吉和迪弗洛对发展经济学的贡献——2019 年度诺贝尔经济学奖得主学术贡献评介．经济学动态，12：108-121.

李文红，蒋则沈．2018. 分布式账户、区块链和数字货币的发展与监管研究．金融监管研究，6：1-12.

李晓喻．2019 年中国对外直接投资 1369.1 亿美元 蝉联世界第二．https://baijiahao.baidu.com/s?id=1677954304444028997&wfr=spider&for=pc[2022-11-20].

李晓煜．2013. 基于协同医疗模式的某部队医院信息化系统的分析与设计．济南：山东大学．

李瑜，武常岐．2010. 全球战略：一个文献综述．南开管理评论，13（2）：40-51.

李贞．2020. "智慧"，让城市更聪明．https://baijiahao.baidu.com/s?id=1665798476914420822&wfr=spider&for=pc[2022-11-20].

林梦瑶，李重照，黄璜．2019. 英国数字政府：战略、工具与治理结构．电子政务，（8）：91-102.

林毅夫．2010. 新结构经济学——重构发展经济学的框架．经济学，（4）：1-32.

刘丹 . 2018. "十九大的世界影响与意义——'中国方案'与全球治理"国际学术研讨会 . https：//theory.gmw.cn/2018-04/25/content_28495733.htm [2022-08-25].

刘厚莲，原新 . 2020. 人口负增长时代还能实现经济持续增长吗 . 人口研究，44（4）：62-73.

刘民安，刘润泽，巩宜萱 . 2021. 数字空间政府：政务服务改革的福田模式 . 公共管理学报，18（2）：13-22, 165.

刘同舫 . 2020. 人类命运共同体对全球治理体系的历史性重构 . 四川大学学报（哲学社会科学版），（5）：5-13.

刘伟 . 2017. 现代化经济体系是发展、改革、开放的有机统一 . 经济研究，52（11）：6-8.

刘卫东 . 2017. "一带一路"：引领包容性全球化 . 中国科学院院刊，32（4）：331-339.

刘洋，董久钰，魏江 . 2020. 数字创新管理：理论框架与未来研究 . 管理世界，36（7）：198-217.

刘垚，田银生，周可斌 . 2015. 从一元决策到多元参与——广州恩宁路旧城更新案例研究 . 城市规划，39（8）：101-111.

刘志林，陈济冬 . 2020-09-21. 数字技术使城市治理更好回应人民关切 . 光明日报，第 16 版 .

芦千文，姜长云 . 2018. 欧盟农业农村政策的演变及其对中国实施乡村振兴战略的启示 . 中国农村经济，10：119-135.

卢文超 . 2013. 信息化推动城乡一体化的对策研究 . 经济研究导刊，6：44-45.

卢喜烈，苗锋，应致标 . 2018. 新型医联体背景下的智慧医疗建设模式与路径研究 . 中国卫生信息管理杂志，15（1）：66-69, 73.

陆杰华 . 2019. 人口负增长时代：特征、风险及其应对策略 . 社会发展研究，1：21-32.

罗浩 . 2019. "全球治理：跨文化交流与价值共识"国际学术研讨会 . http://news.cssn.cn/zx/bwyc/201912/t20191229_5066385.shtml[2022-08-25].

吕方，梅琳 . 2017. "复杂政策"与国家治理——基于国家连片开发扶贫项目的讨论 . 社会学研究，32（3）：144-168, 245.

吕家进 . 2016. 发展数字普惠金融的实践与思考 . 清华金融评论，12：22-25.

吕炜，张妍彦，周佳音 . 2019. 财政在中国改革发展中的贡献——探寻中国财政改革的实践逻辑 . 经济研究，54（9）：25-40.

马琳，程才，阿咪娜，等 . 2021. 非国家行为体参与全球卫生治理与国际组织互动关系的实质与经验——以世界卫生组织在华合作中心为例 . 中国公共卫生管理，37（1）：1-4.

马宁宁，傅晓羚，黄培 . 2020. 2020 双十一收官！天猫成交额 4982 亿，京东 2715 亿 . https://www.sohu.com/a/431206468_161795[2022-11-20].

马悦 . 2018. 30 国专家学者齐聚杭州共同探讨网络科学发展 . https://zj.zjol.com.cn/news.html ?id=846164&from=singlemessage&isappinstalled=0[2022-08-25].

麦肯锡 . 2019. 亚洲——未来已至 . https://www.mckinsey.com.cn/%E4%BA%9A% E6%B4%B2- %E6%9C%AA%E6%9D%A5%E5%B7%B2%E8%87%B3/[2022-07-16].

麦强, 陈学钏, 安实 . 2019a. 重大航天工程整体性、复杂性及系统融合：北斗卫星工程的实践 . 管理世界, 35（12）：190-198.

麦强, 盛昭瀚, 安实, 等 . 2019b. 重大工程管理决策复杂性及复杂性降解原理 . 管理科学学报, 22（8）：17-32.

毛振华 . 2021. 天津将建"数字孪生"变电站实现全生命周期监控 . http://news.hexun.com/ 2019-06-22/197602873.html[2019-06-22].

门洪华 . 2017. 应对全球治理危机与变革的中国方略 . 中国社会科学, 10：36-46.

孟庆国 . 2020. 孟庆国：数字化转型中政府治理的机遇与挑战 . 山东经济战略研究,（10）： 58-59.

孟玮 . 2019. 国家发展改革委举行 2019 年 11 月份新闻发布会 介绍宏观经济运行等情况并答问 . http://www.gov.cn/xinwen/2019-11/17/content_5453002.htm [2019-11-17] .

苗蕾, 王家骥 . 2010. 我国目前开展健康管理的 SWOT 分析 . 中国卫生事业管理, 27（3）： 150-151.

牛禄青 . 2013. 智慧城市：让城市更聪明 . 新经济导刊,（1）：100-103.

潘云华, 陈勃 . 2011. 人口生育率下降的家庭经济因素分析 . 中国青年研究,（12): 65-68, 88.

阙天舒 . 2016. 公共危机的全球治理——基于公共性的回归 . 国际观察, 2：142-153.

让·德雷兹, 阿玛蒂亚·森 . 2006. 饥饿与公共行为 . 苏雷译 . 北京：社会科学文献出版社 .

任晶晶 . 2020-08-16. 加强全球公共卫生治理合作是早日战胜疫情的唯一出路 . 光明日报, 第 8 版 .

任之光, 薛涧坡, 洪永淼, 等 . 2021. 新时代经济科学的学科布局与顶层设计——国家自然科学基金经济科学学科申请代码调整的逻辑和内容 . 管理世界, 37（3）：1-8, 50.

人民日报 . 2014. 习近平：坚持总体国家安全观 走中国特色国家安全道路 . http://jhsjk. people.cn/article/24900492 [2014-04-16] .

人民日报 . 2015. 习近平：推动全球治理体制更加公正更加合理 为我国发展和世界和平创造有利条件 . http://jhsjk.people.cn/article/27694665 [2015-10-14] .

人民日报 . 2016. 习近平：加强合作推动全球治理体系变革 共同促进人类和平与发展崇高

事业. http://jhsjk.people.cn/article/28748259 [2016-09-29].

人民日报. 2018a. 习近平：坚持对话协商共建共享合作共赢交流互鉴 推动共建"一带一路"走深走实造福人民. http://jhsjk.people.cn/article/30254542 [2018-08-28].

人民日报. 2018b. 习近平：以时不我待只争朝夕的精神投入工作 开创新时代中国特色社会主义事业新局面. http://jhsjk.people.cn/article/29749016[2018-01-06].

人民日报. 2019a. 习近平出席二十国集团领导人第十四次峰会并发表重要讲话. http://jhsjk.people.cn/article/31203803[2019-06-30].

人民日报. 2019b. 习近平向 2019 中国国际数字经济博览会致贺信. http://jhsjk.people.cn/article/31395233[2019-10-12].

人民日报. 2019c. 习近平：把区块链作为核心技术自主创新重要突破口 加快推动区块链技术和产业创新发展. http://jhsjk.people.cn/article/31421707 [2019-10-26].

人民日报. 2019d. 习近平：为建设更加美好的地球家园贡献智慧和力量. http://jhsjk.people.cn/article/30998648[2019-03-27].

人民日报. 2020a. 中央经济工作会议在北京举行. http://jhsjk.people.cn/article/29719987 [2017-12-21].

人民日报. 2020b. 习近平在浙江考察时强调：统筹推进疫情防控和经济社会发展工作 奋力实现今年经济社会发展目标任务. http://jhsjk.people.cn/article/31658252[2020-04-02].

人民日报. 2020c. 习近平主持专家学者座谈会强调 构建起强大的公共卫生体系 为维护人民健康提供有力保障. http://jhsjk.people.cn/article/31733116[2020-06-03].

人民日报. 2020d. 习近平在安徽考察时强调：坚持改革开放坚持高质量发展 在加快建设美好安徽上取得新的更大进展. http://jhsjk.people.cn/article/31832687[2020-08-22].

人民日报. 2020e. 习近平给"全球首席执行官委员会"成员代表回信. http://jhsjk.people.cn/article/31786803[2020-07-17].

人民日报. 2020f. 习近平在看望参加政协会议的经济界委员时强调：坚持用全面辩证长远眼光分析经济形势 努力在危机中育新机于变局中开新局. http://jhsjk.people.cn/article/31720895[2022-07-17].

人民日报. 2020g. 习近平在深圳经济特区建立 40 周年庆祝大会上的讲话. http://jhsjk.people.cn/article/31892362[2020-10-15].

人民日报. 2020h. 中共中央政治局召开会议决定召开十九届五中全会 中共中央总书记习近平主持会议. http://jhsjk.people.cn/article/31804564[2020-07-31].

人民日报. 2020i. 习近平：关于《中共中央关于制定国民经济和社会发展第十四个五年规划

和二〇三五年远景目标的建议》的说明. http://jhsjk.people.cn/article/31917783[2020-11-04].

人民日报. 2021a. 完整准确全面贯彻新发展理念 发挥改革在构建新发展格局中关键作用. http://jhsjk.people.cn/article/32032267[2021-02-20].

人民日报. 2021b. 习近平对深化东西部协作和定点帮扶工作作出重要指示强调 适应形势任务变化 弘扬脱贫攻坚精神 加快推进农业农村现代化 全面推进乡村振兴. http://jhsjk.people.cn/article/32073521[2021-04-09].

人民日报. 2021c. 习近平同志《论把握新发展阶段、贯彻新发展理念、构建新发展格局》主要篇目介绍. http://jhsjk.people.cn/article/32195588[2021-08-17].

人民日报. 2021d. 坚定创新自信紧抓创新机遇 加快实现高水平科技自立自强. http://jhsjk.people.cn/article/32265337[2021-10-27].

单松. 2013. 人口老龄化对我国经济发展的影响及对策. 商业时代, 5: 9-10.

尚虎平. 2017. 我国政府绩效评估的总体性问题与应对策略. 政治学研究, (4): 60-70, 126-127.

沈费伟, 诸靖文. 2021. 数据赋能: 数字政府治理的运作机理与创新路径. 政治学研究, (1): 104-115, 158.

盛斌, 高疆. 2018. 中国与全球经济治理: 从规则接受者到规则参与者. 南开学报 (哲学社会科学版), (5): 18-27.

石佑启, 杨治坤. 2018. 中国政府治理的法治路径. 中国社会科学, (1): 66-89, 205-206.

史志钦, 刘力达. 2017. 民粹主义的蔓延与欧洲的未来. 红旗文稿, 8: 34-36.

世界卫生组织, 联合国粮食及农业组织, 世界动物卫生组织. 2019. 采取 "多个部门, 同一个健康" 方针: 帮助各国应对人畜共患病三方合作指南. http://www.fao.org/3/ca2942zh/CA2942ZH.pdf[2020-05-10].

宋德勇, 张瑾. 2015. 安格斯·迪顿对发展经济学的贡献. 经济学动态, 12: 121-130.

苏兰. 2021.《中国区域协调发展指数报告 2020》: 2012—2020 年中国区域协调发展指数呈现持续上升势头. http://www.ce.cn/cysc/newmain/yc/jsxw/202111/17/t20211117_ 37093040. shtml[2022-08-25].

孙博文. 2020. 环境经济地理学研究进展. 经济学动态, 3: 131-146.

孙晓晖, 刘同舫. 2020. 多重矛盾下公共危机的治理潜能及其转化性开发. 贵州社会科学, 2: 10-16.

锁时, 张立. 2021. 大数据环境下智慧医疗系统实现和应用. 现代科学仪器, (2): 18-22.

王芳, 陈锋. 2015. 国家治理进程中的政府大数据开放利用研究. 中国行政管理, 11: 6-12.

王丰,郭志刚,茅倬彦.2008.21世纪中国人口负增长惯性初探.人口研究,32（6）：7-17.

王家庭,曹清峰.2014.京津冀区域生态协同治理：由政府行为与市场机制引申.改革,（5）：116-123.

王建华,马玉婷,朱湄.2016.从监管到治理：政府在农产品安全监管中的职能转换.南京农业大学学报（社会科学版）,16（4）：119-129,159.

王节祥,瞿庆云,邱逸翔.2021.数字生态中创业企业如何实施平台镶嵌战略.外国管理与经济,43（9）：24-42.

王靖一,黄益平.2017.美国金融科技考察报告.https://idf.pku.edu.cn/yjcg/yjbg/272720.htm[2022-08-25].

王鹏,刘勇.2020.日韩乡村发展经验及对中国乡村振兴的启示.世界农业,3：107-111,121.

王艳,王芳芳,吕艳清.2021a.基于全疾病周期的健康管理模式在耐多药肺结核患者管理中的应用研究.中国当代医药,28（27）：202-205.

王艳,江自云,蒲川.2021b.我国健康医疗大数据信息安全的现状、问题及对策研究.现代医药卫生,37（17）：3036-3039.

王一鸣.2020.百年大变局、高质量发展与构建新发展格局.管理世界,36（12）：1-12.

王毅.2020-07-10.维护中美关系的正确方向.环球时报,第14版.

王志乐.2020.共建"一带一路"如何应对合规风险.https://www.thepaper.cn/newsDetail_forward_10659231[2021-01-04].

王作功,李慧洋,孙璐璐.2019.数字金融的发展与治理：从信息不对称到数据不对称.金融理论与实践,12：25-30.

卫灵,李浩源.2020.全球公共卫生危机下的世界变局与大国担当.思想理论教育导刊,11：71-74.

魏后凯,王颂吉.2019.中国"过度去工业化"现象剖析与理论反思.中国工业经济,1：5-22.

魏江,赵雨菡.2021.数字创新生态系统的治理机制.科学学研究,39（6）：965-969.

翁冰冰,高睿鑫,邹海燕,等.2020.健康档案在全科医生实行全生命周期健康管理中的应用探讨.现代医院,20（7）：1035-1038.

吴先明.2019.跨国企业：自Hymer以来的研究轨迹.外国经济与管理,41（12）：135-160.

吴志成,温豪.2019.法国的全球治理理念与战略阐析.教学与研究,7：85-94.

习近平.2013-11-16.关于《中共中央关于全面深化改革若干重大问题的决定》的说明.人

民日报，第 1 版 .

习近平 . 2015a. 在纪念中国人民抗日战争暨世界反法西斯战争胜利 70 周年大会上的讲话 . http://jhsjk.people.cn/article/27544268[2022-07-17].

习近平 . 2015b. 迈向命运共同体 开创亚洲新未来——在博鳌亚洲论坛 2015 年年会上的主旨演讲 . http://jhsjk.people.cn/article/26765899[2022-07-17].

习近平 . 2016-05-19. 在哲学社会科学工作座谈会上的讲话 . 人民日报，第 2 版 .

习近平 . 2017-10-28. 决胜全面建成小康社会 夺取新时代中国特色社会主义伟大胜利——在中国共产党第十九次全国代表大会上的报告 . 人民日报，第 1 版 .

习近平 . 2018a-05-29. 在中国科学院第十九次院士大会、中国工程院第十四次院士大会上的讲话 . 人民日报，第 2 版 .

习近平 . 2018b. 推动我国新一代人工智能健康发展 . http://jhsjk.people.cn/article/30374719[2021-10-31].

习近平 . 2018c-12-01. 登高望远，牢牢把握世界经济正确方向 . 人民日报，第 2 版 .

习近平 . 2019. 推动形成优势互补高质量发展的区域经济布局 . 求是，（24）：4-9.

习近平 . 2020a-07-22. 在企业家座谈会上的讲话 . 人民日报，第 2 版 .

习近平 . 2020b. 不断开拓当代中国马克思主义政治经济学新境界 . 求是，（16）：4-9.

习近平 . 2020c-09-23. 在第七十五届联合国大会一般性辩论上的讲话 . 人民日报，第 3 版 .

习近平 . 2020d-08-25. 在经济社会领域专家座谈会上的讲话 . 人民日报，第 2 版 .

习近平 . 2020e. 习近平在中央政治局第二十四次集体学习时强调深刻认识推进量子科技发展重大意义　加强量子科技发展战略谋划和系统布局 . http://www.xinhuanet.com/politics/leaders/202010/17/c_1126623288.htm. [2020-10-17].

习近平 . 2020f. 习近平在统筹推进新冠肺炎疫情防控和经济社会发展工作部署会议上的讲话 . http://jhsjk.people.cn/article/31600541[2022-07-17].

习近平 . 2020g-09-12. 在科学家座谈会上的讲话 . 人民日报，第 2 版 .

习近平 . 2020h-03-07. 在决战决胜脱贫攻坚座谈会上的讲话 . 人民日报，第 2 版 .

习近平 . 2021a. 扎实推动共同富裕 . 求是，（20）：4-8.

习近平 . 2021b. 正确认识和把握中长期经济社会发展重大问题 . 奋斗，（2）：4-10.

习近平 . 2021c. 加强政党合作　共谋人民幸福——在中国共产党与世界政党领导人峰会上的主旨讲话 . http://jhsjk.people.cn/article/32150529[2022-11-20].

席酉民，熊畅，刘鹏 . 2020. 和谐管理理论及其应用述评 . 管理世界，36（2）：195-209，227.

谢伏瞻 . 2019. 论新工业革命加速拓展与全球治理变革方向 . 经济研究，54（7）：4-13.

谢天钧 . 2015. 智慧医疗云服务平台研究与实现 . 北京：北京工业大学 .

谢希瑶 . 2022. 世贸组织达成新冠疫苗知识产权豁免决定，中国作出重要贡献 . https://baijiahao.baidu.com/s?id=1736156509450945567&wfr=spider&for=pc[2022-08-02].

新华社 . 2016a. 习近平出席国企党建工作会议：坚持党对国企的领导不动摇 . http://jhsjk.people.cn/article/28770122 [2016-10-11] .

新华社 . 2016b. 习近平总书记在全国卫生与健康大会上的讲话引起强烈反响 . http://www.xinhuanet.com/politics/2016-08/21/c_1119428119.htm [2016-08-21].

新华社 . 2018. 中国共产党第十九届中央委员会第三次全体会议公报 . 中国纪检监察杂志，4：4-5.

新华社 . 2020. 中国共产党第十九届中央委员会第五次全体会议公报 . https://www.12371.cn/2020/10/29/ARTI1603964233795881.shtml[2022-07-17].

新华社 . 2021. 习近平在中共中央政治局第三十四次集体学习时强调 把握数字经济发展趋势和规律 推动我国数字经济健康发展 . http://www.news.cn/2021-10/19/c_1127973979.htm [2021-10-19].

徐庆炜，张晓锋 . 2014. 从本质看特征看互联网金融的风险与监管 . 金融理论与实践，7：64-68.

徐晓林，明承瀚 . 2019. 公共管理研究的中国经验：回顾与展望 . 福建师范大学学报（哲学社会科学版），5：51-61.

徐瑛，陈秀山，刘凤良 . 2006. 中国技术进步贡献率的度量与分解 . 经济研究，41（8）：93-103，128.

许健 . 2019. 数字化大考 . 21 世纪商业评论，7：78-79.

薛澜，李宇环 . 2014. 走向国家治理现代化的政府职能转变：系统思维与改革取向 . 政治学研究，（5）：61-70.

羊晶璟 . 2017. 某医院智慧医疗系统的构建与思考 . 心理医生，23（11）：264-266.

杨金蕾 . 2020. 工商管理学科发展现状与挑战——评《工商管理学科"十三五"发展战略与优先资助领域研究报告》. 科技进步与对策，37（22）：4.

杨胜兰 . 2020. 印度参与全球治理的动因、模式与限度 . 学术探索，（6）：63-75.

杨伟，刘健，武健 . 2020. "种群－流量"组态对核心企业绩效的影响——人工智能数字创新生态系统的实证研究 . 科学学研究，38（11）：2077-2086.

姚前 . 2019. 法定数字货币的经济效应分析：理论与实证 . 国际金融研究，1：16-27.

姚泽麟 . 2016. 政府职能与分级诊疗——"制度嵌入性"视角的历史总结 . 公共管理学报，

13（3）：61-70，155-156.

叶兴庆，殷浩栋 . 2019. 从消除绝对贫困到缓解相对贫困：中国减贫历程与 2020 年后的减贫战略 . 改革，12：5-15.

易宪容 . 2020. 后新冠疫情时代全球经济增长面临重大抉择——基于经济学的一般分析 . 人民论坛·学术前沿，8：40-51.

袁富华，张平 . 2019. 经济现代化的制度供给及其对高质量发展的适应性 . 中国特色社会主义研究，1（1）：39-47.

袁宁，屈高超，颜帅，等 . 2019. 基于 5G 网络的人工智能与物联网在智慧医疗领域的应用 . 中国研究型医院，（6）：58-62.

曾建丰，狄金华 . 2021. 寓科层于社区之中：基层疫情防控的实践运作——基于 J 市"党员下沉"实践的调查分析 . 中国农业大学学报（社会科学版），38（2）：16-28.

张超，陈凯华，穆荣平 . 2021. 数字创新生态系统：理论构建与未来研究 . 科研管理，42（3）：1-11.

张车伟，李建民 . 2019. 中国人口发展 70 年 . 北京：经济科学出版社 .

张军 . 2007. 分权与增长：中国的故事 . 经济学（季刊），（1）：21-52.

张现苓，翟振武，陶涛 . 2020. 中国人口负增长：现状、未来与特征 . 人口研究，44（3）：3-20.

张雪玲，焦月霞 . 2017. 中国数字经济发展指数及其应用初探 . 浙江社会科学，4：32-40.

张勇，李政军，龚六堂 . 2014. 利率双轨制，金融改革与最优货币政策 . 经济研究，49（10）：19-32.

张宇燕 . 2019. 理解百年未有之大变局 . 国际经济评论，5：9-19.

张玉利，吴刚 . 2019. 新中国 70 年工商管理学科科学化历程回顾与展望 . 管理世界，35（11）：8-18.

张志丹 . 2020. 筑牢人民健康的公共卫生安全防线 . http://xw.shnu.edu.cn/fd/fb/c16372a720379/page.htm [2020-06-02].

赵国栋 . 2018. 数字生态论：数字重组产业，生态融合经济 . 杭州：浙江人民出版社 .

赵鸿燕 . 2022. 践行人类命运共同体理念的中国担当 . https://m.gmw.cn/baijia/2022-01/26/35473672.html [2022-01-26].

赵硕刚 . 2017. 当前全球治理形势及我国参与全球治理的政策建议 . http://www.sic.gov.cn/News/456/8038.htm [2017-05-24].

赵耀辉，杨翠红，李善同，等 . 2021. 人口结构变化与社会经济发展 . 管理科学学报，24（8）：

154-162.

浙大新闻办. 2021. 国家区域协调发展战略论坛在浙江大学举行. http://www.cre.org.cn/xs/
　　zueshudongtai/hydt/16542.html[2022-08-25].

中共国家卫生健康委员会党组. 2020. 完善重大疫情防控体制机制 健全国家公共卫生应急
　　管理体系. 求是, 5: 35-40.

中国民用航空局. 2020. 2019 年民航行业发展统计公报. http://www.caac.gov.cn/index.
　　html[2020-06-05].

中国区域经济学会, 安徽大学长三角一体化发展研究院. 2021. 2021 年中国区域经济高峰论
　　坛暨"十四五"时期深入实施区域协调发展战略研讨会征文通知. http://www.quyujingji.
　　org/meeting/ShowArticle.asp?ArticleID=518[2022-08-25].

中国区域科学协会. 2019. 2020 年中国区域科学协会年会暨"区域承载美好生活——迈向高
　　质量发展的新空间格局"学术研讨会预通知. http://www.rreca.com/meeting/ShowArticle.
　　asp?ArticleID=3584[2022-08-25].

中国信息通信研究院. 2018. 数字孪生城市研究报告（2018）. http://www.caict.ac.cn/kxyj/
　　qwfb/bps/201812/P020181219312264715970.pdf[2018-12-19].

周戈耀, 田海玉, 陈文佼, 等. 2017. 基于大健康的医药产业发展能力评价指标体系构建初
　　探. 贵州医科大学学报, 42（6）: 666-673.

周黎安. 2007. 中国地方官员的晋升锦标赛模式研究. 经济研究, 42（7）: 36-50.

周琪, 付随鑫. 2017. 美国的反全球化及其对国际秩序的影响. 太平洋学报, 25（4）: 1-13.

周文, 郑继承. 2020. 减贫实践的中国贡献与经济学诺奖的迷误. 政治经济学评论, 11（4）:
　　91-110.

朱琴. 2020. 美年健康携"健康管理馆"亮相健博会 以科技赋能全生命周期健康管理.
　　https://baijiahao.baidu.com/s?id=1683209119496547293&wfr=spider&for=pc[2022-07-17].

庄泽枫, 黄亚玲, 郭文君. 2018. "全球化与全球治理：中国理念·中国话语和中国哲学社会
　　科学的构建"学术研讨会暨第六届全国中青年马克思主义学者高峰论坛在校举行. http://
　　www.bjcipt.com/Item/21655.aspx[2022-08-25].

訾谦. 2020-12-28. 京雄城际铁路全线开通运营 智能设计彰显中国智慧. 光明日报, 第 1 版.

Adner R. 2017. Ecosystem as structure: an actionable construct for strategy. Journal of
　　Management, 43（1）: 39-58.

Amaral L N, Uzzi B. 2007. Complex systems: a new paradigm for the integrative study of
　　management, physical, and technological systems. Management Science, 53（7）: 1033-

1035.

An B Y, Porcher S , Tang S Y, et al. 2021. Policy design for COVID-19: worldwide evidence on the efficacies of early mask mandates and other policy interventions. Public Administration Review, 81（6）: 1157-1182.

Angrist J, Azoulay P, Ellison G, et al. 2017. Economic research evolves: fields and styles. American Economic Review, 107（5）: 293-297.

Ansell C, Gash A. 2018. Collaborative platforms as a governance strategy. Journal of Public Administration Research and Theory, 28（1）: 16-32.

Anselma L, Mazzei A, De Michieli F. 2017. An artificial intelligence framework for compensating transgressions and its application to diet management. Journal of Biomedical Informatics, 68: 58-70.

Arfi Y, Minder L, Primo C D, et al. 2016. MIB-MIP is a mycoplasma system that captures and cleaves immunoglobulin G. Proceedings of the National Academy of Sciences of the United States of America, 113（19）: 5406-5411.

Asselt H V. 2016. Editorial. Review of European Community & International Environmental Law, 25（2）: 139-140.

Aubry N. 2010. Business and industry advisory committee// Tietje C, Brouder A. Handbook of Transnational Economic Governance Regimes. Leiden: Brill Nijhoff: 51-59.

Audio E, Nambisan S, Thomas L D W, et al. 2018. Digital affordances, spatial affordances, and the genesis of entrepreneurial ecosystems. Strategic Entrepreneurship Journal, 12（1）: 72-95.

Baham C, Hirschheim R, Calderon A A, et al. 2017. An agile methodology for the disaster recovery of information systems under catastrophic scenarios. Journal of Management Information Systems, 34（3）: 633-663.

Baller S, Dutta S, Lanvin B. 2016. Global Information Technology Report 2016. Innovating in the Digital Economy. New York: Palgrave Macmillan.

Balogh S. 2012. An integrative framework for collaborative governance. Journal of Public Administration Research & Theory, 22（1）: 1.

Bardhan P, Mookherj Ee D. 2005. Decentralizing antipoverty program delivery in developing countries. Journal of Public Economics, 89（4）: 675-704.

Bar-Isaac H, Caruana G, Cunat V. 2012. Search, design, and market structure. American Economic Review, 102（2）: 1140-1160.

Bates L J, Santerre R E. 2005. Do agglomeration economies exist in the hospital services industry. Eastern Economic Journal, 31（4）: 617-628.

Battiston S, Farmer J D, Flache A, et al. 2016. Complexity theory and financial regulation. Science, 351（6275）: 818-819.

Becker G S. 1960. An economic analysis of fertility//National Bureau of Economic Research Demographic and Economic Change in Developed Countries. New York and London: Columbia University Press: 209-240.

Benbya H, Nan N, Tanriverdi H, et al. 2020. Complexity and information systems research in the emerging digital world. MIS Quarterly, 44（1）: 1-17.

Biella M, Zinetti V. 2016. Blockchain technology and applications from a financial perspective. https://www.weusecoins.com/assets/pdf/library/UNICREDIT%20-%20Blockchain-Technology-and-Applications-from-a-Financial-Perspective.pdf[2016-02-16].

Bilotta N, Botti F. 2018. Libra and the others: the future of digital money. https://www.jstor.org/stable/resrep19691#metadata_info_tab_contents[2022-08-02].

Blumenfeld D E, Elkins D A, Alden J M. 2004. Mathematics and operations research in industry. Focus, 24（2）: 10-12.

Bollen J, Mao H N, Zeng X J. 2011. Twitter mood predicts the stock market. Journal of Computational Science, 2（1）: 1-8.

Borsch-Supan A. 2007. Vertragswettbewerb im Gesundheitswesen/Double-sided competition for the German health care market. Journal of Economics and Statistics（Jahrbucher fur Nationalokonomie und Statistik）, 227（5-6）: 451-465.

Brynjolfsson E, Collis A, Diewert W E, et al. 2019. GDP-B: Accounting for the Value of New and Free Goods in the Digital Economy. Working Paper.

Brynjolfsson E, McAfee A. 2014. The Second Machine Age. New York: Norton & Company.

Brynjolfsson E, Wang C, Zhang X. 2021. The economics of it and digitiazation: eight questions for research. MIS Quarterly, 45（1）: 473-477.

Buckley P J, Doh J P, Benischke M H. 2017. Towards a renaissance in international business research? Big questions, grand challenges, and the future of IB scholarship. Journal of International Business Studies, 48（9）: 1045-1064.

Cecchetti S, Schoenholtz K. 2019. Libra: a dramatic call to regulatory action. https://voxeu.org/node/64512[2019-08-28].

Ceriello A, Barkai L, Christiansen J S, et al. 2012. Diabetes as a case study of chronic disease management with a personalized approach: the role of a structured feedback loop. Diabetes Research and Clinical Practice, 98（1）: 5-10.

Chen X, Huang B H, Ye D. 2018. The role of punctuation in P2P lending: evidence from China. Economic Modelling, 68: 634-643.

Chen Y Y, Ebenstein A, Greenstone M, et al. 2013. Evidence on the impact of sustained exposure to air pollution on life expectancy from China's Huai River Policy. Proceedings of the National Academy of Sciences of the United States of America, 110（32）: 12936-12941.

Choudhury S R. 2019. As information increasingly drives economies, China is set to overtake the US in race for data. https://www.cnbc.com/2019/02/14/china-will-create-more-data-than-the-us-by-2025-idc-report.html [2019-02-13].

Chow G C. 1993. Capital formation and economic growth in China. Quarterly Journal of Economics, 108（3）: 809-842.

Ciuriak D. 2018. The Economics of Data: Implications for the Data-Driven Economy.Working Paper.

Colantone I, Stanig P. 2018. Global competition and brexit. American Political Science Review, 112（2）: 1-18.

Constantinides P, Henfridsson O, Parker G G. 2018. Introduction: platforms and infrastructures in the digital age. Information Systems Research, 29（2）: iii-vi, 253-523.

Coopers P W. 2016. Five megatrends and their implications for global defense & security. https://www.pwc.com/gr/en/publications/assets/five-megatrends-and-their-implications-for-global-defense-and-security.pdf[2022-08-02].

Cusumano M A, Annabelle G, Yoffie D B. 2021. Can self-regulation save digital platforms?. Industrial and Corporate Change,（5）: 5.

Cusumano M A, Gawer A, Yoffie D B. 2019. The Business of Platforms: Strategy in the Age of Digital Competition, Innovation, and Power. New York: Harper Business.

Da Z, Engelberg J, Gao P J. 2011. In search of attention. Journal of Finance,（5）: 1461-1499.

Darling E S, McClanahan T R, Maina J, et al. 2019. Social-environmental drivers inform strategic management of coral reefs in the Anthropocene. Nature Ecology & Evolution, 3: 1341-1350.

Dasgupta P, Sen A, Starrett D. 2006. Notes on the measurement of inequality. Journal of

Economic Theory, 6（2）: 180-187.

De Kock M H. 1944. International bank for reconstruction and development. South African Journal of Economics, 12（3）: 223-232.

De Reuver M, Sørensen C, Basole R C. 2018. The digital platform: a research agenda. Journal of Information Technology, 33（2）: 124-135.

Deaton A. 2020. Randomization in the tropics revisited: a theme and eleven variations// Bédécarrats F, Guérin I, Roubaud F. Randomized Controlled Trials in the Field of Development: A Critical Perspective. Oxford: Oxford University Press: 29-46.

Di Sarsina P R, Tassinari M. 2015. Integrative approaches for health: biomedical research, ayurveda, and yoga. Journal of Ayurveda & Integrative Medicine, 6（3）: 213-214.

Divyaa L R, Pervin N. 2019. Towards generating scalable personalized recommendations: integrating social trust, social bias, and geo-spatial clustering. Decision Support Systems, 2019, 122: 113066.1-113066.17.

Dong X J, Mcintyre S H. 2014. The second machine age: work, progress, and prosperity in a time of brilliant technologies. Quantitative Finance, 14（11）: 1895-1896.

Ebenstein A. 2010. The "missing girls" of China and the unintended consequences of the one child policy. The Journal of Human Resources, 45（1）: 87-115.

Evans N M. 2019. Ecosystem services: on idealization and understanding complexity. Ecological Economics, 156: 427-430.

Farboodi M, Veldkamp L. 2019. A Growth Model of the Data Economy. Working Paper.

Friedson A I, Li J. 2015. The impact of agglomeration economies on hospital input prices. Health Economics Review, 5（1）: 1-15.

Global Market Insights Inc. 2020. GLOBAL market insights insights to innovation-trademark information. https://www.trademarkelite.com/trademark/trademark-detail/88698372/GLOBAL-MARKET-INSIGHTS-INSIGHTS-TO-INNOVATION-[2022-08-25].

Gao X, Gayah V V. 2017. An analytical framework to model uncertainty in urban network dynamics using macroscopic fundamental diagrams. Transportation Research Procedia, 23: 497-516.

Gawer A. 2022. Digital platforms and ecosystems: remarks on the dominant organizational forms of the digital age. Innovation: Organization & Management, 24（1）: 110-124.

Ghauri P, Strange R, Cooke F L. 2021. Research on international business: the new realities.

International Business Review, 30（2）: 101794.

Giudici G, Adhami S, Martinazzi S. 2018. Why do businesses go crypto? An empirical analysis of initial coin offerings. Journal of Economics and Business, 100: 64-75.

Gleick J, Hilborn R. 1988. Chaos, making a new science. American Journal of Physics, 56（11）: 1053-1054.

Goldberg P K, Reed T. 2020. Income Distribution, International Integration, and Sustained Poverty Reduction. Working Paper.

Goldfarb A, Tucker C. 2019. Digital economics. Journal of Economic Literature, 57（1）: 3-43.

Gould C E, Kok B C, Ma V K, et al. 2019. Veterans affairs and the department of defense mental health apps: a systematic literature review. Psychological Services, 16（2）: 196-207.

Gustafson D H, McTavish F M, Chih M Y, et al. 2014. A smartphone application to support recovery from alcoholism: a randomized clinical trial. JAMA Psychiatry, 71（5）: 566-572.

Hausmann R, Rodrik D, Velasco A. 2008. Growth diagnostics//Serra N, Stiglitz J E. The Washington Consensus Reconsidered: Towards a New Global Governance. Oxford: Oxford University Press: 324-355.

Hein A, Schreieck M, Riasanow T, et al. 2020. Digital platform ecosystems. Electronic Markets, 30（1）: 87-98.

Hu J F, Pan X X, Huang Q H. 2020. Quantity or quality? The impacts of environmental regulation on firms'innovation–quasi-natural experiment based on China's carbon emissions trading pilot. Technological Forecasting & Social Change, 158: 120122.

Hu Y C, Ren S G, Wang Y J, et al. 2020. Can carbon emission trading scheme achieve energy conservation and emission reduction? Evidence from the industrial sector in China. Energy Economics, 85: 104590.

Hustinx P. 2014. Privacy and competitiveness in the age of big data. https://edps.europa.eu/data-protection/our-work/publications/opinions/privacy-and-competitiveness-age-big-data_en [2014-03-26].

Hymel P, Loeppke R, Baase C, et al. 2004. Establishing a research agenda in health and productivity. Journal of Occupational & Environmental Medicine, 46（6）: 518-520.

International Energy Agency. 2012. CO_2 Emissions from fuel combustion 2012. https://www.iea.org/[2022-08-25].

Jacobides M G, Cennamo C, Gawer A. 2018. Towards a theory of ecosystems. Strategic

Management Journal, 39（8）: 2255-2276.

Jiang J, Huang Z G, Seager T P, et al. 2018. Predicting tipping points in mutualistic networks through dimension reduction. Proceedings of the National Academy of Sciences, 115（4）: E639-E647.

John B, Luederitz C, Lang D J, et al. 2019. Toward sustainable urban metabolisms. From system understanding to system transformation. Ecological Economics, 157: 402-414.

John C B, Paul T J, Derek H. 2012. The impact of polices on government social media usage: issues, challenges, and recommendations. Government Information Quarterly, 29（1）: 30-40.

Jones C I, Tonetti C. 2020. Nonrivalry and the economics of data. American Economic Review, 110（9）: 2819-2858.

Kagan J. 2022. Financial technology（Fintech）. https://www.investopedia.com/terms/f/fintech.asp[2022-08-25].

Kapoor K, Bigdeli A Z, Dwivedi Y K, et al. 2021. A socio-technical view of platform ecosystems: systematic review and research agenda. Journal of Business Research, 128: 94-108.

Kapoor R. 2018. Ecosystems: broadening the locus of value creation. Journal of Organization Design, 7（1）: 1-16.

Kehoe T J, Ruhl K J, Steinberg J B. 2018. Global imbalances and structural change in the united states. Journal of Political Economy, 126（2）: 761-796.

Kim A, Kim E J, Yoon S J. 2020. Current status and reform tasks in life cycle management of korean health technology for the fourth industrial revolution era. Health Policy and Management, 30（3）: 270-276.

Kim P S. 2020. South Korea's fast response to coronavirus disease: implications on public policy and public management theory. Public Management Review, 23（12）: 1736-1747.

Kirkman G, Cornelius P K, Sachs, J D, et al. 2002. The Global Information Technology Report 2001-2002: Readiness for the Networked World. New York: Oxford University Press.

Kling R, Lamb R. 1999. IT and organizational change in digital economies. Acm Sigcas Computers & Society, 29（13）: 17-25.

Kornfield R, Sarma P K, Shah D V, et al. 2018. Detecting recovery problems just in time: application of automated linguistic analysis and supervised machine learning to an online substance abuse forum. Journal of Medical Internet Research, 20（6）: e10136.

Kretschmer T, Leiponen A, Schilling M, et al. 2022. Platform ecosystems as meta-organizations: implications for platform strategies. Strategic Management Journal, 43（3）: 405-424.

Kübler D, Pagano M A. 2012. Urban politics as multi-level analysis//Mossberger K, Clarke S, John P. The Oxford Handbook of Urban Politics. Oxford: Oxford University Press: 124-126.

Lake I R, Colón-González F J, Barker G C, et al. 2019. Machine learning to refine decision making within a syndromic surveillance service. BMC Public Health, 19: 559.

Laporšek S, Vodopijec M, Vodopijec M. 2019. Making work pay in Slovenia. Revija za Socijalnu Politiku, 26（3）: 315-337.

Larson D W. 2019. Status competition among Russia, India, and China in clubs: a source of stalemate or innovation in global governance. Contemporary Politics, 25（5）5: 549-566.

Lau H, Khosrawipour V, Kocbach P, et al. 2020. The positive impact of lockdown in Wuhan on containing the COVID-19 outbreak in China. Journal of Travel Medicine, 27（3）: taaa037.

Lee H Y, Park J H, Kim Y. 2012. Assessment and improvement strategies of korean national health screening program. Journal of Critical Social Policy, 3（37）: 285-323.

Lelieveld J, Evans J S, Fnais M, et al. 2015. The contribution of outdoor air pollution sources to premature mortality on a global scale. Nature, 525（7569）: 367-371.

Li J. 2013. Intermediate input sharing in the hospital service industry. Regional Science and Urban Economics, 43（6）: 888-902.

Li L H, Lai C Y, Guo F H. 2018a. The realization of applying lean-based IoT Platform to Achieve Industrial 4.0 for SME - a real case implementation. International Journal of Advanced Information Technologies, 12（2）: 50-64.

Li L, Su F, Zhang W, et al. 2018b. Digital transformation by SME entrepreneurs: a capability perspective. Information Systems Journal, 28（6）: 1129-1157.

Lucas G M, Gratch J, King A, et al. 2014. It's only a computer: virtual humans increase willingness to disclose. Computers in Human Behavior, 37: 94-100.

Lucas G, Rizzo A, Gratch J, et al. 2017. Reporting mental health symptoms: breaking down barriers to care with virtual human interviewers. Frontiers in Robotics and AI, 4: 51.

Lundan S M. 2018. From the editor: engaging international business scholars with public policy issues. Journal of International Business Policy, 1: 1-11.

Luo Y D, Tung R L. 2007. International expansion of emerging market enterprises: a springboard perspective. Journal of International Business Studies, 38（4）: 481-498.

Lutz W, O'Neill B C, Scherbov S. 2003. Europe's population at a turning point. Science, 299（5615）: 1991-1992.

Mou X M. 2019. Artificial intelligence: investment trends and selected industry uses. https://www.ifc.org/wps/wcm/connect/7898d957-69b5-4727-9226-277e8ae28711/EMCompass-Note-71-AI-Investment-Trends.pdf?MOD=AJPERES&CVID=mR5Jvd6[2022-08-25].

Manoharan S, Ammayappan S. 2020. Patient diet recommendation system using K clique and deep learning classifiers. Journal of Artificial Intelligence and Capsule Networks, 2（2）: 121-130.

Mcaleamey A S. 2003. Population Health Management: Strategies to Improve Outcomes. Chicago: Health Administration Press.

McGuire S. 2011. U.S. Department of agriculture and U.S. department of health and human services, dietary guidelines for Americans, 2010. 7th Edition, Washington, DC: U.S. Government Printing Office, January 2011. Advances in Nutrition, 2（3）: 293-294.

McIntyre D P, Srinivasan A. 2017. Networks, platforms, and strategy: emerging views and next steps. Strategic Management Journal, 38（1）: 141-160.

Meyer B D, Wu D. 2018. The poverty reduction of social security and means-tested transfers. Social Science Electronic Publishing, 71（5）: 1106-1153.

Milakovich M E. 2012. Digital governance: new technologies for improving public service and participation. International Review of Public Administration, 17（2）: 175-178.

Moore J F. 1993. Predators and prey: a new ecology of competition//Tapscott D. Creating Value in the Network Economy . Massachusetts: Harvard Business Review: 121-141.

Moreno-Mateos D, Alberdi A, Morriën E, et al. 2020. The long-term restoration of ecosystem complexity. Nature Ecology & Evolution, 4（5）: 676-685.

Moulton B R. 1999. GDP and the digital economy: keeping up with the changes// Brynjolfsson E, Kahin B. Understanding the Digital Economy Data. Cambridge: The MIT Press: 34-48.

Nahum-Shani I, Smith S N, Spring B J, et al. 2018. Just-in-time adaptive interventions（JITAIs）in mobile health: key components and design principles for ongoing health behavior support. Annals of Behavioral Medicine: A Publication of the Society of Behavioral Mdeicine, 52（6）: 446-462.

National Academies of Sciences, Engineering, and Medicine. 2019. Leveraging Artificial Intelligence and Machine Learning to Advance Environmental Health Research and Decisions: Proceedings of a Workshop—in Brief. Washington, DC: The National Academies Press.

Newman M E J. 2011. Complex systems: a survey. American Journal of Physics, 79 (8): 800-810.

OECD. 2014. Measuring the Digital Economy: A New Perspective. Paris: OECD Publishing.

Or N H K, Aranda-Jan A C. 2017. The dynamic role of state and nonstate actors: governance after global financial crisis. Policy Studies Journal, 45 (S1): S67-S81.

Osborne S P, Radnor Z, Nasi G .2013. A new theory for public management? Toward a (public) service-dominant approach. The American Review of Public Administration, 43 (2): 135-158.

Page L, Pande R. 2018. Ending global poverty: why money isn't enough. Journal of Economic Perspective, 32 (4): 173-200.

Park J, Lee K H. 2014. The association between managed care enrollments and potentially preventable hospitalization among adult medicaid recipients in Florida. BMC Health Services Research, 14: 247.

Parker G, Van Alstyne M, Jiang X Y. 2017. Platform ecosystems: how developers invert the firm. MIS Quarterly, 41 (1): 255-266.

Patwardhan B, Mutalik G, Tillu G. 2015. Integrative approaches for health: biomedical research, ayurveda, and yoga. San Diego, USA: Academic Press, Elsevier Inc.

Pervin N, Ramasubbu N, Dutta K. 2019. Habitat traps in mobile platform ecosystems. Production and Operations Management, 28 (10): 2594-2608.

Peter J B, Jonathan P D, Mirko H B. 2017. Towards a renaissance in international business research? Big questions, grand challenges, and the future of IB scholarship. Journal of International Business Studies, 48: 1045-1064.

Pines D. 2019. Emerging Syntheses in Science: Proceedings of the Founding Workshops of the Santa Fe Institute Santa Fe, New Mexico. Santa Fe: The SFI Press.

Porter M E. 1990. The Competitive Advantage of Nations. New York: The Free Press.

Ravallion M. 2020. On the origins of the idea of ending poverty. NBER Working Papers.

Ravallion M, Chen S H, Sangraula P. 2007. New evidence on the urbanization of global poverty. Population and Development Review, 3 (4): 667-701.

Richard M W, Fariborz D, Carlos A D. 2011. Management innovation and organizational performance: the mediating effect of performance management. Journal of Public Administration Research and Theory, 21 (2): 367-386.

Rosen S. 1987. The theory of equalizing differences. Handbook of Labor Economics, 1 (1): 641-692.

Ryser L, Halseth G. 2010. Rural economic development: a review of the literature from industrialized economies. Geography Compass, 4 (6): 510-531.

Sadik N. 1997. Reproductive health/family planning and the health of infants, girls and women. Indian Journal of Pediatrics, 64 (6): 739-744.

Salemink K, Strijker D, Bosworth G. 2015. Rural development in the digital age: a systematic literature review on unequal ICT availability, adoption, and use in rural areas. Journal of Rural Studies, 54: 360-371.

Saltré F, Chadoeuf J, Peters K J, et al. 2019. Climate-human interaction associated with southeast Australian megafauna-extinction patterns. Nature Communications, 10: 5311.

Schaub N. 2018. The role of data providers as information intermediaries. Journal of Financial and Quantitative Analysis, 53 (4): 1805-1838.

Scholz J K, Moffitt R, Cowan B. 2009. Trends in income support// Cancian M, Danziger S. Changing Poverty, Changing Policies. New York: Russell Sage Foundation: 203-241.

Scott T A, Thomas C W. 2017. Unpacking the collaborative toolbox: why and when do public managers choose collaborative governance strategies. Policy Studies Journal, 45 (1): 191-214.

Senyo P K, Liu K C, Effah J. 2019. Digital business ecosystem: literature review and a framework for future research. International Journal of Information Management, 47: 52-64.

Shah A, Garg A. 2017. Urban commons service generation, delivery, and management: a conceptual framework. Ecological Economics, 135: 280-287.

Short K. 2012. The research supplemental poverty measure: 2012. Current Population Reports, 11: 60-247.

Siegers J J. 1987. An economic analysis of fertility. De Economist, 135: 94-111.

Song Z, Storesletten K, Zilibotti F. 2011. Growing like China. American Economic Review, 101 (1): 196-233.

Spinu N, Cronin M T D, Enoch S J, et al. 2020. Quantitative adverse outcome pathway (qAOP) models for toxicity prediction. Archives of Toxicology, 94（5）: 1497-1510.

Sun X B, Zhang Q Q. 2021. Building digital incentives for digital customer orientation in platform ecosystems. Journal of Business Research, 137: 555-566.

Tan B, Pan S L, Lu X H, et al. 2009. Leveraging Digital Business Ecosystems for Enterprise Agility: The TriLogic Development Strategy of Alibaba.com. ICIS 2009 Proceedings: 171.

Tan B, Pan S L, Lu X H, et al. 2015. The role of is capabilities in the development of multisided platforms: the digital ecosystem strategy of Alibaba.com. Journal of Association for Information Systems, 16（4）: 248-280.

Thines M, Runge F, Telle S, et al. 2012. Phylogenetic investigations in the downy mildew genus bremia reveal several distinct lineages and a species with a presumably exceptional wide host range. European Journal of Plant Pathology, 128（1）: 81-89.

Tilson D, Lyytinen K, Sørensen C. 2010. Research commentary—digital infrastructures: the missing is research agenda. Information Systems Research, 21（4）: 748-759.

Tiwana A, Konsynski B R, Bush A A. 2010. Platform evolution: coevolution of platform architecture, governance, and environmental dynamics. Information Systems Research, 21（4）: 675-687.

Tsui A S. 2006. Contextualization in Chinese management research. Management and Organization Review, 2（1）: 1-13.

Tu C Y, Suweis S, Grilli J, et al. 2019. Reconciling cooperation, biodiversity and stability in complex ecological communities. Scientific Reports, 9（1）: 5580.

Tuo C. 2016. Global governance and state governance: two strategic considerations in contemporary China. Social Sciences in China, 37（4）: 138-151.

Vandermeer J, Perfecto I. 2019. Hysteresis and critical transitions in a coffee agroecosystem. Proceedings of the National Academy of Sciences of the United States of America, 116（30）: 15074-15079.

Varian H R. 2018. Artificial intelligence, economics, and industrial organization. NBER Chapters, 63（5）: 126-133.

Viktor M, Kenneth C. 2013. Big Data: A Revolution That Will Transform How We Live, Work and Think. New York: Eamon Dolan Houghton Mifflin Harcourt.

Wang F Y. 2010. Parallel control and management for intelligent transportation systems: concepts, architectures, and applications. IEEE Transactions on Intelligent Transportation

Systems, 11（3）: 630-638.

Wernick A, Olk C, von Grafenstein M. 2020. Defining data intermediaries, a clearer view through the lens of intellectual property governance. Technology and Regulation, 2020: 65-77.

World Bank. 2018. Poverty and Shared Prosperity 2018: Piecing Together the Poverty Puzzle. Washington, DC: World Bank.

Xue L, Yu H Z. 2017. Towards a public management paradigm for global governance: an analysis based on an issue-actor-mechanism framework. Social Sciences in China, 38（1）: 26-45.

Yang K F. 2020. Unprecedented challenges, familiar paradoxes: COVID and governance in a new normal state of risks. Public Administration Review, 80（4）: 657-664.

Yeakel J, Pires M, De Aguiar M A M, et al. 2020. Diverse interactions and ecosystem engineering can stabilize community assembly. Nature Communications, 11（1）: 3307.

Young A. 2003. Gold into base metals: productivity growth in the people's republic of China during the reform period. Journal of Political Economy, 111（6）, 1220-1261.

Zhai X T, Zhong D X, Luo Q J. 2019. Turn it around in crisis communication: an ABM approach. Annals of Tourism Research, 79（2-4）: 102807.

Zhang D J, Dai H C, Dong L X, et al. 2019. The value of Pop-Up Stores on retailing platforms: evidence from a field experiment with Alibaba. Management Science, 65（11）: 5142-5151.

Zhang D J, Dai H C, Dong L X, et al. 2020. The long-term and spillover effects of price promotions on retailing platforms: evidence from a large randomized experiment on Alibaba. Management Science, 66（6）: 2589-2609.

Zhang H F, Zhang H L, Zhang J. 2015. Demographic age structure and economic development: evidence from Chinese provinces. Journal of Comparative Economics, 43（1）: 170-185.

Zhang J. 1990. Socioeconomic determinants of fertility in China: a microeconometric analysis[J]. Journal of Population Economics, 3（2）: 105-123.

Zhang J. 2017. Value chain building and business model in the mobile device healthcare industry: the case of China. International Journal of Healthcare Technology and Management, 16（1-2）: 59.

Zhao Y H. 1999. Labor migration and earnings differences: the case of rural China. Economic Development and Cultural Change, 47（4）: 767-782.

Zhao Y H, Hu Y S, Smith J P, et al. 2014. Cohort profile: the China health and retirement longitudinal study (CHARLS). International Journal of Epidemiology, 43: 61-68.

Zimmermann H D. 2000. Understanding the digital economy: challenges for new business models. Working Paper.

关键词索引